吴越旧邦遗泽在

吴越国文化论坛暨第二届学术研讨会论文集

浙江农林大学吴越文化研究中心
杭州市临安区政协文史和教文卫体委员会 编
杭州市临安区社会科学界联合会
杭州市临安区钱镠研究会
王长金　彭庭松　　　　　　　主编

浙江工商大学出版社
ZHEJIANG GONGSHANG UNIVERSITY PRESS
·杭州·

图书在版编目（CIP）数据

吴越旧邦遗泽在：吴越国文化论坛暨第二届学术研讨会论文集／王长金，彭庭松主编. — 杭州：浙江工商大学出版社，2020.11
ISBN 978-7-5178-4121-0

Ⅰ.①吴… Ⅱ.①王… ②彭… Ⅲ.①文化史－华东地区－文集 Ⅳ.①K295－53

中国版本图书馆 CIP 数据核字（2020）第 178323 号

吴越旧邦遗泽在——吴越国文化论坛暨第二届学术研讨会论文集
WUYUE JIUBANG YIZE ZAI——WUYUEGUO WENHUA LUNTAN JI DIERJIE XUESHU YANTAOHUI LUNWENJI

王长金　彭庭松　主编

责任编辑	王　耀　张晶晶
封面设计	林朦朦
责任印制	包建辉
出版发行	浙江工商大学出版社
	（杭州市教工路 198 号　邮政编码 310012）
	（E-mail：zjgsupress@163.com）
	（网址：http://www.zjgsupress.com）
	电话：0571－88904980，88831806（传真）
排　版	杭州朝曦图文设计有限公司
印　刷	浙江全能工艺美术印刷有限公司
开　本	710mm×1000mm　1/16
印　张	22.5
字　数	410 千
版 印 次	2020 年 11 月第 1 版　2020 年 11 月第 1 次印刷
书　号	ISBN 978-7-5178-4121-0
定　价	88.00 元

编　委　会

大会主旨发言

吴越（国）文化论坛暨第三届学术研讨会合影留念

与会领导、专家、学者合影留念

出席会议的领导（从左到右）：浙江农林大学副校长徐爱俊、杭州市临安区政协主席张金良、浙江省社科联规划办主任刘东、杭州市社科联副主席朱学路、杭州市临安区人大副主任钱铮、杭州市临安区副区长王栋、杭州市临安区政协副主席裘小民、浙江农林大学文法学院院长王长金

会议开幕式现场

第一组，吴越钱氏家族研究

第二组，吴越国文化与宗教研究

第三组，吴越国社会治理研究

第四组，吴越文化传承与弘扬

会议分组讨论:第一组,吴越钱氏家族研究;第二组,吴越国文化与宗教研究;第三组,吴越国社会治理研究;第四组,吴越文化传承与弘扬

与会专家畅谈学术观点

会议闭幕式现场

云南钱氏后裔送来祝福

贺　信

　　值此"吴越国文化论坛暨第二届学术研讨会"召开之际,我谨向论坛的召开表示热烈的祝贺,向出席论坛的各位专家学者们表示诚挚的欢迎!

　　杭州在数千年历史发展的长河里,形成了跨湖桥文化、良渚文化、吴越文化、南宋文化、明清文化和近现代文化等完整的历史文化序列。其中跨湖桥文化、良渚文化、吴越文化、南宋文化是杭州发展史上的"四大高峰"。吴越国是杭州历史发展进程中的重要时期,吴越国文化也是杭州、浙江乃至于整个长三角地区独具特色的文化类型。吴越国的建立和发展,见证了杭州历史文化的繁荣,为长江三角洲的发展争得了先机,为南宋建都杭州打下了帝都基业,为中华文明的发展做出了独特贡献。对吴越国的深入研究,有助于加深对杭州本土历史的了解,将吴越国历史文化研究打造成弘扬特色文化的品牌。

　　吴越文化与跨湖桥文化、良渚文化、南宋文化、西湖文化、西溪文化、运河文化一样,是杭州这座城市的"根"与"魂",打好"吴越牌",保护好吴越历史文化遗址,就是保护杭州城市的"根"与"魂",就是弘扬杭州城市特色,也就是保护杭州的历史文化。要坚持研究先行,以保护为目的,以传承为手段,以利用为载体,通过适度的传承和利用来实现真正意义上的保护、传承和利用。

　　希望临安以全面推进文化兴盛行动为契机,牢记习近平总书记关于文化遗产保护、传承、利用与改革的一系列重要指示精神,坚持研究先行的理念,进一步挖掘和弘扬吴越国文化,加强吴越国治国经验和思想研究,有效推动吴越国学术交流与研究,为全面推进"美丽幸福新临安建设大跨越"建设,加快提升临安发展能级,成为杭州"独特韵味、别样精彩"世界名城的重要组成部分,展现更大格局、更大担当和更大贡献。

最后，我由衷地祝愿吴越国文化论坛暨第二届学术研讨会顺利举办，越办越好！

原中共浙江省委常委、杭州市委书记

杭州城市学研究理事会理事长

浙江省城市治理研究中心主任、首席专家　　　王国平

浙江大学兼职教授、兼职博士生导师

中央美术学院客座教授、客座博士生导师

2019 年 10 月 31 日

序

　　吴越家山美,东湖银杏黄。2019 年 11 月 15 日至 17 日,吴越国文化论坛暨第二届学术研讨会在浙江农林大学召开。本次会议以"五代吴越国区域治理经验"为主题,深入系统地对吴越国文化和钱王文化进行了全方位探讨。会议由浙江农林大学文法学院、杭州市临安区社科联、杭州市临安区钱镠研究会主办,浙江农林大学吴越文化研究中心承办。

　　原中共浙江省委常委、杭州市委书记王国平发来贺电,浙江农林大学副校长徐爱俊、杭州市临安区政协主席张金良以及省、市社科联等相关部门负责人出席会议。来自浙江大学、中国人民大学、中南民族大学、杭州师范大学、闽南师范大学、广州美术学院以及浙江省社科院、浙江省博物馆、福建漳州市档案馆、成都永陵博物馆等全国各地的专家学者、相关研究机构人员、钱氏后裔等二百余人参加了会议。

　　浙江农林大学位于钱王故里杭州市临安区,长期以来重视以吴越国为基础的吴越文化研究,成立了挂靠文法学院的吴越文化研究中心。经过十多年的积累和发展,该中心在吴越国遗址保护、家风家训研究、长三角社会治理研究、吴越文化传承与发展等方面展开了重点研究,取得了较为显著的成果。学校重视将吴越文化研究与地域文化研究、乡村文化研究等融合共进,催生新的科研增长点,以期对夯实人文学科基础等产生了积极的推动作用。与全国各地的专家学者一道携手前行,把吴越文化研究推上新高度,是浙江农林大学做特、做亮人文社科项目的重要目标之一。

　　吴越钱王文化是杭州市临安区最具特色的地方优秀传统文化之一,有着广泛的群众宣传基础和深厚的文化理论内涵。经过多年的系统性研究和打造推广,临安吴越国文化理论研究成果丰硕,活动品牌日益响亮,物化建设深入推进。大力将临安建成吴越钱王文化研究的高地,进一步打造"吴越钱王文化"这张金名片,并努力使之成为浙江历史文化的重要品牌,推动优秀传统文化创新性发展,这是临安区这地方政府矢志不渝的奋斗目标。

浙江农林大学始终与临安区携手合作,全面对接,共生共荣,共创共赢。吴越文化传承与创新工程是"区校合作930工程"中的重要项目,本次会议正是这一工程项目内容之一。从会议筹备开始,浙江农林大学就与临安区政协、社科联、钱镠研究会以及相关部门通力合作,做了大量协调工作,确保本次会议的成功召开。通过举办这次会议,校地双方传承了情谊,深化了友谊,工作人员本身也加深了对吴越文化的认识,学术之外的收获同样鲜活难忘。

本次会议共收到论文四十五篇。与会专家学者围绕"吴越国钱氏家族研究""吴越国文化与宗教研究""吴越国社会治理研究"等三个主题进行了分组讨论。通过翔实的史料分析、比较的研究角度、融通的学术视野,专家学者、专题学者对吴越国以及吴越文化各个方面进行了考辨和阐论。会上探讨了吴越国三世五王的贡献,以及钱氏家族人才辈出的原因,对钱氏家训的影响也做出了新的更为细致的阐发;考辨了吴越国史料遗存以及相关古籍情况;论述了吴越国在园林、陶瓷、花卉、文学、佛教等文化建设方面的特色与成就乃至在时空坐标下的影响;总结了吴越国区域社会治理经验,对其功绩和现实意义进行了实事求是的评价。

本书正是在会议论文的基础上择善修改而成。相信本次论文集的编纂出版,对于进一步弘扬吴越文化,推动学术研究,助力创新发展,延续良好势头,一定会起到锦上添花的作用。

苏轼在《表忠观记》中对吴越国钱氏进行了高度评价,认为其对于社会经济的建设是"贡献相望于道"。治理中贯彻儒家思想,满怀仁者情怀,故"其有德于斯民甚厚"。在面临重大抉择时,毅然超越小我,纳土归宋,力促统一,可谓"其有功于朝廷甚大"。吴越国的区域治理经验是一笔宝贵的财富,至今仍然具有重要的现实意义。这些年吴越国以及吴越文化研究越来越深入,成果也不断涌现,呈现出的学术图景云蒸霞蔚。这来之不易的局面,我们将倍加珍惜,并期待着它有更加光辉灿烂的前景。

"旧学商量加邃密,新知培养转深沉。"本次会议与会专家学者体现出良好的学风,无论是阐释旧学,还是发挥新知,都持之有故,言之有据,给人以深刻的启迪。谦谦君子,吴越儒风,良有以也。浙江农林大学吴越文化研究中心对于本次会议成果认真加以总结研讨,温故而知新,欣然有得,这是研究过程中幸福的境界。中心将继续与临安区相关研究机构一道,发挥所在地的优势,扩大研究队伍,制订更高的发展规划,加大投入力度,以更大的气魄促进区校融合,并以此为突破点,做特、做亮研究品牌,力争形成区域性影响。中心真诚期待学术同仁,一如既往地关心浙江农林大学吴越文化研究中心的成长与发展,共同谱写吴越国以及吴越文化研究的新篇章。

王长金

2020 年 10 月

目　录

下卷　吴越国社会治理研究

上卷　吴越国钱氏家族研究

用"大历史观"研究钱氏文化

——"天堂杭州"吴越奠基

邹身城　　浙江大学

摘　要:本文作者坚持用"大历史观"来研究钱氏文化,完整彰显吴越文化发展壮大的全过程,突出了吴越文化在杭州湾一千多年历史时期承上启下的重要作用。"大历史观"上溯良渚时期,下至当代,既讲清了吴越文化从何而来,又讲清了吴越文化完美于当代的历史辉煌。

关键词:"大历史观";钱氏文化;"天堂杭州";吴越奠基

习近平总书记在《杭州城市发展史》总序中写道:"……从大禹的因势利导、敬业治水,到勾践的卧薪尝胆、励精图治;从钱氏的保境安民、纳土归宋,到胡则的为官一任、造福一方;从岳飞、于谦的精忠报国、清白一生,到方孝孺、张苍水的刚正不阿、以身殉国;从沈括的博学多识、精研深究,到竺可桢的科学救国、求是一生;无论是陈亮、叶适的经世致用,还是黄宗羲的工商皆本;无论是王充、王阳明的批判、自觉,还是龚自珍、蔡元培的开明、开放;等等,都展示了浙江深厚的文化底蕴,凝聚了浙江人民求真务实的创造精神。"

在这段重要文字中,习近平总书记唯独对"钱氏"采用钱镠家族后代(五主)的共同称号,足见钱氏文化的重要性。

当我们把钱氏创建的吴越文化安置在杭州湾漫长的历史中来加以考量,我们就会获得系统、全面、准确的对吴越文化的认知,就会更加深切地感受到吴越文化的博大精深和辉煌璀璨。吴越文化是杭州湾良渚文化"淹没"后的崛起,是杭州文化兴起的丰碑。

一、海侵迫使良渚文化转移

2019 年,良渚古城遗址被成功列入世界遗产名录。距今约五千年的良渚文化,不但成了全世界公认的"世界文明的曙光",更成了杭州湾文化史的源头。

从遗址中发现的祭坛、大型土筑金字塔等建筑遗迹、大型墓葬群,以及数量众多的精美玉器来看,良渚文化具有"摆脱野蛮时代,迈向文明时代"的特征。有人认为,当时的良渚人很可能已经建立了自己的方国,成为"早期城邦式的原始国家"。但就是这个创造了高度发达玉文化的良渚文化,却在经历了一千三百多年后、在距今约四千年的时候突然神秘地"失踪"了,给世人留下了一个千古之谜。

随着考古的深入,专家发现良渚文化的神秘"失踪"与"海侵"现象有着密切关系,造成海侵的原因是在全新世中期(距今约七千年—三千年)全球气候变暖,两极冰雪和大陆冰川融化,海平面上升。长江三角洲由于遭遇海侵,海岸线比现今向西内退了约二百千米。长达数百年甚至上千年的海侵,直接导致低海拔沿海地区古代文明的中断。距今约四千年前,由于海平面上升,古希腊文明突然湮灭。古希腊文明的湮灭与我国良渚文化的消失时间相近,由此可见,这是因一场全球性的自然灾害导致的。

这次海侵,对良渚文化来说是灾难性的:聚落被冲毁,田地被淹没。居住的家园没了,生活的来源断了,良渚人有的被淹死或饿死,幸存者只好四处迁移,盛极一时的良渚文化区域就这样遭遇了海侵的巨大冲击,或沉积地下,或随波逐流。迄今考古发掘证实,在良渚文化遗址文化层之上,普遍发现有淤泥、泥炭、沼泽层等水灾的痕迹。邻近的跨湖桥文化、河姆渡文化均遭遇同样的命运。

良渚文化在被海侵冲击后,先民大致分为两方面向外迁徙,其中主力队伍由禹的后嗣启率同他的部族流徙中原,通过征服异族,建立了奴隶制国家——夏王朝。二里头遗址中发现的玉琮、玉版、玉戈等与早先良渚文化中的相类似,据此说明良渚文化北漂是有依据的。

夏启加入逐鹿中原的行列,尽管一度有过后来者居上之势,但以炎黄后裔为代表的华族人数众多,而且保有先入为主的主导地位,所以"华"与"夏"之争最终成为"华夏"融合,从而推动了南北两大文化板块的撞击,产生历史性的飞跃,创建了东亚第一个文明社会。

　　杭州湾地区文化北迁之后,良渚文化故地及其周边是否完全变成真空的无人区了呢? 当然不是。由于启所带领北迁的主力,仅为核心部族中的精壮;其余旁支部落和分散的居民,或眷恋故土,或无力远征,或犹疑离心,或自力更生,因而未随启北行者非少数。他们分别活动,就近谋生,成为良渚文化区域孑遗的真正后裔。其分布零星而广泛,在如今的杭州、临安、余杭、萧山、建德、桐庐、淳安一带均有足迹可寻。这些良渚附近的"散兵游勇"与当地散居的"百越"人朝夕相处,从而结出了丰硕的文明成果。

　　"百越"之称谓源于先秦古籍对南方沿海一带古越部族的泛称,因这些古越部族众多纷杂且中原人对其不甚了解,故谓之为"百越"。《汉书·地理志》记载,百越的分布"自交趾至会稽七八千里,百越杂处,各有种姓"。也就是说,从今江苏南部沿着东南沿海的上海、浙江、福建、广东、海南、广西及越南北部这一带,是古越族人最集中的分布地区。百越有很多分支,包括扬越、闽越、南越、西瓯、於越等支系。近年来的考古研究实证表明,百越也是中华文明的发源地之一。

　　建德寿昌溪上游久山湖遗址、桐庐柳岩新石器晚期遗存、瓶窑北湖遗存、萧山长河塘子堰村遗存,都证明早年良渚古城构筑的那个宗教文化中心和政治权力机构虽已他移,但散居的遗民仍然在本地区繁衍。当然若与"入主中原"后的夏朝相比,杭州湾附近地区由于失去核心,人力涣散、物力削弱,社会发展相对滞后。

　　若干年后,这里的遗民用良渚文化与山区百越中稍先进的於越人相融合,提升了於越文化,汇聚起来后重新建立起小型的雏形政权,最后建成区域性的方国,那就是越国。甲骨文中很早就有"越"字出现。估计越国始建的年代约相当于夏朝中期。由此可知,受到启率众北移事件的影响,从横向比,杭州湾地区的经济文化水平相较于中原交汇四方力量来说,自然会滞后一些,但绝非"文化消失";从纵向看,良渚文化融入於越文化后仍有所迈进。

　　近年考古发掘在淳安土城山等处陆续发现距今约三千六百年前的越国炼铜遗址,出土有坩埚、铜炼渣和一些青铜产品。这反映越国在相当于夏朝中期时也进入青铜器时代,即从良渚文化进入了於越文化。

　　安吉出土的铜鼎,上有鸟篆文字,制作精良。近年发现有铭文的越国青铜剑就有二十四把,其中的"越王勾践自作用剑",虽深埋地下两千四百多年,至今仍寒光闪闪,犀利无比。这些青铜器上的纹饰富有地方特色,与附近同时发掘的印纹陶器的纹饰相似,显示土著文化始终占主导地位,成了良渚文化延续和发展的有力证据。

　　建德乾潭镇蒋家畈一残存春秋石室墓中,出土有原始青瓷和印纹陶器;

杭州半山鸟儿山战国时墓葬也有原始瓷盂、瓷杯等器物,其年代均在距今约两千二百年前。由此可见良渚文化并未在杭州地区消失,而仍然保持上升态势。

欧阳忞在《舆地广记》中还记载了"越干城",又名平越城,在浙江於潜县东十五里,夏少康之后封于越,其支庶居此,筑城。於潜县已并入临安县,今於潜镇东十五里,有堆石村,古为平越村,当是平越城旧址。可惜这里的"堆石"尚未做过考古发掘,否则也许有蛛丝马迹可寻。从地域位置看,这一线索相当重要,因堆石村东二十千米有地名叫"夏禹桥";夏禹桥东北十多千米即为反山"土金字塔";不远处还有瑶山大型古墓发掘玉琮、玉钺、玉璧甚多,并有与墓复合的祭台;反山东不远即为"秦望山"。在这一片东西不过四十千米的地段内,竟出现夏人始封的"秦望山",夏人支庶世居的"越干城",以夏人始祖命名的"夏禹桥",以及越先民的墓葬"土金字塔"当非偶然。这一带"良渚文化"分布密集,稻作农业比较发达,且北连肥沃的太湖平原,东接长江三角洲水网地带,南通宁绍平原,西可连接黔歙平原,成为四方汇通的枢纽。

二、海退促使文化种苗复苏

秦末汉初,今杭州湾多数区域还是随江潮出没的海滩,海地相连,一日两潮。海潮来时,地入水成为汪洋一片;海潮退时,地出水成为沼泽。汉司马迁在《秦始皇本纪》中记载:"始皇临浙江,水波恶,乃西百二十里,从狭中渡。"公元前210年,秦始皇凭借并吞六国的余威,率领船队出巡东南,11月到达钱唐时,恰逢涨潮,只能将船缆系于宝石山的巨石之上。面对这里穷山恶水、江海之会战略要地,秦始皇特以"钱唐"冠名县治。"钱"字,秦汉时与"泉"通用,意为流动之水;"唐"字,意为水势汹涌,浩浩荡荡。由于秦始皇巡视途中驾崩,天下大乱,至汉文才稳定,汉武北征,重视北方,所以江南一直得不到开发。

以杭州崛起为例,直到东汉初,先人才选定在"武林山"边创建了第一座杭城"钱唐城"。"武林山"原名"虎林山",为何取名"虎林"?《虎林山记》是这样解释的:"(此山有)异虎出焉,故名虎林。"因"吴音承讹,转'虎'为'武'耳"。错把"虎林"念成了"武林",才有了"武林山"这个称谓。由于虎林山是天目山的余脉,地势略高且平缓,树林茂密且有甘泉,相对于周边波涛出没之地,就是最适宜人们定居创业的宝地了。因此,我们的先人一直依山而居,繁衍生息。出于对虎林山的顶礼膜拜,尊称其为"神龙之尾""一郡众山之祖"。

那时的钱唐人家虽然依武林山而居,但城外的生态环境仍与秦代相仿:

紧邻城区的钱塘江,未修大堤以前是中华水利史上仅次于黄河的泛滥之河;天目群山时有山洪暴发,泥石流横冲直撞;东海潮水一日两次顺着喇叭口地形直逼钱唐城下。钱唐城外这种人不能安居、地不能耕种、淡水资源严重缺乏的生态环境,如不加以改造,就会直接影响城里居民的正常生活。钱唐先人如同良渚先人一般,在郡议曹华信的带领下,艰苦创业、造城修田、治水筑堤,不断推进家园建设工程。在城外环湖一带的吴山和宝石山山麓之间的沙地上构筑了杭州第一条"防海大塘"。构筑大塘要人、要物、要钱,钱唐城外人烟稀少,钱唐城内资金匮乏,华信只能以自救自助为名,招募钱唐城中的居民义务参与。钱唐先人每天带着锄头、铁耙、水袋、干粮,成群结队地前往"防海大塘"运石挑土,志愿服务,历尽了千辛万苦,建成了"防海大塘",之后才"县境蒙利",于是,钱唐县衙也迁到了城里——这就是今日杭州城的前身。西湖也因为有了"防海大塘",从此与海隔绝成为湖泊。至此,钱唐城西的钱唐湖周边才有了较好的生态环境,不少老百姓陆续从城里向湖边定居,依托这方圆几十里的钱唐湖的水资源,开荒种地、汲水灌溉、安家立业,逐步形成了农林牧副渔业持续稳定的发展局面;与此同时,沿湖的生态环境逐步变好。

西湖最早亦称"武林水"。《汉书·地理志》:"钱唐武林山,武林水所出,东入海。"后又有钱水、钱唐湖、金牛湖、石涵湖、西子湖、明月湖众多名称,但只有两个名称为历代普遍公认,并见诸文献记载:一是因杭州古名钱唐,湖称"钱唐湖";一是因湖在杭城之西,故名"西湖"。最早在文学作品中出现"西湖"名称的,是白居易所作《西湖晚归回望孤山寺赠诸客》和《杭州回舫》这两首诗。北宋以后,名家诗文大都以西湖为名,"钱唐湖"之名逐渐鲜为人知。而苏轼的《乞开杭州西湖状》,则是官方文件中第一次使用"西湖"这个名称。可见西湖和杭城的紧密关联。不过,无论后来西湖发展得多么有名,都不能忘了本源来自武林。武林山、武林水两词源自"虎林",意为猛虎出入之处,钱唐先民聚居之前,是一块未开发的处女地。

有史可查的"华信修塘工程",证实了美丽西湖不像黄山、庐山,是天公造就的自然美景,它是钱唐先民艰苦创业的结果。大堤虽不能挡住大潮,却能隔离海水入湖,可使湖水逐步淡化,使湖东有人定居,从而跨出了海湾泻湖转为淡水湖泊的关键一步,使钱唐湖趋于稳定。《杭州城市发展史》中记载:东汉的"钱唐城"面积很小——北至现在的"体育场路",南至现在的"庆春路",西至现在的"武林路",东至现在的"中河北路"。

自秦置县、东汉建城至吴越建国之前的八百余年,杭州地区的发展甚慢,还不如附近的睦州、湖州、衢州、婺州等同类的三等小州。主要原因是苦于水灾连绵不断,直到钱氏被封为吴越国王那年仍是一副惨象。

三、钱镠推进吴越文化兴起

吴越王钱镠之所以称他的领地为"越",是有其历史渊源的:因为这块南方大地上曾居住着"百越"先民。随着良渚文化和於越文化的交融,这里就成了中国文化的发源地。

诗云:"绍兴空存大禹陵,夏王支庶冷清清;越裔借问何处有?当在余杭、越干城。"这说明古越国曾长期以钱塘江以北作为政治经济的中心地带。越文化与良渚文化一脉相承,同样分布在杭州湾以北至太湖附近,这一带是古越人的主要居住区。越亡后,秦始皇又将大越等处的越人发遣来余杭一带集中居住。由于这段历史长期被湮没,以致至今还误传大禹支庶始封的会稽即今之绍兴,并误以为越王子孙世居山阴。为澄清谬误,考查越国历史文化的渊源,对于越国前后兴建的都邑做一番考察,很有其必要。

较早的权威性的历史文献,大多认为"越为夏人之后",越国始建于夏代中期。《史记·越王勾践世家》记载:"越王勾践,其先禹之苗裔,而夏后帝少康之庶子也。"史料说明越国是中国历史上最古老而久长的诸侯国家之一,它跨越几个王朝,前后经历了上千年的历史。历来诸侯立国,短的不过几年,一般为几十年,较长的几百年,很少有逾千年的。春秋列国大多始建于西周而亡于春秋;个别夏、商遗留的小国也未见有能延续到战国末年的,唯独越国始建于夏代而亡于秦的统一。它在当地於越族原有雏形国家的基础上,由夏人支与本地土著共建越国政权,经营千余年,在钱塘江流域至太湖地区陆续兴建起不少城邑。

越国公室聚居的城邑,见于文献记载的有好多处。如:有记载始封于"秦余望南",有记载世居于"越干城",有记载越王允常故邑"句无",有记载越王勾践栖于"会稽",有记载越王争霸中原迁都"琅邪",有记载越王翳迁都于"吴"。越王无疆死后,诸族子分散于沿江沿海地带各自称王称君自建都邑,越亡后,秦"徙大越民置余杭、伊攻、故鄣",也有移居于"梅里"的。古代聚族而居,公室尤其如此,所到之处,大宗建都,小宗建邑,又小则建里。上述城邑,仅属断鸿零爪记载不全,不过也可借此窥见越国发展变迁的基本线索。

越国的域,《史记》总称为"会稽"。《汉书·地理志》对此做出具体说明:"会稽,东接于海,南近诸越,北枕大江。"这里所说的"会稽",绝非今之绍兴一地,而是指整个杭州湾地区和太湖地区,也即是早先良渚文化分布的区域。所谓"南近诸越",是说句无(诸暨)以南住着较落后的各种越部族尚未归属越国版图；而所谓"北枕大江"，确切地指明北以长江为界，古代文献向来均称黄河为"大河"、长江为"大江"，钱塘江、富春江、新安江之类均不足以使用"大江"的专称。越国定居的地区在长江南至钱塘江，宜乎秦灭越以越地为会稽郡，郡治设在吴，甚至西汉仍将会稽郡治设在吴，而并非设在钱塘江南岸的山阴。《舆地广记》释会稽范围为江苏东部、浙江西部皆其地。可见会稽区域甚大，宁绍平原仅是它的南鄙。即使越国一度受到吴国所逼，疆土日蹙，也仍拥有钱塘江以北到太湖之西，《国语•越语》还载道："南至于勾无（今诸暨），北至于御儿（今嘉兴），东至于鄞（今宁波），西至于姑蔑（今太湖）。"《尔雅》也记："具区在吴越之间。"具区是太湖的别名，即是说太湖的西南部、南部和东南部长期属于越国版图。按照这样的地理环境来看，现在的杭州地区正好处在越国的中心位置。

稻作农业立足"良渚"不是偶然的。杭州先民很早就掌握深翻土地的方法，用犁耕代替耜耕，学会开渠引水，还懂得中耕的技术。这是从"良渚文化"遗址中出土的石犁、破土器、耘田器和各种磨制精细的农具中可以推知的。更为重要的是，在今杭州市余杭区的反山发掘到一座"土金字塔"，考古测定也证实在夏朝建立以前，这里初步建有雏形的国家。该墓区规模宏伟，面积宽广土方量约二万吨以上，这是需要动用大量劳力才能完成的巨大工程。墓中出土大量随葬品，仅精致玉器即达一千一百多组，有的一组玉器就包含上百颗晶莹的玉珠，富丽堂皇，绝非原始公社所能办到。尤其值得注意的是，墓中有不少作为权威象征的礼器玉钺和玉，这证明墓主生前具有极大的权威。其中一块被称为琮王的玉，重达十三千克，是迄今全国发掘到的玉琮中体积最大的一块。在面两侧刻有神像，象征神的意志，显示墓主为统治层中的特权人物。离反山不远的瑶山也发现有同类大墓十三座。在杭州湾、太湖地区已经发现的这类大墓总数约四十座，其中杭州市余杭区境内占二十三座之多，占总数之半有余。而且相比之下，可看出余杭反山大墓规格最高反映当时于越族所建雏形政权分布虽广，而以余杭一带为最盛，因而这里为以后越国立国定都提供了有利条件。

《越绝书•外传记地传》："无余初封大越，都秦余望南，千有余岁而至勾践。"《越绝书》并记载有："秦余杭山者，越王栖吴王差山也。"祝穆《方舆胜览》记：秦余望山即秦余杭山，亦称余杭山或秦望山。秦望山有四处：其一在浙江杭州市余杭区境内，余杭街道南六千米。传说秦始皇东巡时曾登此山，因其舍舟杭于此，置此县为"余杭"，山也因此得名。秦始皇登山望海，故"秦余杭"也作"秦余望"。其二在今钱塘江北岸秦山核电站附近。《水经注》记：先秦武原乡，秦置为县，东汉安帝时城沦为湖（现平湖之当湖），移治于此"县南有秦望山,秦始皇所登以望东海,故山得其名"。其三在今苏州西北二十千米,王禹偁《小畜集》记:"阳山一名余杭山。"其四在今绍兴南,《水经注》记:"浙江自临平湖南通浦阳江,又于暨东合浦阳江,自秦望分派,东至余姚县(今余姚市)……秦望山在州城正南,为众峰之杰,陟境便见。史记云,秦始皇登之以望南海。"以上四说,何者为是,尚待辨析。但其中"绍兴说"最为可疑,《水经注》王先谦校本已指出疑点:"临平湖在浙江西,何以反自湖南通浦阳江乎?此文容有错谬。"又绍兴之南尽为陆地,如何能"登之以望南海"?本人对此有另文考释。

随着"太伯奔吴",吴国在江南崛起,出现两强对峙局面。越国在北面受阻,只好向南发展。越国在钱塘江南岸的经营大概是从允常称王后开始的。最明显的一个事例是允常称王后在浦阳江边建筑句无城,欧阳忞《舆地广记》考释道:"望诸暨本曰句无,越王允常之故邑,《国语》所谓南至句无是也。"允常为南进而建句无,正如同时期吴王阖闾为东进而自梅里迁都姑苏一样。句吴是越王允常时最南的城邑,也就成了他准备积极经营宁绍平原、开拓金衢盆地的指挥部。允常迁居于此是有战略眼光的。

但北面吴军的入侵,干扰了越国的南进计划。允常移兵北岸抗敌。双方在杭州湾以北今嘉兴一带互相对攻。据《越绝书》记载,吴王固向东南扩张的情况说:柴碎亭到语儿、就李,吴侵以为战地。原属于越国领土的柴碎亭、语儿、就李,均在今嘉兴地区,相继为阖的军队占去。语儿位于现在的海宁辛江附近,与今杭州市相距不到三十千米,已成为吴军兵锋所及的前沿阵地。越军坚守西路太湖至富春江一线。越王允常死,勾践即位。吴军乘机再次进攻越国。越军在携李(今嘉兴西南)击败吴军。吴王固负伤死。过了两年,吴王夫差为报携李之耻"起师伐越",先败越军于五湖(今太湖)南部的夫椒山,继又步步进逼围越王勾践于钱塘江南岸的会稽山。时会稽尚未筑城,越军只能依托山势守御,残军不过五千人,被迫乞降于吴。吴王夫差拘勾践入吴服役,越降为吴的属国。三年后,勾践骗取了吴王夫差的信任,得以获释遣回会稽,这时才在会稽山下建城为都,是为大越。

勾践建都大越后,全力整顿,发展生产,积蓄民力,生聚教养,"十年不收于国,民俱有三年之食",充实了国力,终于转弱为强。勾践十五年,越军探知吴王北上黄池(今河南封丘西南),忙于和诸侯会盟,与晋争霸,后方空虚,乘机吴出奇兵攻袭其都,并收复了大片失地。吴国势力由此衰落。勾践二十四年,越再次兴兵,彻底攻灭了吴国,占有江淮间大片领土。于是勾践循着夫差在北方扩张的基业,争霸中原,遂迁都于琅邪(今青岛市黄岛区南二十五千米)。

关于越国迁都琅邪事,有多种历史文献可供参证。《越绝书》记:"勾践徙都琅邪,起观台。台周七里,以望东海。"《吴越春秋》亦载,越王勾践二十五年"霸于关东,从琅邪起观台"。《汉书·地理志》琅邪郡琅邪县下注云:"越王勾践尝治此,起馆台。四时祠。"郭璞《山海经》琅邪台注云:"今琅邪临海边有山,瞧峣特起,状如高台,此即琅邪合也。琅邪者,越王勾践人霸中国之所都。"《水经注·潍水篇》记:"琅邪,山名,越王勾践之故国也。勾践并吴,欲霸中国,徙都琅邪。"

至于越王争霸中原,为什么在海滨筑城定都,而不是选择中原陆地城邑为都城?这一方面可以从越国建都的传统来考察,"秦余望南""越干城""句无""会稽""琅邪",以及后来的"吴",全都是背山面水之地,既便于防守,又利于水上交通。另一方面,与越国当时的实力有关。越国的兵种向来以水师为重点,越国的交通工具也以舟楫为主。《越绝书》记述越王勾践统治时期"水行而由处,以船为车,以楫为马,往若飘忽,去则难从"。所以《吴越春秋》说:自勾践建都琅邪,历者旨于赐、习古北、州勾等数代"皆称霸"。可见越迁都琅邪后,该地区一度进入了国势强盛的顶峰。

在进入战国时代以后,越国的纪年继续存在一百七十一年。越被楚击败后,尽管越国的公族后裔分裂为几个小邦仍分别占领一些领土,但统一而强盛的国势已一去不复返。所以到越王翳时,被迫从琅邪南撤,迁都于吴。

越王翳迁都于吴后,四传至无疆,依然好战,不断与长江中游的楚国发生摩擦。无疆自不量力,兴兵攻楚;招来楚大举伐越,两次大破越军。据《史记·越王勾践世家》载:楚威王兴兵伐越,杀无疆;后楚怀王再次败越,"越以此散,诸族子争立,或为王,或为君,滨于江海上,服朝于楚"。这时越国已分裂,但越人只是"服朝",并未"纳土",即并未完全灭亡。"或为王,或为君,滨于江海上。"是说沿江沿海仍建有越国公族支庶所立的分散的政权,也拥有各自的都邑。割据政权的数字与分布的位置虽不易一一考清,但大体可推知楚国占去了早先属于吴国的一些土地,未能占有越国在钱塘江两岸的原有基地。近年的考古发掘反映出楚国势力东渐仅止于莫干山以西,今安吉一带。楚国是最早设立郡县的国家之一,常在新辟边地设县,而目前仅发现太湖附近原属越的城被楚国建为边地的"城县"。而杭州湾附近并未发现有楚国设置的县,足以说明这一带尚控制在越人之手。这时,大越及越干城等处,当成为公族都邑;沿海的句章(今慈溪西南十七千米大隐附近)、今宁波县东部山之北、雨东(句章东海口外州,即今舟山)等地均为公族支据守的都邑。如据阚骃《十三州志》记载:越并吴后,在句章"大城之,以章霸功,故名句章"。说明句章城邑的规模是不小的。这里既是越灭吴后所经营的越国后方基地,也是越分裂后当成为保留残余势力的重要据点。特别是甬东,连秦始皇统一六国后也未能加以征服。因为秦军战车能驰骋于陆上,而舟师则不能得志于海上,只能对甬东的"外越"严加防范,而未能予以歼灭。所以越国公族部分势力一直保留到秦朝以后。

秦始皇于公元前222年,命大将王翦在灭楚后乘胜东下,平定江南,诸部越君除甬东等海上"外越"外,相继降秦。翌年全国统一,秦以越地为会稽郡,并下令为防止残余的海上越人前来骚扰,"徙大越民置余杭、伊攻、故鄣。因徙天下有罪适吏民,置海南故大越处(今绍兴),以备东海外越,乃更名大越曰山阴"。故本名郎,今浙江安吉县西北十五里。秦把宁绍平原上的越民,特别是越国公族,全部发到富春江以北的今余杭到安吉一带;但也有自动奔散的。《越绝书·记地传》说:"闻越王子孙在丹阳乡,更姓梅,梅里是也。"先秦五世亲尽可以改姓,尤其在政局动荡时子孙多改姓。如孔丘本子姓,其先世为宋国贵族,孔父嘉时因五世亲尽别于公族而改姓孔氏,孔子的曾祖防叔畏华氏之逼迁居于鲁。又如《资治通鉴》中记晋国智宣子选定智瑶为继承人,智果谏勿听,预见"智宗必灭",智果便"别族于太史,改为辅氏"。越人迁都,大批居於,即今临安於潜镇,多改姓徐。《吴越春秋》记:"秦大越鸟语人,置之。"汉时改为故,分置于县,东汉将"替"字改为"潜",后来於潜属杭州府管辖近年并入临安县为於潜镇。现在於潜附近仍多姓徐的。一说宁绍平原本徐国地,越王允常时始并入越版图,越王勾践建大越城后大力经营宁绍平原,徐人与越人同化,所谓"大越鸟语人"可能是越治下的徐人。唐《元和姓纂》认为,於潜大姓徐氏"乃偃王之后,为杭州望族"自绍兴迁於潜的大批徐氏族人究属越王后裔还是徐偃王后裔,虽尚待考,但原都属于大越的越人则确凿无疑。这里距越干城仅七千米,原为越人世居之地。总之,从余杭到越干城以及於潜今都属杭州,这一片土地成为越裔聚居的场所。

由此看来,与其说钱镠创建了"吴越国",不如说钱氏复兴了吴越文化。钱氏三代五主认真总结了先人文化的先进性,从多方面精心培育吴越文化,使杭州的面貌发生了巨大变化。

一是"治水利民"。唐代以前,杭州人口稀少,市容冷落。据《中国历代户口、天地、天赋统计》载:隋炀帝大业五年,杭州州城加上所辖六县总户数仅一万五千三百八十户,人口七万九千五百一十五人,杭州城内不到三千户两万人,非农人口尚未形成规模。唐代前期稍有发展,天宝之乱后再度倒退,黄巢之乱,破坏更剧。计自钱塘建成至吴越建国历一千一百二十九年,杭州发展甚慢,还不如附近的湖州、衢州、婺州同类的三等小州,直至钱氏封为吴越国王那年仍一副惨象。主要原因始终苦于水患。钱镠认真总结历史教训,深知治城必先治水，水患不除，人口难聚，经济难兴。他在治理杭州时，弘扬古人的历史传统和优良的治水经验。钱镠在《筑塘疏》中向梁太祖报告灾情："每昼夜两次冲击，岸渐成江，致近年以来江大地窄。溯自唐贞观以来，居民维修大塘，缺乏官帑，塘堤不固，易于崩塌。迨后兵革顿兴，民亦屡迁，废修塘之工。今海飓大作，怒涛掀簸，堤岸冲啮殆尽。自秦望山东南十八堡数千万亩田地，悉成江面。民不堪命，群诉于臣。臣目击平原沃野尽成江水汪汪……民为社稷之本，土为百物所生，圣人曰，有土斯有民，塘不可不筑。"

吴越王钱镠在治理杭州时，采用的是"控江保湖"的政策。在钱塘江边用木桩、竹笼、巨石构筑"双重海塘"，从源头上管控了咸潮对杭城、西湖的冲击。钱镠在大力"捍江"的同时，十分注重"保湖"。他常说，"民为社稷之本""有水才有民"。他首先注意的是疏浚西湖，唐昭宗天祐元年（904年），他创设撩湖兵制，"置撩湖兵千人，专治西湖"。自此疏浚西湖的工作进入经常化、持久化。为打造美丽西湖，钱氏依托自然风光，在西湖周边实施园林建设，精雕细琢，锦上添花。苦心经营：王苑私庭，星罗棋布；亭台楼阁，点缀群山；左江右湖，极登临之胜。吴山最高处的江湖亭，昭庆寺前的望江楼，涌金门外的钱王故苑——西园，钱塘名园之一的瑞莘园，钱塘门外更有别墅式建筑白莲堂、绿野堂、四观轩、披颢轩、南漪亭、迎薰亭、澄心亭、函碧亭、玉壶亭、雪氍毹亭等，胜迹无数，有些遗迹至今可寻。钱镠在大力修建钱塘江海塘的同时，又在一都三辅的杭嘉湖水乡普造堰闸，以时蓄洪，以保旱涝丰收，并建立水网圩区的维修制度，有利于这一地区农业经济的发展成为鱼米之乡。自此有序治理各地河道、湖泊，水田等水利开发工作进入经常化、持久化、制度化。这一重大成就实为史前良渚文化就开始的水文化长期积累的业绩。

二是"崇佛兴国"。与此同时，钱氏三代五主大力营造佛国，使得西湖山水馨香远播。环湖一带名刹如林，古塔挺秀，使杭州成为"东南佛国"。当时留下精美艺术佳作甚多，不断引来外国僧侣前来朝拜，推进中外文化交流。儒佛交融，影响理学，渗入民俗，平添不少西湖佳话、神话传说、名胜古迹，丰富了名水、名山、古寺的文化内涵，成为名城历史文化的组成部分。据《咸淳临安志》记：首府杭城，自然寺院林立，宝塔遍布，成为奇观。有文献可查的吴越在杭创建和扩建的寺院总数不下二百余所。建造在湖山胜景绝佳之处的梵寺名刹，为杭州增添了不少寺院园林和游览胜迹。如：吴山襟江带湖，足以远眺城阙、江、湖，向为览胜妙境；经吴越时期经营建造，沿山道观僧寺林立；智果寺面对大江，石翼重垂，俯视城郭，通衢里巷，一一可指；宝成寺为吴越王妃仰氏所建，是吴山赏牡丹胜地；净慈寺周围，由钱氏所建寺院即达十余座，一度成为杭城最大的寺院群。由于统治阶级的信奉和倡导，研习佛学之风大为盛行。不少学者还牵合儒家的经典来解释佛典;僧侣中也确实涌现出一批富有哲学思想的高僧,佛儒之间思想理念的互相渗透,使儒者在思想上、修养上更多地受到佛教思想的影响,于是寺院里多诗僧,官衙里多居士,创建了外美内秀别具一格的西湖文化。

三是"精心治城"。钱镠三扩杭城,第一次扩城将杭州向西南扩展,从包家山到秦望山(今六和塔西),再折向北,经钱王岭至湖滨一带,修筑一道新城墙。第二次扩建南起吴山东南麓,向东北沿东河到艮山门,西抵武林门,再向南到霍山,史称"罗城"。当时钱镠先后调动了二十余万民工和兵士,工期五月有余。"罗城"扩大了杭州的空间,容纳了众多的外来移民,让杭州的经济快速增长有了人力保障。第三次扩建的是"子城",楼台亭阁依山而筑,修成了吴越王城后着手美化西湖和群山建设。南到钱塘江北,北迄武林门至米市巷,西濒西湖,东至菜市河(今东河)的"腰鼓城"成形。扩城的同时,重点改革市场制和坊巷制,推动都城中心的繁荣。影响杭州千年"三面湖山一面城"的格局就此奠定。扩建后的杭城,一条宽约十米的主干大道沿着盐桥河纵贯全城,两岸可以居住,也可以摆摊设市。这种自由市场的城市模式更能获得农商从业者的青睐,大量人员在战争移民时首选了杭州。他们在到达后被政府专门机构登记管理,能者为官,技者入坊,壮者从伍,余者减税垦荒。乡间沿河开发桑田,城乡普及养蚕丝织,"杭城机杼之声,比户相闻"。史料记载,杭州城全面放开了商业限制:街坊之间、城墙内外都可自由交易;官营的陶瓷、丝绸织坊允许官私并行;街市坊巷与官府、酒楼、茶馆、商铺、寺观互相杂处,"前店后坊"出现了。纳河入城、沿河筑街、沿街设市、市中架桥,这条"自由的水陆大路"人气越聚越多,干道两侧延伸出许多街巷,纵横交错,商品贸易通宵达旦。还和吴、南唐、闽、南汉等国保持频繁的交易,甚至和日本、高丽、印度西竺、大食(哈利发帝国,今中亚、北非)等地也有海外贸易,使杭城由原先的"三等小州"一跃而成富甲天下的"东南第一州"。

钱氏三代五主着力改变此前西湖与冷落的杭城不相融合的关系,把城市街道延伸到了湖滨,形成了"三面云山一面城"的风景特色。经济繁荣,景观增添,环境美化,游人增多,市民生活优裕,这些条件的改善才使城西的钱塘湖因紧靠城市,而约定俗成地叫响了"西湖"之名,从而为杭州的发展开创了坚实的基础。宗教色彩也在都城加重,颇有"良渚古城"之风。

四是"重教求稳"。为了社会稳定,钱镠教育子孙,无论中原王朝如何变换,始终尊奉中原王朝正朔,绝不称皇,都要与邻国保持和睦,避免轻启战端,从而造就了在五代十国这个乱世中唯一享有八十多年和平安定的一方乐土。这个罕见的举动打动了宋太祖。为了表彰钱氏,宋太祖就把"钱"姓列为"百家姓"中第二位,紧贴宋太祖"赵"姓之后,以享殊荣。钱弘俶终结了吴越国历史的"纳土归宋",使吴越国赢得了五代十国时期最为安定繁荣之地的美誉,而钱氏之功成了历代名家交口赞誉的佳话——实现史上所罕见的和平统一。

钱镠还为子孙留下遗训十条:一、要尔等心存忠孝,爱兵恤民。二、凡中国之君,虽易异姓、宜善事之。三、要度德量力而识事务,如遇真君主,宜速归附。圣人云顺天者存。又云民为贵、社稷次之。免动干戈,即所以爱民。如违吾语,立见消亡。依我训言,世代可受光荣。四、余理政钱唐,五十余年如一日,孜孜兀兀,视万姓三军并是一家之体。五、戒听妇言而伤骨肉。古云:妻妾如衣服,兄弟如手足,衣服破犹可新,手足断难再续。六、婚姻须择阀阅之家,不可图色美而与下贱人结褵,以致污辱门风。七、多设养济院收养无告四民,添设育婴堂,稽察乳媪,勿致阳奉阴违,凌虐幼孩。八、吴越境内绸绵,皆余教人广种桑麻。斗米十人,亦余教人开辟荒田。凡此一丝一粒,皆民人汗积辛勤,才得岁岁丰盈。汝等莫爱财无厌征收,毋图安乐逸豫,毋恃势力而作威。毋得罪于群臣百姓。九、吾家世代居衣锦之城郭,守高祖之松楸,今日兴隆,化家为国,子孙后代莫轻弃吾祖先。十、吾立名之后,在子孙绍续家风,宣明礼教,此长享富贵之法也。倘有子孙不忠、不孝、不仁、不义,便是坏我家风,须当鸣鼓而攻。

《吴越备史》对钱镠评价很高,称赞道:"王少时,倜傥有大度,志气雄杰,机谋沉远,善用长槊大弩,又能书写,甚得体要。有知人之鉴,及通图纬之学,每处众中,而形神有余。纯孝之道禀于天性,每春秋荐享,必呜咽流涕。王挺命世之才,属艰难之运,奋臂起义,所向披靡。以寡敌众,黄巢不犯其封;仗顺伐逆,汉宏至于授首。诛逐帅之薛朗,遂申属郡之礼;平作伪之董昌,不违本朝之命。加以御淮戎以耀威,奉梁室而示略,回江山之深险,致都邑之宏丽,七德克备,五福是臻。故八辅地图,三授天册,总四海之戎柄,为一人之父师,威名赫然,霸业隆矣。然后内敦恭俭,外正刑赏,安民和众,保定功勋。文台崛起于江东,玄德雄踞于巴右,比之全德,固不足同年而语哉!"

总而言之,钱氏秉承了良渚文化的精髓,用"精心创造、和谐共进"的理念使吴越文化名扬天下、世代传承。

之后,历经宋、元、明、清、民国各时代不断完善,杭州终于被世人公认为是"世界上最美丽华贵的天城""地上天宫"和"人间天堂"。

四、杭州文化当代完美展现

杭州是拥有五千年建城史的历史文化名城,历届杭州市委市政府都高度重视历史文化名城的保护工作。1999 年,杭州以清河坊历史文化街区保护为契机,进入全面保护古城历史文化遗产的轨道。2011 年、2014 年,西湖文化景观和中国大运河分别被列入世界文化遗产名录。2019 年,良渚古城遗址被正式列入世界文化遗产名录。自从进入新时代,政府启动多项整治西湖、运河的大型工程,还湖于民,向全世界开放,拥江开发。政府与市民合力做好史无前例的大量工作,使之尽善尽美。

杭州独具特色的历史文化名城保护体系,保护和延续了名城的传统风貌。值得自豪的是,2016 年,习近平总书记邀请世界各地的贵宾,来到"天堂杭州"参加 G20 峰会。其间,在西湖边的西子宾馆,面对美景,习主席坚定且自豪地向世界宣示:"我们为了人类命运共同体的愿景而来,要引领世界前进步伐,带动全球发展潮流,为实现人类共同繁荣和进步做出更大贡献。"至此,"天堂杭州"也成了构建人类命运共同体的大舞台。

杭州之所以能够承载如此重大的光荣使命,是因为源自五千年文明和持续创新的历史文脉。而五千年文明和持续创新离不开一代又一代杭州人对家园文化的精心呵护和培育。展望未来,作为历史文化名城的一员,我们的使命是在市委市政府的带领下,发动市民,以家园文化为阵地,发掘优秀的传统文化、融入多彩的现代文化,形成历史与现实交汇的独特风采,坚定杭州人的文化自信,让这块薪火相传的五千年文明史的圣地,通过全民不断的努力,变成世界级的文化标杆。

钱镠的历史贡献与现实意义

钱大成　钱　刚　杭州钱镠研究会

习近平总书记曾向世界这样介绍杭州："杭州是历史文化名城,也是创新活力之城。""杭州既充满浓郁的中华文化韵味,也拥有面向世界的宽广视野"。

知今而不知古,谓之盲瞽;知古而不知今,谓之陆沉。我们更有必要回望历史,追溯杭州的发展历程。杭州作为都城,开端自吴越国;杭州城市格局的奠定雏形,同样肇启于吴越国;杭州的人文之盛、古韵之雅更是因吴越之芽而传承晶烁千年……

往事越千年,钱镠和吴越国虽早已远去,但千载而下,诸事纷扰中,钱镠的齐家治国理念越发显现出可贵之处,也越发显露出长久的生命力。其中意义,不只对杭州一地一时,乃至对整个中国长久的发展,对实现中华民族伟大复兴的中国梦,都有现实作用。本文所要探讨的,正是钱镠及吴越国的历史功绩,以及其中观照当下的现实意义。其当代意义,对于杭州的持续发展、国人价值观的重塑、文化教育的传承,乃至国家的和平统一,都将继续发挥不容忽视的作用。

一、发展建设层面,钱镠的民本思想值得思考、学习

作为一个起于民间草莽的一代雄主,钱镠深知民间疾苦,懂得民心可贵可惜可用,他的治国理念处处可见"以民为本"的思想。"民为贵,社稷次之,免动干戈,即所以爱民也""十四州百姓,系吴越之根本""土地为百姓所生""无水即无民",这些看似大白话的表述,恰是最朴素的民本思想的体现。钱镠的"以民为本"思想,不是停留在口头上,而是落在实际行动上。他做的几乎每一件事,都能或直接或间接地看到以民为本的影子。发展经济,改善人民生活,是济民;兴修水利、发展农桑是利民;凿修筑海塘,保境安民,不轻启

战端,是恤民。

尤为后人熟悉、称道的是,为杭州人民留下了西湖。曾有方士进言,如在旧基上扩建吴越王府,有国祚可及百年;但如果填西湖而建,垂祚当十倍于此。钱镠是清醒的,回答掷地有声:"百姓以西湖水为生,无水即无民,无民即无君,何况五百年必有王者兴,哪有千年不换人主的?有国百年我心足矣!"这一番话,足可见在他心里,吴越百姓的利益更重要。

钱镠的重民、爱民、亲民、恤民,充分体现了《尚书》所言的"民为邦本,本固邦宁",这是中国古代历代思想家、政治家倡导并施行的治国理政核心价值理念。在某种意义上,民本思想为解决新时代社会主要矛盾提供了历史依据,符合当下中国"以人民为中心"的发展思想。我们的党,根基在人民,血脉在人民,力量在人民,在实现中华民族伟大复兴中国梦的进程中,人民是依靠力量。要想全面推进小康社会建设、实现"两个一百年"奋斗目标,党就必须与人民保持血肉联系,乐民之乐、忧民之忧。

二、精神价值层面,《钱氏家训》与社会主义核心价值观基本一致,立德树人,以文化人

钱镠留给后人的,更有深远的精神影响。一部《钱氏家训》,字字珠玑、句句箴言,饱含修身、齐家、治国、平天下的大智慧。

现在被钱氏家族广为承袭的《钱氏家训》,源于《武肃王八训》和《武肃王遗训》。为了善记好懂,后人又有所提炼和完善。目前依循的版本,是由清末外交官钱文选先生采辑的《钱氏家乘》呈现的,共五百三十二字,分为个人、家庭、社会、国家等四篇。

钱氏一族枝繁叶茂、书香绵延,在之后的千年里俊杰辈出。有为官清廉、刚正不阿的历代士族,有学贯东西的盛世名儒钱陈群、钱基博、钱锺书、钱玄同、钱穆等,有中国科技界"三钱"(钱学森、钱三强、钱伟长),还有我国杰出的外交家钱其琛、著名女水利专家钱正英,等等。溯昔抚今,"千年名门望族,两浙第一世家"的钱氏群星闪耀,繁盛至今。

在中国历史上,同脉同族,兄弟并驾齐驱,祖孙后浪推前浪,还有一门多院士,以这样一种人才迭出的方式笑傲千年的,似乎只有钱氏。深究其因,不是别的,正是《钱氏家训》的影响。

这部王族的家训以忠孝传家,处处讲一个"和"字,忠君爱国,追求"百姓安而兄弟睦,家道和而国治平"。

钱氏的兄弟和睦，在五代的纷乱中绝无仅有，仅举两例。

第一例，钱镠临终前，经过犹豫和斟酌，决定让七子钱元瓘继承王位，但六子钱元璙也是一把好手，当时任苏州刺史。按传统继承法，长幼有序，钱元璙还略胜一筹。钱镠最终选择的是七子钱元瓘，这样的王位继承属于废长立幼，那是异常敏感的。有一次，钱元璙到杭州述职，钱元瓘谦逊地指着王椅说："兄长，这个位子应该是你的。"没想到，钱元璙非常诚恳地说："父亲安排你继承王位，一定有他的道理；我一定当好我的节度使，你尽管当好你的吴越国王。"

第二例，发生在钱弘倧、钱弘俶之间。三朝元老胡进思废钱弘倧，逼钱弘俶上位时，钱弘俶没有立即接受拥立，而是提出了一个条件："若全吾兄，乃敢从命。"之后钱弘俶把兄长送到台州临海保护起来，预料到胡进思会派人行刺，特意派人随行保护，后在绍兴为兄长建钱王府养老送终。

读史至此，不得不佩服钱镠的高瞻远瞩，不得不认同钱氏家训的力量。对钱氏后人来说，钱氏家训就像空气一样无所不在、无时不有，已成行为处事的准则。

钱氏家训已传承千年，从个人到家庭到社会再到国家，维系血脉，规范伦理，弘扬美德。从精神气质上讲，钱氏家训与今天我们提倡的社会主义核心价值观有很多共同之处，值得深入阐发其中讲仁爱、重民本、守诚信、尚和合、求大同的时代价值。正因为如此，2015年中纪委向国人广泛推荐钱氏家训。

核心价值观是一个国家的重要稳定器，构建具有强大凝聚力、感召力的核心价值观，关系社会和谐稳定，也关系国家长治久安。发展起来的当代中国，更加向往美好的精神生活，更加需要强大的价值支撑。这其中，像钱氏家训这样优秀的家风家训，更具有凝心聚力、振奋精气神、增强精神纽带的作用，立德树人，以文化人，对杭州构建和谐社会、提高城市品质善莫大焉。

三、文化层面，身体力行，讲好杭州故事，培育创新人才

"文化是一个国家、一个民族的灵魂。文化兴国运兴，文化强民族强。没有高度的文化自信，没有文化的繁荣兴盛，就没有中华民族的伟大复兴。"

在文化方面，钱氏留下了两张金名片。

一是钱王祭。

对钱王的官方纪念，从北宋时就已开始。赵抃出任杭州知州后，认为吴越钱王有厚德于民，有大功于朝，应该建造专门的祠堂加以纪念，因此上奏朝

廷,将玉皇山妙音院改建成"表忠观",苏轼受邀写下传世之作《表忠观碑记》,元代时表忠观被毁。到明代,浙江督抚胡宗宪把柳浪闻莺的灵芝寺改建成表忠观,塑三世五王像,春秋致祭。表忠观后来成了钱王祠,康熙乾隆都有题字。"文化大革命"时钱王祠被封,移作他用。

2007年杭州钱镠研究会建立之初,时任理事的丁云川先生在浙江图书馆发现了《清代元宵祭规条例》。由此,从2008年开始,恢复了中断一百四十余年的元宵祭钱王活动。之后每年元宵节,来自世界各地的钱氏后人齐聚钱王祠,击鼓撞钟、上供品、上香、恭读祭文、咏诵《钱氏家训》、敬香,追忆先人。

元宵钱王祭,已被列入浙江省非物质文化遗产名录,正在进一步申报国家级非物质文化遗产。这样一项有着悠久历史的祭祀,不只是家族祭奠、家族记忆,更应该成为杭州人共同的民俗文化活动。

钱王祭,除了传承钱王精神,还可以借助非遗,走入杭州的中小学校,让钱王故事成为本地文化教育的一部分,成为孩子们开蒙的读物;甚至,赋予钱王故事更多年轻时尚的元素,把钱王故事开发成文创产品,打造成一个杭州本土甚至苏浙沪三地的文化IP。西湖景区的文创企业曾把钱王射潮巧妙地寓意为"防水逆符",深受年轻人追捧。

二是重教。

教育是立国之本,是国家的百年大计。这个道理,千年前的钱镠就懂,所以在钱氏家训中留下了"兴启蒙之义塾""兴学育才则国盛"的语句。钱氏子孙人才辈出,与对教育的重视不无关系。

钱学森是钱氏后人中的杰出代表。2005年,温家宝总理在看望钱学森的时候,钱老提出了著名的"钱学森之问":"为什么我们的学校总是培养不出杰出的人才?"背后是他思考多年凝聚而成的"大成智慧"思想。

后来开设的"钱学森班",是以实际行动对"钱学森之问"做出的回答,是钱学森"大成智慧"工程的实践。杭州的第一个"钱学森班"是2016年在杭州时代小学设立的,意在"培养创新人才从娃娃抓起"。"钱学森班"是给"天赋学生"创设的拓展平台。钱学森之子钱永刚先生曾这样解释用意:"中国的教育偏重逻辑思维训练,而对学生形象思维的培养和训练认识不足、重视不够,这就造成了在人才培养上的不均衡。这种不均衡的培养也导致我们的学生在创新性方面有所不足。"

志在培养人才的"钱学森班"(院校),截至2018年11月,在全国四十所学校,建立了四十个"钱学森班",并且这个数字还在增长。接下来,在杭州还将出现一所"杭州市钱学森学校",以"开发潜能,发展个性"为办学宗旨,倡导学生"学得扎实,玩出名堂",文理兼修,全面发展。

这种直接参与的教育实践利国利民,实为一项功在千秋的善举,其意义之重大,影响之深远,将泽被后世。这样的实践,已从一个家族、一城一地的育人,转向了整个国家的人才教育,把个人的命运与国家兴衰紧紧地联系在一起,是在积极探索人才培养的教育理念和思路,为中国能够培养出更多创新性人才踏出一条可行之路。

四、国家和平统一层面,以史为鉴,"纳土归宋"对两岸 和平统一具有深刻启示

民族复兴、国家统一是大势所趋、大义所在、民心所向。近年来,钱氏"纳土归宋"的意义越发凸显。

吴越钱王是被中原王朝册封,且始终上贡,与中原王朝保持着融洽君臣关系的地方统治者,不能简单地视为割据政权;钱弘俶不是昏庸之君,"纳土归宋"之时,吴越国也并非不可一战,但钱弘俶没有选择倾国之力,以保家卫国之名号召军民做殊死之搏;吴越归宋不存在民族问题,那么,如果殊死一搏,其实质是用百姓之力捍卫一家之江山。所以,综合这些因素来看,钱氏功德不可谓不厚重,不以个人与家族的权势为重,而是以一家一姓的让权,换取了天下百姓的安居乐业。

钱氏"纳土归宋",为中国的和平统一提供了一个成功的范例,其追求中华一统的情怀和气度,不仅在当时绝无仅有——当时长江以南,唯独吴越国治下百姓免于燐青骨白之苦。放眼今天,同样具有振聋发聩、超越历史的现实意义。

2009年,钱王三十六世孙、中国台湾两岸共同市场基金会最高顾问钱复出席博鳌亚洲论坛年会时,受到温家宝总理的接见。温总理一开口就吟诵道:"利在一身勿谋也,利在天下者必谋之。"钱复感动地说,《钱氏家训》是他的先祖钱镠留下的宝贵精神遗产。实现祖国完全统一,正是利在天下者、利在万世者的大事,海内外的钱氏后裔自当谨守家训,共担民族大义,共同推进两岸关系和平发展。

吴越钱王"纳土归宋"的榜样,对两岸和平统一有着深刻启示。以史为鉴,其中深意值得回味,当今的台湾地区领导人也当学学钱镠,行正道,弃私利,以民意为归,以民利为本,以民族统一大业为重,推进和平统一进程。

千百年后的今天,赵宋之河山已邈,而武肃之德泽尚衣被于吴山越水之间。对于家族,钱镠身体力行,自立榜样,戒之慎之,开启了一个姓氏的千年

繁盛;对于百姓,钱镠以民为本,护佑一方,使万千生灵免于兵燹之祸;对于浙江,钱镠在杭州和江南发展史上有不可忽视的地位;对于国家,从钱镠善事中国到钱弘俶"纳土归宋",始终体现了以和为贵、以国为重的思想。

　　凡是过往,皆为序章。钱镠和吴越国留给今人的,是福泽;今人用以纪念钱镠和吴越国的,是承继、发扬和践行。

作为文化世家的吴越钱氏

杨　昇　浙江农林大学

一

　　五代处于两个文化灿烂的王朝之间,虽属乱世,但文化的发展并未停滞,其上承诗唐,下导词宋,取得了很高的成就。五代时期艺文的一大特质,就是其与各个割据政权统治者之间的密切关联,很多王族本身就是很有影响的文化之家,比如南唐的李氏和前后蜀的王氏、孟氏。南唐李氏王族以中主李璟和后主李煜为代表,后人辑有《南唐二主词》,为词史上的划时代作品。此外,李煜之叔叔景迁、景遂,李煜的兄弟弘茂、从善,皆能诗词。前蜀国主王建,既"雅好儒臣""崇尚文学",①自己也能创作诗词。其王位继承人王衍酷好靡丽之词,有集两种。后蜀末代国主孟昶颇有文才,有集五百卷。孟昶孙隆记、隆诂、隆说、隆诠四人,入宋后皆中进士。

　　与南唐和西蜀的王族相比,吴越国可谓是代有才人、毫不逊色。吴越国的开创者钱镠,虽以武弁起家,但在文学上也有一定的造诣,正史中记载:"镠学书,好吟咏。江东有罗隐者,有诗名,闻于海内,依镠为参佐。镠尝与隐唱和。"②《全唐诗》与《全唐文》中分别收录其诗二十二首、文五十一篇。钱镠在文学史上最为人所熟知的雅事,当属苏轼在《陌上花》三首引言中所记的"陌上花开缓缓归"。苏轼云:"游九仙山,闻里中儿歌陌上花,父老云,吴越王妃每岁春必归临安,王以书遗妃曰:'陌上花开,可缓缓归矣。'"吴人用其语为歌,"含思宛转,听之凄然"。③

---

①　吴任臣:《十国春秋》卷三六,文渊阁四库全书本。
②　《旧五代史》卷一三三《钱镠传》,文渊阁四库全书本。
③　苏轼:《苏东坡全集》卷五,邓立勋编校,黄山书社 1997 年版,第 95 页。

　　作为这个辉煌巨族的肇始,钱镠的文学创作以朴拙为取尚,其《还乡歌》令人联想起汉高祖在类似情境下的作品:"三节还乡兮挂锦衣,碧天朗朗兮爱日晖。功臣道上兮列旌旗,父老远来兮相追随。家山乡眷兮会时稀,今朝设宴兮觥散飞。斗牛无字兮民无欺,吴越一王兮驷马归。"①《吴越备史》对这首诗的评价是:"其雄辞壮气实大风之铸也。"与刘邦《大风歌》的悲壮相比,钱镠的《还乡歌》更见欢喜之情。司马迁《史记》载,刘邦唱完此歌之后,"令儿皆和习之,高祖乃起舞,慷慨伤怀,泣数行下"。钱镠则因父老不解《还乡歌》的含义,将其用口语唱出,以至于后来的年轻人多把它作为情歌来使用。可见其欢快的基调,与"衣锦还乡"这一诗歌主题更为契合。

　　再看其另一首歌谣《没了期》。"《晋公谈录》武肃之言,皆克律下。忽一日,杂役兵士于公署壁题云云。部辖者皆怒。王曰不必怒,续书云云。卒伍见之,怡然力役,不复怨咨:没了期,没了期,营基才了又仓基。(军士题)没了期,没了期,春衣才了又冬衣。(武肃题)"②从《没了期》中军士的抱怨可以看出当时人民的内心诉求,长期而繁重的徭役带给他们沉重的负担,史载钱镠建国后大力扩建杭州城,同时还整治了杭州的水利,这都是很大的城市基础设施工程,需要动用大量的人力和物力,因此参与整修的军士们发出的怨嗟似乎也是情有可原。钱镠的续句,以一个统治者的口吻回复了军士的诗句,主要表达了对底层军民的关切之情,所以明田汝成说"盖以恩典发其感激之心也,亦应变之智云"③。

　　不唯诗歌,钱镠的书法也著称于当时,后人对钱镠在文艺方面的成就评价颇高,皮光业云:"其文学也,家承儒范,世尚素风。侍绛纱帐于先生,授白纶巾于神女。才通梦寐,风吐方来。志在典经,龙斗不顾。所以博览七纬,精究三玄,尽得津涯,皆升堂奥。其于篇咏,尤著功夫。思风起而绣段飘,言泉淘而金沙见。其札翰也,花随腕下,星逐毫飞,霭若游云,细疑垂露,钩刀向背,未饶索肉芝筋,点画方圆,高掩崔肥赵瘦。就中濡染碑额,益见呈露锋芒。四方仰之神踪,一代称之墨宝。王逸少若见,甘避雁行,萧子云如逢,大惭蝉翼……"④

　　钱镠第七子世宗文穆王钱元瓘,原名钱传瓘,"虽少婴军旅,尤尚儒学"⑤。

___

　　① 《全唐诗》卷八,中华书局1999年版,第83页。
　　② 同上。
　　③ 田汝成:《西湖游览志余》卷二四,上海古籍出版社1998年版,第344页。
　　④ 皮光业:《吴越国武肃王庙碑铭》,见周绍良主编:《全唐文新编》第四部第四册,吉林文史出版社2000年版,第11223页。
　　⑤ 吴任臣:《十国春秋》卷七九,文渊阁四库全书本。

钱元瓘第八子钱弘偡"能为诗,颇有奇句"。^①钱元瓘第九子钱俶,"博览经史,手不释卷,平生好吟咏,在国中编三百余篇,目曰《政本》。国相元德昭、翰林学士陶谷皆撰序。后文僖公搜寻遗坠,总集为十卷,撰后序,行于世"^②。

钱元瓘第十子钱宏亿,"性俊拔,善属文。……王尝与丞相以下论及时务,且言民之劳逸,率由时君奢俭,因为诗二章,以言节俭之志,命亿应和。亿以北方侯伯多献淫巧,乃因诗以风刺,王嘉叹久之,仍赐诗以美其意"^③。钱元瓘第十四子钱俨,"幼为沙门,及长,颇谨慎好学。……俨嗜学,博涉经史。少梦人遗以大砚,自是乐为文辞,颇敏速富赡,当时国中词翰多出其手。归京师,与朝廷文士游,歌咏不绝。淳化初,尝献《皇猷录》,咸平又献《光圣录》,并有诏嘉答。所著有前集五十卷、后集二十四卷、《吴越备史》十五卷、《备史遗事》五卷、《忠懿王勋业志》三卷,又作《贵溪叟自叙传》一卷"^④。

钱元瓘诸孙钱昱、钱惟治、钱昭度、钱昭序、钱惟演、钱易,皆为艺文家。钱昱"好学多聚书,喜吟咏,多与中朝卿大夫唱酬。尝与沙门赞宁谈竹事,迭录所记,昱得百余条,因集为《竹谱》三卷。俄献《太平兴国录》,求换台省官,令学士院召试制诰三篇,改秘书监,判尚书都省。时新葺省署,昱撰记奏御,又尝以钟、王墨迹八卷为献,有诏褒美。……昱善笔札,工尺牍,太祖尝取观赏之,赐以御书金花扇及《急就章》。昱聪敏能覆棋,工琴画,饮酒至斗余不乱。善谐谑,生平交旧终日谈宴,未曾犯一人家讳。有集二十卷"^⑤。

钱惟治,本为废王钱倧长子,后被钱俶收为养子,他"幼好读书,……善草隶,尤好二王书。尝曰:'心能御手,手能御笔,则法在其中矣。'家藏书帖图书甚众,太宗知之,尝谓近臣曰:'钱俶儿侄多工草书。'因命翰林书学贺丕显诣其第,遍取视之,曰:'诸钱皆效浙僧亚栖之迹,故笔力软弱,独惟治为工耳。'惟治尝以钟繇、王羲之、唐玄宗墨迹凡七轴为献,优诏褒答。雍熙三年,大出师征幽州,命惟治知真定军府兼兵马都部署。前一日曲宴内殿,惟治献诗,帝览之悦,酒半,遣小黄门密谕北面之寄。……惟治好学,聚图书万余卷,多异本。慕皮、陆为诗,有集十卷。书迹多为人藏秘,晚年虽病废,犹或挥翰。真宗尝语惟演曰:'朕知惟治工书,然以疾不欲遣使往取,卿为求数幅进来。'翌日,写圣制诗数十章以献,赐白金千两"^⑥。

① 吴任臣:《十国春秋》卷八三,文渊阁四库全书本。
② 《吴越备史》补遗,文渊阁四库全书本。
③ 《吴越备史》卷四,文渊阁四库全书本。
④ 《宋史》卷四八○,文渊阁四库全书本。
⑤ 同上。
⑥ 同上。

钱昭度"俊敏工为诗,多警句,有集十卷"①。钱昭序"好学,喜聚书,书多亲写"②。钱惟演,字希圣,钱俶子,从俶归宋,历右神武将军、太仆少卿、命直秘阁,北宋初西昆体骨干诗人,与修《册府元龟》,累迁工部尚书,拜枢密使,官终崇信军节度使,博学能文,所著今存《家王故事》《金坡遗事》,赐谥文锡。《宋史》说:"惟演出于勋贵,文辞清丽,名与杨亿、刘筠相上下。于书无所不读,家储文籍侔秘府。"③钱易,钱倧子,"年十七,举进士,试崇政殿,三篇,日未中而就。言者恶其轻俊,特罢之。然自此以才藻知名。太宗尝与苏易简论唐世文人,叹时无李白。易简曰:'今进士钱易,为歌诗殆不下白。'太宗惊喜曰:'诚然,吾当自布衣召置翰林。'值盗起剑南,遂寝。真宗在东宫,图山水扇,会易作歌,赏爱之。易再举进士,就开封府试第二。自谓当第一,为有司所屈,乃上书言试《朽索之驭六马赋》,意涉讥讽。……易才学赡敏过人,数千百言,援笔立就。又善寻尺大书行草,及喜观佛书,尝校《道藏经》,著《杀生戒》,有《金闺》《瀛州》《西垣制集》一百五十卷,《青云总录》《青云新录》《南部新书》《洞微志》一百三十卷。子彦远、明逸,相继皆以贤良方正应诏。宋兴以来,父子兄弟制策登科者,钱氏一家而已"④。

钱镠第六子钱元璙及其子钱文奉长期担任苏州刺史,他们都雅爱好文艺,特别是钱文奉,他"涉猎经史,……延接宾旅,任其所适,自号曰'知常子'。……所聚图籍古器无算,雅有鉴裁,一时名士多依之"⑤。南宋龚明之《中吴纪闻》记云:"(钱氏父子)皆为中吴军节度使,开府于苏。时有丁陈范谢四人者,同在宾幕。"丁陈范谢四人指的是丁守节、陈赞明、范梦龄和谢崇礼,他们同为中吴军节度推官(节度使幕僚)。丁守节,其孙丁谓,曾任丞相。陈赞明,其孙陈子奇,官至太子中台,被称为"吴下三贤人"之一,家住阊门。范梦龄,其曾孙是范仲淹。谢崇礼,其儿子谢涛,官至太子宾客,属东宫官属。谢涛有文名,与卢镇齐名,时称"卢谢"。因此有不少史学家认为,北宋以后苏州最出人才,与钱元璙、钱文奉幕府有着密切的渊源。

除了爱惜人才外,钱元璙还"好治林圃,酾流以为沼,积土以为山,岛屿峰峦,出于巧思,求致异木,比及积岁,皆为合抱,亭宇台榭,值景而造,所谓三阁,名品甚多,二台、龟首、旋螺之类"⑥。《吴郡志》载:"南园,吴越广陵王元璙之旧圃也。老木皆有抱,流水奇石,参差其间。"可见南园的当日之盛。苏州

---

① 《宋史》卷四八〇,文渊阁四库全书本。
② 同上。
③ 同上。
④ 同上。
⑤ 《十国春秋》卷八三,文渊阁四库全书本。
⑥ 朱长文《吴郡图经续记》卷上,江苏古籍出版社1999年版,第15—16页。

的名园,如苏舜钦构筑的沧浪亭、范仲淹创建的郡学之庙,都是南园的一部分,南园之大可见一斑。钱元璙之后,其子钱文奉袭父职,又继续经营了数十年,从此,苏州以园林享誉海内。

二

在两宋期间,钱氏家族渐渐播迁江南各地。入宋之后,吴越钱氏继续昌盛,在各个领域涌现了难以计数的人才,绵延至今,几乎可以称为古往今来最为恢宏、久远的文化世家之一。时至当代,亦有众多政治家和学者出自这个家族,如钱玄同、钱其琛、钱正英、钱学森、钱伟长、钱三强、钱复、钱穆、钱锺书、钱仲联等。钱氏家族不仅人才辈出,而且遍布世界五大洲,堪称中国文化史上的奇迹。

迁居湖州的钱氏后裔在经历了元明两朝的沉寂之后,于清朝兴,道光十八年(1838年)和同治十年(1871年),钱振伦、钱振常两兄弟先后考中进士,标志着吴兴钱氏家族由农而仕的成功蜕变。钱振伦历官翰林院编修、国子监司业,他是晚清著名的骈文家。道光三十年(1850年),因丁母忧回籍,后历任扬州梅花书院、淮阴崇实书院、越华书院山长,其中主讲越华书院时间最长,前后十余年。钱振伦在原配去世后,续娶了大学士翁心存之女、一代才女翁端恩,大名鼎鼎的翁同龢是其妻弟。光绪五年(1879年),钱振伦去世,翁端恩遂携子归居常熟,钱振伦也葬于常熟虞山西石虎浜,吴兴钱氏家族的这一支从此寄籍于常熟。钱振伦的独子钱滮于1897年经堂兄钱恂介绍,赴日本留学,后因病回国。在原配妻子归氏去世后,1900年初,钱滮再赴日本,同年回国。后翁曾替他在厘卡、机器局等处谋事。钱滮有三个儿子,分别是棣孙、萼孙、华孙,其中第二子钱萼孙便是后来的钱仲联。钱振伦一支以文史传家,至钱仲联则更加发扬光大。

钱仲联,是著名诗人、词人、古典文学研究专家。1926年毕业于无锡国学专修馆,先后任教于大夏大学、无锡国学专修馆、南京中央大学、南京师范学院、江苏师范学院(苏州大学前身)、苏州大学。1981年经国务院学位委员会审批,被评聘为全国首批博士生导师。钱仲联长期致力于中国古典文学的教学与研究,擅长古诗文的笺注和校注,尤其对明清诗文有着较深的研究,其主编的《清诗纪事》深受学界好评。

钱振伦之弟钱振常中进士后,初选为散馆授编修,后任官礼部主事和中宪大夫等职。钱振常的两个儿子——钱恂、钱玄同都是一代历史名人。钱恂是清末著名外交家,光绪十六年(1890年)随薛福成出使英、法、意、比等国,后为清朝驻法、意、日使馆参赞大臣,1914年任参政院参政。其主要著述有《韵目表》《史目表》《唐韵考》《帕米尔图说》《金盖樵话》等。钱恂之妻单士厘,尝随夫游历日、俄等国,前后共十余年之久,见多识广,称得上近代中国第一位走向世界的知识女性,有《癸卯旅行记》《归潜志》《家政学》《育儿简谈》《清闺秀艺文略》《受兹室涛钞》等著述。

钱玄同本名师黄,改名夏,后改名玄同,字德潜,又字中季,号疑古,晚号逸谷,自称"疑古玄同"。清光绪三十二年(1906年)赴日本入早稻田大学攻读师范,其间师从国学大师章太炎研习国学;读书之余结交革命志士和大批追求新思潮的青年,加入同盟会。宣统二年(1910年)秋回国。1916年任北京大学及北京高等师范大学国文系教授、系主任等职,并任国语统一筹备委员会常委,是我国文字改革工作最重要的先驱之一。钱玄同在执教著书之余,积极参加新文化运动,痛诛"选学妖孽""桐城谬种",提倡文字改革。"五四"落潮以后,钱玄同又与胡适、顾颉刚三人为核心,进行古史辨伪;支持《语丝》周刊创办,与鲁迅、周作人等人形成了比较松散的语丝社;又与黎锦熙、汪怡、赵元任、吴稚等人开展国语运动。1937年"七七事变"后,钱玄同虽病困交加,但他拒绝伪聘,彰显出崇高的民族气节。他毕生致力于教育文化事业,在学术史上也有极高的成就。钱玄同的妻子徐婠贞是浙江绍兴人,出身于名门望族。钱玄同与徐婠贞育有六个子女,其中三个早夭,仅留下长子钱秉雄、次子钱秉穹(后改名钱三强)和三子钱秉充(后改名钱德元)。长子钱秉雄在北京大学哲学系毕业后赴日本留学,后任北京孔德学校的校长;次子就是名声超过其父的核物理学家钱三强;三子钱德元学习生物学,后来在北京中学教书。

钱恂的长子钱稻孙是著名学者和翻译家。他很小就跟随父亲钱恂到日本上学,后又随父母到欧洲攻读医学、德语,毕业于罗马大学。钱稻孙精通日、意、德、法四门外语,历任教育部主事,北京大学、清华大学教授,曾兼任国立北京图书馆馆长。钱稻孙最突出的成就是翻译事业,他是中国第一个翻译《神曲》的人,还翻译了大量的日本典籍,如日本古典名著《万叶集选》《源氏物语》《东亚乐器考》和一些日本医学书籍。钱稻孙的妻子包丰保,曾被人视为留学日本的第一位女性。

钱玄同的次子钱三强是我国著名的核物理学家,中国科学院院士,被誉为"中国原子弹之父"。1940年,钱三强从清华大学毕业后赴法国巴黎大学的居里实验室求学,获博士学位。1948年回国,先后担任中国科学院近代物理研究所所长、二机部副部长、中国科协副主席、中国科学院副院长等职。钱三强的夫人何泽慧,出身于苏州名门,毕业于清华大学,后又赴欧洲留学,也是著名的物理学家,中国科学院院士。

从道光十八年(1838年)钱振伦高中进士到2003年钱仲联去世,在这近百年的历史中,吴兴钱氏家族随时代而变迁,其家族成员身份复杂,活动范围领域差异颇大,但百余年间代有闻人,并在中国的历史舞台上留下身影。虽然吴兴钱家历代子孙政治信仰各异,命运各有曲折,但都受过较好的教育,以学术文化研究为主。吴兴钱氏仅用了祖孙三代的时间,就完成了从传统的科举体制下的士大夫到科技型知识分子的转变,具有相当的时代跨度与内涵,体现了近代中国的巨大社会变迁。

钱镠的后裔在两宋时迁入苏南无锡一带,钱氏历代先祖的嘉言懿行,严明的家规家训,对无锡钱氏后人的激励、教育、影响是很大的。钱氏自迁锡以来,历经千年风云变幻,子孙硕茂昌盛。

无锡钱氏一向以耕读为业,是注重家风家学的家族,因而历代英才辈出,尤其在近现代,涌现了一大批著名人士。在无锡城西,堠山钱氏自元朝的至元年间迁居无锡城中以来,出现了钱基博、钱锺书、钱钟韩等人才。钱基博是著名的国学大师,其子钱锺书更是誉满全国的文化宗师。钱钟韩是中科院院士,任过南京工学院院长。钱钟彭、钱钟鲁、钱钟泰、钱钟纬等也是闻名的科学家,钱孙卿、钱钟汉等是工商业家和社会活动家。锡山鸿声镇是有名的钱氏院士之乡,从这个小镇走出了钱伟长、钱临照、钱临希、钱易、钱俊瑞和钱穆、钱民权、钱一鸣、钱培贤、钱锟林等著名人士。

新渎钱氏亦是人才荟萃,钱绍武一门五代皆是名士。其高祖钱勖,曾为李鸿章僚属;曾祖钱广涛,为清末四国公使许静山的参赞;祖父钱六箴,曾在国民政府招商局任职;父亲钱学熙是北京大学教授,也是朝鲜停战谈判时的中方首席翻译;钱绍武本人为中央美术学院教授、著名雕塑家。新渎还有中国纺织大学(今称东华大学)校长钱宝钧、中国工程院院士钱鸣皋等。无锡钱氏是一个英才迭出、影响深广、对社会经济做出极大贡献的名门望族。钱氏自宋迁锡以来,自古及今簪缨不绝,英才累世,蔚为壮观。

作为吴越钱氏宗脉的发源地,杭州钱氏更是名人辈出,在近代以来,产生了众多的教育界和科技界名人,其中尤以两弹一星元勋钱学森为其代表。嘉兴钱氏兴起于明代,从正德到光绪的五百余年间,出了十六名进士、四十余名举人,以钱载、钱泰吉、钱仪吉、钱应溥等为代表的嘉兴钱氏,亦是江南著名的文化世家之一。

繁衍于江南地区的钱氏家族,自唐末以来开枝散叶,人才辈出,载入史册的名家逾千人。近代以后更是出现人才井喷现象,众多文坛硕儒、科技巨擎、国学大师,都出自这个"千年名门望族、两浙第一世家"。

潘光旦先生曾经对宗法社会中祖先对后代的影响做了如下论断："祖宗，尤其是中国的祖宗，代表两种力量：一是遗传；二是教育。祖宗贤明端正，能行善事，表示他自己就有一个比较健全的生理与心理组织。这种组织是他的遗传的一部分，很可以往下代传递的。他这种种长处也往往给子孙以一些很好的榜样，一些力图上进的刺激。辱没先人，在中国读书人看来，是最大的一个道德的罪过。所以在中国，祖宗之所以为一种教育的力量，似乎比西洋为大。这样说来，好祖宗就直接成为好子孙所由产生的一个理由，直接成为世家大族所由兴起与所以维持的一种动力，……"①正如钱锺书无锡祖居正堂的匾额所书"绳武堂"所表达的那样，无论钱氏后裔播迁何地，都以绳其祖武为训，钱氏始祖钱镠的大度、远见和魄力；尚文、重教和温情，都是钱氏家族最宝贵的精神财富。钱镠留下来的家训，成为族人世守不违的准则，影响尤大。经过整理的钱氏家训从个人发展、家庭维护、社会参与和报效国家等四个方面展开，生动地体现了儒家修齐治平的生命理想。而钱氏优秀的遗传基因，长期扎根于相对富庶安宁的江南地区，也成为该家族历经千年而生生不息的重要根底。

---

① 潘光旦：《明清两代嘉兴的望族》，商务印书馆 1947 年版，第 115 页。

吴越国钱氏家族文化遗存浅探①

钱彦惠　浙江农林大学

摘　要：本文通过前期对相关资料的搜集，共整理出杭州市现存与吴越国钱王家族有关的主要遗迹二十八处，其中全国重点文物保护单位十一处、省级文物保护单位三处。从文化遗产的视角对相关文化遗存、遗物进行整理，旨在探讨其发掘、保护和利用情况。这些文化遗存集中反映了吴越钱王们奉行崇佛重道、保境安民的治国理念和克己立身、严谨处世的治家之道。这是钱氏家族带给世人宝贵的精神财富。

关键词：文化遗产；吴越国；钱氏家族

拥有"千年名门望族，两浙第一世家"美誉的吴越钱氏家族，世代家风谨严，人才兴盛，这与其家族文化的传承有着密切的联系。前辈学者对其进行过较多的研究，成果集中在两个方面：一是对吴越国时期钱氏家族墓地②及与

---

①　本文是浙江农林大学人才引进科研启动基金项目"钱氏家族文化的传承及其当代价值"（项目编号：2018FR027）的阶段性成果

②　浙江省文物管理委员会、杭州师范学院历史系：《杭州郊区施家山古墓发掘报告》，《杭州师范学院学报》（社会科学版）1960年第7期。浙江省文物管理委员会：《杭州、临安五代墓中的天文图和秘色瓷》，《考古》1975年第3期。浙江省文物管理委员会：《浙江临安板桥的五代墓》，《文物》1975年第8期。明堂山考古队：《临安县唐水邱氏墓发掘报告》，选自《浙江省文物考古所学刊》，文物出版社1981年版。苏州文管会、吴县文管会：《苏州七子五代墓发掘简报》，《文物》1981年第2期。浙江省文物考古所：《杭州三台山五代墓》，《考古》1984年第11期。吴建华：《吴越国王锦俶墓志考释》，《中原文物》1998年第2期。杭州市文物考古所、临安市文物馆：《浙江临安五代吴越国康陵发掘简报》，《文物》2000年第2期。临安市文物馆：《钱镠墓神道墓表石像生与王陵葬制考》，《杭州文博（第九辑）》，天津人民美术出版社2011年版。浙江省文物考古研究所、浙江省博物馆、杭州市文物考古研究所、临安市文物馆：《晚唐钱宽夫妇墓》，文物出版社2012年版。杭州市文物考古所、临安市文物馆：《五代吴越国康陵》，文物出版社2014年版。

其家族成员有关文化遗存①（遗迹）、遗物②的研究。其中相关的发掘简报和考古报告可以作为研究吴越国钱氏家族墓葬文化和遗迹性质的基础史料。通过对相关墓葬资料的类型学研究，前辈学者不仅梳理出吴越国墓葬形式的演变情况及其反映出墓主人的等级差异，还对墓中的某些文物或现象反映的文化内涵进行了概括性探讨，如《吴越国王钱俶墓志考释》（1998年）、《钱镠墓神道墓表石像生与王陵葬制考》（2011年）、《礼制与葬俗——吴越国墓葬相关问题研究》（2014年）等；相关遗物的研究则为我们认识历代钱王统治期间杭州丰富的文化内涵提供了依据。二是对钱氏家族家训文化的研究。吴越国王室成员及其后世子孙在文学上取得了较大的成就。武肃王钱镠、文穆王钱元瓘、忠懿王钱俶和钱俨、钱易、钱惟演等人都有著名的诗作传世，对他们文学作品的研究也取得了不少成果，如《钱氏吴越国史论稿》（2002年）和《钱氏吴越国文献文学考论》（2004年）等。关于钱氏家训考释③及其当代价值的研究④也已经开展起来。这些成果都是值得肯定的，但是由于研究重点不同，国内外有关吴越国钱氏家族文化的研究在系统性、整体性和深刻性上仍亟待加强，对于历代钱王统治时期的都城建设、治国理政思想与家族文化传承情况等的研究也尚有进一步探讨的空间。本文中，笔者试图从文化遗产的角度对吴越国钱氏家族文化遗存进行概括性梳理。不当之处，敬请方家指正。

---

① 浙江省文物考古研究所：《五代钱氏捍海塘发掘简报》，《文物》1985年第4期；中国社会科学考古研究所浙江工作队：《杭州慈云岭资贤寺摩崖龛像》，《文物》1995年第10期；黎毓馨：《杭州雷峰塔遗址考古发掘及意义》，《中国历史文物》2002年第5期；黎毓馨：《吴越胜览 五代时期吴越国文物综述》，《收藏家》2011年第12期；常青：《杭州玉皇山天龙寺佛教摩崖造像》，《文博》2016年第1期；邵群：《吴越钱氏郊坛遗址研究》，《遗产与保护研究》2017年第3期；童赛玲：《五代吴越国杭州地区的佛教石窟造像艺术》，《大众文艺》2017年第4期。

② 何征：《五代吴越国钱镠与浙江越窑》，《中国陶瓷》2000年第5期；赵幼强：《唐五代吴越国帝王投简制度考》，《东南文化》2002年第1期；王力：《"宝箧印经塔"与吴越国对日文化交流》，《浙江大学学报》（人文社会科学版）2002年第5期；黎毓馨：《阿育王塔实物的发现与初步整理》，《东方博物》2009年第2期；《浙江省博物馆馆藏钱弘俶银简》，《中国宗教》2010年第7期；何秋雨：《浙江省博物馆藏五代吴越国阿育王塔》，《收藏家》2011年第3期；王宣艳：《浙江省博物馆藏北宋帝王金龙玉简考释—兼谈北宋时期帝王投龙简》，《收藏家》2014年第7期；《日本出土的吴越国钱俶造阿育王塔及相关问题研究》，《艺术设计研究》2017年第2期。

③ 详见牛晓彦：《钱氏家训新解》，北京理工大学出版社2014年版。

④ 肖群忠：《传统家训价值的传承与现代转化——以〈钱氏家训〉为主要分析对象》，《社会主义核心价值观研究》2016年第3期；严红枫、陈旭：《传承家训家风 践行社会主义核心价值观——"钱氏家训与临安家风传承"座谈会发言摘要》，《光明日报》2016年5月7日第7版；吴坚：《家训是弘扬社会主义核心价值观的重要世俗化载体——以"钱氏家训"为例》，《南方论坛》2015年第11期。

一、研究对象的界定

　　"文化遗产"是指由先人创造并保留至今的一切文化遗存,其具备三个基本条件:一是遗留物,即指人们认同的上一辈留下的财产;二是继承关系,指由某一特定群体(包括民族、部族、宗族、家族等)在长期的历史中形成的代际关系和继承关系;三是责任和义务,指继承者在获得继承权的同时,还被赋予了相应的责任和义务,以确保遗产在一个共同认定的范围内存续。国务院在颁发的《关于加强文化遗产保护的通知》中又指出,"文化遗产"包括物质文化遗存和非物质文化遗存两部分。而吴越国钱氏家族文化遗存也应包括与吴越国钱氏家族有关的物质和非物质文化遗产。这里的"物质文化遗产"是指吴越国钱氏家族遗留下来的"静态"的遗址或遗物,如相关的墓葬、遗迹与遗物等;而非物质文化遗存是指吴越国钱氏家族保存下来的"动态""活态"的,具有传承性、地域性、流变性的文化,如家训文化遗存等。吴越国,即自唐乾宁三年(896年)钱镠建国至宋太平兴国三年(978年)钱俶纳土归宋,前后历时八十二年,经历了钱镠、钱元瓘、钱弘佐、钱弘倧和钱俶三代五朝。

二、吴越钱氏家族文化的主要物质文化遗存

　　吴越国以杭州为都,极盛之时地跨一军十三州八十六县,疆域以今浙江为中心,包括江苏省、福建省等部分地区。五代时期,军阀混战,战火不熄,但钱镠及其后继者们运用灵活的策略,与中原王朝保持着友好称臣的关系,并苦心经营生产,使得吴越国能够长期保持国泰民安的状态。钱氏统治期间的功绩,集中在以下几点:一是重视水利设施建设,筑捍海塘,兴利除害,创造了我国水利发展史上的奇迹。二是极力推崇佛教文化。吴越国王自钱镠建国至末代钱俶,他们都把"奉佛顺天,保境安民"作为治国信条,这使得吴越国形成了以杭州为中心的宗教文化活动中心。三是对杭州城的扩建。吴越都城杭州始建于隋开皇十一年(591年)。但即使是在隋唐时期,它也一直只是北不及苏州、南不及越州(绍兴)的二流城市。这种情况直至吴越国时才发生变化。借助着钱镠在唐昭宗大顺元年(890年)闰九月筑夹城,唐昭宗景福二年(893年)七月筑罗城和后梁开平四年(910年)三次大的扩建,杭州城一跃成为一等城市。唐昭宗乾宁三年(896年)杨行密意欲攻入杭州城,僧祖肩曰"此

腰鼓城也,击之终不可得"①,行密只得作罢。可见,吴越杭城之坚不可摧。在历代钱王的苦心经营下,杭州地区得到了较大规模的开发,时至今日仍保留着大量的吴越国时期与钱氏家族有关的文化遗存,这成为我们解读钱氏家族文化的密码。

通过对文献资料的考察及相关考古资料的搜集,笔者共整理出杭州市与吴越钱氏家族文化有关的主要遗存二十八处(详见表1、表2)。

表1　吴越国钱氏家族及其亲属主要墓葬统计表

墓葬	墓主人	时间	所处位置、目前保留状况	资料出处
临 M23	钱宽	卒于895年,葬于900年	今杭州临安区锦城街道西墅村北约五百米处,有残存墓志 第五批全国重点文物保护单位	《文物》1979年第12期;《晚唐钱宽夫妇墓》,文物出版社2012年版
临 M24	水邱氏	卒于901年	钱宽墓东侧,有残存墓志。第五批全国重点文物保护单位	《浙江省文物考古研究所学刊》,文物出版社1981年版;《晚唐钱宽夫妇墓》
未发掘	钱镠	卒于932年,葬于934年	今杭州市临安区锦城镇太庙山坡。今墓前存清道光年间的一道墓碑。第五批全国重点文物保护单位,第二批省级考古遗址公园	《钱镠墓神道墓表石像生与王陵葬制考》,《杭州文博(第九辑)》,天津人民美术出版社2011年版
临 M20	钱元玩	卒于922年	今杭州市临安区城南功臣山下	《考古》1975年第3期
临 M22	吴越国宠臣或钱氏家族成员	五代	今杭州市临安区太庙山下,位于武肃王墓东不到二百米,墓志侵蚀过甚,无一字可据	《考古》1975年第3期
临 M25	钱元瓘王后马氏	葬于940年	今杭州市临安区西南十一千米玲珑镇祥里村上家头 第五批全国重点文物保护单位	《文物》2000年第2期;《五代吴越国康陵》,文物出版社2014年版
杭 M27	钱元瓘	卒于941年	今杭州市玉皇山脚,墓前有"吴越国文穆钱王墓"石碑	《考古》1975年第3期

---

① 《吴越备史》卷一,光绪乙未冬钱塘丁氏嘉惠堂重刊本,第25页。

续　表

墓葬	墓主人	时间	所处位置、目前保留状况	资料出处
杭 M26	钱元璙妃吴汉月	卒葬于后周广顺二年 952 年	今杭州市施家山南坡,西距杭 M27 约四百米,第五批全国重点文物保护单位	《杭州师范学院学报》(社会科学版)1960 年第 7 期
临 M21	或为吴姓王妃亲属	五代早期	今杭州市临安区板桥,金家畈村西北后半山南坡,有残存墓志"……王国功臣镇海吴随吴君墓志铭并序"	《文物》1975 年第 8 期
杭 M32	吴越国官僚或钱氏家族一般成员	五代	今杭州市三台山东麓,据吴汉月墓约五千米。墓志风化过甚,字迹全无	《考古》1984 年第 11 期
	忠献王钱弘佐	后汉天福十二年(947 年)	病死于咸宁院西堂,葬于杭州市上城区玉皇山西南钱王山南麓。现仅存墓表为四方形石柱	《中国文物地图集·浙江分册》;《历代帝王陵墓》,上海书店出版社 2016 年版,第 305 页

表 2　浙江吴越国钱氏家族文化主要遗址统计表

遗存类别	遗址名称	年代推测	位置	主要遗存及保留情况	资料出处
塔、经幢	保俶塔	钱弘俶在位年间(954—959 年)	今杭州市西湖北缘宝石山巅	原名应天塔、保叔塔。乾隆五十四年(1789 年),塔下发现吴延爽造塔记残碑。现为 1933 年按原样重建,省级文物保护单位	《中国名胜词典》上海辞书出版社 1981 年版,第 370 页
	六和塔	北宋开宝三年(970 年)建	今杭州市西湖边月轮山上,钱塘江边	北宋宣和五年被毁(1123),南宋绍兴二十三年(1159 年)重建。第一批全国重点文物保护单位	《中国都城辞典》,江西教育出版社 1999 年版,第 997 页
	雷峰塔	太平兴国二年(997 年)	今杭州市西湖南岸	吴越王钱俶因黄妃得子而建。1924 年 9 月 25 日倒塌 省级文物保护单位	《中国都城辞典》,江西教育出版社 1999 年版,第 996 页
	白塔	开宝四年(971 年)	今杭州市钱塘江边闸口的白塔岭上	塔旁原有白塔寺,与六和塔遥遥相望。塔用白石雕砌成,仿木结构建筑,八面九层	《中国都城辞典》,江西教育出版社 1999 年版,第 997 页

续 表

遗存类别	遗址名称	年代推测	位置	主要遗存及保留情况	资料出处
塔、经幢	灵隐寺的双塔和双经幢	钱俶在位年间——双塔（960年），双经幢（969年）	杭州市灵隐寺大雄宝殿前东西两侧双塔	西经幢末署"天下大元帅吴越国王建，时大宋开宝二年乙巳岁闰五月日"，经幢于景祐二年（1035年）由灵隐寺住持延珊迁建于今址，为第七批全国重点文物保护单位	《浙江文化地图（第一册）胜迹寻踪 浙江历史文化》，浙江摄影出版社2011年版，第63页
	梵天寺经幢	吴越国王钱俶在位年间（965年）	共两座相距十余米，在凤凰山东麓	南宋改名为梵天寺。幢身上有题记"乾德三年乙丑岁六月庚子朔十五日甲寅日立，天下大元帅吴越国王钱俶建"	《浙江简志之四 浙江文物简志》，浙江人民出版社1986年版，第65页、66页
石刻、造像	西湖石刻	五代到元代	杭州市西湖周围山区间	主要分布在慈云岭、圣果寺、石屋岭、烟霞洞、天龙寺等地，其中有钱弘俶雕凿的无量寿佛、弥勒佛像龛等第二批全国重点文物保护单位	《中国考古学大辞典》，上海辞书出版社2014年版，第630页
	慈云岭石窟造像	后晋天福七年（942年）钱弘佐雕造	杭州市将台山与玉皇山；玉皇山慈云岭上	天福七年（942年）吴越王建，旧名资贤，大中祥符元年（1008年）改今额。造像为钱弘佐创建第二批全国重点文物保护单位。	《收藏家》2011年第12期；《中国考古学大辞典》，上海辞书出版社2014年版，第630页
	烟霞洞造像	后晋天福、开运年间	今杭州市烟霞岭南高峰西翁家山南部山腰	洞内有十六座罗汉造像，现存十三尊，造像附近有"吴延爽舍三十千造此罗汉"的题记。吴延爽为钱元瓘妃吴汉月弟弟第二批全国重点文物保护单位	《中国考古学大辞典》，上海辞书出版社2014年版，第630页
	天龙寺造像	北宋乾德三年（965年）	今杭州市玉皇山上	摩崖龛三个，主龛为一铺七尊，主尊为弥勒佛，两侧为二比丘二菩萨力士像。第二批全国重点文物保护单位。	《中国考古学大辞典》，上海辞书出版社2014年版，第630页

遗存类别	遗址名称	年代推测	位置	主要遗存及保留情况	资料出处
历史故事类遗存	婆留井		杭州市功臣山南面山脚	石质井圈,八角形,直径一点二米,井深约五米,井壁圆形,青砖砌成。碑在"文化大革命"时被毁。1983年同功臣塔一同修复	《吴越首府杭州及北宋东南》,浙江人民出版社1997年版,第172页
	石镜山		杭州市临安区锦城街道锦桥居民区	《临安县图经》载"衣锦山,本名石镜山,高三十六丈,周围二百六十步,武肃王幼时游此,唐昭宗时改赐今名"	《临安市地名志》,方志出版社2012年版,第802页
	千秋关	吴越天宝六年(913年)	杭州市临安区西北横路乡登村与安徽省宁国县交界	元璙生擒吴行营招讨使李涛等八千余人于此。宋南渡时,置关戍守。清咸丰三年(1853年)重修,1958年建成于宁公路(於潜至宁国河沥溪)	《临安市风景名胜古今诗选》,人民日报出版社2006年版,第322页
	将台	长兴三年(932年)	杭州市西北郊外西溪一带	今无迹可查。康熙《钱塘县志》载"将台,吴越练兵地。将台,又名将坛,在定山"	《杭州西溪湿地史》,浙江古籍出版社2013年版,第43页、44页
	功臣寺遗址	五代后梁贞明元年(915年)	杭州市临安区东南方功臣山巅	吴越王钱镠"舍宅为寺"而建。钱元玩后葬于寺前。东南角有"婆留井"。功臣塔是江南地区现存最早砖木混合结构仿楼阁式塔。第五批全国重点文物保护单位	《中国考古学大辞典》,辞书出版社2014年版,第463页
	钱王祠	北宋熙宁十年(1077年)	杭州市柳浪闻莺附近	元时圮毁,明嘉靖间重建,1925年再次重建。初建于祠内原有苏轼书《表忠观碑》。现仅存明代重新摹刻的一块,藏于杭州孔庙	《中国名胜词典》,上海辞书出版社1981年版,第371页

续　表

遗存类别	遗址名称	年代推测	位置	主要遗存及保留情况	资料出处
考古遗存	吴越郊坛遗址	后梁龙德元年(921年)	杭州市玉皇山南侧支脉天真山上的天真院	遗址分为三层。一层平台上有题记"梁龙德元年岁次辛巳十一月壬午朔一日天下都元帅吴越国王镠建置"。省级文物保护单位	《遗产与保护研究》2017年第3期。黎毓馨：《收藏家》2011年第12期
	捍海塘	武肃王钱镠在位期间	杭州市南星桥凤山道口附近的江城路立体交叉桥	《吴越备史》"梁开平四年(910年)八月始筑捍海塘……初定其基而江涛昼夜冲激,沙岸版筑不能就"。这一方法失败后,钱镠一改旧法,采用了"运巨石盛以竹笼,植巨材捍之"	浙江省文物考古研究所:《五代钱氏捍海塘发掘简报》,《文物》1985年第4期

三、吴越国文化遗存的内涵及其现状分析

由上表可知,在笔者搜集到的二十八处遗址资料中,有集中分布在杭州一带的墓葬资料十一处(见表1)。通过对这些墓葬遗存及其出土遗物情况的分析,可以窥视吴越钱氏家族的丧葬文化密码。从墓葬形制上看,临M21、临M22、临M23、临M24和杭M32为前后两室砖室墓,而临M20、杭M26为前后双室石椁,杭M27、临M25为三室石椁墓。从身份上看,砖室类墓葬时代既有唐末,又有五代时期,墓主身份是王室成员或者钱氏家族成员或重臣;石椁类墓均为五代时期,墓主为国王、王后等王室成员。陈元甫先生经研究后推定,五代吴越国王室贵族墓的序列为第一等级是王陵和王后墓,使用三室石椁;第二等级为分封镇守边关的郡王(王室成员)墓,使用三室砖墓;第三等级是王子、王妃等王室成员墓,使用双室石椁;第四等级为非王室的钱氏家族成员或重臣墓,使用双室砖墓。[①]笔者赞同此说,并认为这一墓葬制度是对唐代墓葬制度的继承。

钱氏王族墓葬中还出土了五幅天文图,这是我国墓葬中发现时代最早的古代天文图。这些图案都是写实的,准确性较高,并随着时代的进步而不断完善,为了解我国星象变迁史提供了珍贵资料。从马氏康陵、钱元瓘墓和吴

---

① 陈元甫:《五代吴越王室贵族墓葬形制等级制度探析》,《东南文化》2013年第4期。

汉月墓中发现的天文图较钱宽夫妇墓中的质量有所提升、内容有所不同推知,吴越称王后,应对天文图做出了某些补充和修正,墓中的星象也随着墓主身份的不同而发生变化。

吴越钱氏王族墓葬还继承了唐代随葬"十二生肖"的做法。墓中出土十二生肖俑的情况最早见于山东淄博北朝的崔氏墓,这在隋代两湖地区的墓葬中普遍出现。[①] 而到了唐代,在关中和中原的一些没有壁画的墓葬中,常出现在墓室中开小龛以放置十二生肖的做法。可见,吴越钱氏家族墓葬沿用了唐代关中、中原墓葬的这一习俗。再结合墓中普遍出现的四神图案,可以看出钱氏家族墓葬具有明显的道教压胜辟邪色彩。天文图、十二生肖、四神环绕的墓主位于中心,这应当是他们尊贵地位的象征。

钱氏崇道亦多有体现,如杭州西湖水中出土了大量的吴越国时期金龙、玉简即为其一。一般认为,金龙、玉简是帝王道教投龙仪式中的两件重要信物。吴越国王钱镠、钱元瓘、钱弘佐、钱俶先后在杭州、越州、苏州等地著名的水府山洞中投送了大量刻有风雨顺时、国家兴隆、子孙繁盛等吉祥语的银简,同类遗物现多藏于浙江省博物馆。与唐代及北宋帝王投简祈求内容单一不同的是,吴越国主投简的所求内容繁多。

其二,吴越国王继承唐代传统,经常对神祇进行封赠官位、赐号。根据咸淳《临安志》的记载,后梁乾化五年(915年),钱镠请封杭州於潜县西天目山神时提到,"天目山众圣,其居百药所出,自臣讨伐凶徒之时,皆降阴兵佑助,乞依神庙,例封山王"[②]。在《建广润龙王庙碑》中,钱镠也敕诏"钱塘湖龙王庙宜赐号广润龙王,镜湖龙王庙宜赐号替禹龙王庙"[③]。不过值得说明的是,封赏神祇与祠庙的合法性无关。国家对祠庙奉祀的神祇进行赠官、封爵或赐号,而对佛寺、道观则通过赠额或立碑记的方式予以肯定其合法性,如《天柱观记》[④]即为官方公认天柱观合法性的物证。

杭州作为吴越国的首府,其广布的佛教遗存,为我们领略"东南佛国"吴越国浓厚的佛文化内涵提供了契机。钱王们在前后八十二年的统治期间,大力提倡佛教,在杭州西湖沿岸的群山中建寺造塔、雕造摩崖石窟造像和印行佛经等(见表2)。咸淳《临安志·寺观》载,南宋末年杭州城外的寺院总数为四百九十六所,能确定创建年代的有三百九十八所,其中钱镠立国之前二十所、钱氏统治期间二百三十所、北宋九所、南宋有一百三十九所。在创建于吴

① 张学锋:《中国墓葬史》,广陵书社 2009 年版,第 364—365 页。
② 潘说友:《咸淳临安志》卷七四,《宋元方志丛刊》本,中华书局 1990 年版。
③ 周绍良主编:《全唐文新编》(第一部第二册),吉林文史出版社 2000 年版,第 1459—1460 页。
④ 同上,第 1455—1456 页。

越时期的二百三十所寺院中,明确为吴越国王及钱氏家族建造的就达一百七十三所之多。① 其中,佛教文化遗存中六和塔、西湖南山造像群、功臣寺遗址和灵隐寺的双塔双幢入选全国重点文物保护单位,雷峰塔和保俶塔列为省级文保单位。另外,阿育王塔、宝箧印卷等经卷大量遗物的出现,也为我们了解吴越国繁荣的佛教文化提供了实物资料。

临安作为吴越王钱镠的发家之地,至今仍保留着不少吴越钱氏家族活动的遗迹(见表2)。通过对相关文献记载和考古遗存的梳理,可以明确功臣山、太庙山一带和诸墓葬遗址区为吴越国文化遗存的重点分布区。其中,临安吴越国王陵、功臣寺遗址先后入选为全国重点文物保护单位。该遗址区隶属的"吴越国文化遗址公园"也于2018年6月入选为浙江省第二批省级考古遗址公园,其规划建设已被区政府提上了工作日程。另外,在2017年4月临安区政府大院改建"停车场"时,出土了大量瓷片、铜钱和瓦当等建筑构件,部分砖模印有"大唐""官用"等文字,考古专家认为该遗址年代包含唐末到宋,从建筑构件及技术上看,其规格很高。该遗址发掘被评为2017年浙江省八大考古发现之一。

《钱氏家训》是吴越国钱氏王族留给后世子孙们的又一宝贵财富,它是一种"动态""活态"文化,随着时代的变化而不断完善。钱氏家规由"武肃王八训""武肃王遗训"和《钱氏家训》②三部分组成。乾化二年(912年)正月,钱镠在平定刘汉宏、董昌后,亲自作《家训》八条,提到"六十年来,见天下多少兴亡成败,孝于家者十无一二,忠于国者百无一人",告诫子孙要"恭承王法,莫纵骄奢,兄弟相同,上下和睦""莫轻弃吾祖先"。③ 钱镠去世之前,又进一步完善为十条,即为《武肃王遗训》。遗训中他对修身、治国、齐家等方面都做出交代,提到"每慨往代衰亡,皆由亲小人,远贤人,居心傲慢,动止失宜之故,正所谓德薄而位尊,智小而谋大,未有不遭侵覆之患也"④。他还告诫子孙,"十四州百姓,须用敬信节爱,使民之道,善为抚辑"。⑤ 而现存流行本的《钱氏家训》是武肃王第三十二代孙钱文选在编修《钱氏家乘》时,根据祖先八训和遗训等整理编辑而成,署其名"广德钱文选士青采集"。它以儒家"修身、齐家、治国、平天下"为框架,从个人、家庭、社会、国家等四个角度出发,对钱氏子孙的立身处世、治国持家等进行了全面的规范。这成为钱氏家族文化传承的重要内

---

① 潜说友:《咸淳临安志》卷七六—卷八五,《宋元方志丛刊》本,中华书局1990年版。
② 钱文选:《钱氏家乘》,上海书店出版社1996年版,第139—142页。
③ 周口钱姓文化研究会编:《续修河南周口(淮阳柳林)钱氏家乘》,中国家谱编印刷基地2016年,第19—20页。
④ 同上,第21—22页。
⑤ 钱文选:《钱氏家乘》卷五《年表》,上海书店出版社1996年版,第126页。

容,也是钱氏家族带给世人的珍贵的精神遗存。

综上所述,通过对杭州现存与吴越国钱王家族活动有关遗址、遗物的搜集,笔者共整理出主要相关遗存二十八处,其中包括十一处墓葬遗址、十一处佛教文化遗存、十一处遗存入选全国重点文物保护单位、三处省级文物保护单位。可见,吴越钱王文化已引起了国家和社会的广泛关注。这些文化遗存(包括家训)反映出历代钱王们治国期间奉行崇佛重道、保境安民的理念和克己立身、严谨处世的治家之道。

钱镠研究的定海神针

——读《两浙第一世家——吴越钱氏》有感

钱　征　池州市人大

大约自 1992 年以来,有关钱镠研究的文章、吴越钱氏的书籍,数量大增,质量尚可,出现了一个研究高潮期。很明显,这是时代进步的产物,是改革开放带来的丰硕成果。

在此期间,我阅读了不少有关钱镠研究、吴越钱氏的文章和著作。多数的文章和著作,资料不翔实,立意不新,宗亲意识明显,深入剖析不够,耽误了我的许多时间。少数的文章和著作,令人耳目一新,如邹身城、陶福贤、钱汉东等同志的作品。

邹小芄、邹身城、刘伟文著的《两浙第一世家——吴越钱氏》(以下简称《吴越钱氏》),属于"浙江经济文化丛书",2006 年 12 月由中国文史出版社出版发行。该书为浙江省社会科学规划课题成果,是浙江文化研究工程首批项目之一。课题组组长邹小芄(硕士、副教授),副组长刘伟文(博士、副教授),主要撰稿人邹身城(研究生毕业、退休教授)。《吴越钱氏》这本书,增加了我的阅读兴趣。

一本书中序的好差,也是很重要的。2006 年 5 月 30 日,习近平同志于杭州为该书撰写了《总序》。令我眼睛一亮的是,《总序》中的这么一段话:

> "浙江人民在与时俱进的历史轨迹上一路走来,秉承富于创造力的文化传统,这深深地融汇在一代代浙江人民的血液中,体现在浙江人民的行为上,也在浙江历史上众多杰出人物身上得到充分展示。从大禹的因势利导、敬业治水,到勾践的卧薪尝胆、励精图治;从钱氏的保境安民、纳土归宋,到胡则的为官一任、造福一方;从岳飞、于谦的精忠报国、清白一生,到方孝孺、张苍水的刚正不阿、以身殉国;从沈括的博学多识、精研深究,到竺可桢的科学救国、求是一

生；无论是陈亮、叶适的经世致用，还是黄宗羲的工商皆本；无论是王充、王阳明的批判、自觉，还是龚自珍、蔡元培的开明、开放；等等，都展示了浙江浓厚的文化底蕴，凝聚了浙江人民求真务实的创造精神。"

这段话语太精辟了。"钱氏的保境安民、纳土归宋"，既是秉承了富于创造力的浙江文化传统，也是深深融汇在一代代浙江人民的血液中，也是部分地展示了浙江浓厚的文化底蕴，也是参与了凝聚浙江人民求真务实的创造精神。"保境安民、纳土归宋"这八个大字，就是钱镠研究的定海神针。

邹身城老教授长期从事史学编辑、教学和研究工作，写有著作四十余种，发表专业文章四百余篇，达八十万字；其已八十高龄，仍笔耕不辍，老当益壮，矢志弥坚，令人敬重！邹身城先生的文字驾驭能力水平是极高的，如《吴越钱氏·前言》第二部分，撮要概述中，有"缔造'地上天宫'的主导者"，有"以民为本'保境安民'的执政者"，有"'和平归总'的先行者"。

唐末、五代（后梁、后唐、后晋、后汉、后周），不断地改朝换代，每个朝代，长者十余年，短者仅三年，总共五十三年间，易五姓十三君，其中由于亡国而被杀的皇帝就有八人，社会动乱黑暗，人民生活痛苦。

在中原五代之外的十国中，除了吴越国坚持"保境安民"外，其余九国基本处于社会动乱之中，苛刑酷法，民不聊生。

司马光《资治通鉴》指出："西至金、商、陕、虢，南极荆、襄、岭南，东过淮甸，北侵徐、兖、汴、郑，幅员千里，五六年间，民无耕织，千室之邑不存一二，有脍人而食者。"

苏东坡撰《表忠观碑》，推崇钱氏保境安民之功："是以其民至于老死不识兵革，四时戏游，歌鼓之声相闻，至今不废。"

钱镠生于唐末的宣宗大中六年（852年），长于唐懿宗时，仕于唐僖宗时，封王始于唐昭宗时，亲历唐哀宗灭亡的悲剧，决心从军"保境安民"。钱镠以"杭州八都乡兵"为基干，开拓两浙。他坚决克制称帝的野心，同时劝诫友人，切勿"闭门作天子，使九族百姓受荼毒"；教导子孙"善事中原，恭顺新朝"，以免兴兵动武、百姓遭殃。

根据钱镠的遗嘱，吴越国以后的四个国君，始终遵循着这一原则，朝奉中原，一直到北宋立国，臣服于宋。两浙百姓，由于"纳土归宋"，不劳干戈，直接受惠。难怪苏东坡为钱氏撰写《表忠观碑记》云："吴越地方千里，带甲十万，铸山煮海，象犀珠玉之富甲天下""其民至于老死，不识兵革，四时嬉游，歌鼓之声相闻，至于今不废，其有德于斯民甚厚。"可见"钱氏纳土归宋"这一义举在历史上受到高度评价。而两浙当地百姓感受尤为深切,所谓"吴越之民,追思钱氏,百姓如新"。钱氏能为顾全百万生灵做到这一点,在历史上做出表率,时至今日,依然具有维护中华一统的典范作用。

邹身城老教授在《吴越钱氏》第二章第四节里,根据文献,专门介绍了地上天宫——人间天堂。

清代刘鹗《老残游记》写道:"江南真好地方,上有天堂、下有苏杭。"蘧园《负曝闲谭》称:"俗语说得好,上有天堂,下有苏杭。"

明代冯梦龙《古今小说》引录"久闻得上说天堂、下说苏杭"。明代仁和(今杭州)人郎瑛,在《七修类稿》中,也作"上说天堂,下说苏杭"。李玉《清忠谱》中,同样作"自古道,上说天堂,下说苏杭"。

元代周卿《蟾宫曲》,有"岁稔时康,真乃上有天堂、下有苏杭"。

南宋范成大编《吴郡志》,引作"天上天堂,地下苏杭"。

再向上推究,发现比范成大早生两百多年的陶谷,在专门采录唐末、五代新颖谚语的《清异录》中,已收有有关杭州"地上天宫"的语录。

陶谷死于宋初赵匡胤代周建宋未久,后人因而误称陶为宋人,其实他主要生活在五代。邹身城老教授推算杭州"地上天宫"之说,当早于宋代,已先流行于后晋、后汉或后周时期,即吴越国王连续接受五代中原王朝的封爵,在两浙独立推行"保境安民"取得巨大成果之际。

试看:完好的海塘,娟秀的西湖;繁华的都会,兴盛的通商;祥和的环境,闲适的生活。这一切,在杭州自身的历史上,可谓空前进步;与同时代其他城市相比,更属于绝无仅有的乐土。所以,民间公认杭州为"天宫""天堂"。

"保境安民""纳土归宋"这一条主线,始终贯穿在《吴越钱氏》一书中。如杭州海港繁盛,不断吸引外来商船,往往集结成队。据《十国春秋·吴越国》载:"潮水初满,舟楫辐辏,望之不见其首尾。"欧阳修《有美堂记》赞美吴越港城之繁荣:"杭州乃四方所聚,百货之所交,物盛人众。为一都会。"

总之,地上天宫——人间天堂,这是从吴越国开始营造的。迄今为止,杭州人最引以为豪的一句话,莫过于"人间天堂"。

虽然《吴越钱氏》一书尚存有不足,但总的来说,无碍大局。开卷有益,我是十分满意的。我的书房里,就珍藏着这本书。

论吴越国国王钱镠的家乡情结

骆金伟　临安区钱王陵管理所

摘　要：吴越国王钱镠是临安历史上独一无二的人物，钱王文化是临安最重要最有历史底蕴的文化。本文将五代十国吴越国国王钱镠的家乡情结作为研究对象，以钱镠在临安出生、成长，建立吴越国，封王，最后归葬临安为基础，具体通过以下九个方面分别阐述其家乡情结：归葬临安与钱镠墓，"一军"衣锦军，功臣塔，功臣寺、光孝明因寺，钱镠诗文，钱氏家训，钱王传说，秘色瓷、金书铁券，钱镠家乡情结的其他物化与钱王文化自信。钱王深厚的家乡情结极大地影响了临安，也有力地促进了临安人的钱镠情结。当前，临安钱王文化的物化工作不断推进，钱王文化正焕发出新的生机。

关键词：吴越国国王钱镠；家乡情结；临安；钱王文化

临安位于浙江西部，建县至今已有一千八百多年历史，2017 年撤市设区，成为杭州市第十区。临安自建县至宋，县名及归属情况多有更改。211 年，东汉置临水县，隶属吴郡。280 年，西晋将其更名为临安县，隶属吴兴郡。688 年，唐复置临水县，隶属杭州。900 年，唐复更名为临安县，属余杭郡。908 年，五代后梁更名为安国县，仍属余杭郡。978 年，北宋复改称临安，隶属杭州。西晋吴兴郡太守郭璞有诗云："天目山垂两乳长，龙飞凤舞到钱塘。海门一点巽峰起，五百年间出帝王。"吴越国王钱镠正应了该诗，他就出生在临安这块土地上。

钱镠，字具美，系吴越国开国王，后人称钱武肃王。852 年出生于临安锦城钱坞垄，钱镠七岁开始从师学习，尤喜读《春秋》。十六岁时，钱镠开始贩私盐谋生。872 年，入伍跟随董昌。877 年，钱镠被提拔为石镜镇副使。893 年，唐授钱镠镇海军节度使，浙西道观察处置使，润州刺史。896 年，唐封钱镠检校太尉兼中书令、镇海威胜两军节度使。899 年，唐诏封钱镠为南康王。902 年，钱镠晋封为越王。904 年，钱镠晋封为吴王。907 年，梁太祖封钱镠为吴越王。923 年,后梁封钱镠为吴越国王。925 年,后唐封钱镠为吴越国王。932 年钱镠病逝,享年八十一岁,谥曰武肃。934 年,钱镠归葬在临安锦城茅山(今太庙山)。钱镠开创吴越疆域,一军十三州。吴越王钱镠主政杭州四十一年,掌控两浙三十七年,是五代十国中在位时间最长的一位雄藩。

家乡情结乃人性使然,而在吴越国王钱镠身上体现得更为突出。钱镠生于临安,成长于临安。功臣山下,石镜山脚,儿时嬉戏玩耍,心灵深处的泥土情结自然深厚。钱坞垄边,徽杭古道,足迹遍布,贩盐与参加石境兵团,八百里智退黄巢兵,踏遍临安。钱镠的成长、起家、成名均离不开临安。灭宏诛昌,受赐金书铁券,成为两军节度使。"月是故乡明",钱镠不忘衣锦还乡,高唱还乡歌,命名临安十锦。戴氏、胡氏等多位夫人均是临安人,陌上花开的故事流传至今。钱镠父母钱宽和水邱氏均葬于临安西墅明堂山,钱元瓘虽生于杭州却多次回到临安,钱弘佐、钱弘俶等生于临安衣锦军功臣堂,钱弘倧被废之后暂居临安,四代人与临安息息相关,均与钱镠的教育及其浓厚的家乡情结分不开。钱镠在大官山建功臣塔,舍宅为寺建功臣寺,至今保留的婆留井,在杭州设置西府,这是他家乡情结中的物质载体。在钱镠的诸多文学书画作品中,特别是《钱氏家训》中,也流露出他爱临安爱家乡的浓浓情怀。国家一级文物越窑青瓷褐彩云纹熏炉、越窑青瓷褐彩云纹盖罂、越窑青瓷褐彩云纹油灯在临安水邱氏墓的发现,表明钱镠至性至孝。毋庸置疑,吴越国王钱镠死后归葬临安锦城,这是他家乡情结的高点,令人尊敬,令人敬仰。

一、归葬临安与钱镠墓乡情

吴越国王钱镠卒于 932 年 3 月 28 日,934 年正月十一日,后唐敕葬钱镠于衣锦乡茅山之原。后唐以光禄少卿张褒宣命,一切葬典用王礼;将作监李铎奉敕督工建茔;工部尚书杨凝式撰神道碑。其文曰:"……以长兴五年岁次甲午,正月壬申朔,十一日壬午,葬于吴越国杭州都督府安国县衣锦乡勋贵里,礼也。""……名登王府,位列侯藩。雨露方浓,圣上愿观其画像;乡间不改,故人皆羡于昼行。"神道碑碑文明确记录了钱镠归葬临安的历史事实,也肯定了他的乡土情结。叶落归根,魂归故里,这是中国人的传统选择,王族、伟人等尤其如此,钱镠自然也如此。"帝乡烟雨锁春愁,故国山川空泪眼。"纳土归宋后的钱俶知道无法与先人在一起,只能垂泪长叹。

2001 年,国务院公布钱镠墓为全国重点文物保护单位。该墓坐落锦城衣锦街太庙山,坐北朝南,山高九十二米,山的东、西、北三面均为石,南面墓包土堆直径五十余米,高十余米,与五代十国其名巧合。钱镠墓背靠太庙山,左青龙,右白虎,以石境山为案山,功臣山为朝山,面临苕溪(苕溪后来改道至太庙山北)、锦溪。墓碑为道光年间钱镠二十七世孙钱泳所题,颜楷阴文"唐故天下兵马都元帅尚父守尚书令兼中书令吴越国王谥武肃钱王之墓"。钱镠墓至敕建起经历宋、元、明、清、民国,一直受政府及钱氏后裔保护守护。如宋资政殿大学士、知杭州军州事赵汴"昧死以闻""以称朝廷待钱氏之意"。近年来,在对钱王陵的扩建中,出土了石像、石马、柱础、华表、神道石等文物,无不印证了陵墓的高规制。这些无不证明钱镠永远情系家乡。"踏破中华窥两戒,无双毕竟是家山。"最终的选择是最有说服力的,历经千年的钱镠墓是钱镠家乡情结的最大符号。

二、"一军"衣锦军乡情

唐末,钱镠为护卫家乡,多次上表朝廷,要在临安茅山建造军营。892年,朝廷批准并赐额"安众"为营名。899年,敕安众营为衣锦营。901年,唐升衣锦营为衣锦城。907年,唐升衣锦城为衣锦军。钱镠最终拥有一军十三州,衣锦军与其他十三州(如处州、温州、睦州等)并驾齐驱,可见衣锦军的地位首屈一指。换句话说,钱镠把家乡临安放在了最高地位,这是他家乡情结的有力体现。他还在衣锦军建立功臣堂,功臣塔也位于衣锦军所在地。2017年,临安区政府内建造地下车库时,考古发现大型吴越国建筑遗址,该发现为当年浙江省十大考古发现之一。2019年,在钱王陵东侧靠近浙江农林大学拆迁区块,考古发现大型建筑物排水沟遗址,长超出十米,宽超出一米,非常壮观,建筑形式与材料均为吴越国时期。本人结合史料与两个考古遗址现场,认为很有可能是衣锦军遗址,两个跟衣锦军相关千年遗址的最新发现又一次证明了吴越国王钱镠的家乡情结。

吴越国历史上的临安之役与武勇都之乱都与衣锦军直接相关。901年,杨行密觊觎钱镠疆域,听说钱镠已亡,便派手下大将李神福攻打临安,顾全武就是在这次战役中被捉的。临安城池坚固,衣锦军奋力守护,杨久攻不下,其间还派兵保护钱镠祖茔,钱镠遣使感谢,后杨撤兵。902年,因为衣锦军建设工程繁重,特别是建筑沟洫期间天气炎热,武勇都士兵苦不堪言,指挥使徐绾、许再思回杭之后发动叛乱,后钱镠平叛成功。临安之役、武勇都之乱,这是钱镠为衣锦军乡情付出的惨重代价,同时也恰恰说明了其本人衣锦军乡情之深。

三、功臣塔乡情

功臣塔,位于临安区锦城街道锦桥社区功臣山巅(海拔一百五十七米),是钱镠领有"一剑霜寒十四州,满堂花醉三千客"吴越大地时建在家乡的最有代表性的建筑。据宣统二年版《临安县志》载:"功臣塔,钱武肃王建,今为儒学异峰塔,影映入泮湖,如文笔荡漾砚池,邑之文风系焉。"功臣塔是浙江省现存五代吴越最早的楼阁式塔。功臣塔占地面积为二十八点七三平方米,塔高二十五点三米。外观四面五层,由塔基座、塔身、塔刹组成,为仿木结构楼阁式砖塔。塔基座为方直形。塔身外观每层每面隐出倚柱、平柱、槏柱、阑额和腰串,每面设壶门,门内通道顶部设藻井。左右壁设佛龛。腰檐下设重栱,平座下设单栱,塔刹铁构件由覆钵和宝瓶组成。如今,功臣塔成了国家级重点文物保护单位。可以说,知塔如知人,见塔如见人,历经千年的功臣塔是钱镠的化身,是钱镠家乡情结的重要标志,已经成为临安文化历史的地标。据旧《临安县志》记载:"功臣山,在县南一里,本名大官山,唐昭宗改钱镠所居为功臣山。"功臣山南麓的钱坞垅,为钱武肃王出生地。据《吴越备史》卷一载:"天复元年辛酉春正月昭宗反正大赦改元……四月丁丑王亲巡东府,五月敕授王守侍中进封彭城王加食邑一千户,实封一百户,仍升王所衣锦营为衣锦城,封石镜山为衣锦山,大官山为功臣山……"《新五代史》卷六七载:"……光化元年,移镇海军于杭州,加镠检校太师,改镠乡里曰广义乡勋贵里,镠素所居营曰衣锦营。婺州刺史王坛判附于淮南,杨行密遣其将康儒应坛,因攻睦州。(光化三年)镠遣其弟銶败儒于斩渚,坛奔宣州。(光化四年)昭宗诏镠图形凌烟阁,升衣锦营为衣锦城,石镜山曰衣锦山,大官山曰功臣山……"由此看来,功臣塔因为功臣山而得名。临安西墅街海会寺经幢建于五代,经幢上有建幢记云:"乙亥岁,暂归故里。遍集胜因,以功臣塔之奇峰,岁崇禅室观竹林寺之湫溢,重构莲宫。半载之中,庄严俱毕。"乙亥岁即后梁乾化五年,十一月改元贞明,为公元 915 年。所以省考古所研究员王士伦在编著《吴越首府杭州》一书中有《吴越浮屠,匠心独具》一文中写道:"现存五代吴越塔以临安县功臣山上的功臣塔为最早,大约创建于梁乾化五年(915 年)。"由此可知,无论功臣山的命名,还是功臣塔的建造,都寄托了钱镠的思想、实践以及他不朽的功绩。对临安而言,功臣塔的价值无与伦比,除了它本身的文物价值外,它还是吴越国王钱镠乡愁的载体,是吴越文化的发光体,是临安人智慧的结晶,是临安千年历史的见证者与守望者。

四、功臣寺、光孝明因寺乡情

　　功臣寺遗址位于锦城街道锦桥村功臣山南麓,是在临安市重点工程项目"吴越文化公园"开工建设前发现的一处大型佛教廊院式建筑遗址。2003 年,省文物考古研究所对建筑遗址进行考古发掘,布方面积约一万平方米。先后清理出部分早期建筑的基址、局部的围墙基址、砖(石)制排水沟、砖砌路、天井铺地及一些残损的砖瓦、吻兽和陶瓷器,通过对建筑基址形态、出土残存器物与文献史料相对比,断定其为吴越国王钱镠"舍宅为寺"而建的功臣寺建筑遗址。遗址海拔为五十九米,背依功臣山和功臣塔,南临钱坞垄水库,向东五百米为钱氏祖墓,西北为钱镠墓案山——石镜山。遗址呈较为明显的廊院式平面布局,强调秩序和中轴对称,中轴线基本约为北偏西二十九度。整组建筑应由三进建筑组成,从南至北依次为前殿——天井、两侧钟楼类建筑物——大殿、东侧附房——天井、过廊——后殿及左右厢房。三组建筑依次置于三个台地上,呈三级布局。据《临安县志》记载,功臣寺应该建于 908 年。2013 年,功臣遗址被公布为第七批全国重点文物保护单位。2018 年,与功臣寺毗邻在钱坞垄水库边,锦南区块保障房建设中考古发现吴越国光孝明因寺建筑遗址(为 2018 年浙江省十大考古发现之一),据考证建于 911 年。这两个遗址比较全面、完整地反映了唐末五代佛教寺院的规制、布局和形态,是典型的吴越国王室寺院遗址,是吴越国王钱镠佛教思想寄托家乡情结的载体。

五、钱镠诗文乡情

　　这里的诗文不仅包括钱镠本人写的,也包括后人写他的。"文以载道""诗以言志",一个人的文章很能看出他的情怀,尤其是心灵深处不易外露的家乡情志。钱镠作《功臣堂(并序)》(《全唐诗续补遗•卷一二》):"卯夕虽非丰沛酒,醍醐同醉恰吾乡。两邦父老趋旌府,百品肴羞宴桂堂。宝剑已颁王礼盛,锦衣重带御炉香。越王册后封吴主,大国宣恩达万方。"诗歌表达的是钱镠与父老乡亲同醉家乡的场面,宝剑、锦衣、越王、吴王,这些词眼表达出钱王与乡人共享荣光的美好,"父老""同醉恰吾乡"写出了钱镠的乡情。读钱镠作《石镜山(并序)》(《全唐诗续补遗•卷一二》):"卯岁遨游在此山,曾惊一石立山前。未能显瑞披榛莽,盖为平凶有岁年。昨返锦门停驷马,遂开灵岫种青莲。三吴百粤兴金地，永与军民作福田。"钱镠认为石镜山的故事多，昨天驷马回锦门，造福家乡，建立佛寺。钱镠作《九日同群僚登高（并序）》记："淡荡晴晖杂素光，碧峰遥衬白云长。好看塞雁归南浦，且听砧声捣夕阳。……""塞雁归南浦"表达的是钱镠思乡心切，仿佛听到家乡锦溪边夕阳下捣衣声。钱镠的《秋景》诗歌："天垂甘泽朝朝降，地秀佳苗处处香。率土吾民成富庶，虔诚稽颡荷穹苍。"也写出了家乡的富庶。宋苏轼诗歌《自净土寺至功臣寺》《临安三绝》之《将军树》《锦溪》《石镜》，也写出了吴越国王钱镠与家乡的故事、情感。

"是知为人子人臣之道，无过于尊奉祖先、扬名立身者也。""况赐甲第于茅山之下，改乡名于故府之前。""自孝悌公移居临安之地，祖号茅山，七世蕃昌，不乏贤德。"这些都是钱镠在《钱氏大宗谱·序》中所言，表明根在临安，尊祖爱乡。他还担心百代之后，流派繁多，有坠祖先之业，所以要"聊明纂集之风。永承蒸尝之味，传于来叶，勿坠弓裘"。这么多年来，钱氏子孙发达仍不忘先祖，得益于他的好家风。《钱镠劝董昌仍守臣节书》中，"镠与节度生同里，起同时，又有寅恭之谊、相好之情，心有不忍，谊难缄默"。895 年，董昌想称帝，钱镠去书想以乡土情结打动对方取消念头，虽然没有成功，但同里（临安）之情情真意切。苏轼《表忠观记》中云，"天目之山，苕水出焉。龙飞凤舞，萃于临安。笃生异人，绝类离群。奋梃大呼，从者如云"。钱镠是临安之龙、吴越之龙。钱王"岁时归休，以燕父老"，钱王"忠君孝亲"，苏轼以此铭记，赵汴立石。临安，孕育钱王生命的土壤，山水亲，父老亲。一枝一叶总关情，这种乡土情结流淌在吴越国王钱镠的诗文里，流淌在血液里，留存在生命里，流淌在灵魂里。

六、钱氏家训乡情

《钱氏家训》中，个人篇"心术不可得罪于天地，言行皆当无愧于圣贤。能文章则称述多，蓄道德则福报厚"，家庭篇"祖宗虽远，祭祀宜诚。子孙虽愚，诗书须读。家富提携宗族，置义塾与公田，岁饥赈济亲朋，筹仁浆与义粟"，表明钱镠非常重视中国的传统美德，深切明白做人的道理，爱家爱宗族，自己如此，也要求子孙如此。在社会篇中，提到惠普乡邻，排难解纷，修桥路造河船兴义塾，设社仓，建好家园。"利在一身勿谋也，利在天下者必谋之。利在一时固谋也，利在万世者更谋之。""庙堂之上，以养正气为先。海宇之内，以养元气为本。"钱镠在为国家着想的同时，爱民如子，对临安的子民更是如此。

钱氏后裔名人辈出，他们继承并发扬光大了《钱氏家训》。事实体现了《钱氏家训》具有重要的现实价值。钱镠祖墓是区级文物保护单位，钱镠的父母钱宽和水邱氏墓是国家级文物保护单位，吴越国王钱镠生前多次祭祖，用行动诠释"祭祀宜诚"。

吴越国王钱镠把家乡情结与国家情结联系在一起。钱王遗训中体现出来的"保境安民""善事中国"等治国理念，以国家社稷为重的大格局思想和品德，以及钱俶遵循遗训"纳土归宋"的事实，就是很好的说明。事中国，利家乡，这情结及故事有利于维护国家统一。国家统一，反哺家乡，由小及大，由大及小，意义深远，可看出钱镠的智慧非同一般。

七、钱王传说乡情

以吴越国王钱镠生平事迹衍化而成的钱王传说，随着历史的发展和钱王后裔的迁徙，传遍全国乃至于海外，流传至今已有一千一百多年历史。在他的家乡临安，钱王传说家喻户晓。2011 年，钱王传说被国务院列为第三批国家级非遗代表性项目名录。国家级非遗钱王传说具有极高的历史、文化、艺术、现实等价值，是临安文化自信的重要源泉。1992 年临安成立钱镠研究会；衣锦小学在 2013 年被评为浙江省非遗传承教学基地；近年，吴越钱王文化促进会成立……所有这些举措大大促进了学者对钱王传说，特别是其中体现出来的钱镠家乡情结的研究。

在古代典籍中记载的钱工传说，体现钱王家乡情结的选录举例如下。《钱镠还乡》——(宋)释文莹《湘山野录》,《欢喜地》——(宋)袁褧《枫窗小牍》卷上,《衣锦山》——(宋)潜说友《咸淳临安志》,《临安县土地》——(宋)潜说友《咸淳临安志》卷八八"祥异",《射潮箭》——(元)刘一清《钱塘遗事》卷一,《担盐山与拄杖泉》——(明)嘉靖《淳安县志》卷二"山",《武肃王世家》——(清)吴任臣《十国春秋》卷七七。其他记录钱王传说的古代典籍有：(唐)罗隐《吴越掌记集》,(五代)皮光业《皮氏见闻录》,(宋)范垧林禹《吴越备史》,(明)马莨臣《吴越备史补遗》,(宋)潜说友《咸淳临安志》,(宋)释文莹《湘山野录》,(宋)施谔《淳祐临安志辑逸》,(宋)乐史《太平寰宇记》,(宋)毕仲询《幕府燕闲录》,(明)田汝成《西湖游览志》《西湖游览志余》,《四库全书》佚名《江南余载》《五国故事》,(宋)袁褧《枫窗小牍》,(清)古吴墨浪子《西湖佳话》,(清)徐松《宋会要辑稿》,(元)盛如梓《庶斋老学丛谈》,钱文选《钱氏家乘》《天目山名胜志》,李唐《五代十国》,姚兆胜、马增祐《纷乱的五代十国》,王元穉《读五代史随笔》。记录钱王传说的话本有：(明)冯梦龙《古今小说》,(元)刘一清《钱塘遗事》,(明)周清源《西湖二集》,(清)钟毓龙《说杭州》。近年来,通过政府和民间艺人有计划有步骤地整理挖掘,临安涌现出内容丰富、形式多样、生动鲜明的钱王传说。如《钱王出世》《衣锦还乡》《陌上花开》《钱王射潮》《石镜山》《衣锦十景》《会仙桥》《钱王铺的来历》《罗隐投钱王》等。临安记载钱王传说的书刊主要有:《中国民间故事集成·浙江卷》《浙江省民间文学集成·杭州故事卷》《临安县故事·歌谣·谚语卷》《钱王传说》《钱王传说集成》《吴越钱王》《钱武肃王生平故事》《天目山地名故事》《钱镠与南北湖》。临安相关钱王传说的文艺作品主要有:电影《吴越钱王》,微电影《少年钱王》《陌上花开》,戏剧《天堂英雄传》《陌上花》;文学作品《钱王春秋》;文集《千古一族》《枝繁叶茂——钱王后裔名人录》《吴越钱氏——两浙第一世家》《钱镠传》《钱镠》;美术连环画《武肃钱王传》《钱王故事》,绘画本《钱氏家训解读》。

《钱王传说集成》收集了三百个钱王故事,《钱王传说》收集了六十个钱王故事,里面最能体现钱王家乡情结的故事莫过于《衣锦还乡》,最有跌宕起伏情节的故事莫过于《金书铁券》,最能体现钱王英雄气概儿女情长的莫过于《陌上花开》。"三节还乡兮挂锦衣,碧天朗朗兮爱日晖。功成道上兮列旌旗,父老远来兮相追随。家山乡眷兮会时稀,今朝设宴兮觥散飞。斗牛无字兮民无欺,吴越一王兮驷马归。"钱王对父老乡亲的敬重物化为玉杯、金杯、银杯,融化在吴侬软语"你辈见侬的欢喜,别是一般滋味子,永在我侬心子里"。衣锦还乡的成语传遍四方,如今由钱镠作词何、占豪谱曲的《还乡歌》在家乡仍广为传唱。"陌上花开,可缓缓归矣。"吴越国王钱镠与戴妃的爱情故事成为临安经典的爱情故事之一。

八、秘色瓷、金书铁券乡情

秘色瓷是吴越国王钱镠善事中原需要纳贡的物品,也是自己王室的用品。在临安博物馆馆藏的五十一件国家一级文物中,其中秘色瓷就有四十件,国宝有三件,分别为青釉褐彩云纹油灯、青瓷褐彩云纹盖罍、青瓷褐彩云纹熏炉,其他的为青瓷花口碗、越窑青瓷委角方盘、越窑青瓷瓜棱盖罐、青瓷粉盒、越窑青瓷花口碗、越窑青瓷唾盂、青瓷盆、越窑青瓷托盘、青瓷浅盘等。馆藏国家二级文物五十二件,其中秘色瓷有二十二件,分别为青瓷粉盒、越窑青瓷瓜棱盖罐、青瓷执壶、青瓷小碗、青瓷杯托、青瓷钵形碗、青瓷粉盒、青瓷花口杯、青瓷浅盘等。这些文物是吴越国王钱镠家乡情结的化身,是中国秘色瓷之最,令人叹为观止。

三件秘色瓷国宝均为 1980 年临安水邱氏墓出土,临安区博物馆馆藏,国家一级文物。国宝的具体信息见下文。越窑青釉褐彩云纹熏炉:器高六十六厘米,径四十点三厘米,底径四十一厘米。器身通体施青黄釉,釉下绘褐彩如意云纹。整器由盖、炉身、底座组成。盖为头盔形,钮为裹合的莲花花蕾状,中空,镂雕菱形出烟孔。炉身直口,平折宽沿,筒腹,平底置五虎首兽足,五趾,虎额阴刻正楷"王"字。底座为须弥座式的束腰环形,宽平折口,镂壶门形孔。2013 年国家文物局发布《第三批禁止出境展览文物目录》,共有九十四件(组)一级文物被列入第三批禁止出境展览文物目录,其在列。越窑青釉褐彩云纹盖罂:器高六十六厘米,口径九点八厘米,底径十六厘米。通体施青黄釉,釉下绘褐彩如意云纹,胎体细密坚致。整器由器盖、器身两部分组成。盖呈半球形,顶呈花蕾状,立体感强烈。盖面和肩部都刻有三道弦纹。盘口,长颈,溜肩,深鼓腹,圈足外撇。越窑青釉褐彩云纹油灯:器高二十四点四厘米,口径三十七点二厘米,底径十九点五厘米。通体施青黄釉,釉下绘褐彩如意云纹、莲花纹。整器为钵形,敛口,圆弧腹,圆足外撇。器内还尚存大量未燃尽的油脂。历史、科学、艺术价值无限的三件国宝,现在临安博物馆精品厅展示,它是吴越国王钱镠千年家乡情结的外显,地位与影响无与伦比。

"卿恕九死,子孙三死。"除秘色瓷外,钱镠遗留下来的不可移动文物最值得大书特书的是,金书铁券,也就是我们平常所说的免死金牌。七登天子之庭一藏深山三沉深水的金书铁券意义非凡,铁券上三百三十三个金字中"钱镠""董昌""镜水"等词语无不书写了临安,金书铁券是钱镠的符号,也是临安的符号。与金书铁券相关的文章很多,罗隐的《谢赐铁券表》、乾隆的《观钱镠铁券歌》更显"临安陌上春融融"。遗憾的是,金书铁券目前收藏在中国国家博物馆,临安博物馆展示的是其复制品。不管如何,吴越国王钱镠的金书铁券一端连接了北京,一端连接了家乡临安,两者之间有开封有台州有杭州有嵊州等,而钱王永远站在中间。

九、钱镠家乡情结的其他物化与钱王文化自信

钱镠,吴越国王,生于临安,长于临安,归葬于临安,家乡情结浓得化不开。一千多年来,家乡人一直以钱镠为傲,沐浴钱王文化,吸收钱王营养,不断进步。如今,家乡人的钱王文化情结达到前所未有的深度,物化建设、纪念钱王、研究钱王更是推向新的高度:国家级非遗钱王传说的保护与传承,功臣

塔的保护;钱王陵管理所的设置,钱王陵园的扩建,吴越国考古遗址公园2019年的动建;临安博物馆(吴越国博物馆)的开馆,吴越文化公园的建成;衣锦十景、武肃路、衣锦街、陌上花路、锦城街道等的命名;钱王大街、钱王大酒店、钱王十七孔钱桥、元宝山钱王像、锦门、陌上花亭、环湖绿道(钱王文化点缀)的建成;一年一度的清明祭钱王(已经被列为杭州市非遗名录,浙江省传统节日保护基地),日益壮大的钱镠研究会,服务钱氏后裔的吴越钱王文化促进会;上田钱氏"十八般武艺""临安水龙""横街草龙"活跃一方;《钱王传说》《五代·吴越国史》《吴越钱王文化通典》《钱镠传》等著作的出版……家乡人的钱王情结越来越深,越来越浓。

钱王文化、天目山文化、浙西民俗文化是临安的三大文化。无疑,钱王文化是临安最有内涵的文化,是临安的先进文化,是文化中的文化,也是临安人文化自信的重要源泉。一千多年来,吴越国钱王及其钱王文化已经深深地烙印在每一个临安人的心里。"一代枭雄铸吴越,千秋鼎铭事中国。"临安钱王祠正门的楹联道出了钱王的情怀,也道出了家乡人的情怀。"家国天下,以民为本",钱王文化的精髓必将一直滋润着这一方吴越土壤。

"人逢五季事何如,史册闲观亦皱眉。吴地喜逢钱节度,人间无事看花嬉。"干戈扰攘、四方鼎沸的五代十国时期,临安人受钱镠的恩泽,其家乡情结对临安人的恩惠前所未有。千年之间,临安人用各种方式纪念钱镠,从不间断。当前,全国多地成立钱镠研究会,浙江农林大学成立吴越文化研究中心,人们对吴越国王钱镠的认识也在不断深化。临安,钱王文化吴越国文化的物化工作、钱王文化的精神层面工作不断推进,钱王文化正在焕发出新的勃勃生机。

参考文献

[1] 钱俨.吴越备史[M].北京:中国书店,2018.

[2] 陶初阳.吴越钱王文化通典[M].北京:华文出版社,2016.

[3] 张发平.钱王传说[M].杭州:浙江摄影出版社,2016.

[4] 黄贤权,潘庆平.钱氏家训解读[M].北京:大众文艺出版社,2013.

[5] 屠树勋.五代·吴越国史[M].北京:中国文史出版社,2019.

[6] 何勇强.钱氏吴越国史论稿[M].杭州:浙江大学出版社,2002.

武肃王遗训：吴越国宗室家风的系统总结

陶初阳　　临安区委宣传部

《武肃王八训》《武肃王遗训》(又称"武肃王十训")及《钱氏家训》，是目前探究吴越钱氏一门家风的主要文献依据，从"三训"形成的年代来看，应是《武肃王八训》为先，《武肃王遗训》居中，《钱氏家训》形成最晚。目前，《钱氏家训》知名度最高。这部文献是由清末、民国时期，安徽广德钱氏后裔、近代外交家钱文选根据众多钱氏家训版本整理而成。全文五百三十二字，分成个人、家庭、社会、国家四篇，其中尤以"利在一身勿谋也，利在天下者必谋之"一句最为精彩。

相比之下，《武肃王八训》《武肃王遗训》知名度不是很高，但从文字表述、内容内涵来说，它们实际上更接近于钱镠本人的作品。它们多次提到唐末以来的乱世背景，特别是《武肃王遗训》，还涉及钱镠膝下诸子的情况。因此，这份文献同样也是我们探究吴越国时期钱氏宗室成员家风情况的有力依据。

"余世沐唐恩，目击人情乖忤，心忧时事艰危，变报络绎，社稷将倾。"①

钱镠将"人情乖忤"和"时事艰危""社稷将倾"相提并论，说明在他看来，两者之间、也就是"人心"和"国事"之间存在关联。统治危机的同时也一定是出现了社会危机、道德危机。

> 余于二十四得功，由石镜镇百总枕甲提戈，一心杀贼，每战必克……故由副使迁至吴越国王，垂五十余年，身经数百战。其间叛贼诛而神人快，国宪立而忠义彰。

钱镠回顾自己一生的奋斗历程，"由副使迁吴越国王，垂五十余年"，不乏自豪之感。但这段话关键在最后一句"叛贼诛而神人快，国宪立而忠义

---

① 钱文选：《钱氏家乘》。本文所引《武肃王遗训》原文，皆引自民国二十八年(1939)版《钱氏家乘》。

彰"——这实际上是钱镠对自己一生奋斗的定性总结:为国家彰显道德伦理,治国当以道治乱。

值得注意的是,《武肃王遗训》中有多处引用了《论语》原文——"圣人有言:敬事而信,节用而爱人,使民以时"出自《论语·学而》;"又云:恭则不侮,宽则得众,信则民任焉"出自《论语·阳货》;"又云:惟孝友于兄弟"则出自《论语·八佾》;"圣人云:顺天者存"则出自《孟子·离娄上》。

通过《武肃王遗训》,我们可以看到钱镠的一大治国目标与理想:重建伦理道德秩序。

钱镠在遗训中提到了"余之化家为国",并提到"家道和则国治平矣",并要求在世的几个儿子,对钱元璙(钱镠第四子)、钱元珫(钱镠第十四子)等已过世兄弟孩子的抚养,"视若己子,勿分彼此"。可见,钱镠在重建伦理道德的过程中,高度重视钱氏宗室的和睦团结。

接下去,钱镠在遗训中又指出:

> 余自主军以来,见天下多少兴亡成败,孝于亲者十无一二,忠于君者百无一人。

他鉴于同时代后梁、后唐因帝王醉生梦死、百姓挣扎在死亡线上而导致政权频繁更替;毗邻的福建闽国因子孙争位而国破家亡;江西钟氏军阀因父子内讧而自相残杀等深刻教训,希望病榻亲聆训诫的子孙要牢记"忠""孝"二字。

在结尾,他还说:

> 倘有子孙不忠、不孝、不仁、不义,便是坏我家风,须当鸣鼓而攻。

这段更有约束子孙的意味,同时也点明了吴越国钱氏宗室家风的核心一忠、孝、仁、义。

通览全篇《武肃王遗训》,不难发现,虽然钱镠对子孙提出了十条训诫,附上这样那样的要求,但总体上对小辈们的家风表现是满意的,因为毕竟没有列举钱氏宗室自己内部的反面例子。相反,钱镠对于子孙家风的肯定赞扬,以及家风对宗室成员内部影响在其他文献中也多次得到印证。

> 武肃寝疾,一日命出玉带五,赐王(钱元瓘)兄弟,命王先择之,王乃取其狭小者。武肃王大悦,谓王曰:吾有汝,瞑目无恨矣。

钱镠卧病在床，有一天命人拿出五条玉带（清代以前，贵族、官员腰间所配的玉饰带子），赐给几个儿子，同时又让钱元瓘先选。让他没想到的是，元瓘选了最小的一条，因此钱镠高兴地说："我有你这个儿子，死而无憾矣！"欣慰之情溢于言表！

最著名的一则故事，莫过于钱元瓘主动和钱元璙谈起钱镠让自己继承国君之位的故事。

> 后唐长兴三年（932 年），丁亥，赐（钱）元瓘爵吴王。元瓘于兄弟甚厚，其兄中吴、建武节度元璙自苏州入见，元瓘以家人礼事之，奉觞为寿，曰："此兄之位也，而小子居之，兄之赐也。"元璙曰："先王择贤而立之，君臣位定，元璙知忠顺而已。"因相与对泣。
>
> ——《资治通鉴》二七八）

钱元璙是钱镠第六子，生母为庄穆夫人吴氏（即《吴越备史》《十国春秋》中记载"陌上花开"的女主角）；而钱元瓘则为钱镠第七子，生母为昭懿夫人陈氏。当时，吴氏地位远在陈氏之上，因此无论是"立嫡""立长"，王位也应该是钱元璙来继承。钱镠考虑到在军中影响、军功等因素，最终传位给钱元瓘。但钱元瓘能主动提及此事，钱元璙能平静应对，可见他们两人的胸怀豁达。

钱镠将重建伦理道德秩序作为平生一大治国理想，并巧妙地运用家风解决继承人问题，避免宗室内部自相屠戮，这是他高于同时代统治者执政智慧的显著特点。他注重将钱氏宗室凝聚成为"一家之体"，强调"化家为国"，不仅改变了吴越国时期的整个社会，更是推动了吴越钱氏家族卓立于历史，功不可没。

综上所述，《武肃王遗训》实际上是对吴越国时期钱氏宗室关系和睦的一次总结，我们在关注《钱氏家训》的同时，也要加强对《武肃王遗训》的重视与研究。纵观整个吴越国时期，宗室利益与王权利益一致，这在当时殊为难得。这样一来，钱氏宗室成为支撑王权的重要支柱，除"胡进思之变"外，极少有内耗现象发生，吴越国能成为当时享国最久的一个国家也就不难理解了。

从钱传瓘继位看钱镠的教育思想①

付庆芬　　浙江农林大学

摘　要：钱镠，五代十国时期吴越国开创者。他在唐末大乱中，割据江浙等地十四州，成为五代十国政权中持续最久的一个。关于钱镠及其吴越国和《钱氏家训》的研究，前人多有著述，但在五代十国动荡中，钱镠如何培养吴越国继承人问题却鲜有论述。因此探讨他如何选拔吴越国第二代君主钱传瓘的问题，可以看出他对其遗训的实践是非常成功的，或者说对钱传瓘的选拔是其遗训的实践版，这既是对其遗训的补充研究，也可以进一步探讨其教育思想的真谛所在。

关键词：钱传瓘；钱镠；教育思想

唐末由于藩镇割据，天下大乱，各地割据势力和野心家们纷纷称王称帝，唐末至宋初成为中国历史上一个动荡分裂时期。当时北方中原地区先后出现后梁、后唐、后晋、后汉和后周五个政权，是谓五代；而中原之外的其他地区则存在许多割据势力，其中前蜀、后蜀、南吴、南唐、吴越、闽、楚、南汉、南平（荆南）、北汉等十余个割据政权则统称十国，二者合称五代十国。实际上，由于动乱，政权更替频繁，各割据政权的帝王王位也往往朝不保夕，或被迫退位或被篡弑，甚至骨肉至亲之间也难免互相残杀，因而皇帝像走马灯似的更新。而在这十五个政权内部权力系统的更替中，钱镠创建的吴越国宫廷却是相对最少阴谋最和谐的，因而江浙地区的吴越国成为存在时间最长也相对最稳定富庶的一个，吴越统治者则成为十五个政权更替中唯一一股清流。究其原因，实际是与钱王对其子嗣的培育有关。因此，本文即以吴越国第二代传人钱元瓘生平为主，探讨钱镠的教育思想。

---

① 钱传瓘，即钱元瓘，传瓘为其继王位前用名，即位后称元瓘。本文因主要涉及其在继位前的活动，故题目用传瓘，在行文中则主要按其在继位前后为准称传瓘和元瓘。

一、钱镠及《钱氏家训》

(一)钱镠简介

钱镠(852—932年),字具美(一作巨美),小字婆留,杭州临安人。他在唐末大乱中,割据江浙十四州,成为五代十国中江南地区一支重要的割据力量。他在位四十一年,庙号太祖,谥号武肃王。在位期间,钱镠采取保境安民政策,使吴越国经济繁荣。他又任用贤能,吴越国文士荟萃,人才济济,文艺也著称于当世。他还修建钱塘江捍海石塘,在太湖流域则普造堰闸,以时蓄洪,不畏旱涝,由是田塘众多,土地膏腴。他鼓励扩大垦田,因而吴越国虽然地域狭小,但岁熟丰稔,成为江南富庶之地。但是,在天下动乱中,眼看政权屡屡更替,王位变换频仍,如何保持吴越国的繁盛和持久,也是钱镠不得不考虑的关键问题,即如何教育后代的问题。钱镠用一生的经历,给钱氏后人留下了重要的家训,后经其后人整理成有名的《钱氏家训》,成为钱氏后人最重要的家庭教育经典;而且他在培养吴越国继承人的问题上,则是《钱氏家训》的教育实践版。

(二)《钱氏家训》

在天下大乱中,眼见他起高楼,眼见他楼塌了,有的人不择手段,更加残忍;有的人明哲保身,独善其身;而有的人则在生生死死中涅槃。出生入死中的钱镠历经战争的腥风血雨,不但没有沉沦,反而参透了人生至理,坚定严谨地修着身,齐着家。临终时,他又交出了一份圆满的答卷——《钱氏家规》和吴越国继承人钱元瓘。

钱镠曾两度订立治家"八训""十训"。"十训"即钱镠临终前向子孙们提出的十条要求,遗训所言是钱镠总结一生,给子孙为人做事的智慧指南,饱含了他对人应该达到怎样一种至高的人生境界的深邃远见。"武肃王遗训"代代相传,世世因循,一直激励着钱氏后人。

遗嘱"十训"如下:

(1)要尔等心存忠孝,爱兵恤民。

(2)凡中国之君,虽易异姓,宜善事之。

(3)要度德量力而识事务,如遇真君主,宜速归附。圣人云顺天者存。又云民为贵、社稷次之。免动干戈,即所以爱民。如违吾语,立见消亡。依我训言,世代可受光荣。

（4）余理政钱唐,五十余年如一日,孜孜兀兀,视万姓三军并是一家之体。

（5）戒听妇言而伤骨肉。古云:妻妾如衣服,兄弟如手足,衣服破犹可新,手足断难再续。

（6）婚姻须择阀阅之家,不可图色美而与下贱人结褵,以致污辱门风。

（7）多设养济院收养无告四民,添设育婴堂,稽察乳媪,勿致阳奉阴违,凌虐幼孩。

（8）吴越境内绸绵,皆余教人广种桑麻。斗米十人,亦余教人开辟荒田。凡此一丝一粒,皆民人汗积辛勤,才得岁岁丰盈。汝等莫爱财无厌征收,毋图安乐逸豫,毋恃势力而作威,毋得罪于群臣百姓。

（9）吾家世代居衣锦之城郭,守高祖之松楸,今日兴隆,化家为国,子孙后代莫轻弃吾祖先。

（10）吾立名之后,在子孙绍续家风,宣明礼教,此长享富贵之法也。倘有子孙不忠、不孝、不仁、不义,便是坏我家风,须当鸣鼓而攻。

"十训"内容总的来说分四个方面:

（1）前四条讲忠君爱民,就是善事中原政权,顺应历史潮流,不要为了一姓之私而大动干戈,而要避免战争,保护百姓。

（2）第五、六条讲家庭和睦,尤当要慎重婚姻的选择,重在选择有素养的人,而避免为美色所迷惑。

（3）第七、八条讲如何爱民,一是对社会最底层最弱势群体要切实关爱;一是体谅百姓,爱护百姓群臣。

（4）最后第九、十条讲的是不忘本,不忘祖先,绍续家风。

民国十三年（1924）,钱镠第三十二代孙、安徽广德人钱文选纂修《钱氏家乘》,根据先祖武肃王"八训"和"遗训",他总结归纳为《钱氏家训》。该家训以儒家"修身、齐家、治国、平天下"的道德理想为根据,内容分个人、家庭、社会和国家四个方面,对子孙立身处世、持家治业的思想行为做了全面的规范和教诲。千百年来,钱氏族人正是以家训为行为准则,践行着"利在一身勿谋也,利在天下者必谋之"的训言。

二、钱传瓘

钱传瓘为钱镠之后第二代吴越国王。那么,钱传瓘为什么能成为吴越国的王位继承人呢？ 是因为他是钱镠的长子、嫡子还是别的原因？

钱传瓘(887—941),字明宝,继位后称元瓘,杭州临安人,五代十国时期吴越国第二任君主,武肃王钱镠第七子。母亲是晋国昭懿太夫人陈氏。

公元932年3月,钱镠走到了生命的尽头。谁该是吴越国的王位继承人,钱镠早就心中有数,但其他政权王位传承中的血腥让他仍然难以放心。为了让新君获得群臣的拥护,钱镠欲擒故纵,他召集诸将吏说:"余病不起,儿皆愚懦,恐不能为尔帅,与尔辈决矣,帅当自择。"而诸将吏则说:"大令公有军功,多贤行仁孝,已领两镇,王何苦言及此。"[1]于是,众人一致赞成,钱镠第七子钱传瓘顺理成章地成为吴越国的新君。可见,钱传瓘成为吴越国王位继承者,既非长子也非嫡子,诸将吏的选择是因其战功和贤仁的品德。其功德具体如下。

(一)以身解国危

公元902年,钱镠部将徐绾、许再思谋反,与吴国杨行密所属的宣州观察使田頵联合出兵围攻杭州。钱镠遣使向杨行密求和,杨行密同意撤军,但田頵提出条件以钱镠儿子为人质。钱镠遍视诸子,他们皆面有难色。据《十国春秋》记载,钱镠共有三十八子,但见诸史册的只有三十五人(钱镠的儿子原为"传"字辈,钱元瓘继位后改为"元"字)。时年十六岁的钱传瓘此刻挺身而出,自愿作为人质。几年后,田頵兵败被杀,钱传瓘趁机返回杭州。对此,史书多有记载。

《十国春秋》曰:

> 徐、许之乱,田頵要质于我。武肃王历选诸子,不应命,传瓘奋然请行。庄穆夫人闻之,泣曰:"置我儿于虎口也。"传瓘曰:"忘身以纾家国之难,虽死无恨。"遂从数人缒北门而下,武肃王奇而送之。已而頵叛于吴,吴忠武王会我兵攻頵,頵每战败归,辄欲杀传瓘,頵母及頵妇弟郭从师常加保护。后頵将出,语左右曰:"今日不胜,必斩钱郎。"是日頵战死,传瓘得归。[2]

《旧五代史》则曰:

> 天复中,本州裨校许再思等为乱,构宣州节度使田頵。頵领兵奄至,镠击败再思,与頵通和。頵要盟于镠。镠遍召诸子,问之曰:

① 陈尚君:《旧五代史新辑会证》,复旦大学出版社2006年版,第4057页。
② 吴任臣:《十国春秋》,中华书局出版社1983年版,第1117页。

"谁能为吾为田氏之婿者?"例有难色。时元瓘年十六,进曰:"唯大王之命。"由是就亲于宣州。①

《吴越备史》又曰:

> 二年秋,徐绾、许再思搆宣城,观察使田頵同剋我垒。頵败,率綰、再思回宣州,忠我师逐之,乃恳求质。武肃王历选诸子,不应命。时王尚幼,独请行。庄穆夫人闻之,泣曰:"置我儿于虎口也。"传瓘曰:"忘身以纾国家之难,亦足以报勋劳耳,虽死无恨。"乃再拜而出,武肃王奇而送之。王自北门蹑绳梯而下,以赴頵营。比及宣城而頵叛于淮帅,淮帅会我师以攻之。頵每战不胜,归必求王,将肆其毒。頵母老且贤,常加保护。天祐元年十月,我师与淮人攻之甚急,頵将出战,乃曰:"今日不胜,必杀钱郎。"其母目而送之,且曰:"鼠辈死不旋踵矣。"是日果陷于宛水桥,为乱兵所杀。贼众尚扰我师,提頵首示之,贼众遁散。頵母遂奉王至我师,卫而归焉。②

由上述可以看出,到田頵营中的人质,看起来几无生还的可能,所以武肃王诸子皆有难色,不应命,但钱传瓘不仅挺身而出,还在做人质的凶险环境中获得田母及田頵妻弟的坚决保护。这从另一方面则说明了少年钱传瓘一定是展现了他为人精彩的一面,以至于田母及郭师从都对他尽力保护。在田頵死后,郭师从则直接追随钱传瓘顺从了吴越国,被钱镠封为镇东都虞候,后跟随钱传瓘征战无锡,以战功升浙西营田副使,拜同参相府事,后以八十四岁高龄去世。③ 虎口历险的劫难,锤炼了钱传瓘坚忍不拔、处事冷静的性格和意志,对其后建立战功互利管理国家提供了丰富的经验和强大的心理素质。

到田頵营中做人质同时也是一块试金石,对钱镠诸子的担当和品性一试便知,使得钱镠在众多子嗣的选择中把王位继承的范围大大地缩小,甚至是决定了王位继承者的人选。作为一个小政权的统治者,有没有魄力,有没有担当应该是首选。在第一场考试下,钱传瓘应该是获得了满分。

然而,在徐、许叛乱中,有精彩展现的还有钱王第六子钱传璙。钱传璙,

---

① 陈尚君:《旧五代史新辑会证》,复旦大学出版社 2006 年版,第 4056 页。
② 范坰、林禹:《吴越备史》卷二,武林掌故丛编本,第 1 页。
③ 吴任臣:《十国春秋》,中华书局出版社 1983 年版,第 1251 页。

字德辉。史书记载他"仪状瑰杰,风神俊迈"①。在与吴王杨行密的结盟中,钱镠派钱传璙为人质于吴国。《十国春秋》记载曰:

> 武勇都之变,徐绾召淮南兵入寇,顾全武谓:"杨公,大丈夫,今以难告,必闵我,群公子谁可行者?"武肃王曰:"吾常欲以传璙昏杨氏,今其时矣。"乃遣传璙微服为全武仆诣广陵,比及望亭,有逆旅媪辄识之;至润州,团练使安仁义亦知其非常,将以其下十人相易,全武略阃吏宵遁,乃得脱。已而见吴王行密,传璙指陈逆顺之理,吴王为之动容,叹曰:"此龙种也,生子当如钱郎,吾子真犬耳。"遂以女妻之。即日召田頵还军。未几,逆如归钱塘。②

正因在徐、许之乱中,钱传璙也做得很出彩,以致吴王杨行密非常叹羡钱镠后继有人,而自己的儿子却不成器。后来钱元瓘继承王位后曾对兄长钱传璙说:"此兄位,而小子居之,兄之赐也。"③

(二)伐叛御寇,大著勋绩

实际上,钱镠儿子成器的不只钱传璙。在王位继承上,钱传璙还须继续努力。他也真的做到了,在后来吴越国军事上,钱传璙成为一颗耀眼的新星。《旧五代史》说他"数年之间,伐叛御寇,大著勋绩"④。

先是在907年4月讨伐温州卢佶的战争中,年仅二十岁的钱传璙表现出一位优秀统帅的资质,率领水军大破卢佶军,完胜而归。随后,在钱传璙的大军压境下,处州刺史卢约也选择了向钱镠投降。

913年4月,当淮南集团名将李涛率兵进犯临安衣锦军时,年仅二十六岁的钱传璙再度临危受命,率兵阻击李涛。衣锦军的阻击战同样非常成功,钱传璙大败淮南军,生擒主将李涛等八千余人,还差点儿活捉后来南唐国的开国皇帝李昇。

914年6月,钱传璙再次征战无锡。

(三)狼山江一战,战果辉煌

随后的狼山江水战则让钱传璙一战成名、享誉内外,在吴越国的王位继

---

① 吴任臣:《十国春秋》,中华书局出版社1983年版,第1196页。本书《文穆王世家》记为郭从师,而郭本传则记为郭师从,姑阙疑。
② 同上,第1196—1197页。
③ 同上,第1197页。
④ 陈尚君:《旧五代史新辑会证》,复旦大学出版社2006年版,第4056页。

承人竞争中再次脱颖而出。

天祐十二年(915年),狼山江水战,钱传瓘充分展示了他高超的军事才能和军事计谋,大败吴国水军,斩其主将彭彦章,俘获吴国将士等七千余人,缴获战船四百余艘,战果之辉煌无人能出其右。《十国春秋》对其记载如下:

> 十二年,梁诏传瓘帅水师大小龙形战舰五百艘,自东洲发舰,竟趋淮甸。夏四月乙巳,大战吴人于狼山江。将战之夕,传瓘召指挥使张从宝计曰:"彼若径下,当避其初以诱之,制胜之道也。"乃命军中宿理帆樯,每舟必具灰豆江沙以随。翼日昧爽,吴人果乘风自西北而下,危樯巨舰,势若云合,我师辄先避去。敌舟既高且巨,不复能上,我乃反乘风逐上,及吴兵回舟而斗,舳舻相接,因扬灰散豆,吴兵目眩不可视,战血既渍,践豆者靡不颠踣。随进为油焚之,斩其将百胜军使彭彦章,卤获无算,自江及岸数千里皆殷焉。①

狼山江一战,钱传瓘充分发挥了其卓越的指挥和管理才能,奠定了吴越国与吴国之间的相对和平,也使钱传瓘在王位继承竞争上彻底胜出。

926年,年事已高的钱镠终于决定把吴越国继承人问题正式提上议事日程。虽然在内心里,他把钱传瓘已定为王位继承人,但钱镠其他几个儿子似乎也表现突出,如之前在吴国做人质的钱传璙,还有钱传璟、钱传懿、钱传珦、钱传球等。为了表示公平,当然也为了避免内斗,避免不必要的兄弟相残,钱镠别出心裁地搞了一场论功评比大会,战功最卓著者为吴越国未来王位继承人。

最终结果是钱传瓘被评定为吴越国王位继承人,诸子"皆让于元瓘"。在钱镠身体出现异常状况时,钱传瓘被任命为监国,负责处理吴越国的军政大事。

(四)监国圆满,顺利继位

当然,钱传瓘也没有辜负父亲的期望。在监国期间,钱传瓘的表现十分合格称职,簿书填委,皆躬亲批署,并且向父亲钱镠学习,养成了卧室中放置粉盘随时记录要事的好习惯。②

钱传瓘在监国期间的表现,赢得了钱镠及吴越国群臣们的信任,也巩固了他作为吴越国接班人的地位。最终,在钱镠生命即将走到尽头时,钱传瓘

---

① 吴任臣:《十国春秋》,中华书局出版社1983年版,第1118—1119页。
② 范坰、林禹:《吴越备史》卷二,武林掌故丛编本,第15页。

顺利接过了父亲的基业,成为吴越国的第二任统治者。

在任期间,钱传瓘遵循父亲教导,勤政爱民,减轻赋税,提拔人才,吴越国在政治、经济、文化等各方面都得到了很好的发展,也说明钱镠对王位继承人的选择无疑是正确的。《新五代史》说他"善抚将士,好儒学,善为诗,使其国相沈崧置择能院,选吴中文士录用之"①,他还"除民田荒绝者租税"②。

三、钱镠教育思想

从上述钱传瓘继承王位的过程来看,钱镠在继承人的培养和选拔上可说是煞费苦心,在子孙的教育上更是毫不手软,舍得让其在艰难困苦中成长,敢于放入战争旋涡中让他们锻炼。具体来讲,这体现了其如下教育思想。

(1)磨砺人才。为了锻炼儿子,在国家危难之时不惜送他们入"虎口",让其做人质,培养他们勇于担当、不惜一身的高贵品格;锻炼他们临危不惧、遇难不慌的沉稳品质。同时,这也磨炼了他们处事应变的管理能力,为以后管理国家或管理地方积蓄了经验。后来钱传瓘继位后深刻地认识到吴越国当时的处境和地位,采取了一系列较好的管理措施。

(2)公平竞争,民主选拔。不管是培养人才还是选拔人才,钱镠都采用了公平竞争形式。从徐、许之乱可以看出,做人质既是挑战又是机遇,可惜其他诸子眼光狭隘,反倒彰显了钱传瓘的人格和品质。而在王位继承问题上,他先是借功劳评比,使诸兄弟对钱传瓘心服口服,消除了兄弟阋于墙的潜在根源。当自己病重,在王位选择的紧急关头,他仍然请朝中诸将吏决定新君人选,以示公允和民主,既抑制了没有上位的儿子的不满情绪和野心,又赢得了朝中将吏的支持,避免了武将发动政变的舆论基础,奠定了新君在政权中的地位,也使他以后的管理工作能够顺利进行。

(3)功德并重。在五代十国那样的动荡环境中,作为政权的最高统治者,有德无能难以长久,有能无德不能获得众人支持。在这一问题上,钱王可说是看得最清楚,因而在对儿子的培养上非常注重忠贞爱国、勤政爱民精神的培养,同时又给他们为国立功的机会,使其成为文能治国理政、武能领兵打仗的全才。

在品德的要求上,《钱氏家训》所言"心术不可得罪于天地,言行不可有愧于圣贤",最好地表达了他对品德的衡量标准,不管是所说所做还是内心所思

---

① 《新五代史》卷六七《吴越世家第七》,中华书局标点本,第841页。
② 吴任臣:《十国春秋》,复旦大学出版社2006年版,第1120页。

所想,都能放在阳光下,没有一丝一毫的灰暗。怎样才能做到不得罪于天地、不有愧于圣贤呢?"子孙虽愚,诗书须读。"崇文倡教,读书明理,才能内心坦荡,为圣为贤。

光做一个品德高尚的人还不够。人生而为人,还是社会的人、国家的人,要多为社会、为国家做贡献。所以《钱氏家训》又说"私见尽要铲除,公益概行提倡""利在一时故谋也,利在万世者更谋之"。正因为如此,在吴越国和中原政权的关系上,钱镠一直坚持尊崇中朝,临终仍不忘谆谆告诫子孙:"凡中国之君,虽易异姓,宜善事之。""要度德量力而识事务,如遇真君主,宜速归附。圣人云顺天者存。又云民为贵、社稷次之。免动干戈,即所以爱民。"所谓善事中朝,所谓宜速归附,都是为了免动干戈而真心爱民。钱王后氏子孙人才之发达实在于此。每个子孙后代都要为社会、为国家多做贡献,而不是计较自我得失,这种人想不成才都难啊!

(4)重视家庭和睦。家和万事兴,多少家庭因和睦而兴旺发达,多少家庭因纷争而分崩离析,甚至家破人亡。尤其是五代十国时期政权王位继承上的血腥,钱王当然知道。为了吴越国上层统治的安定,也为了钱氏家族的稳定兴旺,钱王特别注重对后人的家庭教育。《钱氏家训》言:

> 欲造优美之家庭,须立良好之规则。内外六闾整洁,尊卑次序谨严。父母伯叔孝敬欢愉,妯娌弟兄和睦友爱。祖宗虽远,祭祀宜诚;子孙虽愚,诗书须读。娶媳求淑女,勿计妆奁;嫁女择佳婿,勿慕富贵。家富提携宗族,置义塾与公田;岁饥赈济亲朋,筹仁浆与义粟。勤俭为本,自必丰亨(古同烹),忠厚传家,乃能长久。

确实地,在家庭教育方面,钱王给出了很好的指导思想。总的来说,他的家庭教育思想可解读如下:

(1)家庭必须建立一定的规范秩序,所谓没有规矩不成方圆。

(2)家庭必须建立良好的关系。这是家庭兴旺的基础,是个人顺利成长成才的良好条件。

(3)在婚姻对象的选择上,家庭要选择有教养有素质的人成为家庭成员,而不是嫁妆的丰厚和财产的雄厚。这个识见是非常高明的。可惜很多人为财色名利所缠绊,在婚姻问题上不能做出好的选择,导致家庭不幸福,甚而耽误了一生的幸福。

(4)建设优秀家风:不忘祖宗、提携宗族、勤俭忠厚、诗书传家。

总之,钱镠不仅开创了吴越国,而且还开创了吴越钱氏家族的优良传统,通过选拔吴越国王位继承人,很好地实践了他的人才成长理念和思想,为钱氏子孙树立了优秀家风。他的教育思想和理念已深入钱氏人的内心,成为他们努力在各个工作岗位上奉献的动力。

《五代吴越国王钱俶墓志》校读

周新华　浙江农林大学

摘　要：五代吴越国末王钱俶纳土归宋，死后葬于洛阳北邙山。其墓于清代被盗，墓志出土后历经流离颠沛，今藏于洛阳博物馆。清人汪鋆《十二砚斋金石过眼录》、罗振玉《邙洛冢墓遗文》等对其均有著录。惜长期以来，该墓志被误认为"邓俶"墓志，故沉湮日久，不为人知。偶有对其志文考释者，断句标点多有讹误，故有必要对其重加校读，以免引讹传讹。

关键词：吴越国；钱俶墓志；校读

一、钱俶墓志的出土及传承

己亥秋九月，因事过洛阳，于洛阳博物馆石刻馆见有一方五代《吴越国王钱俶墓志》石，大感兴趣。惜当日行色偬偬，未及细览，只拍了几张照片即匆匆而归。

回来后查检文献，方知这块志石的来历，其收藏及传承经过跌宕起伏，颇为惊心。

清道光二十年（1840 年），洛阳县令马恕（山西介休人）为搜储古代石刻，在洛阳建存古阁（旧址在今洛阳市林业学校西围墙内），收藏晋至宋各类石刻六十八块及各种石刻拓片一千三百多种，其中就有这块钱俶墓志原石（可惜没有记述出土时间和地点）。由此可知，钱俶墓在清代已经被盗，时间大约是道光至同治年间。随葬文物不知去向，但墓志得以保留。

清光绪元年（1875 年），江苏仪征人、画家兼金石学家汪鋆编著《十二砚斋金石过眼录》十八卷刻印出版，其中卷一六即收录了钱俶墓志铭文，这是关于钱俶墓志的首次记载,引起世人注目。①

清朝末年,金石学家罗振玉四处打听,得知这通墓志的指向在洛阳,于是他在 1911 年通过友人从洛阳古董店、存古阁和洛阳北邙山农村,购得一批古文物,其中包含钱俶墓志拓片。1914 年 2 月,罗振玉著的《邙洛冢墓遗文》一书出版,该书卷下收录有钱俶墓志拓片。②

据《洛阳县志》载,民国初期天下大乱,洛阳盗墓风气盛行,墓志等文物不断出土:"一朝出土,士人争购。一石恒数百金,有至千金者。一入商贩之手,则列石于市。一旦得善价,乃亟毡包席裹而去。"这一时期存古阁无人典守,失窃严重,仅剩石刻四十块,而大量石刻拓片遭盗窃,流入海内外收藏家之手。但万幸的是,韩寿墓表、钱俶墓志等珍贵石刻侥幸得以留存。

后来世事略微平定,一些有识之士又从民间购石收藏。1919 年,存古阁藏石又增至九十块。1931 年春,张钫、刘镇华、武庭麟等人创办洛阳县河洛图书馆,接管了存古阁的文物石刻。

日寇侵华期间,1944 年洛阳河洛图书馆被日军司令部占据,次年日本战败投降,由国民党军接管,馆中文物大量失窃,藏石仅剩三十多块。而钱俶墓志原石,被抛置在院内一角落里。

1948 年 4 月洛阳解放,市长杨少桥下令将散放在河洛图书馆内各处的石刻集中到库房存放,后移入洛阳古代艺术馆(洛阳关林庙)。

令人唏嘘的是,因该志石上刻志题甚长,全称"大宋故安时镇国崇文耀武宣德守道中正功臣、武胜军节度、邓州管内观察处置等使、开府仪同三司守太师、尚书令兼中书令、使持节邓州诸军事、邓州刺史、上柱国、邓王,食邑九万七千户,食实封壹万陆千玖百户,赐剑履上殿书诏不名,追封秦国王墓志铭并序"、内中并无出现"钱俶"字样,故而该志石原陈列于洛阳古代艺术馆东展室时,一度被误识为"邓俶"之志,致使这方具有较高历史价值的"国君"级墓志沉湮多时,不为人知。

2011 年 4 月,洛阳博物馆新馆建成,钱俶墓志原石于石刻馆中展出。

关于钱俶墓志拓片及释文的著录,除了上述的清人汪鋆《十二砚斋金石过眼录》、罗振玉《邙洛冢墓遗文》外,2006 年出版的《全宋文》卷四二根据罗氏《邙洛冢墓遗文》所载将其收入,③北京图书馆金石组编《北京图书馆藏中国历

① 详见汪鋆编著:《十二砚斋金石过眼录》十八卷,载《石刻史料新编》第一辑第十册,台湾新文丰出版公司 1982 年版。
② 详见罗振玉辑:《邙洛冢墓遗文》一卷附补遗,载《石刻史料新编》第一辑第十六册,台湾新文丰出版公司 1982 年版。
③ 详见《全宋文》卷四二,上海辞书出版社、安徽教育出版社 2006 年版。

代石刻拓本汇编》亦收录该墓志拓片,拓片编号"志3707",简介云:"北宋端拱二年(989)正月十五日葬于河南洛阳。拓片长九十四厘米,宽九十三厘米,慎知礼撰,秦守良正书。此拓为原北平图书馆旧藏。"①

钱俶墓志石高九十二厘米,宽九十三厘米,志文五十三行,满行五十二字,全文约两千七百字。由墓志序言可知,钱俶墓志由宋金紫光禄大夫慎知礼撰文,邓州钱王府都押衙秦守良誊写。

二、钱俶墓志释文校读

出土于洛阳的钱俶墓志体量虽不算大,但有约两千七百字,中有大量关于钱俶生平事迹、去世下葬及身后哀荣等内容的时人记述,是研究五代吴越国历史的重要实物资料,具有极高的历史价值。但可惜的是,除了一些石刻拓片汇编等金石类著作对其加以著录之外,专文研究者似不多见。

1998年第2期《中原文物》刊出吴建华《吴越国王钱俶墓志考释》一文,这是迄今所见公开发表的唯一一篇关于钱俶墓志的研究文章。② 在细读之后,发现该文对钱俶墓志内文释读句读存在多处讹误,亦有诸处错字别字。为免以讹传讹,笔者不揣谫陋,对该墓志全文加以校读,重新句读标点,并订正若干错字别字(案:考虑到古代墓志均以繁体字撰就书写,为本其真,本文涉及墓志内文者仍为繁体,其余为简体字)。

《吴越国王钱俶墓志考释》所录志文(以下简称《考释》志文):

大宋故安時鎮國崇文耀武宣德守道中正功臣、武勝軍節度、鄧州管內觀察處置等使、開府儀同三司守太師、尚書令兼中書令、使持節鄧州諸軍事、鄧州刺史、上柱國、鄧王、食邑九萬七千戶食實封壹萬陸千玖百戶、賜劍履上殿書詔不名、追封秦國王墓誌銘並序。

金紫光祿大夫行鴻臚卿、上柱國、邯鄲縣開國伯、食邑七百戶慎知禮撰。

鄧王府都押衙兼知表守良書。

校读:此段为墓志序,该志题与北宋朝廷为吴越国王钱俶之丧所制"册

① 详见北京图书馆金石组编:《北京图书馆藏中国历代石刻拓本汇编》,中州古籍出版社1990年版。

② 吴建华:《吴越国王钱俶墓志考释》,《中原文物》1998年第2期,第84—90页。

文"比较,唯多出"中正"二字,其余尽同,志主讳、字、谥号、追封等可与《宋史》所载互证,由此得知该志为五代吴越国王钱俶墓志。此段若干标点有误,如"开府仪同三司"与"守太师"是两个不同官衔,"食邑九万七千户"与"食实封一万六千九百户"是两个不同概念,"剑履上殿"与"书诏不名"是两个不同赏赐,理当断开。此正之如次:

> 大宋故安時鎮國崇文耀武宣德守道中正功臣、武勝軍節度、鄧州管內觀察處置等使、開府儀同三司、守太師、尚書令兼中書令、使持節鄧州諸軍事、鄧州刺史、上柱國、鄧王,食邑九萬七千戶,食實封壹萬陸千玖百戶,賜劍履上殿、書詔不名,追封秦國王墓誌銘並序。
>
> 金紫光祿大夫、行鴻臚卿、上柱國、邯鄲縣開國伯,食邑七百戶慎知禮撰。
>
> 鄧王府都押衙兼知表守良書。

《考释》志文:

> 伐天之工必崇高而啟其緒,成物之務惟光大以垂其式。戴元後總群牧,開國承家守宗廟祭祀者,崇高而有秉聰明正偉也;綏中國過四夷,興衰撥亂息生民戰伐者,光大而之達進退存亡其難乎? 粵若高明廣濟駿極上升玄黃,其身而及諸人,發於家而顯於國。致代天之用,用而克濟;宣成物之任,任而有終。跡賁丹著,聲融金石者,得之於朝矣。

校读:此段释读讹误较多,又有若干错字别字,令人费解。故重新句读如下,并修改错字别字。文中者,为原石漶漫缺字,此根据文意尝试增补完璧。

> 代天之工,必崇高而啟其緒,成物之務,惟光大以垂其式。戴元後,總群牧,開國承家,守宗廟祭祀者,崇高而有(之),秉聰明正(直)(其)偉也;綏中國,過四夷,興衰撥亂,息生民戰伐者,光大而(有)之,達進退存亡其難乎? 粵若高明廣濟,駿極上升,玄黃其(光),素厚(端)凝,(益)(於)身而及諸人,發於家而顯於國。致代天之用,用而克濟;宣成物之任,任而有終。跡賁丹青,聲融金石者,得之於(聖)朝矣。

《考释》志文:

> 王諱儼,字文德,彭城人也。唐季不嗣,我烈祖武肅王啟五諸侯霸式,遏寇虐世位以德;我顯考文穆王率士連帥伐叛,王家有志四方,克開厥後,世勳顯矣,盟府存焉。王以立賢之義而嗣基,以稽古之訓而為政,非六籍不任,非五常不履。創人倫,敦教化,《詩》以導其源;申典故,發訓誓,《書》以體其要。共祭祀,分吉凶,《禮》以通其變;和神祇,平風俗,《樂》以中其節。動靜施捨,不離聖賢之域者,《易》以幾其道;損益制度,不忘諸侯之職者,《春秋》以守其法。

校读:此段叙钱儼生平,相对而言错讹较少,但也有几处误断及讹字,如将"叙人伦"误为"创人伦",殊为不该。正之如次:

> 王諱儼,字文德,彭城人也。唐季不嗣,我烈祖武肅王,啟五諸侯霸式,遏寇虐,世位以德;我顯考文穆王,率十連帥伐叛,王家,有志四方。克開厥後,世勳顯矣,盟府存焉。王以立賢之義而嗣基,以稽古之訓而為政,非六籍不任,非五常不履。叙人倫,敦教化,《詩》以導其源;申典故,發訓誓,《書》以體其要。共祭祀,分吉凶,《禮》以通其變;和神祇,平風俗,《樂》以中其節。動靜施捨,不離聖賢之域者,《易》以幾其道;損益制度,不忘諸侯之職者,《春秋》以守其法。

《考释》志文:

> 服膺而行則罔弗詳備,惟仁執心以義應物。禮持慎修之柄,智懸廣照之源,信以之,美全用也。率性而動,固鹹克終始,雖服色正朔,因夏而每殊於沿革,禮樂征伐,尊周靡變於艱難。專征方國纘戎,祖考備車馬,繕甲兵,克勤小物,用戒戎作四郊之備。有嚴於外養民,力謹邦賦,因地之利任土作貢,五壤之共有勤於上。勝殘去殺、累仁恩於百年;保大定功,啟明聖於千載。

校读:此段句读断错讹甚多,已令人无法卒读。该文作者或不熟悉古人撰写墓志喜用对仗之惯例,率尔操觚,故而造成如此鲁莽灭裂之讹误。此校正如次:

服膺而行，則罔弗詳備，惟仁執心，以義應物。禮持慎修之柄，智懸廣照之源，信以（成）之，美全用也。率性而動，固鹹克終始。雖服色正朔，因夏而每殊於沿革，禮樂征伐，尊周（而）靡變於艱難。專征方國，纘戎祖考。備車馬，繕甲兵，克勤小物，用戒戎作，四郊之備，有嚴於外。養民力，謹邦賦，因地之利，任土作貢，五壤之共，有勤於上。勝殘去殺，累仁恩於百年；保大定功，啟明聖於千載。

《考释》志文：

太祖神德皇帝有舜玄德，纘周鴻緒，威懷廣運，光靈肹響，顧我早攀鱗翼，浚合江河之順；遠傾肝膈，皎如日月之臨。元子奉於贄生，大夫旅於庭實，將順匪解，同寅用光，朝饗敘班爵，命申錫，則推乃眷，皆越維常。緇衣二世，將賴武公之力；朱旗兩鎮，是命伯禽為後。九服之異焉，四海無擬者，由是南面專委東夏。

校读：此段句读错讹亦多。此校正如次：

太祖神德皇帝有舜玄德，纘周鴻緒，威懷廣運，光靈肹響，顧我早攀鱗翼，濬合江河之順；遠傾肝膈，皎如日月之臨。元子奉於贄生，大夫旅於庭實，將順匪解，同寅用光。朝饗敘班，爵命申錫，則推乃眷，皆越維常。緇衣二世，將賴武公之力；朱旗兩鎮，是命伯禽為後。九服之異焉，四海無擬者，繇是南面，專委東夏。

《考释》志文：

開寶甲戌中，江淮拒召。帷幄議兵，有事干戈，錫我鐵鉞，王祗承天旨，肅將帝威，樓櫓合而足以長驅，征嚴而先之大講，方叔伐整六師而東下，小白齊車載遷而主而西討。敷用七德，七德有常，勤循百役，百役鹹舉，時雨相慶，捷月屢成，金肬聲而敵奔，刃不血而兵戢，降王啟封於安樂，勳臣議爵於靈臺。既臺武庫之兵，始展明堂之勤，一之見太陽照為慶色，再之會湛露酌為第滋，心朗德融，禮尊事極，頌太師，無窮問魯道，有光策，相國第一功。漢章斯舉，詔就國耿驂駟之未久，會同軌泣攀龍之不回。

校读：此段叙钱俶助宋军灭南唐事。宋太祖开宝四年（971年），南唐李煜改"唐国主"为"江南国主"，虽仍遣使入朝纳贡，但低于常数。李煜"外示畏服，修藩臣之礼，而内实缮甲募兵，潜为战备，太祖虑其难制"。"七年秋，遂诏李煜赴京，煜称疾不奉诏。"李煜潜变，宋太祖自然不能容忍。十月，宋军十万出荆南威逼金陵。十一月，命钱俶为升州东面招抚制置使，赐战马二百匹和旌旗剑甲，俶挥军围常州；十二月败李煜江南军于常州北。此段句读错讹实多。校读如次：

> 開寶甲戌中，江淮拒召，帷幄議兵，有事干戈，錫我鈇鉞。王祗承天旨，肅將帝威，樓櫓合而足以長驅，鉦鐲嚴而先之大講。方叔伐鼓，整六師而東下；小白齊車，載遷主而西討。敷用七德，七德有常；勤修百役，百役咸舉。時雨相慶，捷月屢成，金既聲而敵奔，刃不血而兵戢。降王啟封於安樂，勳臣議爵於靈臺。既橐武庫之兵，始展明堂之觀。一之見太陽，照為慶色；再之會湛露，酌為華滋。心朗德融，禮尊事極。頌太師無窮問，魯道有光；策相國第一功，漢章斯舉。詔就國，耿驂駟之未久；會同軌，泣攀龍之不回。

《考释》志文：

> 今聖上五壤纘於慶基，三揖迪於古訓，駿奔萬裏，象魏載朝，山龍煥容，雲天需樂。入則伯舅以均禮，出則師老以聯恩，朝廷於是尊賢，縉紳有以觀德，跡諸體望，軼彼古今。王惟白光華在辰文思當寧無外者，三代之化，有道者萬方所歸。藩輔固而環宇寧，車書通而天地一，舉千乘之重請藉有司，炳三臺之明願拱宸極，於再於三而伏奏，拜乎稽首以昌言。

校读：此段志文系指钱俶献地归宋之事。南唐既平，钱俶不敢独立，于太平兴国三年（978年）五月上表曰："陛下嗣守丕基，削平诸夏……独臣一邦僻介江表，职贡虽陈于外府，版籍未归于有司。""愿以所管十三州献于阙下，执事其间地里名数，别具条析以闻。"宋太宗接受献地，并御楼接风："卿能保全一方以归于我，不致血刃，深可嘉也。"此段在"王惟白"之后句读甚乱。此正之如次：

> 今聖上五讓纘於慶基，三揖迪於古訓，駿奔萬里，象魏載朝，山龍煥容，雲天需樂。入則伯舅以均禮，出則師老以聯恩，朝廷於是尊

賢，縉紳有以觀德。跡諸體望，軼彼古今。王惟白："光華在辰，文思當寧。無外者三代之化，有道者萬方所歸。藩輔固而環宇寧，車書通而天地一，舉千乘之重，請藉有司，炳三臺之明，願拱宸極。"於再於三而伏奏，拜手稽首以昌言。

《考釋》志文：

詔曰："錫山土田，啟國淮海，王其輔我，子也。"建侯獻地，何慚於隴西徙家？誠喜於關內。禮之異教，史不絕書，寒暑推移，雨露優渥，滿蕭配祖，郊報屢嚴，行葦厚賢，井賦滋廣。

校读：志文诏曰中的"錫山土田，啟國淮海，王其輔我，子也建侯"十六字，被句读成"錫山土田，啟國淮海，王其輔我，子也"，令人费解。此正之如次：

詔曰："錫山土田，啟國淮海，王其輔我，子也建侯。"獻地何慚於隴西，徙家誠喜於關內。禮之異數，史不絕書，寒暑推移，雨露優渥。炳蕭配祖，郊報屢嚴；行葦厚賢，井賦滋廣。

《考釋》志文：

王處盛彌儉，守溢惟沖，以疾罷朝，以告珍攝恭德，自懼爰居匪守。則曰："大元帥之任，人臣本於綏難，明天子之育黎，獻方務止戈。西土既寧，實憲不開於將幕；北辰已正，子儀亦解兵符。表廢置之，權述升平之遇。"畢於克讓三，乃曰："俞沔漢南邦，其稱甚偉，茅土錫祚，移命益尊。"自誠而明者，寅畏之深；利有攸往者，優適之美。

校读：此段句读有严重讹误。此正之如次：

王處盛彌儉，守溢惟沖，以疾罷朝，以告珍攝，恭德自懼，爰居匪寧。則曰："大元帥之任人臣，本於綏難；明天子之育黎獻，方務止戈。西土既寧，實憲不開於將幕；北辰已正，子儀亦解於兵符。"表廢置之權，述升平之遇，畢於克讓，三乃曰俞。沔漢南邦，其稱甚偉，茅土錫祚，移命益尊。自誠而明者，寅畏之深；利有攸往者，優適之美。

《考释》志文：

> 南陽故土，近地疏封，讓國重表於穰中，爵王兼陟於許下，臥龍
> 之野荒龜即都，小大鹹和文武式，三推帝藉展慶華戎，一字王封即真
> 樊鄧，至於文昌之總揆，紫微之受萬機，時敘二司，具瞻三紀，方將道
> 合，軒問禮贊，乾封垂憲言於辟雍，康歌於衢室。福善虛應，病彌時，
> 降單軺之侍醫，飛二星之中使，交馳驛路，咫尺帝音，君臣之間始卒
> 厚矣。嗚呼！動靜相倚，吉凶靡常，徒致清於幣玉，終有摧於棟樑，
> 彼元化之滓溟，此人事之淒涼。端拱元年秋八月二十四日薨於府
> 署，享年六十。

校读：此段叙钱俶最后岁月，直至病逝。"遘疾弥时，降单轺之侍医，飞二星之中使，交驰驿路，咫尺帝音，君臣之间始卒厚矣。"说的是宋太宗与钱俶之间的情谊至厚，这是符合事实的。早年，宋太祖曾让钱俶与太宗"叙昆仲之礼"，因俶"流涕"坚辞而作罢。及太宗登基，礼之愈厚，先后封俶为淮海、汉南、南阳国王。俶亟请罢国王之号，去"书诏不名"之赐，直至孟昶、李煜等去号、赐之后，方改俶许王，又再请去王，不许，徙封为邓王。从钱俶向北宋朝廷纳贡称臣到献地归国、至卒，太祖、太宗两帝对钱俶及其子孙臣属优渥有加，待遇之高是诸方国世家所难以比拟的。此段句读有误，间有讹字。此正之如次：

> 南陽故土，近地疏封，讓國重表於穰中，爵王兼陟於許下。臥龍
> 之野，荒龜即都，大小鹹和，文武是式。三推帝藉，展慶華戎，一字王
> 封，即真樊鄧。至於文昌之總百揆，紫微之受萬機，時敘二司，具瞻
> 三紀。方將道合軒問，禮贊乾封，垂憲言於辟雍，颺康歌於衢室。福
> 善虛應，遘疾彌時，降單軺之侍醫，飛二星之中使，交馳驛路，咫尺帝
> 音，君臣之間始卒厚矣。嗚呼！動靜相倚，吉凶靡常，徒致請於幣
> 玉，終有摧於棟樑。彼元化之滓溟，此人事之淒涼。端拱元年秋八
> 月二十四日薨於府署，享年六十。

《考释》志文：

> 皇帝聞哀撤懸，悼往出涕。尊伊之設華冕，表霍之用黃腸，誄行
> 於素旗，追終於玉冊，特詔輟視朝七日，遣太中大夫、尚書、工部侍郎

郭贄持節冊命,追封"秦國王"。太常考諡曰"忠懿",中常侍臨奠恤哀,大行人備物護葬,申命貴近以專總督喪,所給者詔加等焉。孟冬十一日,啟柩於鄧,牆柳歸載萋萋野色,耆艾攀擁哀哀路音,二十五日,馆喪於京師之東墅。越二年正月十五日,葬於河南府洛陽縣賢相鄉陶公里,禮也。

校读:此段叙钱俶身后哀荣事,太宗废朝七日,册为"皇帝",追封秦国王,并点明启柩、馆葬、下葬之时日及具体地点,是珍贵的历史资料。此段句读间或有误。此正之如次:

皇帝聞哀撤懸,悼往出涕。尊伊之設華冕,表霍之用黃腸,諌行於素旐,追終於玉冊。特詔輟視朝七日,遣太中大夫、尚書、工部侍郎郭贄持節冊命,追封秦國王。太常考諡曰忠懿,中常侍臨奠恤哀,大行人備物護葬。申命貴近,以專總督喪,所給者詔加等焉。孟冬十一日,啟柩於鄧。牆柳歸載,萋萋野色;耆艾攀擁,哀哀路音。二十有五日,館喪於京師之東墅。越二年正月十五日,葬於河南府洛陽縣賢相鄉陶公里,禮也。

《考释》志文:

王妃孫氏賢為女師,化被王國,先朝肆勤後事,錫命冊妃之典,自王而始。緣鞠方茂,瑤華先秋。繼室以楚國夫人俞氏。子八人:嗣安遠軍節度使、開府儀同三司、檢校太師兼中書令、蕭國公惟濬,性受天和,美存世濟,文武二府,侍滕為海內之榮,忠孝一家,匪躬存天下之式,生盡其養,喪過乎哀;次鎮國軍節度使、特進檢校太師惟治,發揮符采,含吐英華,殿大邦於雙油,廣崇教於三載;次濰州團練使惟渲;次昭州刺史惟灝;次武衛將軍惟潘;次從釋,法名淨照;次衙內都指揮使惟演;次衙內指揮使惟濟。善有餘裕,秀發其華。友於閨門,見孔懷之兄弟;達於邦國,知必大之子孫。女七人:長適河東裴祚;次適錢塘元象宗;次適汝南慎從吉;次適故富春孫浦,早亡;次適富春孫誘;餘則笄年,而猶室處,皆苴麻泣血,欒棘變容,生而知之禮無違者。

校读:此段叙钱俶妻、继室、子女事。钱俶妻孙氏,钱塘人,俶心腹之臣、北宋两藩副使孙承之妹。开宝九年三月，因助宋伐唐之功，钱俶受诏进京授勋，孙氏随遇愈荣，被封为"吴越王妃"。西蜀、南汉、南唐、北汉等国主之妻均赐"夫人"之号，而孙氏所受的却是史无先例的异姓王妃封赐。太平兴国二年（977年）正月，孙氏卒于杭州，宋太宗"遣给事中程羽吊祭"，由此可见其深沐皇恩。此段几处句读有误，间有讹字。此正之如次：

> 王妃孙氏，賢為女師，化被王國，先朝肆覲，後事錫命，冊妃之典，自王而始，襐鞠方茂，瑤華先秋。繼室以楚國夫人俞氏。子八人：嗣，安遠軍節度使、開府儀同三司、檢校太師兼中書令、蕭國公惟濬，性受天和，美存世濟。文武二府，侍膝為海內之榮；忠孝一家，匪躬存天下之式。生盡其養，喪過乎哀。次，鎮國軍節度使、特進檢校太師惟治，發揮符采，含吐英華，殿大邦於雙油，廣崇教於三載。次，濰州團練使惟渲。次，昭州刺史惟灝。次，武衛將軍惟潛。次，從釋，法名淨照。次，衙內都指揮使惟演。次，衙內指揮使惟濟。善有餘裕，秀發其華。友於閨門，見孔懷之兄弟；達於邦國，知必大之子孫。女七人：長適河東裴祚。次適錢塘元象宗。次適汝南慎從吉。次適故富春孫誧，早亡。次適富春孫誘。餘則笄年，而猶室處，皆苴麻泣血，欒棘變容，生而知之，禮無違者。

《考释》志文：

> 王稟奇骨之峻削，受正性於恬愉，體貌肅如神，氣穆若語默，存道動靜，求仁靡尚，豫遊頗遵儉素，愛人善愈於己，能聞人過，率以情恕，推誠於下，擢才不疑，儒雅自勤，胥樂百家，窮覽六義，研機載笑載言，鹹本事實曰興曰比，動即編聯所著詩，為《政本集》，亦志在其中矣。六書異體，五射名法，必有所尚，皆造其微，思輔仁壽之化，頗尊天竺之教。浮休內達，惻隱兼濟，魚鱉不友，草木恐傷。終乎不自荒，寧以克永世。大矣哉！

校读：此段是对钱俶生平之评价，释文句读讹误甚多，又有漏字（"名教胥乐"漏"名教"二字）。此正之如次：

> 王稟奇骨之峻削，受正性於恬愉，體貌肅如，神氣穆若，語默存道，動靜求仁。靡尚豫遊，頗遵儉素。愛人善愈於己能，聞人過率以

情恕。推誠於下,擢才不疑。儒雅自勤,名教胥樂。百家窮覽,六義研機。載笑載言,鹹本事實;曰興曰比,動即編聯。所著詩為《政本集》,亦志在其中矣。六書異體,五射名法,必有所尚,皆造其微。思輔仁壽之化,頗尊天竺之教。浮休內達,惻隱兼濟,魚鱉不夭,草木恐傷。終乎不自荒,寧以克永世。大矣哉!

《考释》志文:

　　當王位崇高,以聰明正直盡人臣之能事;洎王功光大,以進退存亡服聖人之格言。得不謂盡善盡美於斯者乎?洪惟武肅王克慎厥始,文穆王克和厥中,自王克誠厥終。王后葉心四方,是則語忠臣孝子者,百世可知也。嗚呼哀哉!清洛旁注,碧嵩遙峙,丘壟前後,雲樹迤邐。風笳酸骨兮曉凝霜,籟斷魂兮夕起,吊千古兮謂何?欻九原兮已矣。若夫世族之始,命官之次,則總列於廟碑,具存於國史。約莫京之德,恭述敘焉。申無愧之辭,泣為銘爾。

校读:此段亦有几处句读讹误及错字。此正之如次:

　　當王位崇高,以聰明正直,盡人臣之能事;洎王功光大,以進退存亡,服聖人之格言。得不謂盡善盡美於斯者乎?洪惟武肅王克慎厥始,文穆王克和厥中,洎王克誠厥終。三後協心,四方是則,語忠臣孝子者,百世可知也。嗚呼哀哉!清洛旁注,碧嵩遙峙,丘壟前後,雲樹迤邐。風笳酸骨兮曉凝,霜籟斷魂兮夕起,吊千古兮謂何?欻九原兮已矣。若夫世族之始,命官之次,則總列於廟碑,具存於國史。約莫京之德,恭述敘焉。申無愧之辭,泣為銘爾。

《考释》志文:

　　銘曰:諸侯有土,孰為尊主,表率鷹揚,我祖之武。庶邦塚君,孰為世勳,奉成燕翼,我宗之文。以賢為嗣,文武不墜,政刑交修,干戈有備。惟聖建中,車書大同,玉帛奉職,圭瓚饗功。將命徂征,問儀請勤,光大成績,周旋履順。五瑞既輯,萬方載會,若子知微,聖人無外。全吳之墟,賦千乘車,獻為內地,恭乎顯諸。南鄧之野,錫五色社,往即新邦,寵之優也。煌煌紫垣,三臺拆裂,峨峨明堂,一柱摧折。君恩天地，臣心日月，存亡跡均，哀榮事絕。有國有家兮世烈輝光，乃相乃侯兮慶祚靈長。身委道兮終萬化，葬備物兮形四方。兆茲域兮泰筮有常，垂斯文兮德音不忘。志孝之墓者，有秦國王。

校读：因铭文为四六骈体文字，句读倒是无误，但有三处错字，"问仪请觐"误为"问仪请勤"，"君子知微"误为"若子知微"，"三台坼裂"误为"三台拆裂"。此正之如次：

铭曰：諸侯有土，孰為尊主，表率鷹揚，我祖之武。庶邦塚君，孰為世勤，奉成燕翼，我宗之文。以賢為嗣，文武不墜，政刑交修，干戈有備。惟聖建中，車書大同，玉帛奉職，圭瓚饗功。將命徂征，問儀請觀，光大成績，周旋履順。五瑞既輯，萬方載會，君子知微，聖人無外。全吳之墟，賦千乘車，獻為內地，恭乎顯諸。南鄧之野，錫五色社，往即新邦，寵之優也。煌煌紫垣，三臺坼裂，峨峨明堂，一柱摧折。君恩天地，臣心日月，存亡跡均，哀榮事絕。有國有家兮世烈輝光，乃相乃侯兮慶祚靈長。身委道兮終萬化，葬備物兮形四方。兆茲域兮泰筮有常，垂斯文兮德音不忘。志(忠)孝之墓者，有秦國王。

三、关于钱俶墓志的其他

宋太宗太平兴国二年（978年），钱俶奉旨入汴梁，随即被扣留，不得已自献封疆于宋，先后被封为淮海国王、汉南国王、南阳国王等，但他很谨慎，坚辞国号，被改封许王，进封邓王。端拱元年（988年）8月，钱俶六十大寿，宋太宗遣使祝贺，结果当夜暴毙于南阳，谥号忠懿。后人或有怀疑其被毒杀者，但也没有什么铁证，遂成千古遗案。

《宋史·吴越世家》钱俶传中有其死后归葬洛阳邙山的记载，其子钱惟演传中也提到"先垅在洛"，钱俶墓志所述印证了史记。志云"越二年正月十五日葬于河南府洛阳县贤相乡陶公里"。北宋时贤相乡辖有上东里、上店里、旌德里、积润里、凤台里、陶公里等处，其中凤台里因凤凰台而得名，在今凤凰台村北一里许的向阳坡上，这里埋葬着东吴末帝孙皓，陈朝后主陈叔宝，百济王扶余义慈、扶余隆父子，西蜀之君孟昶，南唐后主李煜等，这恐怕是我国唯一的"亡国之君兆域"。钱俶也是亡国之君，却葬在与此域相邻的陶公里。这或许可以说明，钱俶毕竟与宋太祖、宋太宗交谊颇厚，不葬"亡国之君兆域"，正是为了体现"表异恩"。钱俶卒后数月馆葬于东京，一年后又改葬洛阳，或因北宋皇陵在洛，为子孙计，钱俶生前曾要求归葬北邙，遥揖皇陵，表示"生为君臣，死为君鬼"的冥幽效忠，这种心态也是可以理解的。

据钱氏后裔、清人钱泳《履园丛话》卷十九记载，金兵攻占汴京（开封）后，原留在汴京的钱王家族成员绝大多数跟随高宗赵构南逃，居于江苏、浙江者有十之八九。荣国公钱忱于绍兴元年（1131年），奉其母定居台州，时因中原陷于金兵之手，不能往祭，故蠹立钱俶衣冠墓于天台。因而千百年以来，台州百姓怀着良好的愿望，仍将这个衣冠冢当成真正的钱俶墓来祭拜，这种习俗流传至今。

钱惟演:旧王孙身份与新王朝人生

彭庭松　王长金　浙江农林大学

摘　要: 钱俶在迫不得已的情势下"纳土归宋",钱惟演随父入开封效力新朝。旧王孙的敏感身份,激发钱惟演采用联姻后族、结交权贵、培养新进等手段,追求政治利益最大化,以便获得更高安全感。他汲汲于进用的行为,引发了人格上的非议。在国除族迁的背景下,钱惟演深感在新王朝振兴家族的迫切性。他发扬以礼育人、以文兴族的传统,勤于著述,史彰先祖,保存了钱氏家族和吴越国的很多资料。他争取父亲钱俶配享真宗庙陵,力图提升家族的地位。钱惟演具有旧王孙独特的气质,他自己的文学创作含蓄地表达了故国之思。

关键词: 钱惟演;政治;家族;文学;人生

钱惟演,北宋大臣、文学家,故吴越国国王钱俶之子。其出生后第二年,即太平兴国三年(978年),便随父亲归顺宋朝,在汴京开始了新王朝的人生。一方面,由于钱俶是纳土归宋,宋朝兵不血刃就取得了吴越国,因此宋朝对归顺新朝的钱俶以及故国王室成员采取了格外优待的措施。另一方面,也并没有放松对他们的防范。作为故国王室之胄,钱惟演就是在既被优宠又被防范的环境中开始自己的人生的。故国王胄的身份,对钱惟演人生的影响巨大。

一

钱惟演出生时,吴越国就处于"黑云压城城欲摧"的危险境地。

960年,赵匡胤建立北宋王朝,开始了统一中国的伟大事业。吴越国王钱弘俶按照"善事中国"的祖训,立即奉表称臣。因犯了太祖赵匡胤父亲赵弘殷的名讳,钱弘俶将"弘"字去掉,改名钱俶,已示敬畏之意。宋朝封钱俶为天下兵马大元帅,吴越国采取进贡讨好的方式,"竭十三州之物力以供大国,务得中朝心"①,企图用牺牲财力的方式来换取政治上割据地位的维持。开宝七年(974年)冬,宋朝发动灭亡南唐的战争,命令吴越国出兵助攻。南唐国主李煜写信给钱俶,说得很直白:"今日无我,明日岂有君? 一旦明天子易地酬勋,王亦大梁一布衣耳!"②希望钱俶能明白利害关系,至少要作壁上观,不能助宋攻南唐。钱俶没有理会,进而将信交给宋朝,并亲自带兵攻占南唐常州。

宋灭南唐后,立即召钱俶入京觐见。开宝九年(974年)早春二月,钱俶带妻儿及大将等战战兢兢地来到汴京。太祖赵匡胤安抚有加,钱俶又供奉了大量财物,换得了自己的安全回国。回来后深感"西北者神京在焉,天威不敢违咫尺"③,诚惶诚恐中更是加大了财物进奉的力度。宋太宗赵光义即位后,于太平兴国三年(978年)三月,钱俶举族再次入朝,这当中就包括才两岁的钱惟演。这一次,进献再多的财物也不奏效。钱俶最后做出了十分痛苦的决定,放弃割据偏安,全部纳土归宋。

钱氏经营吴越国近百年,已经取得了相当了不起的成就。杭州已经有"人间天堂"的模样了,史料是这样记载的:"轻清秀丽,东南为甲;富兼华夷,余杭又为甲。百事繁庶,地上天宫也。"④横向比较,"在各割据小国中,吴越的经济文化发展可以说是最好的"⑤。如此膏腴之地,双手奉上,即便是明智之举,也是迫于无奈的。对于这一举动,历史上褒贬不一。赞成顺应历史潮流的多,批评软弱无能的也不少。后来受到钱惟演关照提携的欧阳修,在《新五代史》中就尖锐指出,"钱氏兼有两浙几百年,其人比诸国号为怯弱,而俗喜淫侈,偷生工巧",⑥隐含着严厉的批评。

纳土归宋后,钱氏家族受到了优待。钱俶本人也先后封为淮海国王、南汉国王等。然不幸的是,"端拱元年(988年)春,徙封邓王。会朝廷遣使赐生辰器币,与使者宴饮至幕,有大流星堕正寝前,光烛一庭,是夕暴卒,年六十"⑦。归降十年,钱俶在与朝廷派来的庆生使者宴饮后,"是夕暴卒"。这样的死亡确实蹊跷,后世历史学家多有质疑。明末王圻编著的《稗史汇编》中推测:"李(煜)之祸,词语促之也,因记钱邓王(俶)有句云'帝乡烟雨锁春愁,故国山川空泪眼'。其感时伤事,不减于李。然则其诞辰之祸,岂亦缘是耶?"猜

---

① 吴任臣:《十国春秋》卷八二《吴越六·忠懿王世家下》,中华书局1984年版,第1184页。
② 脱脱等:《宋史》卷四八〇《世家三·吴越钱氏》,中华书局1977年版,第13898页。
③ 同上,第13901页。
④ 陶谷:《清异录》卷上《地理》,上海古籍出版社1988年《说郛三种》本,第921页。
⑤ 沈冬梅、范立舟:《浙江通史·宋代卷》,浙江人民出版社2005年版,第12页。
⑥ 欧阳修:《新五代史》,中华书局1974年版,第843页。
⑦ 详见脱脱等:《宋史》卷四八〇《世家三·吴越钱氏》,中华书局1977年版。

测钱俶和李煜一样，都是因为写了思念故国的词句而罹祸。清代周亮工《因树屋书影》说得更为明确："后主以'故国不堪回首'句及徐铉所探语，赐牵机药死。忠懿（钱俶）荷礼最优，宜无他者。顾两王皆以生辰死者，盖御忌未消，各借生辰赐酒阴死之耳。"这里没有提到钱俶有思念故国的句子，但就因为皇帝的猜忌，因而也就有了和李煜一样的结局。

是年，钱惟演十二岁。父亲去世后不久，皇上实行了"人道主义"关怀："子惟演、惟济皆童年，召见慰劳，起家诸卫将军。"①丧父之痛给钱惟演打击很大，也促使他对形势有了新感触并迅速成熟起来。在钱惟溍、钱惟濬等共同推举下，钱惟演成了父亲王爵的继承人，这就形同将他推到了家族振兴的领头羊地位。

二

钱惟演的童年是在父亲身边度过的。宋代王称《东都事略》卷二四记载："钱惟演，字希圣，幼有俊才，俶尝使赋《远山》诗，有'高为天一柱，秀作海三峰'之句，俶深器之。"钱俶对钱惟演十分器重，并倾心加以栽培。父亲对钱惟演的影响是直接而又深刻的，尤其在政治和文学上。钱惟演的旧王孙身份，使得他在政治上有强烈的忧患意识，在家族振兴上有自觉的使命担当，表现在文学创作上，则有一种挥之不去的故国情怀。

入宋以后，钱氏家族尤其是钱俶一支，始终处于生活舒适但并不安全的环境中。父亲暴卒后，钱惟演的不安感更是日益加重。他深感唯有发奋自立，淡化旧王孙的身份，凭着自己的努力在新王朝建功立业，自己和家族的安全才有根本保证。他和王朝大部分人一样，走学而优则仕的道路，利用"家储文籍侔秘府"②的优势，发扬钱氏家族一直以来的崇学传统，"于书无所不读"，加之"敏思清才，著称当时"，很快便以"博学能文辞，召试学士院"，而且"以笏起草立就"。③ 他的这种应制捷才得到了真宗的欣赏。先授太仆少卿，后值秘阁，参与修《册府元龟》，并与杨亿分别作序，礼遇有加。后仕途一路顺利，"除尚书司封郎中、知制诰，再迁给事中、知审官院。大中祥符八年，为翰林学士"④。之后，仕途仅有两次受挫，一次是任翰林学士时，"坐私谒事罢之"；另

① 详见脱脱等：《宋史》卷四八〇《世家三·吴越钱氏》，中华书局1977年版。
② 详见脱脱等：《宋史》卷七六《列传·钱惟演》，中华书局1977年版。
③ 同上。
④ 同上。

一次是"坐贡举失实,降给事中"。① 两次事件导致的罢职和降职时间都不长,复出后都有升迁,可见钱惟演还是有相当政治手腕的。

在复杂的政治斗争中,钱惟演苦心经营安全网。首先,他与皇后族联姻,在后宫中寻找靠山:一方面是表明对朝廷的忠孝;另一方面也是为孤悬北方的钱氏家族奠定安全的基石。他将妹妹嫁给了真宗刘后之兄刘美。刘美原本姓龚,因刘后刘娥本为蜀地孤女,先嫁给龚美,后龚美因为走投无路,想把刘娥卖掉。经过一番曲折,刘娥后来到了真宗身边。真宗即位后,对龚美多有关照,刘娥与龚美兄妹相称,龚美这才改名刘美。这样的联姻,自然会让孤寒平民出身、急于寻找大臣支持的刘后高兴,从而将钱惟演看成是自家人。后钱惟演又让自己的儿子娶了仁宗郭皇后的妹妹为妻,郭皇后本就是刘娥为仁宗所选,自然深得她的喜欢。他原本还想与仁宗生母庄懿太后族通婚,被御史中丞范讽弹劾。

其次,钱惟演结交权贵,在朝中寻找依靠。朝廷从来就是是非之地,为此他卷入了寇准与丁谓之间的党派斗争。开始时,钱惟演见丁谓权力很盛,便攀附他,与他结为儿女亲家。寇准得罪了刘后,刘后便联合丁谓驱逐寇准出朝廷。钱惟演自然站在他们一边,在这场斗争中出了大力,最终帮助丁谓取得了胜利,在他的建议下丁谓做了宰相。真宗去世,刘后作为太后垂帘听政,对飞扬跋扈的丁谓不满,决定把他远贬。据《宋史》本传记载:"惟演虑并得罪,遂挤谓以自解。""宰相冯拯恶其为人",以是"太后姻家,不可与机政"为由,将他排挤出枢密院,出到外地去做官。虽然后来钱惟演"加同中书门下平章事",取得了等同于宰相的头衔,然而他再也没能回到朝廷权力中枢。钱惟演政治追求目标远大,希望能做到握有实权的"黄纸上押字"的中书宰相,目标没有实现,这给他造成了终身的遗憾。

最后,钱惟演注意培养后进,着眼于未来政治势力的延续与巩固。特别是他在出任西京(洛阳)留守时,在他的幕府中聚集了一群政治和文学才俊。这当中就有谢绛、欧阳修、尹洙、梅尧臣、苏舜钦、杨子聪、张太素、张汝士、富弼、王顾、张先、张谷、尹源、孙祖德、孙长卿等。人物彬彬大盛,皆为一时之选,这些人物大部分后来成为政治和文学的中坚,也说明了钱惟演的识人之明。钱惟演爱才,对待下属十分宽容,乐于为幕僚创造良好的环境,以便让下属发挥特长。比如因为器重欧阳修,《四朝国史》便记载云:"不撄以吏事,修以故益得尽力于学。"对待梅尧臣也是如此,《宋史•梅尧臣传》云:"特嗟赏之,为忘年交,引与酬倡,一府尽倾。"如此,钱惟演便与幕府众英彦建立了良

---

① 详见脱脱等:《宋史》卷七六《列传•钱惟演》,中华书局 1977 年版。

好的关系,有真感情,自己因此颇受下属的敬重。他后来被贬谪到随州(汉东),"诸公送别至彭婆镇,钱相置酒作长短句,俾妓歌之,甚悲。钱相泣下,诸公皆泣下"①,气氛十分感人。他去世后,受过他提携之恩的如欧阳修、梅尧臣、谢绛等都写过不少诗文,以示缅怀之情。欧阳修在《归田录》中甚至评价他"官简将相,阶、勋、品皆第一"。

钱惟演在《玉楼春》中写笋,有句:"劝君速吃莫踌躇,看被南风吹作竹。"实可以看作他在政治上时不我待的急进心理的写照。《宋史》本传说他"雅意柄用",也确实是事实。他如此汲汲于官位,当然与他旧王孙的身份有关,也是深切的忧患意识使然。他在政治上采取的自保行为,引起了人格上的非议。有指责他"少诚信"的,有责骂他"佞人"的,不一而足。最严重的是盖棺定论,在谥号的论定上,开始是"请谥文墨"。所谓"墨",乃"贪而败官"②也。后人上诉,才以"追悔前过"为由,改为"思"。直到后来再次上诉,才改谥曰"文僖"。《谥法》曰:"小心畏忌曰僖。"旧王孙走新朝政治路,怎能不"小心畏忌"?以此观之,这谥号倒是客观地描述了钱惟演的从政心理。

三

太平兴国三年(978年)一月,钱俶率家族成员前往汴京。据记载:

俶最后入觐,知必不还。离杭之日,遍别先王陵庙,泣拜以辞词曰:"嗣孙俶不孝,不能守祭祀,又不能死社稷。今去国修觐,还邦未期。万一不能再扫松槚,愿王英德各遂所安,无恤坠绪。"拜讫恸绝,几不能起,山川为之惨然。③

钱俶悲痛无比地向先王陵庙告别,对于自己既不能为国而死,又不能祭祀宗族深感无奈凄怆。这刻骨铭心的一幕,一定会对包括钱惟演在内的钱氏家族成员带来巨大的震撼。大势之下国已除灭,这就更激发起对家族不坠的使命感。作为旧王孙,如何让家族在新王朝的花园中焕然一新,这不仅是一个告慰先祖的感情问题,更是一个勋贵之族如何重振的现实问题。

吴越国立国以来,钱镠实施的是治国和齐家并重的战略。对于家族的延续和兴旺,钱镠格外在意。他在《武肃王遗训》中明确指出:"今日兴隆,化家为国,子孙后代,莫轻弃吾祖先。""吾立名之后,在子孙绍续家风,宣明礼教,此长享富贵之法也。"钱镠所言家风,是建立在忠孝仁义基础上的儒家教导。

---

① 邵伯温:《邵氏闻见录》卷八,中华书局1983年版,第82页。
② 详见脱脱等:《宋史》卷七六《列传·钱惟演》,中华书局1977年版。
③ 文莹:《湘山野录·续录·玉壶清话》《玉壶清话》卷七,中华书局1984年版,第69页。

所谓"惟忠惟孝,则人人能守其规,未当少衰"①。在此引导下,钱氏形成了以礼育人、以文兴族的传统。

钱惟演继承的就是这样的传统,发扬的就是这样的家风。崇文自然要读书,读书必然有藏书。钱氏家族成员喜欢藏书,"五代时杭州私家藏书,主要集中在吴越国钱氏家族"②。《武林藏书录》载钱惟演"其家聚书侔于秘府,又多藏古书画",后人也将钱惟演列入藏书家行列。他当然不是为藏书而藏书,其目的正如《武林藏书录》记载他自己所言:"学士备顾问,不可不该博。"钱惟演读书极为刻苦,据欧阳修《归田录》说:"钱思公虽生长富贵,而少所嗜好。在西洛时尝语僚属言:平生惟好读书,坐则读经史,卧则读小说,上厕则阅小词,盖未尝顷刻释卷也。"刻苦努力之下造就了知识渊博,因而便有机会顺理成章预修《册府元龟》。知识的"该博",意味着对典章制度、史实典故的熟稔,这也是他能成为以用典而著称的西昆体诗人的重要原因。不只是钱惟演,钱氏家族成员以广博丰赡见长的有很多,这种才能也适合于起草诏书制令之类的机要文字工作。朝廷也颇能用其所长:"钱氏三世制科,易、明逸皆掌书命,时人荣之。"③

在同时诸钱中,钱惟演政治地位最贵要,文才也最出众。在他的带领和影响下,钱氏家族成员铺采摘文,飞文染翰,很快就迎来人文荟萃的局面。他在为族人钱希伸《梦草集》所作序言中这样写道:

> 天地正气,盖泄为文章;人伦异禀,必生于世族。随意河山之英萃,钟于贤哲之系嗣。《诗》云"是似之德",《传》云"世济其美",有自来矣。矧惟吾家,代抚东国,忠信奉王室,慈仁安下民。功高德远,源长庆远,子孙繁盛,英俊纷委。怀黄垂紫,盈于朝阙;摛华掞藻,充于家庭。其间名闻而官达者,叔父行则有故金帅太尉公,兄弟行则有故华帅侍中公、工部二卿及今紫薇舍人希白、常山太守严夫,皆文高于世,为公卿大夫之所标准。下洎诸子之列,文士愈多,抱椠怀铅者有矣,发策决科者有矣。

序言中对钱氏"子孙繁盛,英俊纷委"的良好发展势头满含自豪之情。文中提到的几位人物分别是叔父钱俨、兄弟钱惟治、"工部二卿"指的是钱俨与子钱昱,"紫薇舍人希白"指的是钱易,"常山太守严夫"指的是钱惟济。这些

---

① 详见钱惟演:《庆系谱序》,见《钱氏家乘》卷一《序言》,上海书店出版社 1996 年版。

② 顾志兴:《浙江藏书史》(上),杭州出版社 2006 年版。

③ 详见脱脱等:《宋史》卷七六《列传·钱惟演》,中华书局 1977 年版。

都是宋代政治和文学中的重要人物，他们或"为文敏速富赡"①，或"数千百言援笔立就"②，都是以文兴族中的佼佼者。

钱惟演作为吴越国旧王孙，他用史彰先祖的方式，让钱氏祖先和吴越国的功绩免于湮没。"谱谍，身之本也。"吴越国开国国君钱镠重视族谱修订，曾敕命僚臣罗隐撰成《钱氏大宗谱》。钱惟演为"尊大功，正世统"③，敬宗收族，续修了《庆系谱》，并为之作序。谱尊钱镠为吴越钱氏一世祖，表彰之心昭然。正如其序所言："吾家世济勋业，上尊朝廷，下安黎庶勘定祸乱，保有封疆，德积仁深，枝繁叶茂。"

钱惟演还通过著述来记录祖宗的贡献。撰写《秦王贡奉录》两卷，记其父俶贡献及锡赍之物；《家王故事》一卷记其父遗事二十二事。《挥麈录》卷一载其所撰《逢辰录》："排日尽书其父子承恩荣遇及朝廷盛典，极为详尽。"撰写《筑捍海塘遗事》，表彰先祖治水功绩。又有《曾王父武肃王像赞》《王父文穆王像赞》《世父忠献王像赞》《世父忠逊王像赞》《王考忠懿王像赞》等，遍赞三世五王，对故国怀念的内心情感隐约可见。为与钱氏族人有密切交往的赞宁撰《通惠大师影堂记》，为原吴越国旧地撰文，如为钱镠时建的塔亭院撰写过碑文，为宁海县撰《宁海县新建衙楼记》。④

钱惟演为使父亲名标青史，极力争取其配享真宗庙的政治地位。配享皇帝，是对功臣的充分肯定，自是许多人梦寐以求的。这一礼制由来已久，《尚书·盘庚》载"兹予大享于先王，尔祖其从与享之"。据《宋会要辑稿》载，钱惟演上《乞以钱俶配享祖宗庙亭奏》，盛赞其父："勋隆奕叶，位重累朝。亲率王徒，平百年之僭伪；躬持国籍，献千里之封疆。……举诸殊渥，萃此一门，在乎皇朝，诚居第一。"奏疏上去后，当时实际掌权的刘太后，便"诏两制与崇文院检讨、礼官同共详议以闻"。结果是"翰林学士承旨李维等奏议，请钱俶配享太宗庙庭"。但走到最后一关时，结果却是"奏入，不下"。功败垂成，很可能是一向对钱惟演为人有看法的、时任宰相冯拯阻止所致。平心而论，若是以"纳土归宋"之功争取配享地位，则太宗庙较为合适。而对于真宗朝，国家完成统一，再来提此建议为时已晚。后来配享真宗的李沆、王旦和李继隆，得到一致认可，便很能说明问题。

① 详见脱脱等：《宋史》卷四八〇《世家三·吴越钱氏》，中华书局 1977 年版。
② 详见脱脱等：《宋史》卷七六《列传·钱易》，中华书局 1977 年版。
③ 详见钱惟演：《庆系谱序》，见《钱氏家乘》卷一《序言》，上海书店 1996 年 2 月第 1 版。
④ 详见潜说友：《咸淳临安志》卷八三《石照山净土寺》，台北大化书局 1981 年版。

四

　　钱惟演的旧王孙出身，一时间得到大家的认可和尊重。据《续资治通鉴长编》卷六十六载，宋真宗赞赏说："惟演文学可称，且王公贵族而能留意翰墨，有足嘉者，可记其名。"将他视为王公贵族中的杰出者。同为西昆体诗人的李维在《休沐端居有怀希圣少卿学士》中有句："王令风流希谢傅，子云词赋敌相如。"将其出身类同于六朝王谢高门大族，将他的文才比作汉代的扬雄、司马相如。在西昆诗人的眼中，钱惟演这位旧王孙，还颇有清高脱俗、仙风道骨的气质。杨亿《休沐端居有怀希圣少卿学士》中描述他："风猎幽兰羽扇轻。""谪仙冰骨照人清。"陈越同题诗中也写道："若非冰雪神仙骨，相乐谁同一笑中。"如此气质，一眼望去，便有如田况《儒林公议》卷上评论西昆诗歌那样："芜鄙之气，由兹尽矣。"

　　然而，钱惟演在现实中并不敢如谪仙李白一样张扬高贵，伸张个性。相反是小心翼翼，畏避自安的。仁宗皇帝说他："缵忠孝之家传，守之以循默。"所谓"循默"，乃循常随俗而不表示意见。不过，再怎么隐忍，性格偶尔露峥嵘也是难以避免的。其《对竹思鹤》诗云："瘦玉萧萧伊水头，风宜清夜露宜秋。更教仙骥傍边立，尽是人间第一流。"个中透露出孤高不群的王孙傲骨，清代陈衍在《宋诗精华录》卷一中不禁赞叹："有身份，是第一流人语。"但今人赵昌平不同意这个评语，认为这诗"骨子里却是一种牢骚。这只'鹤'实在是忘不了玉墀丹陛的。'第一流'云云，实有所不称"[①]。照此看来，这是心机很深的政客受挫后，以王孙身份发出的抗议。

　　钱惟演存世诗歌有七十首左右，残句三十五句。这些诗歌中，隐含有他的故国之思。尽管两岁入宋后，钱惟演一直生活在北方，没有证据表明他曾经涉足故吴越国的土地，不过在精神上他与故国却有着千丝万缕的联系。粗略翻检，发现在他的诗中出现"吴"字有四次，如"吴中""吴天""吴渡"等；出现"越"字有八次，如"越禽""越鸟""越溪""越岫"等。另外出现故国地点的就更多了，例如和吴越国王室关系密切的佛道名山天台，仅在诗题当中出现的就有《怀天台进禅师》《送梵才大师归天台》《送张无梦归天台山》《雪夕奉陪天台明照禅师拥炉闲话》等。

　　钱惟演借助咏史诗和运用丰富的历史典故，来表达对故国的复杂情感。

---

① 缪钺等：《宋诗鉴赏辞典》，上海辞书出版社 1987 年版，第 40 页。

欧阳修《六一诗话》载:"西洛故都,荒台废沼,遗迹依然,见于诗者多矣。惟钱文僖公一联最为惊绝,云:'日上故陵烟漠漠,春归空苑水潺潺。'"虽然此诗咏的是洛阳的今昔沧桑,然这种惆怅激越、茫然无归的思绪,借由这位南国旧王孙妙笔抒发,便有了文辞之外的更丰富的意义。其《南朝》诗用陈叔宝、张丽华、潘妃、江总等纵欢作乐、不恤国事的典故,对君王奢侈亡国含有无声的谴责,也对国家灭亡隐含着惋惜之情。写的是南朝,读者联想到的却是吴越国,似乎听到的是这位旧王孙对故国的一声叹息。至于其《泪二首》其二所云"江南满目新亭宴,旗鼓伤心故国春""荆王未辨连城价,肠断南州抱璧人",即便是从字面上也可以体会到对故国不再的伤心和痛惜,以及在历史大势面前,人力渺小无可奈何的至深遗憾。

钱惟演在送别友人前往江南的时候,总是将那里的景物想象和描述得美丽动人。过去钱氏治下的吴越国勾起了他特别的憧憬和怀恋。春天是"云迷水馆春旗润,树绕山城暝角深"(《送高学士知越》),好一片水村山郭、密树成林的图景;"三月江南花渐稀,春阴漠漠雪霏霏"(《柳絮》),此处"雪霏霏"指的是柳絮如雪满天飞的景致。夏天则是"南风漾彩舫""越岫万螺青"(《送禅照大师归越》),一切都是恰到好处的心旷神怡。而到秋冬时节,则转为深沉的感伤和醇厚的感触。当秋霜遍地、冷月高悬时,他想到的是"沈侯新觉瘦,宋玉旧多愁""长怀寄归雁,归雁自悠悠"(《霜月》),用湖州沈约瘦腰、襄阳宋玉悲秋的典故,通过悠悠归雁,与思念南方的感伤情绪沟通起来。冬日与从天台远道而来的禅师拥炉夜话,便有了一份格外诗意的温暖与怅触。《雪夕奉陪天台明照禅师拥炉闲话》云:"藜烛檐香夜幄清,朔风窗际激飞英。凤梨鸥芋煨将熟,坐拥丰貂话赤城。"在朔风激窗、梨芋煨熟的时刻,丰貂相对、拥炉而坐,听禅师将天台赤城的前世今生娓娓道来,钱惟演像江北游子一样清峭感怆,还真有点"倦翼因君忆故林"(《送高学士知越》)的况味。

钱惟演一生总体顺达,然晚年却颇为凄婉。《湘山野录》曾有记载:

> 钱思公谪居汉东日,撰一曲曰:"城上风光莺语乱,城下烟波春拍岸。绿杨芳草几时休,泪眼愁肠先已断。情怀渐变成衰晚,鸾镜朱颜惊暗换。昔年多病厌芳樽,今日芳樽惟恐浅。"每歌之,酒阑则垂涕。时后阁尚有故国一白发姬,乃邓王歌鬟惊鸿也,曰:"吾忆先王将薨,预戒晚铎中歌《木兰花》引绋为送,今相公其将亡乎?"果薨于隋。邓王旧曲亦有"帝卿烟雨销春愁,故国山川空泪眼"之句,颇相类。

此为一曲《玉堂春》词,与《木兰花》词格相近。人之将死,其言也哀,这是钱惟演预感到大限将至时所作。风格与杨亿在《西昆酬唱集序》中所说的"雕章丽句"的西昆体迥然有别。清代张宗橚《词林纪事》中说:"公谪汉东日,撰《玉楼春》词,酒阑歌之,必为泣下。"耐人寻味的是,这词与先王钱俶和故国之思联系起来,"绿杨芳草几时休,泪眼愁肠先已断",与"帝卿烟雨销春愁,故国山川空泪眼"确实非常类似,加之词格相近,所以白头歌女惊鸿才会惊诧,进而有不祥预感。记载这一笔记的人,完成了钱氏父子的一个故国隐喻。

"又送王孙去,萋萋满别情。"纵观钱惟演的一生,虽仕途大体顺畅,身居高位,但没能成为最核心的权力决策者。在他的引领下,钱氏人才辈出,家族得到振兴,让旧王孙迅速成为新的士大夫,这一成功转型对钱氏后来的发展也有重要意义。在文学上,钱惟演有过人才华,成为西昆体最主要成员之一。更值得嘉许的是,西京钱氏幕府集团集中了最具才华的文学后生,这些人成长后,对宋代文坛的贡献是无法估量的。钱惟演不是没有缺点,这种缺点甚至包括人格上的,反映出旧王孙在新抉择中的焦灼和进退失据。"人非圣贤,孰能无过?"即便在宋朝,也对他的谥号再三改定,昭明总体上对他是包容和肯定的。作为历史唯物主义者,我们今天就更不应当对他的人格进行苛责了。

钱王后裔在阜阳

——大钱营村千年文脉溯源

明　智　尚原野　阜阳市历史文化研究会

　　摘　要: 阜阳市颍泉区闻集镇及其附近一带,钱姓人口达数千人,特别是该镇大钱营村,世代耕读,仅有一千多口人,却为社会培养了二百多名大学生,其中不乏硕士、博士,大钱营村由此成为闻名遐迩的状元村。经考,这一地带的钱姓人家很可能是五代吴越国王钱镠后裔。钱镠王励精图治,奉行保境安民之策,奠定了吴越地区千年繁荣之基。北宋太平兴国三年(978 年)五月,钱镠王之孙钱俶纳土归宋。北归行上途经颍州时,部分钱镠王裔孙中途下船,在颍地繁衍生息。他们不忘初心,恪守祖训,发扬祖德,崇文重教,至今枝繁叶茂,人才广众,在颍淮大地上缔造了家族发展的奇迹。

　　关键词: 钱镠王;纳土归宋;钱氏家训;状元村

　　一条颍河水,从西北逶迤而来。千百年来,她与淮河相连,两河支脉众多,形成网状铺撒于颍淮大地,为阜阳古代交通运输大动脉。在颍河流经的颍泉区宁老庄镇茨河铺西北不远处,有一条古老的支流——柳河。在它注入颍河的地方有个渡口——柳河口,就是这么一个不起眼的渡口,一千多年前曾经演绎过一件大事。这件事不仅改变了大钱营村钱姓人家的命运,同时也让吴越国钱镠王一脉相承的裔孙钱伟长先生念念不忘。

　　提起颍泉区闻集镇大钱营村,相信很多文史爱好者都不会感到陌生。一个只有一千多人的小村庄,仅改革开放以来短短三十余年间就培养了二百多名大中专毕业生,这其中竟还有十多人获取了硕士、博士学位,大钱营村由此成为闻名全国的状元村,使得《光明日报》《安徽日报》《安徽老年报》《阜阳日报》《颍州晚报》等各大媒体记者争相报道。是什么原因使这里人才扎堆?是什么原因让钱老这么关注大钱营?大钱营与钱塘吴越国钱镠王究竟有什么关系?这些都能够在这篇文章中找到答案。

1996年5月的一天,费孝通、王光英、钱伟长、王兆国等党和国家领导人一行三十余人来到安徽考察工作。公务之余,钱老与安徽省政协领导谈起一件往事。他说,他的祖上钱镠王有一支脉可能流落在安徽阜阳一带。北宋初年寰宇大定,钱镠王之后钱氏宗亲奉旨北上,从杭州启程,目的地是当时的东京汴梁(今开封)。他们组成一个规模庞大的船队,沿水路一路北往。由于多种原因,一部分在沿路散失,部分钱姓族人从阜阳下船,在附近择地安居,论起辈分来,还应是远祖。钱老回京后,省政协领导并没有忘记他说过的话,立即安排当时的省政协文史委主任陈德辉着手办理此事。陈主任查找各种资料,并郑重地给在阜阳市地方志办工作的刘奕云先生写了一封信,让他进一步调查这事。信上是这样说的——

刘奕云同志:

您好。您又回地方志,实在遗憾。前一段与您相处,留下深刻印象,您是一个做学问的人。有一事想请给予帮助。宋初钱俶降宋,我们已做查考,资料摘录附上,请参阅。现有的同志说,他降宋后受封于"颍川",并将五服以内亲属载舟一千二百船,运至颍川。阜阳古称颍州,这颍川是否与颍州有关,他是否举家迁到颍州,望能查一查旧县志。如有所记载,请摘录(或复印)转我;如没有(所)记载,亦盼函告。如复印,请将发票寄来报销。

谢谢您的帮助。

顺颂

刻安!

陈德辉
1996年6月16日

此后,刘奕云亲历了当时的阜阳县、市合并,曾从县级阜阳市地方志办公室调入地级阜阳地区政协筹备组,过了一段时间又调入地区地方志办公室,受命继续从事地方志编撰工作,并于2001年退休。工作期间忙于机关事务,加之身体原因,一直无暇处理此事,这事就耽搁下来。这样一晃一二十年过去了,钱老也已于2010年驾鹤西去。事不避难,义不逃责,刘奕云对这事一直记在心里。每当看到这封信,想起钱老生前的嘱托,总感觉需要做点什么,以宽慰钱老的在天之灵。于是,他委托笔者调查此事。

资料显示,唐朝灭亡到宋朝建立之间的这段历史时期,曾经出现过群雄割据的局面,史称五代十国。中原乱世喋血,而钱塘吴越国则呈现出一片太平祥和安乐景象。吴越国国君钱镠王早年身经乱世,目睹生灵涂炭,当上国王后制定了保境安民之策。由于钱镠祖孙三代、五位国君对吴越国的精心治理,使得吴越国远离战乱,社会安定,经济繁荣,百姓拥戴,成为江南第一富庶之地。而这一局面的奠基人——钱镠王,就是一位有远见卓识的政治家,他以大局为重,制订"以小事大,善事中国"的方针,奉中原王朝为正统。临死前曾留下遗嘱,忠告儿子元瓘:"子孙善事中国,勿以易姓废事大之礼。"①(译文:"你们一定要善事中原政权,千万不要因为中原政权更替频繁而改变这个治国的大方针。")

赵匡胤建立大宋,由动乱到稳定,江山格局在赵匡胤手里重新进行了一番组合。待吞并了所有藩国后,他筹划着怎样对付吴越国。本想挥师南下,以武力迫其投降;然而钱镠后人遵照遗训,实现了国家的和平统一。钱镠王的孙子钱弘俶携家眷北上,赶赴京都,面见宋帝,俯首称臣。后来还向宋太宗赵光义上表,史称"纳土归宋"。富饶繁荣的江南,避免了一场杀戮,不意气用事保卫一家之江山,故吴越百姓至今怀思,西湖建有钱王祠,时有游人观瞻。

现在看来,"纳土归宋"不排除是迫于压力,这在史书上有所记载。978年,钱弘俶被赵光义软禁、扣留于开封,形势所逼才不得不如此。但这样做的结果是不至于让当朝生疑心,它实现了国家、地区的稳定,符合大宋政治需要。

据《宋史》《旧五代史》《新五代史》《中国通史》《二十二史札记》等史书记载,钱弘俶于太平兴国三年(978年)献所据两浙十三州之地归宋。赵光义为加强国家管理,于当年八月下诏,"令两浙发俶缌麻以上亲及管内官吏悉归朝,凡舟一千四十四艘,所过以兵护送"②。

前面陈德辉主任信中提到"颍川",并对"颍川是否与颍州有关"以及"是否举家迁到颍州"甚感兴趣,并希望"查一查旧县志"。上面的几处史料都没提到"颍川"或"颍州",北迁目标所指用的是"归阙""归朝""入朝""归于京师""遣至汴京"等近似的词,可知北迁地在今开封及近郊。查地图可知,尽管颍川、颍州靠近京城,水运畅通,但还有上百里乃至数百里空间距离。另外,笔者查阅阜阳古今志书也无迁至颍州的记载。

比起"颍川","颍州"也是因颍水而得名,但出现在历史上相对要晚。它最初作为地名位于颍水上游,大体不出河南范围,在秦属颍川郡地,两汉为汝南郡地。今天阜阳的前身"颍州"则位于颍河下游。既然没有迁到颍州,那么

① 司马光撰,李维新、黄军、刘天喜点校:《资治通鉴》卷二七七《后唐纪六》,台海出版社1997年版,第2832页。

② 详见脱脱等:《宋史》卷四八○《世家三·吴越钱氏》,中华书局1985年版,第13904页。

钱伟长先生怎么会这么关注呢？原因可能在于中途下船或失散。《续资治通鉴》《宋史》《宋史通俗演义》《宋宫十八朝演义》等书，对于北迁的船只数量说法不一，一个说一千四百，另三个说一千零四十四，而上面陈主任给刘奕云的信上则说是一千二百。几种史料放在一块一对照，发现数字很有出入，差距如此之大，疑点重重，到底什么原因？难道是很多船上的人下落不明？

从钱氏北迁路线来看，这支船队从杭州出发，沿京杭大运河，经过苏州、无锡、常州、镇江，过江后经扬州，再沿淮河、颍水、蔡河，一路北上，星夜兼程。一千四百多艘船，有多少能顺利抵达开封？有没有沿途逃跑的？假设两船相距四十米，全长则为五万六千米，绵延一百多里水路，如此庞大的队伍，首尾难得周全照应，给管理带来了极大的麻烦。

宋朝江山甫定，百废待兴，民不聊生，朝不保夕，粮食紧缺，船上吃穿也成严重问题。南方人在钱氏统治下，已过惯了鱼米之乡、安富尊闲的南方生活，到北方要重新适应，生活上不习惯，水土不服，谁不留恋东南一带的人间天堂？当地土著居民会不会轻视、排斥南方人？另外，新皇帝是啥样的人，会不会反复无常？古语云"伴君如伴虎"！一系列的问号会在北上的吴越人大脑里盘旋。

值得注意的是，钱氏举族北迁不是钱氏族人自愿的，而是皇帝的"诏"和"令"。把钱俶五服以内族人及吴越国"管内官吏"悉数迁至京城附近，目的是监视居住、控制使用。所以，相当一部分人并不愿意北迁，怀疑、埋怨在所难免，沿途所及，不排除有人借机跳船逃走。数千里水程，前途未卜，"风雨如晦，鸡鸣不已"，也极有可能在其他一些地方停留。经过颍水时，他们可能会趁吃饭、休息或者夜深人静官兵没有注意的间隙，先躲到颍河边上的芦苇荡里，待大船走过才伺机出来，观察到没什么危险了，才在颍河宁老庄附近柳河口上岸。于是选颍河附近某处定居，就这样代代耕耘劳作于斯，才有了今日的大钱营村。

不过，大钱营村钱氏后人认为自己先祖于大明初年先从彭城迁徙，并经山东枣林庄集散，再赴颍州。祖传家训"彭城分事业，颍水润书田"就是明证。"彭城"在江苏徐州，祖训上明明写着"彭城分事业"，这和"山东枣林庄"是否矛盾呢？

大钱营村史的撰写者钱金贤说，钱氏始祖是彭孚。颛顼帝是我国南方早期主要八个姓氏的先祖，有裔孙名铿，后来封于彭城（今江苏省徐州）。彭孚是彭祖（彭铿）第十一世孙。彭孚生于彭城，后来到西周朝上任钱府上士，掌管国家的财政使用调度大权，从此彭孚叫他的子孙以他的官职为姓而姓钱，因此彭孚就是钱氏的得姓始祖，钱氏是彭孚的后代。西汉王莽作乱时，彭城部分钱氏南迁江南,成为吴越钱氏远祖。1369 年是朱元璋建立明朝的第二年,钱氏由彭城移民时先以山东枣林庄为集散地,中转一下再移到颍州。由以上可以得知,钱塘钱氏始祖也是彭孚。

明初山东移民至阜阳史上有载。《阜阳县志》记载:"据旧志记载,明洪武十四年(1381 年),州(当时无县)内共有一千七百户,六千余人,每平方千米不足一人。知州孙景名'清惠牧民',以垦荒暂免田赋为条件,从山东、河南等地招来各族客户六万零一百人。"①

山东枣林庄钱姓人家是不是当初从颍州逃难迁走的吴越王后人呢?

我们不妨这样假设,宋初从杭州北上时船上确实下来钱氏亲族若干名,在颍河附近世世代代住了下来,但是经历了宋元之间的大动乱,加之金人南侵,颍州沦为金人统治区,被其铁骑践踏,加上后来元末红巾军起义,可能导致钱氏这一支脉流散于江苏彭城。俗语云:"宁为太平犬,不做乱世人。"经此两大浩劫,明初天下又稳定了下来,他们又思念起在颍河畔的生活来,那里有肥沃的良田,有甜甜的颍水,是"淮北的江南";何况,中国人的乡土情结是很厚重的,伟大的浪漫主义诗人屈原曾在《楚辞·九章·涉江》中说:"鸟飞反故乡兮,狐死必首丘。"于是又从江苏彭城出发,如前面所说先集散于山东枣林庄,最终又搬迁回家乡大钱营。世上能有这么巧的事吗? 虽说不能完全肯定,可谁又能完全否定呢? 因此,这个"假设"和现在大钱营村史所记载并不矛盾。

《安徽省阜阳县地名录》上面记载说:

> (大钱营)"明初,钱姓居此,村较大,故名。又名钱营。二百五十六户,一千零六十人。"(小钱营)"清时,钱姓居此,且村小,故名。七十六户,三百四十四人。"(东小钱营)"此村临近大钱营,故初名小钱营。因重名,1981 年改为'东小钱营'。七十六户,三百五十六人。"②

此外,该书统计的宁老庄董湖大钱营、小钱营,以及附近其他的一些钱姓村落,历史都较短。③ 据大钱营村老辈人讲,它们大多是闻集大钱营派生而来

---

① 张体文总纂:《阜阳县志》第二章《民族 人口·人口变迁》,黄山书社 1994 年版,第 71 页。

② 李震主编:《安徽省阜阳县地名录》"三、行政区划和居民地(十)闻集区·闻集乡概况及正文",安徽省测绘局 1989 年版,第 349 页。

③ 李震主编:《安徽省阜阳县地名录》"三、行政区划和居民地(十一)宁老庄区·董湖乡概况及正文",安徽省测绘局 1989 年版,第 377 页。

的。据粗略统计,方圆十里八乡钱氏人数约六千人,都是血脉相连、同根同源。

笔者不以己意臆造历史,牵强附会,但也不亦步亦趋,刻舟求剑,而是在遵照历史事实的大前提下,进行适度的推理。当然,此处只为存疑,希望大家给予关注,共同努力,提出更科学的论证。

2015年中纪委网站"中国传统中的家规"专栏推荐了浙江临安钱氏家族。钱氏家族各行各业人才遍布海内外,享誉大中国,历朝历代不乏名人,状元多名,进士成百上千。吴越钱氏可谓是钟灵毓秀,华夏翘楚。20世纪最著名的、被周恩来总理赞誉的"科学界三钱":中国导弹之父钱学森(杭州人)、近代力学奠基人之一钱伟长(无锡人)、中国原子弹之父钱三强(湖州人),旅美高级工程技术人员钱学渠与钱学森是堂兄弟,其子钱永健更是2008年诺贝尔化学奖得主、华裔科学家,其他的政要、学者有钱其琛、钱正英、钱玄同、钱复、钱穆、钱锺书、钱君陶、钱俊瑞、钱骥、钱文忠……人才井喷,蔚为大观,数不胜数,均为钱王后裔。民间流传有"一诺奖、二外交家、三科学家、四国学大师、五全国政协副主席、十八两院院士"的说法,钱氏家族不愧是"两浙第一世家"。这一切都得益于《钱氏家训》。

《钱氏家训》是钱家先祖、吴越国王钱镠留给子孙的精神财富,他奠定了华夏名门望族、代代书香世家的基础。它是由其孙子钱弘俶根据他的十条遗训整理、补充、重新编定而成的,全文五百三十二字,分为个人、家庭、社会、国家四篇,这正好与儒家"修身、齐家、治国、平天下"的道德理想相一致。比如,个人篇:"娶媳求淑女,勿计妆奁。嫁女择佳婿,勿慕富贵""能改过则天地不怒,能安分则鬼神无权。读经传则根底深,看史鉴则议论伟。能文章则称述多,蓄道德则福报厚。"家庭篇:"祖宗虽远,祭祀宜诚。子孙虽愚,诗书须读。娶媳求淑女,勿计妆奁。嫁女择佳婿,勿慕富贵。"社会篇:"信交朋友,惠普乡邻。恤寡矜孤,敬老怀幼。救灾周急,排难解纷。"国家篇:"利在一身勿谋也,利在天下者必谋之;利在一时固谋也,利在万世者更谋之"[①]……语言深入浅出,道理至真至纯,读罢让人掩卷深思,收到醍醐灌顶之功效。

"乱世藏金,盛世修谱。"欣逢盛世,海晏河清。每一位炎黄子孙都在自问:"我是谁,我从哪里来?"坐落于颍水附近的大钱营村也在积极探索着家族的盛衰,绘制着宏伟的发展蓝图,谱写着家族的繁荣。从新中国成立以来,这个只有三百多户人家、仅一两千人的村庄,截至目前,竟走出了七位博士、六位硕士,为社会培养了数百位大中专学子,成为名副其实的状元村,书写了颍淮大地上不朽的传奇。

---

① 详见钱汉东主编:《钱氏家训》,上海古籍出版社2018年版。

大钱营村治家秘籍在哪里呢？闻集镇原党委副书记、现镇关工委常务副主任、大钱营关心下一代工作组组长、大钱营关爱教育激励基金联合会会长、柳河文化研究会会长、退休干部钱金贤花费六年时间撰写了二十多万字的大钱营村史——《大钱营人的探索》，他由此成为了市第一个写村史的人。该书分为上篇、中篇、下篇三部分。

作者在"编者话"中写道：

> 通过探索揭示历史，展现在大钱营人面前的是历史上本氏中以及大钱营人真正的本色，那就是：以慈为怀，善待天下（当然包括善待老人、孩子和他人），追求知识，崇尚文化，以文为魂，善文得发，柔中有刚，刚柔俱进。所以大钱营人虽然在历史上一次次遇到大灾大难，都能逢源出难，蓬勃丛生，与潮流俱进，发展壮大。这与大钱营人这一本色标志牢不可分。

因此，只要是大钱营人，不问是居家还是外出，移居天涯，都要严守大钱营人的这一本色。这是大钱营人的根本标志，是大钱营人战胜一切的根本，否则，你只能是名誉上的大钱营人，而不是一个真正意义上的大钱营人，愧对自己，愧对祖宗，要受到本色的淘汰，自然的惩罚。[①]

除了这部书，他还编有《大钱营为国教子》。该资料包括来祖训、家歌、家风、家教、家训、格言名句、教经。比如，《大钱营村历史光荣传统和美德歌》，忠孝大义、家国情怀、浩然正气渗透在字里行间，是用好的家规家训来涵养人的德行修养，践行社会主义核心价值观的好教材。

> 淳朴善良，思维敏捷；乐于奉献，忠孝爱国；危难献身，不为名利；不怕权贵，通情达理；守法自尊，和睦相处；尊老爱幼，团结互助；勇于奋斗，不怕吃苦；百折不挠，目标宏伟；顾全大局，维护统一；崇文重教，以文育人。

《大钱营家训》第一部分"孝训"指出：

> 父母生我身，养我累断筋。为我不受苦，把苦自个吞。漫天冰雪夜，夜寒冷纷纷。床被我尿湿，抱我睡她（他）身。她把尿暖干，才

---

① 钱金贤：《大钱营人的探索》（复印本），2010年版，第2页。

让下她身。把爱全给我，痛得割她心。教我走正路，陪我读经论。
为我拨油灯，打扇又驱蚊。寒冬冰雪封，伴我从不眠。心在眼睛里，
看我入了神。我是她的命，毫发系在心。父母恩大天，儿女要记心。
是人都会老，公婆临自身。为子留美德，子才会孝亲。不然为自己，
埋下祸灾根。为人不尽孝，骂名带进坟。后代难抬头，日后咋做人。
天理都难容，是鬼不是人。

这个"孝训"，语言接近白话，既渗透着本地方音土语，又押韵，朗朗上口，
妇孺皆知，充满妙趣，感人至深，这是钱金贤的原创，体现着大钱营人的智慧，
不愧是具有阜阳乡村特色的孝训，将具有长久的生命力。

类似这样的诗句、顺口溜还有很多，比如他写的家风一首《留后路》：

勿以善小而不为，勿以恶小还去做。各人路子各人选，老天时
刻在关注。谁也难逃老天眼，谁也难逃老天手。善必扬来恶必惩，
各人后果各人负。都要为子留美德，美德传承就是福。从善从恶自
己挑，人人都要留后路。

没有底蕴支撑的人是浅薄的，没有灵魂的人就是行尸走肉；人有了魂就
有了精气神。被毛泽东誉为"民族魂"的鲁迅在《学界的三魂》一文中说："唯
有民族魂是值得宝贵的，唯有它发扬起来，中国才有真进步。"[1]自古以来，改
造人的思想灵魂最难，德国哲学家雅斯贝尔斯说过："教育意味着一棵树撼动
另一棵树，一朵云推动另一朵云，一颗心灵唤醒另一颗心灵。"[2]北京市海淀区
教科所所长吴颖惠指出："中国文明被称为乡土文明，亦是因为乡村曾经是儒
家文化的沃土，培育了传统文化忠孝仁厚的风格，成为中国文明经久不衰的
源泉。""儒家的文化来自农耕文明，重视宗族血缘，儒学中关于君君臣臣父父
子子，上下有序，内外有别是儒家文化的基本思想。中国儒家文化的根来自
乡村，只有乡村文化复兴，才有中华民族的复兴。"[3]2015年2月28日，习近平
主席在北京亲切会见第四届全国文明城市、文明村镇、文明单位和未成年人
思想道德建设工作先进代表时强调，人民有信仰，民族有希望，国家有力量。
实现中华民族伟大复兴的中国梦，物质财富要极大丰富，精神财富也要极大

---

① 鲁迅：《鲁迅全集》卷三，人民文学出版社1957年版，第152页。
② 芦苇：《谁铲了教育的理想之芽》，《中国教育报》2015年5月3日，第2版。
③ 何文洁：《寻找点亮乡村教育的智慧之灯》，《现代教育报·教师周刊》2016年1月11日，第A11版。

丰富。我们要继续锲而不舍、一以贯之地抓好社会主义精神文明建设,为全国各族人民不断前进提供坚强的思想保证、强大的精神力量、丰润的道德滋养。

钱金贤致力于改善乡村文化生态,塑造大钱营人的信仰,构建适合农村发展的教化体系,精心设计并实施大钱营文化大院育人工程,这些实践活动是对领袖贤哲讲话的生动解读。在村民解决温饱、部分达到小康的基础上,他着眼于长远,重视"无用之用",致力于改善村民的人文生态,积蓄村民的文化软实力,具有一定的战略眼光。他的话里没有多么高深的理论,感觉总是那么朴实,但是听起来斩钉截铁,掷地有声,很有震撼力,这就是所谓的大道至简。正因为他立足农村,扎根最基层,从实际出发,善于倾听群众呼声,体察群众冷暖,抓工作不纸上谈兵、闭门造车,所以他总结的理论才有科学性,决策才有实效性。

斗转星移,二十年过去了,钱老已经作古。但是我们看到,大钱营村坚守古训,牢记家规,人心淳朴,老有所依,幼有所护,路不拾遗,夜不闭户,呈现出蒸蒸日上、蓬勃发展的良好态势,这简直就是一幅大同和谐社会缩微图,不正是对钱氏家训的最好诠释吗?

浩浩颍河水,日夜奔腾,咆哮不已,以"两个一百年"和伟大复兴中国梦为理想目标的中华民族的英雄儿女一如这颍水千年不涸、自强不息、高歌奋进。值此四海升平、国泰民安之际,大钱营人将与全国人民一道,谱写发展新篇章,再续新辉煌。

写作此文,以告慰钱老以及对中华家风家训文化贡献良多、福泽吴越乃至神州大地的钱镠王。

"五四"名人钱玄同、鲁迅与吴越文化

钱　虹　　浙江越秀外国语学院

摘　要：一百年前,中国大地爆发了震惊中外的五四运动,这是 20 世纪中国现代史上一个具有划时代意义的重大事件。2019 年恰逢五四运动一百周年,在这个特殊的历史时刻,回顾历史,继往开来,具有十分重要的意义。本文主要讲述了:(1)钱玄同的家世、家庭与子女(包括其子钱三强之名的由来等);(2)钱玄同对于五四新文化运动的贡献及其与鲁迅的关系(包括中国现代小说的诞生);(3)钱玄同与绍兴古越藏书楼之关系及其他(他的妻子徐婠贞即为古越藏书楼主人徐尔谷的女儿)。

关键词："五四"名人;钱玄同;鲁迅;吴越文化

一百年前,中国大地爆发了震惊中外的五四运动,这是 20 世纪中国现代史上一个具有划时代意义的重大事件。2019 年恰逢五四运动一百周年,在这个特殊的历史时刻,回顾历史,继往开来,具有十分重要的意义。4 月 19 日,习近平总书记在主持中央政治局第十四次集体学习时指出,要加强对五四精神时代价值的研究,深入揭示新时代发扬五四精神的意义和要求;要加强对五四运动历史意义的研究,深刻揭示五四运动对当代中国发展进步的深远影响。

一、"五四"名人钱玄同的家世、家庭与子女

钱玄同(1887—1939 年),中国现代思想家、文字学家、新文化运动倡导者,吴越国太祖武肃王钱镠著名科学家钱三强之父,之后。原名钱夏,字德潜,又号疑古、逸谷,常效古法将号缀于名字之前,称为疑古玄同,五四运动前夕改名玄同,浙江吴兴(今浙江湖州)人。但这只是钱玄同的祖籍。1937 年 9

月,在钱玄同五十岁生日那天,他在沦陷后的北平,以病弱之躯给鲁迅之弟周作人写信,其中有这样一段话:"我近来颇想添一个俗不可耐的雅号,曰鲍山病叟。鲍山者确有此山,在湖州之南门外,实为先世六世祖发祥之地,历经五世祖、高祖、曾祖,皆宅居该山,以渔田耕稼为业,逮先祖始为士而离该山而至郡城。故鲍山中至今尚有一钱家浜,先世故墓皆在该浜之中。"这段话清楚地告诉人们:(1)他的祖籍是浙江湖州;(2)他是吴越王钱镠的后代;(3)他的家族祖先墓地在湖州南门外鲍山钱家浜。

而钱玄同的出生地是吴越国的姑苏。1887 年 9 月 12 日(农历清光绪十三年丁亥月十二日)他出生于苏州。其父钱振常(1825—1898 年),清同治十年(1871 年)进士,官吏部主事,晚年寓居姑苏,湛深经学,精于考据。他有二子:长子钱恂,号念劬(qú),外交家,曾任中国驻日、英、法、德、俄、荷兰、意大利等国使馆参赞及公使。次子钱玄同,他出生时父亲已年逾六旬,大哥比他年长三十余岁,父亲对他的家教十分严格。据《钱玄同日记》记载:"家君以苏宿多无赖市井,乃学坏之地,故禁不使出门,自幼至先君见背之年总是这样。"后来,钱玄同回顾父亲的教育,印象最深的是"余自毁齿以来,先子常以许书、太史公书等命检架上塾中"。由幼年的《说文解字》和《史记》开始,文字学和史学日后成为钱玄同治学最基本的领域。父亲钱振常和伯父钱振伦当年均以骈文著称。而骈文的重要特点就是注重文字功夫和典故的积累。钱玄同一生以文字、音韵学见长,所作文章书信中常喜欢化用典故,这都可以看出其家族学术的影响。

钱振常于 1898 年去世,当时钱玄同十一岁。在此之前,除了得自父亲的亲授外,其父还先后聘请李吉夫、顾挹峰、莫砚山、董东初等名师,教授他读《尔雅》《毛诗》《周易》《尚书》《礼记》《四书》《左传》《文字蒙求》等书籍,为他打下了深厚的国学基础。1902 年 7 月,钱玄同的生母在苏州病逝,他大病一场,直到年末方得以痊愈。1903 年春,兄长钱恂携眷赴俄国使馆任职。1904 年 4月,钱玄同剪去辫子,与方青箱、张界定、潘贵生等合办《湖州白话报》。这一年钱玄同十七岁。都说长兄如父,是年冬天,兄长钱恂为他包办了婚姻,与浙江会稽(今绍兴)徐氏订婚。而这个徐氏(徐婠贞),正是创办绍兴古越藏书楼的徐氏家族的大家闺秀。钱、徐两家堪称世交。

1905 年 11 月,钱玄同跟随兄嫂东渡日本赴早稻田大学习师范,始与章太炎、秋瑾等人交往。次年钱玄同加入同盟会。1906 年 5 月,他奉兄长之命返国,与徐婠贞在上海成婚。婚后,他返回日本。自 1908 年始,他与鲁迅、黄侃等人拜师章太炎学习国学,研究音韵、训诂及《说文解字》。因此,他与鲁迅有同窗之谊。1910 年,回国后曾任中学教员、浙江省教育总署教育司视学、北京高等师范附中教员、高等师范国文系教授、北京大学教授、《新青年》编辑、北平师范大学中文系教授和系主任等。

1913 年 10 月 16 日,著名核物理学家钱三强,即钱玄同的第三子,出生于浙江绍兴徐家。钱三强原名钱秉穹。据说,他少年时有一次,一个体质不如他、比较瘦弱的同学给钱三强写信,信中自称"大弱",称他为"三强"。这封孩子们之间互称绰号的调皮信,恰巧被秉穹的父亲钱玄同看见了。

"你的同学为什么叫你'三强'呀?"钱玄同风趣地问道。

"他叫我'三强',是因为我排行老三,喜欢运动,身体强壮,故就称我为'三强'。"秉穹认真地回答父亲的询问。

钱玄同先生一听,连声叫好。他说:"我看这个名字起得好,但不能光是身体强壮,'三强'还可以解释为立志争取德、智、体都进步。"

在父亲钱玄同的肯定下,从此以后,钱秉穹就正式改名为钱三强。

二、钱玄同对于五四新文化运动的贡献及其与鲁迅的关系

1919 年,在中国大地上发生了震惊中外的五四运动。为什么说它的发生与钱玄同、鲁迅等人有密切关系呢? 这就不能不提五四初期新文学对于开启民智的启蒙作用。众所周知,在五四运动发生之前,首先发生了五四新文化运动,它是以 1915 年 9 月在上海创刊的《青年杂志》(从第二期开始更名为《新青年》)为开端的。可以说,没有五四新文化、新思想的传播,就不会有 1919 年的五四运动。《青年杂志》发刊词叫《敬告青年》。主编陈独秀在《敬告青年》中曰:"予涕泣陈词者,惟嘱望于新鲜活泼之青年。"其中不仅勾勒出有关"新文化"的憧憬,还提出"六大原则",成为号召"思想革新的宣言书"。尤其是1917 年初,陈独秀被聘为北京大学文科学长,《新青年》编辑部随之迁京,从1918 年起改由陈独秀、李大钊、胡适、刘半农、钱玄同等轮流编辑,形成了反对旧思想、旧文化,提倡新思想、新文化的思想文化战线。《新青年》杂志成为当时知识青年必读的"圣经",它有力地启发了中国青年和民众的思想觉悟,这才有了 1919 年因巴黎和会上中国外交的失败而引发的一场以青年学生为主体的五四爱国运动。

再说五四文学革命和现代小说对于五四运动的启蒙作用。1917 年 1 月,留美博士胡适在《新青年》上发表了《文学改良刍议》,从"一时代有一时代之文学"的进化论角度出发,认为文言文作为一种文学工具已经丧失活力,中国文学要适应现代社会,就必须进行语体革新,废文言而倡白话,他针对古诗文

的陈腐俗套提出了"八不主义",如不用典故、不讲对仗、不避俗字俗语等等。文学变革进化常常是以语言和形式的变革为突破口。因此,"文白之争"在当时已成为新旧文学之争的焦点之一。紧接着,在同年二月号《新青年》上,陈独秀发表了措辞强烈的《文学革命论》,他在文中提出"推倒雕琢的、阿谀的贵族文学,建设平易的、抒情的国民文学;推倒陈腐的、铺张的古典文学,建设新鲜的、立诚的写实文学;推倒迂晦的、艰涩的山林文学,建设明了的、通俗的社会文学"作为"文学革命"的征战目标,从内容到形式对封建旧文学持批判否定态度,并从启蒙的角度抨击旧文学与"阿谀夸张、虚伪迂阔之国民性"互为因果,主张以"革新文学"作为革新政治、改造社会之途。

胡适、陈独秀关于"文学改良"和"文学革命"的主张提出后,随即得到钱玄同的响应。他当即在《新青年》二卷六号发表《通信》作为声援,言:"顷见五号《新青年》胡适之先生《文学刍议》,极为佩服。其斥骈文不通之句,及主张白话体文学说最精辟……具此识力,而言改良文艺,其结果必佳良无疑。惟选学妖孽、桐城谬种,见此又不知若何咒骂。"钱玄同的挺身而出和鼎力相助,使陈独秀、胡适在寂寞中深受鼓舞。尤其重要的是,钱玄同明确将"桐城谬种"和"选学妖孽"确定为文学革命的对象,击中了当时模仿桐城派古文或《文选》所选骈体文的旧派文人的要害。为了扩大五四新文学的影响,他还与刘半农自编自演了一出双簧戏,史称"王敬轩事件"。

在中国近现代的国语运动中,钱玄同是国语运动的积极参加者。他早年积极宣传汉语改用拼音文字,曾采用国际音标制定汉语拼音字母。在语言文字学方面的主要贡献集中体现在语文改革活动、文字、音韵和《说文》的研究等几个方面。钱玄同反对文言文,提倡白话文的态度很坚决。他在给《新青年》的信中,从语言文字进化的角度说明白话文取代文言文势在必行。还发表《对文学刍议的反应》,强烈反对作文必须"用典",他说:"凡用典者,无论工拙,皆为行文之疵病。"他提出:"文学之文,用典已为下乘;若普通应用之文,尤须老老实实讲话,务期老妪能解,如有妄用典故,以表象语代事实者,尤为恶劣。"钱玄同先生在国语运动和文字改革方面的贡献可谓功德无量。他不幸去世之后,连伟人周恩来都这样赞扬他:"没有钱玄同等前辈锲而不舍的追求,也许我们今天还无缘享用汉语拼音和标点符号之恩泽。"除此之外,钱玄同作为《新青年》编委之一,他有着吴越人的执着和韧性,为了动员既为同乡又是同学的周树人投入新文化运动,几次三番亲自到宣武门外绍兴会馆约请周树人为《新青年》赐稿。鲁迅在《〈呐喊〉自序》中曾经写过当年他们的激烈讨论,近年的高考语文试题中还有以下的选择题:

鲁迅在《呐喊·自序》中记述了与钱玄同的一段对话："假如一间铁屋子，是绝无窗户而万难破毁的，里面有许多熟睡的人们，不久都要闷死了，然而是从昏睡入死灭，并不感到就死的悲哀。现在你大嚷起来，惊起了较为清醒的几个人，使这不幸的少数者来受无可挽救的临终的苦楚，你倒以为对得起他们么?"钱玄同回答："然而几个人既然起来，你不能说绝没有毁坏这铁屋的希望。"这说明（　　）

①鲁迅先生对新文化运动仍心存疑虑
②新文化运动在启导国民觉悟方面发挥了作用
③鲁迅先生拒绝加入新文化运动阵营
④愚昧麻木的国民对新文化运动普遍反应冷淡
A.①②③　　　B.①②④　　　C.②③④　　　D.①②③④

经过钱玄同数次苦口婆心的上门劝说，曾经历了二次革命的失败，袁世凯称帝、张勋复辟等，"看来看去，就看得怀疑起来，于是失望、颓唐得很了"（《自选集·序言》）的周树人被他说动了，"于是我终于答应他也做文章了，这便是最初的一篇《狂人日记》"（《〈呐喊〉自序》）。他把第一篇白话小说《狂人日记》交给钱玄同，这篇小说发表在1918年《新青年》五月号上，署名"鲁迅"。从此，才有了中国文学史上的鲁迅。这篇小说被称为"中国现代小说的奠基之作"，不仅在形式上是典型的白话小说，而且"以表现的深切和格式的特别颇激动了一部分青年读者的心"（鲁迅：《〈中国新文学大系·小说二集〉导言》）。为什么会"颇激动了一部分青年读者的心"？因为《狂人日记》以日记体小说的文学形式，形象而又深刻地揭露了千百年来一向被中国人视为行为准则和规范的封建礼教和仁义道德所掩盖的社会本质和历史真相——"吃人"。"吃人"无疑是一种象征和隐喻，即封建家族制度及其礼教道德对人不仅从肉体上加以迫害，更在于精神上的蹂躏、心理上的戕害。尤其是在《狂人日记》的结尾，鲁迅通过狂人之口发出了"救救孩子!"的呐喊，令人震撼。并且鲁迅写道："从此以后，便一发而不可收，每写些小说模样的文章，以敷衍朋友们的嘱托，积久就有了十余篇。"（《〈呐喊〉自序》）很快，1919年就在中国大地上掀起了以青年学生为主体的反帝反封建的五四爱国运动，从某种意义上来说，是鲁迅用现代小说、用文学之笔对中国青年和民众进行了思想启蒙，启发了中华民族的觉醒。经过鲁迅等五四文学巨匠们的共同努力，五四新文学取得了令人瞩目的"实绩"，一大批新文学作品如雨后春笋般涌现出来。1920年，当时的北洋政府教育部通令全国的中小学采用白话文教学，白话文终于取代文言文，成为中国文学的正宗语言。五四文学革命的巨大成功，使得20世纪20年代以后的一代代中国青年在文字书写、思想表达等方面获得了解放。

所以，可以这么说，假如没有钱玄同和他的执着，就不会有后来的思想家、文学家鲁迅。

三、关于钱玄同与绍兴古越藏书楼之关系及其他

前面讲过，钱玄同的婚姻是兄长钱恂包办的。1904 年冬，由钱恂做主，他与浙江会稽（今绍兴）门当户对的徐氏订婚。1906 年 5 月，他奉兄长之命，回国与这位创办了绍兴古越藏书楼的徐氏家族的大家闺秀徐婠贞在上海举行婚礼。徐婠贞的祖父徐树兰，光绪二年的举人，曾任兵部郎中、知府等官职。1902 年徐树兰于绍兴创建古越藏书楼，并亲自主持，每年捐银一千两作为经费，充请人管理和添置新书之用。虽仅供检阅而不出借，但环境清幽，起坐舒适，是读书的好地方，颇为探索学术的读书人称赞。据说，蔡元培等当年都曾来此翻阅过藏书。

由此，有不少写钱玄同的文章，凭想当然地认为这是钱玄同少时苦读古籍之处，如写钱玄同或"少年时常在此博览群书，与康（有为）章（太炎）同脉，以为古书多古人伪作，因此别号'疑古玄同'，这可能在藏书楼沉湎于书堆中有关"①。甚至还写"著名学者、新文化运动的发起者之一的钱玄同先生，也曾在古越藏书楼闭户读书达数年之久，并由此奠定了学业基础。据父辈传说，钱玄同先生之所以与徐家联姻的缘由，是因为他在藏书楼苦读，被祖父徐元钊和二祖父徐尔谷看中了，认为钱先生少年好学而有为，遂将大姑母许配与他"②。等等，不一而足。

那么，事实究竟是怎样的呢？钱玄同娶徐婠贞，明明是兄长做主包办的姻缘，何来是徐家的长辈看中这个好学青年而把女儿许配与他之说？至于该文中提到徐元钊和徐尔谷二人，与徐婠贞的辈分也是错的。其实，《钱玄同日记》曾写到过其岳父，日记中有多处或称"丈"，或"显丈"，或其名字，如 1906 年日记末页，记五月奉兄长之命，在上海与徐婠贞完婚："伯岳　徐元钊　吉苏；岳　尔谷显民；叔岳　嗣龙宜臣；叔岳　维烈武承"。由此可证，徐婠贞是徐尔谷的女儿，钱玄同是其女婿，而非祖辈，应是毋庸置疑。笔者以为，写钱玄同勤奋好学并不错，但要实事求是，不能想当然，更不能胡编乱造。这是做学问起码的诚实态度。

钱玄同一生都将"打通后壁说话，竖起脊梁做人"作为人生的座右铭。他

---

① 朱允坚：《古越藏书楼与县立图书馆》，《绍兴文史资料选辑》1885 年第 3 辑，第 137 页。

② 徐明浩：《古越藏书楼创办人徐树兰先生》，《绍兴文史资料》1987 年第 3 辑，第 57 页。

娶徐婠贞,虽然是封建包办婚姻,但当后来有人以他妻子徐婠贞身体赢弱为由劝他纳妾,却遭到他严词拒绝,他说:"《新青年》主张一夫一妻,岂有自己打自己嘴巴之理。"这显示了钱玄同对于婚姻、对于家庭、对于妻子的忠贞不贰和责任担当。他还说:"三纲像三条麻绳,缠在我们的头上,祖缠父,父缠子,子缠孙,一代代缠下去,缠了两千年。新文化运动起,大呼解放,解放这头上缠的三条麻绳。我们以后绝对不许再把这三条麻绳缠在孩子们头上! 可是我们自己头上的麻绳不要解下来,至少新文化运动者不要解下来,再至少我自己就永远不会解下来。为什么呢? 我若解了下来,反对新文化维持旧礼教的人,就要说我们之所以大呼解放,为的是自私自利;如果借着提倡新文化来自私自利,新文化还有什么信用? 还有什么效力? 还有什么价值?"充分彰显了吴越文化中诚信守分、躬身自省的精神内核,以及《钱氏家训》中的"言行当无愧于圣贤""持躬不可不谨严"的严于律己、谨言慎行的做人准则。

最后,说说钱玄同之死。他是在北平沦陷后于 1939 年初在北平去世的。很多人都为他感到惋惜,并疑惑他为什么没有像很多学者、文人那样逃离沦陷区? 事实是:1937 年"七七事变"之后,抗日战争全面爆发,有不少不愿做亡国奴的学者、文人选择南下,但此时钱玄同已病得很重,他的身体已不允许他长途跋涉,这在他的日记里交代得很清楚。钱玄同的日记里,基本上完整地记录了他的个人病史:从早年留学日本时期的失眠、多汗、发寒热,到三十年代严重的心脑血管疾病、神经衰弱、视网膜炎等,都一一记录在册。前面提到他于 1937 年 9 月强支病体写给周作人考证钱氏家世的信,那时他已是重病缠身。但即使是这样,他也没闲在家养病,更没有像周作人那样苟且偷生当汉奸。为了解决《新青年》同仁、已牺牲的共产党人李大钊的子女生活困窘和筹措他们赴延安的路费,他拖着病躯,四处联系买家变卖李大钊的藏书,以解其子女的燃眉之急。1939 年 1 月 17 日傍晚,钱玄同从外面奔波回到家,即感身体疲惫和头痛欲裂,家人立刻将其送往医院,确诊为突发右脑脑溢血,经抢救无效不幸病逝,享年仅五十二岁。

1961 年 9 月,毛泽东主席写了《七绝二首·纪念鲁迅八十寿辰》。诗中赞美被誉为"民族魂"的鲁迅先生的人格和诗品。其中的一首这样写道:

> 鉴湖越台名士乡,忧忡为国痛断肠。
> 剑南歌接秋风吟,一例氤氲入诗囊。

笔者以为,"鉴湖越台名士乡",这里的越台名士自然也包括钱玄同先生。他是真正的"越台名士"之一。

中卷　吴越国文化与宗教研究

《九国志·吴越》的辑佚与笺注

——兼论与《吴越备史》的异同

胡耀飞　陕西师范大学

摘　要：宋初路振《九国志》一书虽已亡佚，但能够从其他史籍中辑佚。其中，《九国志·吴越》的内容，可以从《资治通鉴考异》、《资治通鉴》（胡注）、《职官分纪》、《白孔六帖》、《吴郡志》、《赤城志》、《吴郡图经续记》等书中得到。这些佚文包括世家中的钱镠、钱元瓘、钱弘佐、钱俶等部分，列传中的钱元璙、钱元球、钱倬、董昌、陈儒、马绰、元德昭、崔仁冀等部分，以及列传中的《黄晟传》之简化内容。此外，《九国志·吴越》在部分人物传记方面，比如《黄晟传》，有因袭钱俨《吴越备史》的情况。但《九国志·吴越》也依据了其他史源，故而有与《吴越备史》的相应记载完全不同的情况。

关键词：《九国志·吴越》；辑佚；笺注；《吴越备史》

《九国志》是宋初路振（957—1014 年）所撰关于五代时期十国历史的史书，对于认识十国历史有十分重要的作用。但是，该书在明末清初亡佚，目前所能见到的版本，是清人邵晋涵（1743—1796 年）从《永乐大典》中辑佚而来。不过，邵氏的辑佚并不完备，故而又有清人钱熙祚（1800—1844 年）于《资治通鉴考异》、《资治通鉴》（胡注）、《白孔六帖》、《新五代史注》等书，另辑得《九国志》佚文，作为《九国志拾遗》（下文简称《拾遗》）一卷附于书末。又有台湾学者郭武雄《九国志纂辑探讨与清辑本补遗》（下文简称《补遗》）一文在 20 世纪 80 年代从《职官分纪》辑得钱熙祚未能寓目的佚文四十五条，并补充了钱氏漏辑的《资治通鉴考异》四条和胡三省注八条内容。①

笔者因关注唐末五代历史，对《九国志》也日渐重视。近期，已分别梳理

---

① 　关于《九国志》的流传和辑佚的学术史梳理，见胡耀飞：《〈九国志〉的辑佚与还原》，第 74 届以文会，东京大学 2020 年 1 月 11 日。

了《资治通鉴考异》和胡注所引《九国志》的内容，[①]以及《职官分纪》所引《九国志》的内容。[②] 但尚未按国别对《九国志》的内容进行还原。因此，本文以吴越国为例，就《九国志》佚文所见的情况，对《吴越志》进行还原。此外，笔者也将探讨《九国志·吴越》的史料来源，特别是与《吴越备史》进行对比，看两者之间是否具有传承关系。

一、《九国志·吴越》还原

根据笔者此前从《〈资治通鉴〉考异》、《资治通鉴》（胡注）、《职官分纪》中所得到的梳理，可将《九国志》中吴越部分的佚文具列如表 1 所示：

表 1　《九国志·吴越》辑佚表一

位置	原文	来源
世家·钱镠	《九国志·吴越》：正明三年，诏授镠诸道兵马元帅。四年，置元帅府寮属	职官
世家·钱元瓘	清泰二年，诏授元瓘为吴越王、天下兵马元帅，赐金印。元瓘，镠第五子	职官
世家·钱弘佐	钱弘佐，元瓘第六子。开运三年，诏授东南兵马都元帅。李孺赟之求救也，将皆不欲行，弘佐因召文武官集议，果言山水险恶，不可兴兵。弘佐变色曰："唇亡齿寒，古人之明戒。吾为天下元帅，岂不能恤隣？ 若有异议者，斩！"众皆慑伏，乃遣将誓师，辞令明肃，果有成功	职官
世家·钱俶	国朝，钱俶为元帅三十五年	职官
列传·董昌	《九国志·吴越·董昌》：中和二年，平刘汉宏，以功授越州节度，加开封（府）仪同三司、同中书门下平章事，封陇西郡王。京师丧乱之后，坟籍散落，僖宗常下诏购求遗书。越州有裴氏，家聚书数千卷，昌悉取之以献，乃授诸道采访图籍使。既得志，遂恣为威虐	职官

　　① 胡耀飞：《〈资治通鉴〉考异、胡注所引〈九国志〉辑考》，千叶正史主编《中国史研究と史料利用の现况——汉籍·石刻·档案》东洋大学アジア文化研究所，2020 年 1 月，第 21—37 页。
　　② 胡耀飞：《〈职官分纪〉所引〈九国志〉辑考：兼论〈九国志〉的制度史价值》，宣读于日本国学院大学金子修一教授研究生课堂，2020 年 1 月 15 日。

续 表

位置	原文	来源
列传·崔仁冀	《九国志·吴越》：崔仁冀父询，善射。仁冀方娠而母病，询欲饮以药。一夕，梦人谓己曰："勿药，恐伤仆射。"及觉，以语询，询疑其诳，弗听。自篝火煮药，见铛上有蛇蜿蜒然，遽覆其药而没。后果迁左仆射	职官
列传·钱倬	《九国志·吴越·钱倬传》：太平兴国初，俶表荐倬及其弟俨于朝，诏以倬为慎、端（瑞）、师，俨为新、妫、儒三州观察使。盖倬、俨皆尝为僧，倬复好睡，执政者以戏之也	职官
世家·钱元瓘或列传·钱元球?	《考异》曰：《晋高祖实录》《十国纪年》作"元球"，今从《吴越备史》《九国志》	考异
列传·刘汉宏	路振《九国志》作"屯渔浦"	胡注
列传·黄晟	路振《九国志》：黄晟，明州鄞县人，历为将领，会刺史钟文季卒，遂据其郡	胡注
列传·陈儒	路振《九国志》：陈儒，同安贼也	胡注
列传·马绰	路振《九国志》：马绰，余杭人，少与钱镠俱事董昌，以女弟妻镠，镠复为元瓘娶绰女	胡注

在钱熙祚《九国志拾遗》中，还有从宋人孔传（1065—1139 年）所续《白孔六帖》[①]中辑得的《九国志·吴越》的佚文如表 2 所示：

表 2 《九国志·吴越》辑佚表二

位置	原文	来源
世家·钱镠	《九国志·吴越》：钱镠少在军中，未尝寝；末年少倦，乃刻木为枕以自警，或命诸孙讽诗以达旦。晋天福中，契丹使至，朝廷以近侍李泳为监伴使。虏有判官者，幽蓟人，谓泳曰："吴越常不睡乎？"泳诘其故，对曰："尝闻五台山王子大师言：'浙中不睡龙，今已归矣。'"访所闻，乃长兴壬辰之后也	六帖
世家·钱镠	《九国志·吴越》：钱镠尝岁除夜宴，命诸子及诸孙鼓胡琴，一再行，遽止之曰："人将以我为长夜之饮也。"	六帖
世家·钱元瓘	《吴越·钱元瓘》：志（先）是，有胡僧以玉羊一献于镠曰："得此当生贵子。"元瓘果以丁未岁生	六帖

此外，考虑到现存宋元方志大多集中在两浙地区，即吴越国统治范围，笔

① 本文所引《白孔六帖》为嘉靖刊本，不再一一注。

者也因此而从宋代地方志中辑得许多《九国志·吴越》佚文。^① 可整理如表3：

表3 《九国志·吴越》辑佚表三

位置	原文	来源
世家	……以上沿革,以《吴越春秋》《史记》《汉书》《晋书》《南史》《会稽典录》《十道四蕃志》《九国志》《吴越备史》及旧图经等参修	《吴郡志》卷一
列传·钱元璙	广陵王元璙别宅,旧与南园相近,据《九国志》云:元璙治苏州,颇以园池花木为意,刜南园、东圃及诸别第,奇卉异木,名品千万。今其遗迹多在居人之家,其崇冈清池、茂林珍木,或犹有存者	《吴郡图经续记》卷下
列传·钱元璙	吴越钱元璙,……《九国志》《吴越备史》	《吴郡志》卷一一
列传·钱文奉	钱文奉,……《九国志》《吴越备史》	《吴郡志》卷一一
列传·钱元璙	东庄,《九国志》谓之东墅。与南园皆广陵王元璙帅吴时,其子文奉为衙内指挥使时所创营之。……《九国志》《吴越备史》	《吴郡志》卷一四
列传·元德昭	新亭盐监,在县东南六十里,今废。按《武烈帝庙记》,乾符二年,新亭监给官莫从易重建堂宇。又,《九国志》亦载:元德昭知台州新亭监	《赤城志》卷七
世家·钱镠或列传·董昌或列传·杜雄?	光启元年,台州刺史杜雄诱汉宏降,执送董昌,斩之。《唐书》称执汉宏事在光启二年十二月,而《通鉴》称元年。年既不同,而《五代史》《九国志》所载,殆是汉宏因钱镠为董昌取越州,故奔台州,雄执之以送昌,非汉宏降雄也。《通鉴》少误	《赤城志》卷四〇

以上佚文,根据笔者所拟定的辑佚原则,大致可归入世家、列传的不同部分。以下,笔者将按照文献辑佚和笺注的方法,将现存《九国志·吴越》所载杜建徽、鲍君福、成及、顾全武、黄晟等五篇完整列传之外的佚文进行梳理。

《世家·钱镠》

佚文:屯渔浦。

笺注:此条为《资治通鉴》(胡注)所引,引文前直言"九国志"可证。中和二年(882年)十月,浙东观察使刘汉宏与杭州的董昌、钱镠对峙,派兵屯戍西

---

① 本文所引宋元方志,皆来自中华书局影印《宋元方志丛刊》全八册(中华书局1990年版),不再一一注。

陵,胡注引用《九国志》的记载为"屯渔浦",并说渔浦在西陵上游,两者距离颇远。这一条佚文,《拾遗》《补遗》皆未还原,因仅三字而已。但从内容来看,则应当属于《九国志》吴越部分,或为世家钱镠部分,或为列传之《刘汉宏传》。考虑到《吴越备史》有《刘汉宏传》,但未详载战争过程,而钱镠编年部分具列包括渔浦在内的各战斗地点,此佚文当属于钱镠世家。①

佚文:正明三年,诏授镠诸道兵马元帅。四年,置元帅府寮属。

笺注:此条为《职官分纪》卷四六《元帅》"置府寮"条所引,引文前直言"九国志·吴越"可证。其"正明"当为贞明,因避宋仁宗赵祯之讳而改。故即后梁末帝贞明三年(917年),后梁授钱镠为诸道兵马元帅。据《旧五代史》卷八《末帝纪上》:贞明二年(916年)七月"壬戌,以淮南镇海镇东等军节度使、充淮南宣润等道四面行营都统、开府仪同三司、尚父、守尚书令、吴越王钱镠为诸道兵马元帅,余如故"。②贞明三年十月"己亥,以启圣匡运同德功臣、诸道兵马元帅、淮南·镇海·镇东等军节度使、充淮南·宣·润等四面行营都统、开府仪同三司、尚书令、吴越王钱镠为天下兵马元帅"。③可知,虽稍有差误,但大致符合。

佚文:钱镠少在军中,未尝寝;末年少倦,乃刻木为枕以自警,或命诸孙讽诗以达旦。晋天福中,契丹使至,朝廷以近侍李泳为监伴使。房有判官者,幽蓟人,谓泳曰:"吴越常不睡乎?"泳诘其故,对曰:"尝闻五台山王子大师言:'浙中不睡龙,今已归矣。'"访所闻,乃长兴壬辰之后也。

笺注:此条为《白孔六帖》卷九五《龙》"不睡龙"条所引,引文前直言"九国志·吴越"可证。其内容为对钱镠在当时人眼中形象的描述,或可还原于《钱镠世家》最后部分,即对钱镠生平性格和轶事的增补内容。此条亦见于徽宗时人马永易《实宾录》卷八,未言出处,或即得自《九国志》。

佚文:钱镠尝岁除夜宴,命诸子及诸孙鼓胡琴,一再行,遽止之曰:"人将以我为长夜之饮也。"

笺注:此条为《白孔六帖》卷六二《琵琶》"除夜鼓胡琴"条所引,引文前直言"九国志·吴越"可证。其内容亦为对钱镠生平轶事的增补文字,可还原于《钱镠世家》最后部分。此条亦见于《说郛》一百三十卷本的卷六〇所录《九国志》"除夜鼓"条,字句不差。④

① 钱俨:《吴越备史》,李最欣点校,《五代史书汇编》第十册,杭州出版社2004年版。本文所引《吴越备史》的记载,皆来自此版,不再一一注。
② 薛居正:《旧五代史》卷八《梁末帝纪上》,中华书局1976年版,第126页。
③ 薛居正:《旧五代史》卷九《梁末帝纪中》,中华书局1976年版,第131页。
④ 陶宗仪:《说郛三种》,上海古籍出版社1988年版,第2781页。

《世家·钱元瓘》

佚文：先是，有胡僧以玉羊一献于镠曰："得此当生贵子。"元瓘果以丁未岁生。

笺注：此条为《白孔六帖》卷九六《羊》"玉羊"条所引，引文后直言"九国志"可证。引文前则曰"吴越钱元瓘"，当即指《九国志》的吴越志之钱元瓘部分。此条在《天中记》卷三九亦见引，其"志是"二字作"先是"，可知《白孔六帖》有误，当从《天中记》所引。以此而言，此条佚文虽有钱镠之名，而实为钱元瓘事迹，当还原于钱元瓘世家。

佚文：清泰二年，诏授元瓘为吴越王、天下兵马元帅，赐金印。元瓘，镠第七子。

笺注：此条为《职官分纪》卷四六《元帅》"赐金印"条所引，接续在上一条"置府寮"所引《九国志·吴越》之后，故亦为吴越部分。其内容为后唐清泰二年（935年），钱元瓘受赐金印之事。然其中"元瓘，镠第七子"之句，或属于《职官分纪》补充说明，非《九国志》原文。

《世家·钱弘佐》

佚文：钱弘佐，元瓘第六子。开运三年，诏授东南兵马都元帅。李孺赟之求救也，将皆不欲行，弘佐因召文武官集议，果言山水险恶，不可兴兵。弘佐变色曰："唇亡齿寒，古人之明戒。吾为天下元帅，岂不能恤邻？若有异议者，斩！"众皆慑伏，乃遣将誓师，辞令明肃，果有成功。

笺注：此条为《职官分纪》卷四六《元帅》"恤邻"条所引，接续上两条"置府寮"和"赐金印"所引《九国志·吴越》之后，故亦为吴越部分。其内容为后晋开运三年（946年）钱弘佐出兵救福州李孺赟之事。《职官分纪》因钱弘佐以"天下元帅"之辞为名义，故而摘录之。因此事重大，故《资治通鉴》卷二八五及其他史料皆有记载，可互相参证。

《世家·钱俶》

佚文：国朝，钱俶为元帅三十五年。

笺注：此条为《职官分纪》卷四六《元帅》"三十五年"条所引，接续上三条"置府寮""赐金印"和"恤邻"所引《九国志·吴越》之后，似亦为吴越部分。然而，从其行文总括钱俶在"国朝"为三十五年元帅来看，似为《职官分纪》作者综述之辞，而非《九国志》原文。当然，虽然郭武雄的《补遗》一文并未将第七十一条佚文算入《九国志》佚文，大概是看到"国朝"两字，《职官分纪》中的类似记载都是对北宋制度的梳理。但是，这里明言钱俶为元帅三十五年，而钱俶自纳土归宋到去世,也就十年左右,可见所谓三十五年包含了他在纳土归宋之前在后周、北宋初的元帅生涯,依然属于吴越政权范围内。因此,这条佚文依然可以算作《九国志》的原文,只是稍有改写。

《列传•钱元璙》

佚文:钱元璙治苏州,颇以园池草木为意,刱南园、东圃及诸别第,奇卉异木,名品千万。其遗迹多在居人之家,其崇冈清池、茂林珍木,或犹有存者。

笺注:此条为《吴郡图经续记》卷下所引,引文前直言"《九国志》云"可证。其内容为关于钱元璙在苏州任上治园的情况,与《吴郡志》卷一一、卷一四根据《九国志》《吴越备史》所拟的钱元璙、钱文奉二人传记和治园情况,相得益彰。唯《吴郡志》卷一一的两篇传记仅将史料来源放在小传最末,导致无法完整还原《九国志》的《钱元璙传》或《钱文奉传》。而《吴郡志》卷一四虽然有"《九国志》谓之'东墅'"的小注,但与《吴郡图经续记》所载"东圃"依然有差异。

《列传•钱元球》

佚文:钱元球

笺注:此条为《资治通鉴考异》所引。吴越国文穆王钱元瓘时期,有弟钱元球因军功而骄横,为钱元瓘所忌惮,遂趁机杀之。然而关于此人的名字,《考异》提供了不同的记载,最终选择了《吴越备史》《九国志》的记载,而非《晋高祖实录》《十国纪年》等所载的"元球"。但对此佚文,由于只有名字,并无上下文,故而无法予以完整还原,《拾遗》《补遗》也没给出佚文。对于该名字是出自《九国志》的《吴越世家》,还是《九国志》吴越部分的《钱元球传》,也不能确定。但考虑到是人名,今暂列入钱元球的列传。

《列传•钱俶》

佚文:太平兴国初,俶表荐俌及其弟俨于朝,诏以俌为慎、端(瑞)、师,俨为新、妫、儒三州观察使。盖俌、俨皆尝为僧,俌复好睡,执政者以戏之也。

笺注:此条为《职官分纪》卷三九《观察使》"三州"条所引,来源于《九国志•吴越》的《钱俌传》,引文前直言"九国志•吴越•钱俌传"可证。其内容为对钱俌在吴越国纳土归宋后的任官情况进行叙述,并指出因钱俌、钱俨都曾出家为僧,以及钱俌好睡,故而将并不在北宋实际控制范围的几个州作为他们的观察州。其中,钱俨的新州入辽为奉圣州,妫州入辽为可汗州,儒州入辽仍为儒州。① 钱倬的三州中,据《续资治通鉴长编》,"端"当为"瑞"之误。②慎州、瑞州、师州实为唐代幽州都督府所领羁縻州,至宋时早已湮没无存,可知确实是北宋执政者用来颁发给钱倬这位好睡之人的安慰奖。③

《列传·董昌》

佚文:中和二年,平刘汉宏,以功授越州节度,加开封(府)仪同三司、同中书门下平章事,封陇西郡王。京师丧乱之后,坟籍散落,僖宗常下诏购求遗书。越州有裴氏,家聚书数千卷,昌悉取之以献,乃授诸道采访图籍使。既得志,遽恣为威虐。

笺注:此条为《职官分纪》卷四六《采访使》"恣为威虐"条所引,引文前直言"九国志·吴越·董昌"可证。其内容为对董昌在受封越州之后于境内"恣为威虐"的描述,当即《董昌传》的文本。关于董昌任诸道采访图籍使之事,《新唐书》卷二二五《董昌传》亦载其事,然与此文本并不相同,即《新唐书》当另有所本。

《列传·陈儒》

佚文:陈儒,同安贼也。

笺注:此条为《资治通鉴》胡注所引,引文前直言"路振《九国志》"可证。其内容涉及光启三年(887年)十二月,饶州刺史陈儒进陷衢州。《资治通鉴》对此仅一句话,胡注则为补充这句话所述历史事件,引用了《九国志》记载,指出陈儒原本为"同安贼",属于唐末崛起的地方势力之一。对此,钱熙祚《九国志拾遗》加以辑佚,与胡注一致。就内容来说,当属吴越列传,或即《陈儒传》。在钱俨《吴越备史》中,记载了陈儒卒后其弟陈岌继为衢州刺史,但并未附录陈儒的传记,颇不合《吴越备史》凡有重要人物去世则附录此人小传的体例,疑有漏缺。

《列传·马绰》

佚文:马绰,余杭人,少与钱镠俱事董昌,以女弟妻镠,镠复为元瓘娶绰女。

笺注:此条为《资治通鉴》胡注所引,引文前直言"路振《九国志》"可证。其内容为天福四年(939年)十月,吴越国文穆王夫人马氏去世,《通鉴》顺便介

① 余蔚:《中国行政区划通史·辽金卷》,复旦大学出版社 2012 年版,第 344—348 页。
② 李焘:《续资治通鉴长编》卷一八,太宗太平兴国二年二月戊戌条,中华书局 1995 年版,第 397 页。
③ 郭声波:《中国行政区划通史·唐代卷》,复旦大学出版社 2012 年版,第 1134—1138 页。

绍其生平,提及其父为马绰。胡注即引《九国志》,补充马绰生平及其与钱镠家族联姻的情况。该条佚文,钱熙祚《九国志拾遗》已予以辑佚。内容方面,则属于吴越列传之《马绰传》。

《列传·元德昭》

佚文:元德昭知台州新亭监。

笺注:此条为《赤城志》卷七所引,引文前直言"九国志"可证。其内容为关于吴越国丞相元德昭曾出知台州新亭监的记载,当属于《元德昭传》的文本。

《列传·崔仁冀》

佚文:崔仁冀父询,善射。仁冀方娠而母病,询欲饮以药。一夕,梦人谓己曰:"勿药,恐伤仆射。"及觉,以语询,询疑其诳,弗听。自篝火煮药,见铛上有蛇蜿蜒然,遽覆其药而没。后果迁左仆射。

笺注:此条为《职官分纪》卷八《左右仆射》"勿药恐伤仆射"条所引,其前两条引文有"九国志"字样,及此条有"吴越"字样可证。钱熙祚《九国志拾遗》已辑佚之。其内容为对崔仁冀在母亲腹中时,一段奇事的记载,以呼应他日后迁左仆射的事实。故应属于《崔仁冀传》的文本。但崔仁冀的左仆射应该不是属于吴越国政权的宰相,因吴越国的宰相为"丞相",《吴越备史》中有林鼎、吴程等人皆是。

二、《九国志·吴越》与《吴越备史》的对比

《九国志·吴越》和《吴越备史》的对比如表 4 所示,其实是想说明两者之间的传承关系。毕竟钱俨的《吴越备史》是在路振《九国志》成书前,可以说是唯一一部关于吴越国历史的完整记录。但路振是否真的因袭了,又在多大程度上因袭了《吴越备史》的文本,尚未得到很好的梳埋。因此,本文先就相关重合的内容进行列表对比,再看具体的因袭情况如何。

表4 《九国志·吴越》与《吴越备史》对比表

位置	《吴越备史》	《九国志·吴越》
世家·钱镠	（中和二年）秋七月，浙东观察使汉宏以天子西幸，乃遣弟汉宥、马军都虞候辛约率兵二万营于西陵，将图浙西。既烧渔浦，劫富春，兵势甚盛，董乃遣王御之（中和二年）冬十月，汉宏又率衢、婺等四州兵七万余人，遣登高镇将王镇领之，营于江干，连营相属	屯渔浦
	（贞明二年）秋七月，敕授王为诸道兵马元帅（贞明三年）夏四月，诏诸道兵马元帅府开幕除吏，一同天策上将军府故事	正明三年，诏授镠诸道兵马元帅。四年，置元帅府寮属
	王始在军中，未尝自安，每欲暂憩，必先整衣甲，备盥漱，而后寝焉。又以圆木小枕缀铃，睡熟则欹，由是而寤，名曰"警枕"。……稍暇，则命诸子孙讽诵诗赋，或以所制诗什赐于丞相将吏以下，由是往往达旦。天福中，近侍李咏因监契丹，驿中有判官谓李咏曰："武肃王常夜不睡。"咏诘其所知，答曰："尝闻五台王子太师言：'浙中不睡龙，今已归矣。'"访其所闻，乃壬辰之后也	钱镠少在军中，未尝寝；末年少倦，乃刻木为枕以自警，或命诸孙讽诗以达旦。晋天福中，契丹使至，朝廷以近侍李泳为监伴使。房有判官者，幽蓟人，谓泳曰："吴越常不睡乎？"泳诘其故，对曰："尝闻五台山王子大师言：'浙中不睡龙，今已归矣。'"访所闻，乃长兴壬辰之后也
	又尝夕宴诸王子及诸孙，命鼓胡琴，未数曲，遽止之曰："外闻当谓我不恤政事，为长夜之饮宴。"遂罢	钱镠尝岁除夜宴，命诸子及诸孙鼓胡琴，一再行，遽止之曰："人将以我为长夜之饮也。"
世家·钱元瓘	先是，有胡僧持一玉羊，大可数寸，光彩异常，献武肃王，且曰："得此当生贵子。"王果以丁未生焉	先是，有胡僧以玉羊一献于镠曰："得此当生贵子。"元瓘果以丁未岁生
	（应顺元年）春正月……又遣散骑常侍孔昭序、驾部员外郎张绣册王为吴越王（清泰三年）春正月，敕遣礼部尚书李怿、户部郎中姚遐赍奉吴越王金印至，归旧物也	清泰二年，诏授元瓘为吴越王、天下兵马元帅，赐金印。元瓘，镠第七子

续　表

位置	《吴越备史》	《九国志·吴越》
世家·钱弘佐	忠献王讳弘佐,字玄祐,文穆王第六子也(开运三年)三月,敕授王东南面兵马都元帅 淮人之攻闽也,李儒赟来求援,诸将议将不从。王因集而询之,果同其说。王变色曰:"唇亡齿寒,《春秋》明义,吾为天下元帅,执大兵柄,岂不能恤邻难乎?诸将跃马肉食,不能为我身先耶?有异议者,斩!"及大举遣将誓师,辞令明肃,众皆踊跃承命,既而果成大功	钱弘佐,元瓘第六子。开运三年,诏授东南兵马都元帅。李孺赟之求救也,将皆不欲行,弘佐因召文武官集议,果言山水险恶,不可兴兵。弘佐变色曰:"唇亡齿寒,古人之明戒。吾为天下元帅,岂不能恤隣?若有异议者,斩!"众皆慑伏,乃遣将誓师,辞令明肃,果有成功
世家·钱俶	王任太师、尚书令兼中书令、国王凡四十年,为元帅三十五年,穷极富贵,福履之盛,近代无比	国朝,钱俶为元帅三十五年
列传·钱元璙	(有传无此内容)	元璙治苏州,颇以园池草木为意,刱南园、东圃及诸别第,奇卉异木,品名千万。其遗迹多在居人之家,其崇冈清池、茂林珍木,或犹有存者
列传·钱元球	(无传)	钱元球
列传·钱倬	(无传)	太平兴国初,俶表荐倬及其弟俨于朝,诏以倬为慎、端(瑞)、师,俨为新、妫、儒三州观察使。盖倬、俨皆尝为僧,倬复好睡,执政者以戏之也
列传·董昌	寻迁杭州,平刘汉宏,复除越州。其始起余杭,洎领瓯越,颇有廉俭之度,累授开府仪同三司、检校太尉、同平章事,封陇西郡王。时属京师丧乱,文籍多亡,越州有裴氏书楼,昌悉取其书以贡,授诸道采访图籍使。既而恣为淫虐,凡按罪人,无轻重枉直,必命骰子,使之对掷,胜者宥之,否则杀之,而案牍不复参决,但一概诛戮	中和二年,平刘汉宏,以功授越州节度,加开封仪同三司、同中书门下平章事,封陇西郡王。京师丧乱之后,坟籍散落,僖宗常下诏购求遗书。越州有裴氏,家聚书数千卷,昌悉取之以献,乃授诸道采访图籍使。既得志,遂恣为威虐
列传·黄晟	晟,明州鄞县人也。……钟季文卒,遂有本郡	黄晟,明州鄞县人,历为将领,会刺史钟季文卒,遂据其郡
列传·陈儒	(无传)	陈儒,同安贼也

续　表

位置	《吴越备史》	《九国志·吴越》
列传·马绰	绰,余杭县人也。性气淳直,与王同事董昌。……王因以从妹归绰,绰寻随董氏于越。及董僭号,绰弃家先奔于王,乃奏授诸城都指挥使。徐绾之乱,绰有发悬门之功,王寻命文穆王纳绰女,是为恭穆夫人	马绰,余杭人,少与钱镠俱事董昌,以女弟妻镠,镠复为元璀娶绰女
列传·元德昭	累授睦州军事判官、知台州新亭监	元德昭知台州新亭监
列传·崔仁冀	(无传)	崔仁冀父询,善射。仁冀方娠而母病,询欲饮以药。一夕,梦人谓己曰:"勿药,恐伤仆射。"及觉,以语询,询疑其诳,弗听。自篝火煮药,见铛上有蛇蜿蜒然,遽覆其药而没。后果迁左仆射

通过上表对比可见,在内容方面,《九国志·吴越》承袭《吴越备史》的情况较多。但也要区别来看,以下逐条分析之。

《世家·钱镠》

佚文:屯渔浦。

笺注:此条佚文,《资治通鉴》胡注明言此处对应的《资治通鉴》正文是"刘汉宏又遣登高镇将王镇将兵七万屯西陵",即《九国志》中王镇所"屯西陵"为"屯渔浦"。根据《吴越备史》中所载王镇的动向为"营于江干",可知《九国志》的"屯渔浦"并非来自《吴越备史》。但《吴越备史》亦涉及渔浦这一地名,即此年七月刘汉宏军队"烧渔浦",既然已烧,则十月王镇当不会屯渔浦,故《吴越备史》谓其"营于江干"。如此,则《九国志》的"屯渔浦"有两种可能,一是将《吴越备史》关于七月和十月的战事混合叙述,二是有其他史料来源。

佚文:正明三年,诏授镠诸道兵马元帅。四年,置元帅府寮属。

笺注:此条佚文,在《吴越备史》中有对应的事件记载,但时间完全有别,行文也不一样。《吴越备史》将授元帅系于贞明二年,开幕除吏系于贞明三年。可知《九国志》似有其他史料来源。

佚文:钱镠少在军中,……

佚文:钱镠尝岁除夜宴,……

笺注:这两条佚文,皆为关于钱镠生平轶事者,也能够在《吴越备史》于钱镠死后的记载中得到对应的内容。但仔细对比文本,两者之间颇有差异,甚至意涵也有出入。因此,《九国志》的记载除非经过路振的改写,否则当有另一种史料来源。

《世家·钱元瓘》

佚文:先是,有胡僧以玉羊一献于镠曰:"得此当生贵子。"元瓘果以丁未岁生。

笺注:此条佚文,与《吴越备史》的对应部分,差别不大,基本可以看出从《吴越备史》的文本简化而来。

佚文:清泰二年,诏授元瓘为吴越王、天下兵马元帅,赐金印。

笺注:此条佚文,与《吴越备史》的对应部分颇有差距,主要是时间不一样,且《吴越备史》未载"天下兵马元帅"的授予。可知《九国志》此处当有其他史料来源。

《世家·钱弘佐》

佚文:钱弘佐,元瓘第六子。开运三年,诏授东南兵马都元帅。

笺注:此条佚文包含两部分,分别对应《吴越备史》中的两条记载,大体符合。

佚文:李孺赟之求救也,……

笺注:此条佚文也有《吴越备史》的对应文本,但内容颇不一致,似《九国志》的文本为对《吴越备史》的简化而来。

《世家·钱俶》

佚文:国朝,钱俶为元帅三十五年。

笺注:此条佚文在《吴越备史》中有相应记载,只是无"国朝"二字。但可证实《九国志》的记载来源之一,当包括《吴越备史》。

《列传·董昌》

佚文:中和二年,平刘汉宏,……

笺注:此条佚文在《吴越备史·董昌传》中有类似记载,但行文颇有差距,疑《九国志》另有史料来源。

《列传·黄晟》

佚文:黄晟,明州鄞县人,历为将领,会刺史钟季文卒,遂据其郡。

笺注:此条佚文为《资治通鉴》胡注所引,引文前明言"路振《九国志》"可证。结合目前从《永乐大典》中所保存的《九国志·黄晟传》，可知胡注所引为对《九国志·黄晟传》的缩写。再对比《九国志·黄晟传》和《吴越备史·黄晟传》，两者所载黄晟生平事件顺序一致，唯用词颇有差异。但基本可以确认，《九国志·黄晟传》大致沿袭了《吴越备史·黄晟传》的文本。

《列传·马绰》

佚文：马绰，余杭人，少与钱镠俱事董昌，以女弟妻镠，镠复为元璙娶绰女。

笺注：此条佚文与《吴越备史》的相应记载颇有出入，不仅行文顺序不一致，内容也有区别，可知《九国志》另有史料来源。

《列传·元德昭》

佚文：元德昭知台州新亭监。

笺注：此条佚文在《吴越备史》中有相应记载，不过过于简短，虽然内容一致，但无法进一步考察《九国志·元德昭传》的史源。

三、结　语

通过以上梳理，可以得到对《九国志·吴越》佚文的基本还原。大致上，除了《永乐大典》所保存的《九国志·吴越》的杜建徽、鲍君福、成及、顾全武、黄晟等五篇完整传记之外，还能够从钱熙祚《资治通鉴考异》、《资治通鉴》（胡注）、《职官分纪》等史书，《白孔六帖》等类书，以及《吴郡图经续记》《吴郡志》《赤城志》等方志中辑得佚文。这些佚文包括世家中的钱镠、钱元璙、钱弘佐、钱俶等部分，列传中的钱元璙、钱元球、钱倬、董昌、陈儒、马绰、元德昭、崔仁冀等部分，以及列传中的《黄晟传》之简化内容。

更进一步，可以就《九国志·吴越》的佚文来对比《吴越备史》的相应记载。整体而言，《吴越备史》肯定不是《九国志·吴越》的唯一史料来源，毕竟《吴越备史》的作者钱俨在撰写该书时，尚在吴越国末年，故而他不会记载自己的情况，也就不会有《九国志·钱倬传》所提到的钱倬、钱俨入宋后任官的史源。此外，现存《吴越备史》中也没有钱元球、陈儒、崔仁冀的传记，可知《九国志·吴越》中这几人的记载当另有所本。

总之，从目前所得《九国志·吴越》佚文和《吴越备史》的对比来看，《九国志·吴越》在部分人物传记方面，比如《黄晟传》，有因袭《吴越备史》的情况。但《九国志·吴越》确实也依据了其他史源，故而有与《吴越备史》的相应记载完全不同的情况存在。至于这些其他的史源具体是哪些史料，尚待将来进一步考察。

"太宗少时帅师战淮人于千秋岭"考辨

——兼论《葆光录》成书年代

任光凌　浙江农林大学

摘　要:《葆光录》的成书年代,学界多认为是吴越人入宋而作。文章就书中的"太宗少时帅师伐淮"事进行考辨,认为此处"太宗"非宋太宗赵光义,而是吴越王钱元瓘;吴越二王钱元瓘庙号实为"世宗";今本《葆光录》当成书于五代吴越国时期。文章并对《葆光录》(永乐大典本)的存佚进行了讨论。

关键词:太宗;千秋岭;《葆光录》;成书年代

《葆光录》通行本三卷,题颍川陈纂撰,学界多归于宋代志怪小说。是书"杂记见闻","多为志怪,间亦志人,常为明人伪书所取资"。① 目前对《葆光录》的校勘整理工作虽已展开,但是缺乏整体、深入的研究考察。学界就《葆光录》的成书年代有不同认识,学术研究中也出现史料引用上的年代错误,误将五代史料作为宋代史料。

一、《葆光录》的著录及传刻

南宋陈振孙《直斋书录解题》:小说家类作三卷,云"陈纂撰,自号袭明子。所载多吴越事,当是国初人"。马端临《文献通考·经籍考》同陈书,元《宋史·艺文志》:小说类,陈纂,《葆光录》三卷。

明代官私目录的著录信息较宋元时期单薄。杨士奇《文渊阁书目》:龙明子《葆光录》一部一册。焦竑《国史经籍志》:《葆光录》三卷,陈纂。高儒《百川书志》:《葆光录》三卷,颍川陈纂著。

---

① 中国大百科全书出版社编辑部编:《中国古代小说百科全书》,中国大百科全书出版社 1993 年版,第 10 页。

清代徐乾学《传是楼书目》：小说家，《葆光录》三卷，陈纂，一本。清代内廷藏书貌似无单行善本，《四库总目》未有著录，彭元瑞《天禄琳琅书目后编》卷十七：明版子部，《四十家杂说》，录有《葆光录》，无卷数亦无作者，为《顾氏文房小说》本。

据上海图书馆《丛书综录》，今本《葆光录》三卷，《顾氏文房小说》本（嘉靖本、景嘉靖本），民国十四年（1925年）上海商务印书馆据明本影印编入《丛书集成初编·文学类》。《说郛》（商务印书馆本）卷二〇尚有六则节文。

2004年杭州出版社出版了《五代史书汇编》，其中丙编有冉旭的校点本《葆光录》。校点本以《顾氏文房小说》为底本，以《说郛》本为参校。

二、《葆光录》成书年代考证

（一）《葆光录》成书的不同观点

《葆光录》作者陈纂，这一点学界无异议。陈纂，郡望颍川，生平不详。《顾氏文房小说》本前有小序云："龙明子所纂《葆光录》，无年月，无前后，见闻奇异事，即旋书之。因而成编，分为三卷。"书中数条皆自称袭明子，"袭明"语出《老子》："是以圣人常善救人，故无弃人；常善救物，故无弃物，是谓袭明。"序作龙明子，形似而讹。

《说郛》本前有"葆光者，注之而不满，酌之而不竭也"数语。"葆光"语出《庄子·齐物论》："注焉而不满，酌焉而不竭，而不知其所由来，此之谓葆光。"李剑国认为作者的别号、书名皆取义老庄，乃隐者处士之流。①

书中多语吴越事，越东事犹多，陈纂无疑是吴越人，学界分歧在于《葆光录》是"吴越人入宋作"还是"五代吴越国人所作"。

陈尚君、程毅中、李剑国等先生认为《葆光录》为"吴越人入宋作"。李剑国对此进行详细论证，并推断作者应当是吴越人，所以首条即记武肃王示不忘旧。第二条载：太宗少时师师战淮人于千秋岭，大克之。彼望我军上云物如龙虎之状，识者曰"此王者之气"，则又颂美赵宋应天顺命。太宗乃赵匡义，建隆元年九月淮南节度使李重进叛，赵匡义帅师征之，时年二十二岁。作者称太宗庙号，显然书成于至道三年太宗崩、真宗即位之后，时去吴越降宋已二十年左右。第三条记文献公诞生，文献公即王溥，太平兴国七年卒，谥文献，

---

① 石昌渝主编：《中国古代小说总目·文言卷》，山西教育出版社2004年版，第9页。

亦在吴越降宋之后。由此来判断,本书大约作于真宗时期。①

中国台湾学者郭武雄,在《五代史有关之要籍系年表》中,据陈振孙云:"当是国初人"及称"太宗"庙号事,判断是书当成于太宗崩逝之后。②

袁行霈、卞孝萱、何勇强等先生认为《葆光录》是五代作品。何勇强先生认为《葆光录》多记载唐末、五代初年的两浙史事,且称钱元瓘为"太宗",应当是吴越国人所作。③ 解开《葆光录》身世之谜的钥匙就是"太宗少时帅师战淮人于千秋岭"。

(二)太宗少时征淮考论

五代末宋初,征淮南有三,分别为:显德三年(956年)周世宗征淮南(南唐),建隆元年(960年)宋太祖征讨淮南节度使李重进之叛和开宝七年(974年)曹彬平灭南唐之役。

宋太宗年少尚文,不善武事。太祖即位,"以帝为殿前都虞侯,……亲征泽、潞,帝以大内点检留镇,……征李重进,为大内都部署,加同平章事,行开封尹,再加兼中书令。征太原,改东都留守"④。可以看出宋太祖着意在政治上培养赵光义,亲征时,委以后方,"留镇""留守"。

周世宗征淮,赵弘殷、赵匡胤父子皆在军中。赵光义年幼,"性嗜学,宣祖(赵弘殷)总兵淮南,破州县,财物悉不取,第求古书遗帝"⑤。

建隆元年九月,淮南节度使李重进叛,十月宋太祖帅师亲征扬州。"以都虞侯光义为大内都部署,枢密使吴廷祚权上都留守。"⑥"大内都部署,北宋每皇帝出巡,则于京师置,掌京城弹压之事。"⑦非李剑国先生所言"赵匡义帅师征之"。

开宝七年九月,"命宣徽南院使、义成军节度使曹彬为西南路行营马步军战棹都部署,山南东道节度使潘美为都监,颍州团练使曹翰为先锋都指挥使,将兵十万出荆南,以伐江南"⑧。赵光义亦无预其事。

综上,后周及宋初历次对淮南重大军事行动,赵光义扮演了"留镇""留守"的角色,无独立伐淮事。正如太祖曾笑谈:"(光义)他日必为太平天子,福

---

① 李剑国:《宋代志怪传奇叙录》,南开大学出版社1997年版,第32页。
② 郭武雄:《五代史料探源》,台湾商务印书馆1987年版,第149页。
③ 何勇强:《钱氏吴越国史论稿》,浙江大学出版社2002年版,第6页。
④ 《宋史》卷四《太宗本纪一》,中华书局1985年版,第53页。
⑤ 同上。
⑥ 《宋史》卷一《太祖本纪一》,中华书局1985年版,第7页。
⑦ 郑天挺、谭其骧主编:《中国历史大辞典》,上海辞书出版社2010年版,第138页。
⑧ 《宋史》卷三《太祖本纪三》,中华书局1985年版,第42页。

德吾所不及云。"①

(三)千秋岭之役

千秋岭在今浙江临安西北,接安徽宁国县界,五代中是吴越国和淮南(杨吴和继之的南唐)的边境,为兵家必争之地。上述几次征淮事皆远未及千秋岭。

后梁乾化三年(913年),吴越国和杨吴在此进行了一场经典战役。"吴行营招讨使李涛率众二万出千秋岭,攻吴越衣锦军。吴越王镠以其子湖州刺史传瓘为北面应援都指挥使以救之,睦州刺史传璙为招讨收复都指挥使,将水军攻吴东洲以分其兵势……千秋岭道险狭,钱传瓘使人伐木以断吴军之后而击之,吴军大败,虏李涛及士卒三千余人以归。"②钱传瓘,后改名元瓘,时年二十六岁,后成为吴越国第二代统治者。

(四)太宗庙号考

关于庙号,何勇强先生认为此处"太宗"非宋太宗,而是吴越王钱元瓘庙号的不同表述。史载:"(钱)镠始建国,仪卫名称多如天子之制,谓所居曰宫殿,府署曰朝廷,教令下统内曰制敕,将吏皆称臣。"建立宗庙制度是吴越国"天子之制"的重要内容之一。

据司马光《通鉴考异》所言,余公缔《闽王事迹》云:"同光元年春,梁册钱镠为尚父;来年改宝正元年。永隆三年,吴越世宗文穆王薨。"林仁志《王氏启运图》云:"同光元年,梁封浙东尚父为吴越国王,寻自改元宝正。长兴三年,吴越武肃王崩,子世皇嗣。永隆二年,吴越世皇崩,子成宗嗣。公缔、仁志所记年岁差缪,然可见钱氏改元及庙号,故兼载焉。"③

可见,钱镠、钱元瓘与钱弘佐三代国王皆曾有自己的庙号,钱镠为太祖,钱元瓘为世宗,钱弘佐为成宗。至于钱弘倧与钱俶,一个是废王,一个举土入宋,不可能有庙号。《葆光录》此处把钱元瓘称为"太宗",与《闽王事迹》《王氏启运图》中把他称为"世宗""世皇"不同,而有庙号则一致。④

程毅中先生认为,第二条称"太宗少时帅师战淮人于千秋岭",似作于宋太宗称庙号之后,或出于后人追改。⑤ 程先生于此处只猜对了一半。《葆光

① 《宋史》卷三《太祖本纪三》,中华书局1985年版,第50页。
② 《资治通鉴》卷二六八,梁均王乾化三年三月,中华书局1956年版,第8771页。
③ 《资治通鉴》卷二七五,唐明宗天成元年十二月,中华书局1956年版,第8997页。
④ 何勇强:《钱氏吴越国史论稿》,浙江大学出版社2002年版,第191页。
⑤ 中国大百科全书出版社编辑部编:《中国古代小说百科全书》,中国大百科全书出版社1993年版,第10页。

录》的流传过程中，一些重要词汇如庙号，出现了改易、错讹。

加之钱氏子孙"奉中朝正朔，渐讳改元事。及钱俶纳土，凡其境土有石刻伪号者，悉使人交午凿灭之"。相关吴越国僭越年号、庙号之类实物的系统清除，使得吴越国庙号反不为后人所知，造成文本断代的疑惑。

（五）《永乐大典》残本所见"千秋岭"条

考稽古代文献版本，《永乐大典》往往一字之正，使后学旷若发蒙，茅塞顿开。今《永乐大典》残本所存"千秋岭"条："世宗少时，帅师战淮人于千秋岭，大克之。"（《葆光录》）①《永乐大典》这一有力证据证实如下四点：1. 与淮人战于千秋岭的不是宋太宗，而是钱元瓘；2. 钱元瓘在吴越国的庙号确为"世宗"；3.《葆光录》成书于五代时期；4. 该书流传过程中文本出现改易、错讹情况。

《明史·艺文志一》记载："明太祖定元都，大将军收图集致之南京，复诏求四方遗书。"藏有大量宋金遗书的奎章阁、崇文院和秘书监等元代重要藏书机构的藏书被转运至南京文渊阁。永乐年间，谢缙等修撰的《永乐大典》所抄录的必是南宋陈振孙未见的版本，甚至可能是五代本。

曾参加《永乐大典》辑佚的四库馆臣邹炳泰言："明初所收图籍，多系古本，故《永乐大典》内编集诸书，与今本迥别，子书人间尤少善本，脱漏讹舛，历久滋甚。后人未见古本，复以意强为注解，遂至艰涩难通，及观《大典》本，乃知古书无不文从字顺。"（《午风堂丛谈》卷七）

三、《葆光录》（大典本）存佚考

可以判定，在明初，《葆光录》除了流传民间坊市的《顾氏文房小说》本（嘉靖本）之外，还有一个为《永乐大典》摹写参照的版本，暂称为"大典本"。"大典本"见于著录于杨士奇编撰，成书于明英宗正统六年（1441 年）的《文渊阁书目》。杨士奇曾参与《永乐大典》的修撰，他所见所著录应是"大典本"。正统七年（1442 年），南京文渊阁因火灾，所贮之书化为灰烬。正德四年（1509年），北京文渊阁失火，"历代图典稿薄俱焚"。《葆光录》"大典本"可能毁于两次天火。清彭元瑞等撰《天禄琳琅书目后编》卷一七，明版子部，《四十家杂说》著录有《葆光录》，然无卷数亦无作者。也就是说，彭元瑞修内廷图书目录时所见已是收录于他书的明本。

---

① 《永乐大典》卷一一九八〇，中华书局 1986 年影印本，第 5121 页。

据研究，四库馆臣编纂《四库全书》时，曾从《永乐大典》中辑出《葆光录》。"以人们喜闻乐道的笔记小说而言，今《大典》续印本亦有不少亡佚之作，如唐皮光业《见闻录》、宋李昌龄《乐善录》、李献民《云斋广录》、陈纂《葆光录》等二十余种，其中《乐善录》等六种，四库馆臣曾辑出，后又弃之，殊为可惜。"[①]据史广超先生《永乐大典书目》残本表，有四库馆辑校本《葆光集》陈纂撰，今不存。[②]《葆光录》可能为馆臣辑出后又弃之。

综上，文献中的"太宗少时帅师伐淮事"不是宋太宗，实为"世宗"；可以判定《葆光录》成书于吴越世宗钱元瓘去世之后，即天福六年（941年），而据书中最晚一事为权臣杜昭达（《顾氏文房小说》本作"远"，形误）被诛事，事发开运二年（945年），可以断定《葆光录》成书上限是开运二年，下限在钱俶入宋之前。《葆光录》除了习见的《顾氏文房小说》本（嘉靖本）外，还有一个明文渊阁的"大典本"（今不存）。今《永乐大典》残本尚保存若干条，犹能窥其原书面貌之一斑。

---

① 张忱石：《〈永乐大典〉续印本（六十七卷）史料价值发微》，见朱东润、李俊民、罗竹风主编：《中华文史论丛》第3辑，上海古籍出版社1986年版，第267页。
② 史广超：《〈永乐大典〉辑佚述稿》，中州古籍出版社2009年版，第261页。

吴越《新建风山灵德王庙记》碑的前世今生

朱　炜　德清县图书馆

摘　要: 吴越《新建风山灵德王庙记》碑,作为浙江省内罕见的千年古碑,见证了一代雄主钱镠对前代诸侯王防风氏的崇敬以及对这方水土的恩典,至今仍矗立在德清县二都村防风祠前,故有必要对其做一全面的历史钩沉。防风氏的神话彩衣,必盖着重要的历史肉躯。本文从该碑的诞生背景、内容、流传、保护四个方面加以论述。

关键词: 钱镠;防风氏;碑刻;流传

吴越《新建风山灵德王庙记》碑,作为浙江省内罕见的千年古碑,见证了一代雄主钱镠对前代诸侯王防风氏的崇敬以及对这方水土的恩典,至今仍矗立在德清县下渚湖街道二都村防风祠前。碑额有龙形雕塑,碑座为赑屃,碑文多处出现"寡人"字眼,又有"天下都元帅、吴越国王"和"时宝正六年"落款,是研究防风传说的极珍贵的实物资料,也是考证钱镠生平历史的原始资料。

一、《新建风山灵德王庙记》碑的诞生背景

防风氏,是正史中唯一有记载的江南先民,创立有防风古国,也是为数不多的可以与大禹媲美的治水英雄。防风氏是被冤杀的,他所创立的防风古国是追踪良渚文化或消失,或北上,或融合的实证密码。清道光《武康县志》卷一六"金石"玉刚卯条载:"刚卯,杨坟村人垦田所得,长一寸三分,强面广三分,弱文三十二字,曰:'正月刚卯,灵殳四方,赤青黑黄,四色是当。帝令祝融、北辰、夔龙,庶役闵谈,莫我敢当。'"不禁使人联想到良渚古玉,联想到上古神话中的祝融、共工、夸父、刑天等人物。

防风氏之死是夏朝前期重大历史事件之一,防风氏是被冤杀的,孔子素

以"不语怪力乱神"著称,一碰到防风氏问题,似乎就忘记了自己的戒条,大谈其"神"。《国语·鲁语下》:"昔禹致群神于会稽之山,防风氏后至,禹杀而戮之,其骨节专车,此为大矣。"防风氏的神话彩衣,必盖着重要的历史肉躯。

晋元康初,武康县令贺循在封山之麓建防风庙,此为防风庙有记载之始。南朝梁任昉《述异记》:"今吴越间防风庙,土木作其形,龙首牛耳,连眉一目。昔禹会涂山,执玉帛者万国。防风氏后至,禹诛之,其长三丈,其骨头专车。今南中民有姓防风氏,既其后也,皆长大。越俗,祭防风神,奏防风古乐,截竹长三尺,吹之如嗥,三人披发而舞。"唐天宝六年(747年),敕改封山为防风山。元和年间(806—820年),防风庙曾重修,并有碑记。吴越《新建风山灵德王庙记》有"惟有元和年再构檐楹,则存碑记"。道光《武康县志》卷十六"金石"封山防风庙碑条,"今里人言碑在祠前油坊石盘下,入土深固,难以移动……沦没者当是元和旧碑",可惜已佚。五代十国时期,十国之一的吴越国,地狭国小,三面受敌,辖有一军十三州,即杭州、越州、湖州、温州、台州、明州、处州、衢州、婺州、睦州、秀州、苏州、福州及安国衣锦军,号称十四州的版图,范围在今浙江和江苏南部及福建北部一带。人们常用唐末诗僧贯休的诗句"一剑霜寒十四州"来形容吴越国的疆土。吴越国以杭州为统治中心,名西府或西都,实即国都,领有十一个县,武康县即其中之一。吴越国王钱镠于宝正六年(931年)封防风氏为灵德王,易址新建风山灵德王庙,并新撰庙碑记。

历史上,武康人曾捡到过宝正砖。道光《武康县志》卷十六"金石"宝正砖词条下载:"后溪村人于山途得巨砖一臼,面有宝正六年二月造,凡七字……与防风庙碑同。"这就充分说明了武康曾是吴越国的疆土。

二、《新建风山灵德王庙记》碑的内容

《新建风山灵德王庙记》全碑七百三十四字,记载庙貌气象和祭祀排场莫不详尽。碑文云:

> 盖闻天地氤氲,运寒暑而滋品汇。幽灵胖响,司土地而福生民。人神理在于相须,显晦期臻于感契。虽先圣著难明之说,而礼经垂严祀之文。爰有五运相承,百王理化,或以劳定国,或尽力勤王,或利济及于烝民,或勋烈光于史策,并皆立严祠于境土,享庙食于春秋。而况江浙古区,鱼盐奥壤,历象则区分牛斗,封维乃表里江山;昔年霸越强吴,今日双封列国;旷代之灵踪不少,前贤之庙貌实多。

寡人自定乱平妖，勤王佐命，五十年抚绥军庶，数千里开泰土疆。四朝迭受册封，九帝拱扶宗社。改家为国，兴霸江南。一方偃息兵戈，四境粗安耕织。上荷元穹眷佑，次依神理护持。统内凡有往帝前王，忠臣义士，遗祠列像，古迹灵坛，悉皆褒崇重峻于深严，祀典常精于丰洁，冀承灵贶，同保军民。

其有风山灵德王庙，本系属城，近归畿甸。考诸旧记，即先是武康县风山。又按《史记》云："汪罔氏之君，守封嵎之山。"今在吴兴武康县。稽立庙之初，则年华渺邈，详图牒之说，则词理异同。唯有元和年再构檐楹，则存碑记。彼既已具叙述，此固不复殚论，聊书封（制，笔者改）置之由，直述旌崇之意。

丙戌年春，寡人以玉册迭膺于典礼，清宫未展于严禋，遂辍万机，暂归锦里。寻属节当炎暑，犹未却回都城。此时□□□□□□□□刺史陆仁璋，佐国精忠，事君竭孝。心悬扈从，遍祝灵祇。以风山灵德王，昔年因举兵师，曾陈祷祝，无亏响应，显有感通。遂悬恫告虔，许崇堂殿。洎清秋却归都城，披睹奏陈，既忠诚感动神明，行褒赠先酬灵（神，笔者改）贶。次乃亲分指画，委仗腹心。按山川展拓基堈，顺冈阜增添爽垲。形胜并皆换旧，规模一概从新。居中而殿宇崇严，四面而轩廊显敞。周回户牖，甃砌阶墀，构之以杞梓楩楠，饰之以玄黄丹漆。外则浚川源之澄澈，内则添竹树之青苍。至于广厦神仪，崇轩侍卫，车舆仆从，帐幄帘栊，鼎饪庖厨，笾簋器皿，请福祈恩之所，献牲纳币之筵，并极鲜华，事无不备。丙辰年八月二十四日起首，至其年十一月毕功，土木皆是精新，禋祀尝（常，笔者改）严丰洁。仍展牲牢箫鼓，庆乐迎神，耀威灵而万古传芳，标懿号而千秋不朽。一则酬忠臣之启愿，二则答阴骘之匡扶。唯冀明神永安缔构，禀元化而同垂恩福，镇土疆而荫护军民，保四时风调雨顺（风雨顺调，笔者改），□□山河□□，永绝天灾地沴，常欢俗阜时康。

巍乎焕乎，美矣盛矣！今则功用既就，良愿已酬，用（因，笔者改）勒贞珉，聊书摭实。所贵后来贤彦，知予精敬神明，不假繁文，粗纪年月。时宝正六年重光单阏岁，为相之月，二十有三日记。

天下都元帅、吴越国王[①]

风山，即防风山，又名封山。五代后梁开平四年（910 年），吴越国王钱镠

---

① 详见董楚平《防风氏的历史与神话》，浙江古籍出版社 1996 年版。

并武康县二十乡为十三乡,合并后的十三乡中涉及原防风古国境的有封禺乡、风渚乡。灵德王是钱镠给防风氏的封号。生当封侯,死当庙食,是古人追求建功立业的目标,而有功于国于民的人死后封神,享受后人的祭拜,乃是先古相传的一种礼仪。钱镠应对防风氏的传说十分熟稔,且深受远古英雄主义的影响。吴越宝正元年(926 年),钱镠的臣子陆仁璋奏曰:"昔年举兵,曾陈祷于风山灵德王庙,无亏响应,显有感通,请崇其殿堂。"钱镠许以重建,于该年阴历八月二十四日正式动工兴建,当年十一月完成。建庙后五年,即宝正六年(931 年),钱镠于阴历七月二十三日亲撰碑文并立于庙内,时年钱镠恰八十岁。清人吴任臣《十国春秋》载:"宝正六年冬十一月,重建防风山灵德王庙成,王敕撰庙记,即谓此碑。"这篇庙记系钱镠平生活动的总结。他自承"改家为国,兴霸江南",统理一境的心态表露无遗,同时自言除了受到上苍的眷佑之外,还依赖境内神祇的护持。他特别指出,自己有心为境内的古迹祠庙修缮祭祀,并加以封崇。对照实际作为,碑记中所说不虚。翌年(932 年),钱镠驾崩,谥武肃,赐葬安国县茆山(今杭州市临安区太庙山)之原,墓碑书"唐故天下兵马都元帅尚父守尚书令兼中书令吴越国王谥武肃钱王之墓",一切典仪俱用王礼,有"金书铁券"免子孙三死。吴越国传三世五王,皆保境安民,纳贡称藩,善事中原,国祚七十二年,在十国里享国最长。

三、《新建风山灵德王庙记》碑的流传

史载钱镠在其境内私改年号,但实物发现极少。后子孙奉中朝正朔,渐讳革元事。到其孙、忠懿王钱弘俶"纳土归宋",凡原吴越国境内有石刻伪号者,悉使人凿去之。以致"今碑中'宝正'二字及'都城''寡人'等字皆经铲刻,然字迹犹隐隐可辨也"。然从宋章杰《防风庙》诗来看,"厥祝唯防风,庙貌侔王居""血食庇此方,永世终无渝",宋人对钱镠新建防风庙的行为是称赏的。

明刑部郎中、武康人沈彬《防风氏神庙碑》载:"……神号防风氏,远自有虞以上,必则古先治民圣贤。民到于今,思之不忘而报。事见灵德王碑……"嘉靖《武康县志》卷四《祀典志》防风庙词条下载:"吴越王钱镠微时尝祷,有验,僭封灵德王。"清康熙元年(1662 年)武康知县吴康侯《封山记》沿用此说,稍易数字云:"吴越王钱镠微时祷之有验,后封灵德王,其碑碣犹存。"

清代有"封山八景","古庙唐碑"即为之一。唐碑就是指此碑。清武康人沈维均有题诗:"吴越新堂构,丰碑表古宫。银钩蟠古蚕,玉检碎雕虫。偏霸威名盛,高文气象雄。何人掌书记,昭谏表江东。"诗中的昭谏即大诗人罗隐,后在钱镠治下做过钱塘令、节度判官、著作佐郎等职。因为这一层关系,沈维均推测此碑文为罗隐代笔,而道光《武康县志》亦持此观点,"传为罗隐所书",由是传出罗隐撰碑之说。然考罗隐生平,宝正六年(931年),罗隐已去世二十二年,故绝非罗隐撰写。

清乾隆间,有"书癖"之称的严元照来观碑,作有《观武康风山灵德王庙碑》诗,诗前有序:"武康二都风山有灵德王庙,盖古防风氏也。庙有吴越宝正六年碑记,向来金石家无著录者,近徐孝廉熊飞始椎拓示人,嘉定钱少詹为之跋曰:《史记》'汪罔氏之君,守封禺之山',裴骃引韦昭曰'封,风山;禺,禺山。在吴郡永安县。'又云'骃案:晋太康元年改永安为武康县,今属吴兴郡'。今风山在县东二十里,庙在山下。封、风同音,殆即韦君所谓封山也。予迁居德清,去二都十里,而遥规往,未果。每岁八月二十五日,为土人报赛之期,今兹始偕友往游。庙在山麓,入庙见山如张屏障。碑在庙门之东壁,'宝正'二字已磨灭,盖钱氏纳土后自行镵去。文中又镵去数人姓名,余皆完好。行狎书,茂美可爱。予喜得偿夙愿,因赋诗以志之。"此序交代了最早是徐熊飞拓得此碑示人,乃有严元照观碑之事。严元照的诗紧扣碑文,中有"奕奕灵德王,胙畚四千祀。像设何隆崇,与山同不圮。穿碑犹未泐,吴越文可纪"句。

徐熊飞纂《前溪碑碣》中对此碑应有著录,可惜《前溪碑碣》未见传本。后来,阮元纂《两浙金石志》,陆增祥纂《八琼室金石补正》,陆心源纂《吴兴金石记》等皆著录了此碑。《两浙金石志》对此碑的介绍非常具体:"石碑,在武康县东风山麓。庙额篆书'新建风山灵德王庙'九字,径二寸五分。文二十六行,行书,径一寸二三分不等。末行'天下都元帅吴越国王'九字较大。"

四、《新建风山灵德王庙记》碑的保护

2006年,吴越《新建风山灵德王庙记》碑被公布为县级文物保护单位。但回顾此碑半个多世纪以来的保护历程,可谓命运多舛,曾险遭不测。20世纪60年代初,防风祠仅为七间破旧平屋,防风碑被砌在祠内戏台东侧墙体中,但能看到碑文。1964年,时任德清县委书记王若山下乡来到二都,入防风祠看到此碑很感兴趣。不久,县文化馆文物干部胡文虎叫来了搬运人员,从戏台墙体中取出石碑,然后用圆木垫塞移到二都船码头,用船运至老德清县城,安放于藏古楼。1966年,"文革"开始,原本就简陋破旧的防风祠也难逃此劫,所幸此时古碑已经被移走——如果当时碑还在,肯定被砸碎了,不可能保存到现在。不怕一万,就怕万一,县文博人员为求万全之策,将古碑反扑于地,使刻有碑文的正面朝下。后来造反派果然出现在藏古楼,看到碑阴还留有文字,给予凿除,然因碑体厚重难以翻动,正面的碑文乃无恙。

在 1991 年和 1993 年召开的两次中国防风神话学术研讨会后,德清本地防风文化研究者欧阳习庸撰写了《钱镠与防风庙》发表于《莫干山报》(后被吕洪年收入其主编《东方文丛·钱王传说》一书),以故事形式讲述了钱镠在封山脚下新建防风庙及撰写庙记的经过,古碑再次进入人们的视野。1997 年,防风祠再次修复落成,有识之士建议古碑回归原地,县博物馆遵从古碑在原地更能体现文物的历史文化价值,同意碑回原处。是年 9 月 15 日,古碑被运至防风祠内,安置在大殿左前方亭子内,供游人观赏。以后随着防风祠的改、扩建,曾两次挪位,2017 年,在德清县二都小镇改造提升中,古碑被迁移至防风祠前,专为其建造的碑亭内。最新测得数据,碑高二百六十二厘米,宽八十八厘米,厚二十四厘米,重约两吨。但愿它落地生根,永驻于此。

史前人物庶几是用"讲故事"的方式用"口舌叙述"的方法流传下来的。相较而言,防风氏是幸运的,不仅有口碑资料,更有金石记载。千年以来,钱镠的《新建封山灵德王庙记》碑令防风氏的形象和事迹在人们的口口相传中淡入淡出,时隐时现,最终保存了许多端倪,让今人透过时空的轻纱,能够依稀揣摩并辨别出他的面目。而通过研读此碑,也可以获取钱镠后半生的丰富信息,值得学界加以珍视。

薛居正钱塘与开封籍贯之考

俞长寿　杭州市历史学会

　　薛居正是钱塘(今杭州)人还是开封人,在元代之前是很明确的——他是吴越国钱塘人。自从元代末年写成《宋史》以后,薛居正的籍贯就开始变得有争议了。他在五代时虽为朝廷命官,但实际上一直在吴越国供职,也很有政绩。进入宋朝后,宋廷看他德才兼备,给予重用,招其到了汴京(今开封)担任京官,之后在开封府当地纳过妾,因而就有了他是开封府人的说法。薛居正应该只是开封府的一个女婿。

　　清代文学家、史学家、藏书家吴任臣,是兴化府平海卫(今福建莆田)人,随父到仁和(今杭州),被补为仁和弟子员。康熙十八年(1679年)举博学鸿词科,授检讨,曾担任《明史》纂修官。他由于才学出众,精于乐律,通晓天官、壬奇之书,为明末清初"三大儒"之一的顾炎武所推重,与吴农祥齐名,被称为武林(杭州又称武林)"二吴"。吴任臣根据吴越史料和宋代史志的记载,不受元代版《宋史》的影响,撰写了《十国春秋》。《十国春秋》所记录的不少史料是其他史书上没有记载的,包括五代十国的政治军事、经济社会、风土人物、高德僧人等,通过以人系事,用史志体例来撰写,体现出他对史书的严谨性。他在编写《十国春秋》时,不可能不知道元代版《宋史》中已把薛居正的籍贯写成开封府人。尽管他不去指出别人的舛错,但也坚持自己据实而撰。

　　五代时期虽名义上都有一个不断更迭的统一朝廷,但实际上一直处于地方政权割据时代。薛居正在吴越天福三年(938年)出任朝廷盐铁巡官,开始参与国家经济管理。吴越开运元年(944年)出任后晋支推官,兼任大理司直,擢升右拾遗,但实际效职依然在吴越国。

　　宋朝赵匡胤、赵光义在统一五代十国时,只有吴越、漳泉两个地方割据政权是纳土归宋的,其他地方割据政权都是经过战争夺取的。在这些地方割据政权中,吴越国社会经济发达,是最为强大的一个地方政权,履职宋廷的人也更多。尽管吴越国早已"纳土归宋",宋太宗赵光义依然不放心,太平兴国三年(978 年),吴越国王钱俶奉旨入汴京(今开封)被扣留,不得已自撤封土国号,又先后被宋太宗封为虚荣爵位淮海国王、汉南国王、南阳国王、许王、邓王等。钱俶被宋廷软禁后,消除了宋太宗的忧虑,吴越国的旧臣就敢被大量任用了,薛居正也被宋廷委以重任。

一、元代以前记载的薛居正

中国的史书一般是当朝写前朝,隔朝隔代写世事会更加公允。但也会因跨越时间漫长,在史料相对匮乏的情况下,不免会将一些杜撰的内容写入志书,从而造成史书的失真失实,甚至无中生有,后人也只好将错就错了。比如全国有多个二十四孝之一的丁兰的故乡,人们知道这些多数是因为杜撰而存在的,只是孝道有利于社会的教化,就把各种版本的丁兰传说延续了下来。

最早记载薛居正的是由吴越国王钱镠之孙钱俨在宋朝初年撰写的《吴越备史》,虽然只有寥寥数字"吴越太尉薛居正墓在灵石山"一句话,但由此明确了薛居正的履职身世。钱俨既是吴越国王室成员,又经历了吴越国纳土归宋,是最有权威写吴越国历史的史学家,对吴越国重要历史人物不可能会轻易弄错,更不会张冠李戴,此史料的可信度应该是很高的。

《咸淳临安志》是南宋咸淳年由潜说友撰写的,书中记载了"灵石山,吴越太尉开府仪同三司,谥贞显薛公墓"。《咸淳临安志》比元代末年写成《宋史》要早近百年的时间,"史以先为实",这是历代史学界的共识。

宋代之后的历代杭州地方史志,都以宋本史志记载为底本,续记薛居正墓地史。明钱塘人田汝成《西湖游览志》记载更为详细:"灵石之麓,旧有吴越太尉薛公墓,今废。薛公居正,仕武肃王。冢前生紫藤,遍绕三峰。"当然这里说的"仕武肃王"并非薛居正在武肃王时期任职,而是指薛居正履职于吴越国。因为吴越国是武肃王钱镠所创立的。

《乾隆杭州府志》卷一四也同样记载:"山畔有平鼎、永清、马鞍、延寿等名麓,有吴越太尉薛居正墓。"

清初吴任臣《十国春秋》载:"薛居正,钱塘人,仕武肃王,官太尉。葬于灵石山之麓,冢前常有紫藤,遍绕三峰。按:居正三世孙昂仕宋,为尚书左丞,人谓冢前紫藤之瑞应。"

由于风雨的剥蚀,到明代时,薛居正墓实际已经被毁。清代钱塘人丁丙在核实古迹和文献资料时,以为"居正墓"为明代万历大学士、太师"张居正墓",并在墓址上题立一块"张居正墓"碑。之后,有些杭州书籍便将灵石山薛居正墓记载为"张居正墓"。而张居正生前与杭州牵涉不多,关系不深,其墓在湖北省荆州市沙市张家台,并非在杭州灵石山。

关于杭州灵石山,宋《咸淳临安志》卷三十二有记载:"灵石山,一名积庆山,一名灵石坞,在西山放马场侧,石尝见光怪,故名。古迹事实云,灵石山在南山栖真院之上,题咏郭祥正诗'灵石山前路,山深寺更深。不知明月去,空惜白云沈(chén)。'"

《咸淳临安志》卷之三十云:"灵石,在放马场侧,按祥符志,有灵石在崇因报德院山,旧尝有祥光现,又古迹事。灵石山在南山栖真院之上,晋开运二年建院,号兴福。山水环列,松竹扶疏,有灵石西,庵后为左丞薛昂功德院,半山有庵泉,石尤美,皆以灵名。"

灵石山为薛家祖坟,薛昂卒后葬于曾祖父薛居正墓之左上,因位极丞相,故朝廷赐享功德院。

薛昂为吴越国太尉薛居正三世孙,宋元丰八年(1085 年)进士及第。崇宁初,历太学博士、校书郎、著作佐郎,为殿中侍御史,试起居郎,改中书舍人兼侍讲,升给事中兼大司成。哲宗时,拜翰林学士,改刑部尚书,转任兵部尚书。大观三年(1109 年),拜尚书左丞。他是宋代一位推重以律治事的官员,追求极致完美,功绩极为显赫。

二、元代脱脱和阿鲁图修撰的《宋史》

元代对于宋代的历史文献记载是很缺乏的,特别是对于宋廷档案史来讲,就会显得更加资料不齐。北宋经历"靖康之难"时,很多文献资料来不及转移,就被北方女真族截获带至北方,最后随着金国的败亡而文献尽毁。由于小康王赵构在南京应天府(今河南商丘)匆忙即位,只有皇族皇子的身份是正确的,但是没有正统的国史文献承续,因此在南宋管理国家大政中,会有很多的"国政补史"。尤其从五代至南宋初年的朝政史料,经过"靖康之难""崖山之战"之后,宋朝的国史文献毁损到难以弥补的程度。宋朝的一些补史资料很多是有过宋代经历的人,由个人自主撰写的作品作为存史文献资料。宋人李心传编著的《建炎以来朝野杂记》《建炎以来系年要录》和宋人钱塘吴自牧所著的《梦粱录》等虽可作为历史文献资料参考,但不能说完全是宋代朝廷的政府史书,其记载内容虽比较真实,但缺乏内容的全面性。由乐史、王文楚编著的《太平寰宇记》,李昉、李穆、徐铉编著的《太平御览》,钱俨的《吴越备史》和由周淙编著的《乾道临安志》(残存三卷)、施谔编著的《淳祐临安志》(残存六卷）、潜说友编著的《咸淳临安志》等才能称得上朝廷国书和地方史志，所记载的文献内容比较全面、真实。特别是《咸淳临安志》史料出于京城，记载了政治军事、经济社会、文化娱乐、寺庙民俗、风土物产、山水河桥、街巷市井、天象灾异、朝廷内宫、人物吏治等，其记载的时代内容具有无可置疑的权威性。

由元代丞相脱脱和阿鲁图相续编写成书于元代末年的《宋史》，以及《宋史》内的《薛居正传》，由于历经战火的摧残、朝代更迭，跨越年代久远，所记载内容的真实性肯定会大打折扣，虽为《宋史》，但它的权威性很难超越《咸淳临安志》等宋代编著的史书。

元版《宋史·薛居正传》对薛居正的履历记载大致是正确的，与宋版史书记载仅在薛居正的籍贯家史、谥号和五代时期的实际效职三个方面有差异。五代十国时期，既然有统一的朝廷建制，必然要有完整的朝廷各部官员，尽管政令不出朝廷大内，各地割据政权都有自己的一套国政制度，朝廷任命的各部官员，实际效职都在各个割据政权里。就像吴越太尉薛居正，不管朝廷任命什么官职，他实际效职还是在吴越国。

三、才华横溢的薛居正

薛居正少年时勤勉好学，具有效国之志。吴越清泰初年，参加进士考试未被录取，遂写《遣愁文》来释放胸怀，文章寓意深远，文句精粹，气度宏伟，广获赞誉，翌年进士及第。

《宋史》记载：薛居正才华横溢，气质容貌伟岸，喝酒几斗不醉。秉性孝顺，行为善良，居家生活节俭。宰执（太尉）时处事宽厚，为时所重，朝野赞许。参政十八年，宋太祖对他始终信任有加，恩宠不减。

薛居正学识广博，治学严谨，被朝廷委以重任，主持修撰《旧五代史》。《旧五代史》共一百五十卷，按五代梁书、唐书、晋书、汉书、周书各十余卷至五十卷不等。对于南方和北汉十国以及周围少数民族政权如契丹、吐蕃等，则以《世袭列传》《僭伪列传》《外国列传》概括。因此，这部书虽名为五代史，实为当时整个五代十国时期各民族的一部断代史，受到文人和史学家的重视。司马光编修《资治通鉴》也从中吸取素材，北宋文坛名家沈括、洪迈等人的著作也有不少内容从中加以援引。清代史学家吴任臣在撰修《十国春秋》时，曾向当时著名的史学家、思想家、教育家黄宗羲借阅过《旧五代史》，这说明在《旧五代史》里包含着南方十国的许多史迹资料。

北宋宰相范纯仁曾评价薛居正说："发挥圣德，经纬邦国。端重言归，庐在空谷。松柏滋荣,麋鹿攸伏。惟孝惟忠,其人如玉。"

薛居正以仁德处事,是五代移仕宋朝的一位功绩卓著的重臣,对他的籍贯、谥号、五代履职的不同解说,应以早期史书记载为准,据此加以展开进一步的研究。

五代吴越国钱镠与浙江越窑

何　征　　浙江农林大学

摘　要:隋唐五代吴越国钱氏王朝统治偏安浙江一隅,由于开国君主钱镠采取了"养民生息""保境安民"的国策,社会生产力得到了很大的发展,起源于浙江的原始瓷器经历了近千年的发展,此时开始从原始青瓷步入了成熟青瓷的发展阶段,这一时期的越窑无论在烧造技术,还是艺术上都达到了顶峰,出现了以秘色瓷为代表的优质青瓷,并赢得了"类玉""类冰"的美誉,在中国陶瓷史上达到了第一个高峰。

关键词:越窑;青瓷;秘色瓷;钱镠

　　唐末五代,钱镠在江南杭州建立吴越国,成为偏安地方一隅的小朝廷统治达七十二年。近二十年来,在吴越都城杭州及其家乡临安境内先后发掘了多座钱氏家族墓,1996年底在临安的玲珑镇祥里村,一农民在偶然的劳作中发现了吴越二世国王钱元瓘之妻马王后墓"康陵",从中出土了二十余件越窑青瓷,再次引起了社会各界的关注。

　　为此,1998年浙江省博物馆举办了以"吴越国王钱氏家族出土越窑精品展"为专题的回顾展,全面地展示了这一时期的越窑精品,笔者工作在钱镠故乡临安,也曾实地考察了"康陵"的发掘现场,因此想对其发展历史进行一些概述。

一、钱镠与吴越

　　钱镠(852—932)生于浙江省安国县,位于今杭州市临安区。他是五代吴越国的建立者与统治者,早年在家乡以贩盐为生,生性善射击与槊,稍通图纬诸书。唐末时年天下大乱,浙西禅将王郢作乱,石镜镇将董昌招募乡兵共讨伐,钱镠应征做偏将打败了王郢,后又破刘汉宏有功,在平息苏、常、润一带藩镇动乱中,晋升为镇海军节度使,乾宁三年(896年)又击败叛军董昌,升为镇海东节度使,受辖江、浙之地,后梁开平元年(907年)被封为吴越王,在位统治江、浙一带达三十余年,长兴三年卒,葬于故乡临安太庙山麓。至今钱王陵园保存完好,成为江南唯一保存完整的帝王陵园,并成为临安的著名旅游胜地。

从其个人成长的经历来看,钱镠在位三十余年中平藩乱,发展生产,安抚百姓,疏浚西湖,修筑海塘,灌溉农桑,开拓海运,拓展贸易,为江南奠定了"上有天堂,下有苏杭"的物质基础,也为南宋小朝廷定都临安做好了物质上的准备。至今,杭州许多美丽的传说故事都和这位吴越王联系在一起,如,保俶塔、钱王祠等。在保境安民的国策下,吴越国社会安定,经济繁荣,在唐代的基础上得到了进一步的发展,宋人欧阳修曾说:"独钱塘自五代时,知遵中国,效臣顺,及其亡也,顿首请命,不烦干戈,今其民幸富完安乐。"(《欧阳文忠公文集》卷四十)《有美堂记》中苏轼也说:"吴越地方千里,带甲十万,铸山煮海,象犀珠玉之富,甲于天下,然终不失臣节,贡献相望于道。"(《苏轼文集》卷十七《表忠观碑》)钱镠王朝能长期偏安一隅,割据一方,保持浙江一带八十余年的社会稳定,靠的是"世方喋血以事我,我且闭关而修蚕织"的措施,吴越广大农村"蚕麻蔽野",处处是男耕女织的场面,生产力大大超过了周边地区。农业上,大规模兴修水利,在宁、绍、杭地区修筑水塘灌溉农桑,整修了钱塘江沿岸的海塘,使堤内农田免受以台风、海潮之害,水利设施的兴修大大减少了水、旱灾害,保证了农业的持续发展,使其成为东南的富饶之地。农业的发展带来了手工业的繁荣,有了繁荣的手工业就有了商品的流通,此时吴越的商业十分繁荣,丝绸店铺星罗棋布、客商云集。杜荀鹤在《送友游吴越》中说:"去越从吴过,吴疆与越连。有园多种橘,无水不生莲。夜市桥边火,春风寺外船。此中偏重客,君去必经年。"(《唐风集》卷上)诗人为我们描绘了一幅苏杭之地河渠交错商船来来往往,夜市灯火星星点点的繁荣景象。吴越国为保平安,在向中原王朝进贡的同时,还兼顾贸易活动,当时越窑瓷器作为吴越国重要的"出口"商品,为吴越国换取了巨大的"外汇"收入,因此,钱氏王朝也愈加重视越窑的发展,出现了"官"窑、"民"窑齐头并进、大力发展的局面。越窑瓷器大量地从杭州湾钱塘江口出发,千船竞发往来于日本、朝鲜、大食等国。这一切客观上促进和带动了越窑的发展,同时越窑和秘色瓷也在这一时期发展到了一个空前的水平,无论产量还是质量都有了极大的提高,大小窑场遍布浙东南一带。此时越窑的瓷器已精美绝伦,尤其是供宫廷使用的秘色瓷更是质地细腻,釉面光洁,造型规整,色泽清纯,无与伦比。宋人赵令畤《侯鲭录》云:"今之秘色瓷器,世言钱氏有国,越窑烧进,为贡奉之物,不得臣庶用之,故秘色。"唐代诗人陆龟蒙在《秋色越器》一诗中写道:"九秋风露越窑开,夺得千峰翠色来。"更使越窑名声大振,脍炙人口,所谓越窑秘色瓷也在这时期达到了很高的造诣,可以说五代越窑进入"黄金"时期。越窑的发展实质上是钱氏王朝重视社会、经济、文化的结果。

二、五代王室越窑瓷的造型艺术特征

唐末五代,钱氏王朝在杭州所建的吴越国,成为偏安一隅的小朝廷,而位于杭州西郊的临安作为钱氏家族的家乡和其生长地,更是集中了大批钱氏家族成员的墓葬群,这为研究五代越窑的发展成就提供了有价值的史料。从1958年起,在吴越国都杭州和钱氏家乡临安陆续出土了七座大型王室墓葬。如,杭州玉皇山钱元瓘墓,施家山的吴汉月墓,临安西市街钱王父母钱宽、水邱氏墓,及近年发现的马王后墓"康陵"等。从这些王室成员墓中出土了大量价值极高的越窑精品,使我们更进一步了解到这一时期越窑瓷的一些美学特征。从品类上看主要集为碗、盘、洗、钵、罐、灯、罍、执壶等。浙江越窑源于汉代,到晚唐五代经过了近千年的演变发展,可以说从原始青瓷进入了成熟青瓷的顶峰状态,出现了以秘色瓷为代表的优质青瓷,冰清玉洁的越窑青瓷被文人誉为"类玉""类冰""类月""秋水"等,来形容它的釉色有如玉一般的晶莹润泽。此时的越窑可以说在中国陶瓷史上,特别是在青瓷发展史上更是达到了一个空前绝后的境地,并在后来的发展过程中,把"千峰翠色"的青瓷推向了发展的最高峰——晚唐五代秘色瓷。以至后人赞叹"李唐越器天下无"

图 1   越窑青瓷执壶

的境地。以下笔者从钱氏王族墓葬中选择了壶、碗、罐、罍等六件青瓷进行评述,以便对五代精品越窑有所了解。

如青瓷执壶(图 1)。于临安"康陵"马王后墓出土,此壶通体冰清玉洁,釉色青绿晶莹给人以"似玉"之感,整个形态通过造型体现,线型饱满厚重,执壶中嘴长而微曲,腹部呈圆球形,柄孔宽大,手感良好,式样秀气,使用轻巧方便,盖钮作底蒂状,青绿的釉色似一个新鲜的瓠瓜。

如金瓜棱带盖执壶(图 2)。于临安钱镠之母水邱氏墓出土,装饰上用划花的手法,线条简洁,寥寥几笔,形似一朵盛开的荷花,像风吹叶卷富有生气的荷叶,盖钮、口沿、壶嘴口接处,用金铂镶边,通体做工精巧华丽,仿金银

图 2   金瓜棱盖执壶

器的迹象较多,且称"扣金瓷器"或"金棱",是秘色瓷器贡品之一。

图 3 越窑青瓷龙纹罌罐

如玉皇山钱元瓘墓出土的龙纹罌罐(图 3)。此罐是越窑的精品,肩腹部浮雕的双龙腾空抢珠状旁饰云纹,瓶作圆肩深腹,圈足外撇,两肩对称地安有四系,每系均用泥条捏盘黏合而成,釉色青灰,色泽薄而匀净。

图 4 越窑青瓷双系罐

如青瓷双系罐(图 4)。于临安"康陵"马王后墓出土,此盖罐式样别致,高直口器身作瓜瓣形状,肩有两系,造型极整体,釉色呈艾色厚重均匀,有"轻旋薄冰盛绿玉"之感。

图 5 越窑青瓷荷花形碗

如青瓷五瓣荷花形碗(图 5)。于临安"康陵"马王后墓土,此碗胎质细腻,釉层青绿均匀,手感滋润,圈足外撇,口沿壁五处凹进,呈花瓣形,沿边微微翻卷,全器犹如水中荷花。

如青瓷褐彩云纹罌罐(图 6)。于临安水邱氏墓出土,盘口、长颈、圆肩、鼓腹,圈足外撇,盖作球形状,顶钮呈花蕾状,腹部绘酱色卷云纹,形体高大,造型精美,庄重端丽,釉色润泽晶莹,气势磅礴,为早期彩绘越窑精品。

图 6 越窑青瓷褐彩云纹罌罐

从以上这几张插图中,我们可以略窥浙江越窑五代时期的风貌,这些"官"瓷无论在造型艺术上,还是工艺制造上都达到了一个极点,充分说明了浙江青瓷自东汉以来的制瓷水平,在传统的技艺和制釉技术上,利用浙江丘陵低山所蕴藏的胎、釉资源,木材、水、泥、釉采用了原始的一元次配方,以铁为着色剂,经龙窑烧制出来的青瓷,被文人誉为"千峰翠色""类玉""类冰""秋水""月魂"等,概括起来,其实就是越窑瓷面上具有深浅不一的翠绿釉色,有如玉一般的润泽透亮。而此时在造型特点上大多凝重饱满,它们构成了越窑青瓷基本的美学特征,也是古越先民们在认识和改造自然过程中的发明创造,把"千峰翠色"的青瓷推到了顶峰,产生了"似玉"胜玉,"似冰"胜冰的优质青瓷秘色瓷。这些越窑青瓷的共性与秘色瓷的个性构成了越窑青瓷具体实际的内涵。

三、结束语

晚唐的五代十国使中国进入了一个动荡时期,而钱氏吴越国从公元 893 年起,占据了浙江一带十三州的大片土地,开始了八十多年的偏安局面,他对内保境安民,扶植农桑,兴修水利,农业的发展带来了商业的发展和繁荣,对外采取了绥靖政策,维护了一方的平安和安宁,养民生息,富甲一方,这在五代十国中是少见的。随着国内外贸易的需要,急需提高越窑的产量,除传统的浙东上虞、慈溪、余姚等产地外,越窑作坊迅速扩大到鄞江、宁波、金华、东阳、绍兴、肖山等地,越窑在这时期不论在规模、产量还是质量上都得到了空前的发展,并以秘色瓷为代表,集中体现了越窑百年制瓷精华。在风格上,它上承隋唐,下启两宋,并具有自己独特的风格,在中国瓷器的艺术宝库中留下了许多不可多得的艺术精品。

如果说宋代是中国陶瓷发展的最高峰,那么五代浙江越窑则是这一高峰来临前的序曲,并且为宋陶瓷的大发展、大繁荣奠定了基础,做好了前期的准备,并最终迎来了以"官、哥、汝、定、钧"为杰出代表的宋代众多的窑场,同时为南、北各地窑场输送了人才和技术。南宋定都杭州后,浙江越窑也完成了其历史使命,在中国陶瓷发展历史上画上了一个圆满的句号。

参考文献

[1] 滕 复,徐吉军.浙江文化史[M].杭州:浙江人民出版社,1992.

[2] 蔡乃武.越窑的烧造历史及其范围散论[M].杭州:杭州大学出版社,1998.

[3] 明堂山考古队.临安晚唐水邱氏墓发掘报告[M].北京:文物出版社,1981.

[4] 熊 寥.中国陶瓷与中国文化[M].杭州:浙江美术学院出版社,1991.

[5] 冯先铭.中国陶瓷[M].上海:上海古籍出版社.1994.

[6] 轻工部陶研所.中国瓷器[M].北京:中国轻工业出版社.1993.

五代时期钱元璙父子苏州造园活动考

王　欣　浙江农林大学

刘旻雯　浙江大学

张娇娇　浙江农林大学

摘　要：五代吴越时期钱元璙父子治理苏州六十余年，开启苏州园林的又一兴盛时代。本文综合宋《平江图》和苏州地方文献资料，稽考吴越时期钱元璙父子在苏州的造园活动。主要列举钱元璙"南园"、钱文奉"东圃"和钱文恽"金谷园"，考证其园史变迁、园址位置和园林景观。描绘五代时期苏州园林样貌，以及钱氏家族造园活动对江南园林的重要历史意义。

关键词：钱元璙；家族造园；苏州园林；南园；园林史

唐末五代时期，苏州园林在吴越王钱氏家族的经营之下，展现又一繁荣发展图景。研究唐末北宋钱氏家族这般割据势力家族的造园活动，有助于加深我们对江南园林的认知和对地域特色产生机制的理解。已有的文献就钱氏家族活动展开了深入的研究，从治国[①②③]、瓷业发展[④]、宗教文化[⑤⑥]、水利建设[⑦]等角度阐释了钱氏立国近百年，对江浙经济、文化的发展做出的巨大贡献。同时，家族式造园也成为学者们关注的重点，相关研究的重点主要是以家族的视角来研究其家族式造园特点。[⑧⑨]　而在众多研究当中，涉及唐末五代

---

① 蓉岚：《论钱氏吴越国的立国基础和内外关系》，《台州学院学报》1996 年第 5 期，第 30—34 页。

② 孙先文：《吴越钱氏政权研究》，安徽大学硕士学位论文，2004 年。

③ 武丹：《重苛乎？慈爱乎？——钱镠治国小考》，《经济研究参考》2014 年第 40 期，第 41—44 页。

④ 虞浩旭：《五代吴越国钱氏家族与越窑的发展》，《陶瓷研究》1997 年第 2 期，第 51—52 页。

⑤ 薛正昌：《钱氏家族与吴越佛教文化》，《浙江社会科学》2013 年第 3 期，第 140—144 页。

⑥ 胡雪花：《钱氏吴越国崇佛及其影响研究》，杭州师范大学硕士学位论文，2011 年。

⑦ 巫海燕：《钱镠的人水和谐观初探》，《科教文汇旬刊》2009 年第 27 期，第 242 页。

⑧ 高凡：《无锡近代杨氏家族园林探析》，北京林业大学硕士学位论文，2016 年。

⑨ 胡运宏：《明代南京魏国公徐氏家族园林》，转引自《江苏社科界学术大会学会专场应征论文文集》2015 年，第 1860—1878 页。

时期家族式造园的研究较为匮乏。究其江南园林历史,这个时间段可谓是江南园林繁盛的开端。而吴越钱氏家族又是这个时间段当中至关重要的人物。因此,研究吴越时期钱元璙父子在苏州的造园活动是以家族为切入点来阐述园林的极佳案例,从而对唐末五代这具有重要历史研究价值时期的苏州园林样貌做出认识上的推进。

吴越王钱氏家族经营江南的赫赫功绩,特别是在城市建设和风景园林营造方面有着划时代的贡献。江南风景研究室多年来致力于江南古代风景园林遗存研究,设立钱氏家族造园活动课题,并查访遗存、稽考古籍,完成《江南家族式造园现象研究——以吴越王钱氏家族为例(唐末—北宋)》学位论文。① 适逢吴越文化学术盛会,撷取其中内容,详加考订整理成篇,希各位专家批评指正。

一、研究缘起

钱氏三代五王统治吴越的七十二年间,江南富甲东南,一跃成为中国经济最繁荣的地域之一,苏轼在《表忠观碑》中称:“吴越地方千里,带甲十万,铸山煮海,象犀珠玉之富,甲于天下。”在强大经济基础的支撑下,钱氏兴修水利、营建城郭、推动文化,特别是对杭州、苏州两个城市的经营,对后来乃至今日苏杭城市形态、文化和风景园林的面貌,有着重要意义。宋代“上有天堂,下有苏杭”民谚的出现,钱氏功不可没。

钱元璙(887—942年),武肃王钱镠的第六子。钱镠派元璙任苏州刺史、中吴军节度使,驻守苏州三十余年。广陵郡王,生两子钱文奉和钱文恽。钱元璙去世后,其子钱文奉(909—969年)接任中吴军节度使。钱氏父子经营苏州城六十多年,对苏州城的经济发展、社会安定和文化昌盛都做出了极大的贡献。孙觌在《枫桥寺记》里写道:“吴人老死不见兵革,覆露生养,至四十三万家……可谓盛矣。”朱长文《吴郡图经续记》记道:“钱氏有吴越……井邑之富,过于唐世,郛郭填溢,楼阁相望,飞杠如虹,栉比棋布,近郊隘巷,悉甃以甓。冠盖之多,人物之盛,为东南冠,实太平盛事也。”②

“是地却逢钱节度,民间无事看花嬉”,江南园林兴盛始于吴越时期,归有光在《沧浪亭记》中称:“钱镠因乱攘窃,保有吴越,国富兵强,垂及四世。诸子姻戚,乘时奢僭,宫馆苑囿,极一时之盛。”钱氏治吴时营造多处名园邸宅,至

---

① 刘旻雯:《江南家族式造园现象研究——以吴越王钱氏家族为例(唐末—北宋)》,浙江农林大学硕士学位论文,2018年。

② 详见朱长文:《吴郡图经续记》,金菊林校点,江苏古籍出版社1999年版。

今一些江南名园,如嘉兴南湖的烟雨楼,苏州的沧浪亭、环秀山庄等,都与钱元璙家族有着直接或间接的关系,在江南园林史上写下了辉煌的一页。

郭明友由此认为:"五代苏州园林不仅得以沿着晚唐时的轨迹持续进步,而且已经从安静变得热闹。渐从与中原齐驱,转而跃居全国领先了。"[①]1997年,联合国世界遗产委员会批准苏州古典园林列入《世界遗产名录》,苏州古典园林成为中国优秀传统文化的代表。然而目前学界对钱氏繁荣苏州园林之功研究不多,大多止步于引用古典文献。随着对吴越文化研究的深入,学界综合各类文献,将历史地理、文学作品和园林艺术结合起来,追溯钱元璙家族造园的基本情况和园林样貌,成为一种必然。

二、钱元璙"南园"

(一)园史变迁

钱元璙在出任刺史之前就看中了南园的选址,当时的苏州城经兵燹之后,人口稀少,大多集中在城西北,城南是空旷野地,钱元璙上任后在城南动工兴建南园。诗人罗隐曾经应邀一游,他在《南园题》中写道:"搏击路终迷,南园且灌畦。敢言逃俗态,自是乐幽栖。叶长春松阔,科圆早薤齐。雨沾虚槛冷,雪压远山低。竹好还成径,桃夭亦有蹊。小窗奔野马,闲瓮养醨鸡。"[②]当时的南园,广袤空旷,充满了野趣。至后梁乾化(911—914年)时,钱元璙又对南园进行了大规模的兴建,占地面积在苏州园林史上居于城内园林前列,花木亭台盛甲一时。[③]王禹偁为长洲县令,尝携客醉饮,有诗曰:"天子优贤是有唐,镜湖恩赐贺知章。他年我若功成后,乞与南园作醉乡。"[④]《吴郡志》载:"南园,吴越广陵王元璙之旧囿也。老木皆合抱,流水奇石,参差其间。"《百城烟水》称南园"极园林之胜"[⑤],可见南园不仅规模巨大,而且景色优美。

宋仁宗景祐元年(1034年),范仲淹担任苏州知州,他重视教育,上任次年便奏请创办庙学一体的府学,定址于原钱元璙南园的东南角。王鏊《苏郡学志序》记道:"其地故为吴越广陵王元璙之南园,特幽且胜。"[⑥]府学景色优美,

---

① 详见郭明友:《明代苏州园林史》,中国建筑工业出版社 2013 年版。

② 详见孙望:《全唐诗外编》,中华书局 1982 年版。

③ 详见朱栋霖、周良、张澄国:《苏州艺术通史》,江苏凤凰文艺出版社 2014 年版。

④ 详见范成大:《吴郡志》,陆振岳点校,江苏古籍出版社 1999 年版。

⑤ 详见徐崧、张大纯:《百城烟水》,薛正兴校点,江苏古籍出版社 1999 年版。

⑥ 详见王鏊:《震泽集》,吉林出版集团 2005 年版。

旧有十景，朱长文任教授时已亡其四，于是重新建设补足十景，并写诗描绘。朱长文为宋苏州吴县（今苏州市辖区）人，字伯原，号乐圃，著有《吴郡图经续记》《乐圃余藁》等。《乐圃余藁》载："苏学昔有十题……南园者，钱元璙之所作也。钱侯好治园林，筑山浚池，植异花木充其中。未久归于国朝，百年承平之间，万物畅茂，遂得其桓生。厥后割南园之巽隅以为学舍，遗墟余木迄今犹有存者，而建学之后继有培植。"[1]

南园毁于北宋末年的"花石纲"之劫和金兵的掳掠。政和年间（1111—1117年），平江（今苏州）人朱勔，被宋王朝委命到两浙地区搜罗奇珍异木进贡给宋徽宗，用以建造艮岳，史称"花石纲"。当时在平江设有应奉局，专管此事。于是南园也没有逃过这一劫，园中奇石珍木被朱勔运走进奉给了朝廷。《姑苏志》载："南园昔甚广袤，异木奇石多为朱勔取进，独一松盘根，大不可移而止。今府学后一方之地，皆故园也。犹有清流重阜，可以仿佛当时之胜。"[2]

一千年后，南园已经烟消云散，唯有在苏州中学和文庙，即范仲淹所建古府学，还能在参天古树和幽静池塘中，约略窥见钱氏南园昔日的繁华。

（二）园址考证

据魏嘉瓒《苏州古典园林史》，以今之地理位置而论，南园四至大致是"北起书院巷附近，南达文庙南，西到东大街，东至人民路"[3]。园址位置尚不够精确细致。苏州古城存在罕见的千年未变的城市基本样貌，与宋《平江图》相对照，总体框架、骨干水系、路桥名胜基本一致，这为我们的园址考证提供了基本条件。以古籍资料为依据，综合历史地理内容，对照宋《平江图》和苏州古城现状，我们对五代时期南园园址做了如下考证。

张府属于南园。《吴郡志》载："南园，吴越广陵王元璙之旧圃也。今园为张循王家。"《苏州府志》载："张氏园池，亦南园故地也。"[5]

府学属于南园。《吴郡志》载："府学，在南园之隅。景祐元年，范仲淹守乡郡。二年，奏请立学，得南园之巽隅，以定其址。"《吴郡志》载："洗马池，在府学之南。"《姑苏志》载："今学制前临通衢，衢南皆平……入门则洗马池，上有石桥，钱氏古迹也。为神道。"[6]

开元寺不属于南园。《吴郡图经续记》载："同光三年（925年），钱氏更造

① 详见朱长文：《乐圃余藁》，台湾商务印书馆1969年版。
② 详见王鏊：《姑苏志》，台湾商务印书馆1969年版。
③ 详见魏嘉瓒：《苏州古典园林史》，上海三联书店2005年版。
④ 详见徐崧、张大纯：《百城烟水》，薛正兴校点，江苏古籍出版社1999年版。
⑤ 详见冯桂芬等：《（同治）苏州府志》，成文出版社1970年版。
⑥ 详见王鏊：《姑苏志》，台湾商务印书馆1969年版。

寺于吴县西南三里半,榜曰开元,并其僧迁焉,即今之开元寺也。"①由此可知,开元寺与南园是同时存在的,故不在南园的范围内。

画锦坊不属于南园。《苏州府志》载:"程正议宅,在南园旁……右开元、瑞光二寺,左南园……(知州晏知止)晏公又名其地曰'画锦坊'。"②程师孟,字公辟,号正议。《吴郡志》载:"程师孟,字公辟,郡人。其高祖思,为钱氏营田使,遂居吴。师孟居南园侧,号画锦坊。"③

沧浪亭不属于南园。明归有光《沧浪亭记》载:"昔吴越有国时,广陵王镇吴中,治园于子城之西南,其外戚孙承佑,亦治园于其偏。迨淮南纳土,此园不废。苏子美始建沧浪亭,最后禅者居之,此沧浪亭为大云庵也。"④其中提到广陵王所治之园在子城西南即南园,孙承佑所治之园即沧浪亭的前身。同时前文提到府学位于"南园之巽隅",巽隅即东南角。假如沧浪亭属于南园,则府学应属于南园之南。

综上所述,推测钱元璙南园园址的四至范围为:北侧至南宫坊、查家桥、蔡家桥、灵芝坊巷一带,东至府学东侧大街,南至府学前画锦坊巷,西至百花洲东城河。现藏于苏州文庙的《平江图》刻于南宋绍定二年(1229 年),记录了宋代苏州街巷制平面,是中国古代城市史研究的重要史料。以此图和文字记载相印证,并推测南园在今日苏州城中的位置,得到四至范围(图 1、图 6),测算面积约为四十六公顷。

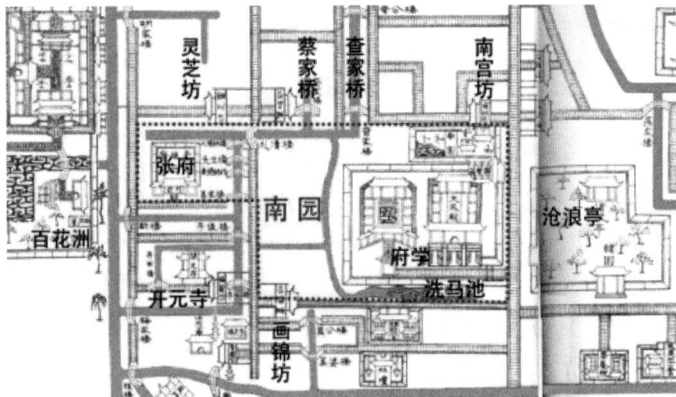

图 1　南园位置推测图(图片来源:刘旻雯改绘自宋《平江图》)

① 详见朱长文:《吴郡图经续记》,金菊林校点,江苏古籍出版社 1999 年版。
② 详见冯桂芬等:《(同治)苏州府志》,成文出版社 1970 年版。
③ 详见徐崧、张大纯:《百城烟水》,薛正兴校点,江苏古籍出版社 1999 年版。
④ 详见归有光:《震川先生集》,周本淳校点,上海古籍出版社 2007 年版。

(三)园林景观

成书于 1010 年的《祥符州县图经》载:"南园在于城西南,有安宁厅,思元堂,清风、绿波、迎仙三阁,清涟、涌泉、清暑、碧云、流杯、沼波、惹云、白云等八亭。又有榭亭二,就树为樏柱,及迎春、百花等三亭。西池在园厅西,有龟首、旋螺二亭。在池中心,形如旋螺。又有茅亭三,并茶酒库,易衣院。"

朱长文在《吴郡图经续记》中记:"南园之兴,广陵王元璙好治林圃。于是釃流以为沼,积土以为山,岛屿峰峦,出于巧思。求致异木,名品甚多,比及积岁,皆为合抱。亭宇台榭,置景而造,所谓三阁八亭'龟首''旋螺'之类。名载图经,该旧物也。钱氏去国,此园不毁……今(北宋)所存之亭,有流杯、四照、百花、乐丰、惹云、风月之目,每春纵仕女游览,以为乐焉。"[①]朱长文又在《乐圃余藁》中写道:"苏学昔有十题……南园者,钱元璙之所作也。钱侯好治园林,筑山浚池,植异花木充其中。未久归于国朝,百年承平之间,万物畅茂,遂得其桓生。"

以上文献写作时间距南园建设时间较近,更在南园被毁之前,可以认为是依据作者亲历所写,有很高的可信度。由文中可知,南园是一个人工营造的、呈现巧妙变化"岛屿峰峦"景观的山水园,其间有名花异木、亭台楼榭,呈现一派欣欣向荣的景象。

三、钱文奉"东圃"

(一)园史变迁

公元 942 年,钱元璙去世,其子钱文奉继任苏州刺史、节度使职。钱文奉在苏州城东葑门内,建有"东圃",《九国志》称之为"东墅"。钱文奉建造"东圃"历时近三十年,《吴郡志》卷十四载东圃为"钱文奉为衙内指挥使时所创营之。三十年间,极园池之赏"。衙内指挥使是唐代节度使府衙内之牙将,统最亲近卫兵,一般为节度使子弟甚至是节度使继任者。可见"东圃"是钱元璙尚在世时,钱文奉所建的个人私家园林。

钱弘俶纳土归宋后,"东圃"沦落为普通百姓的住宅。元末明初,吴孟融即其遗址,略予修整,复名东庄,庄广六十亩。其子吴宽状元及第后,来游访

---

① 详见朱长文:《吴郡图经续记》,金菊林校点,江苏古籍出版社 1999 年版。

者益多,且赋诗题咏,东庄之名益显。至清代,又荒废殆尽,此地称为"天赐庄",遗址在今苏州大学本部。

(二)园址考证

关于钱文奉东圃的园址范围,笔者做了如下考证。

折桂桥位于东圃内。《须静斋云烟过眼录》载:"《东庄图》,石田翁为吴文定作。今其地为天赐庄,惟折桂桥尚存,余具湮没为田庐民舍。"①《宋平江城坊考》:"就中折桂桥诸景,可以知东庄之即为天赐庄。"②

程桥位于东圃南面。康熙《苏州府志》:"近葑门。"结合《平江图》可推测《东庄记》中的"橙桥"即为"程桥"。

曹家桥,一名庐师桥,位于东圃一角。《吴门表隐》:"邵公祠,在庐师桥,已废……其地即天赐庄一隅。"③

普照院位于东圃内。《宋平江城坊考》:"天赐庄一带佛寺。"

据此可推测东圃的四至范围分别为南至程桥,北至折桂桥,西至曹家桥,东至普照院。(图2)

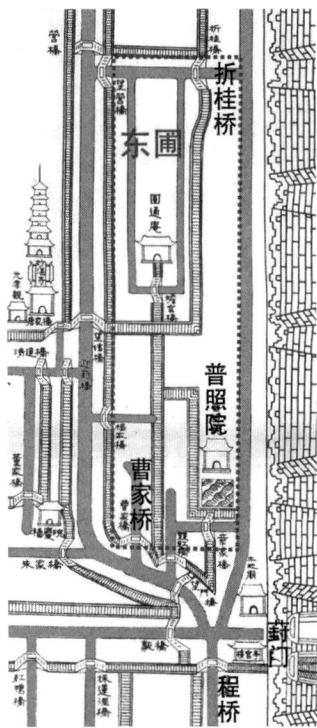

图2 东圃位置推测图(图片来源:刘旻雯改绘自宋《平江图》)

(三)园林景观

钱文奉东圃园林景观记载较少,《吴郡志》卷十四载:"奇卉异木及其身,见皆成合抱,又累土为山,亦成岩谷。晚年经度不已,每燕集其间,任客所适。文奉跨白骡,披鹤氅,缓步花径,或泛舟池中。容与往来,闻客笑语,就之而饮。盖好事如此。"《九国志》中称:园内"奇卉异木,名品千万""崇岗清池,茂林珍木""又累土为山,亦成岩谷,极园池之赏"。④

钱文奉是一个喜好交游之人,东圃是他宴集宾客,诗酒流连之地。据《吴

---

① 详见潘世璜撰,彭向阳校点:《须静斋云烟过眼录》,中国美术学院出版社2000年版。
② 详见王謇、庐熊:《宋平江城坊考》,江苏古籍出版社1986年版。
③ 详见顾震涛:《吴门表隐》,江苏古籍出版社1986年版。
④ 详见路振:《九国志》,江苏古籍出版社1988年版。

郡志》卷一一载："（钱文奉）涉猎经史，精音律、图纬、医药、鞠弈之艺，皆冠绝一时……有鉴裁，礼下贤能，士负才艺者多依之。作南园、东庄，为吴中之胜。多聚法书、名画、宝玩、雅器，号称好事。又与宾僚共采史籍，著《资谈》三十卷，行于世。"①其中提到钱文奉是一个才华横溢的人，当时有许多有才之辈都依附于他的门下。《吴郡图经续记》《姑苏志》和《吴郡志》中也有记载，钱文奉好宾客，好酒，自号知常子，经常在东圃的茂林珍木、土山岩谷、花径水池间聚客游乐。

　　明代著名画家沈周有《东庄图册》，描写其老师吴宽的庄园"东庄"。《姑苏志》卷三二有《东庄记》："苏之地多水，葑门之内，吴翁之东庄在焉……由橙桥而入，则为稻畦，折而南，为桑园，又西为果园，又南为菜园，又东为振衣台，又南西为折桂桥……"②尽管吴宽东庄距钱文奉东圃五百余年，园林景观早已改观，但其用地自然优美的土山水池，或能约略窥见当时景观（图3）。

图3　沈周《东庄图册》其中一景

① 详见徐崧、张大纯：《百城烟水》，薛正兴校点，江苏古籍出版社1999年版。
② 详见王鏊：《姑苏志》，台湾商务印书馆1969年版。

四、钱文恽"金谷园"

(一)园史变迁

《吴郡志》卷十四载,钱元璙之子钱文恽在雍熙寺西治有金谷园,园内"高岗清池,乔松寿桧",掘池筑台,植树莳花,有林泉之胜,成为一时胜境。钱氏去国,金谷园废为民居。

至北宋庆历年间(1041—1048 年),朱长文的祖母枢密院编修买下钱文恽金谷园。朱长文父光禄卿朱公倬在金谷园遗址的基础上向西扩大,经过修葺增建,面积约三十亩,人称"朱光禄园"。苏州州学教授朱长文又进一步营建,辟有乐圃、邃经堂、琴台、墨池、鱼溪、见山冈等景,恢复了"高冈清池,乔松寿桧"的园貌,取孔子"乐天知命"之意,起名为"乐圃",撰《乐圃记》,并以园名为号。由此园子成了名胜,其地即名"乐圃坊"。

其后历尽多次变迁,南宋为学道书院、兵备道署,元代张适在此筑乐圃林馆。明宣德间杜琼得而居之,名"东原",中有延绿亭、木瓜林、三友轩等十景。明万历年间申时行筑"适适园",明末清初申继揆加以扩建,名"蘧园"。清乾隆末毕沅买得其东部园地,作为养老之地,改名"适园"。

至嘉庆十二年(1807 年),孙均雅请叠山名家戈裕良对园林进行重新构建,由此该园因为其假山在区区半亩的场地上堆出了纵横千里的气势而声名远扬。道光二十九年(1849 年),工部郎中汪藻、汪坤购得此园后重修园林东部,改称"环秀山庄",留存至今。

(二)园址考证

关于钱文恽金谷园的园址范围,笔者做了如下考证。

《吴郡志》载乐圃坊位于"三太尉桥北",又载"乐圃,朱长文伯原所居,在雍熙寺之西,号乐圃坊。中有高岗清池,乔松寿桧。此地钱氏号'金谷',朱父光禄始得之,伯原营以为圃。名德所寓,邦人珍之,因号其巷曰'乐圃坊'。朱自有记。"《苏州府志》载乐圃坊即为"吴越时金谷园也。知州章岵以表,朱长文所居"。《宋平江城坊考》载:"乐圃坊巷,今慕家花园。"

唐陆广微《吴地记》载:"景德寺,在县西北一里三十步。晋咸和二年,献穆公王珣、弟珉舍宅建。"①南宋范成大《吴郡志》载:"景德寺在黄牛坊桥东,寺有废塔,未复。"明王鏊《姑苏志》载:"景德寺,东晋隆安中僧法云建,本王珣故宅……今景德寺也。"可见景德寺从东晋建寺以来一直到明朝都存在,不属于金谷园的一部分。综上可知,金谷园位于乐圃坊,在三太尉桥西北,雍熙寺之西,景德寺之南。(图4)

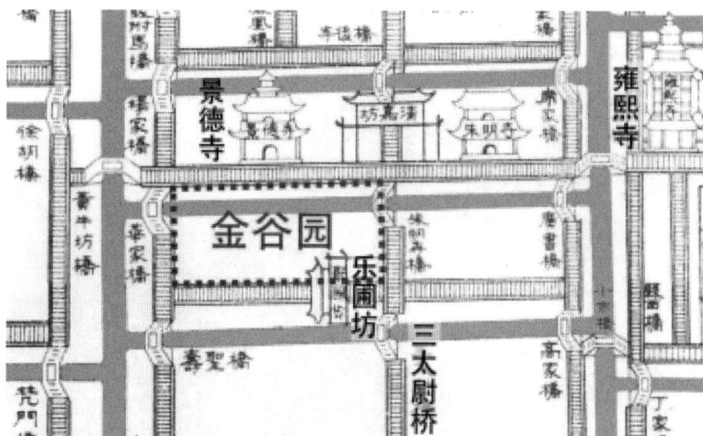

图4　金谷园位置推测图(图片来源:刘旻雯改绘自宋《平江图》)

关于钱文恽金谷园的园林景观,由于文献记载不详,故无从推测。

五、余　论

除了钱元璙父子三园之外,钱氏家族在苏州尚建有其他园林。如钱弘俶的妻弟孙承佑建有"池馆"。《吴郡志》卷十四载:"沧浪亭,在郡学之南,积水弥数十亩,旁有小山,高下曲折,与水相萦带。"《石林诗话》以为"钱氏时广陵王元璙池馆,或云其近戚中吴军节度使孙承佑所作。既积土为山,因以潴水。庆历间,苏舜卿子美得之,傍水作亭,曰'沧浪'"。苏舜钦在《沧浪亭记》中自述:"一日过郡学,东顾草树郁然,崇阜广水,不类乎城中。并水得微径于杂花修竹之间。东趋数百步,有弃地,纵广合五六十寻,三向皆水也。杠之南,其地益阔,旁无民居,左右皆林木相亏蔽。访诸旧老,云钱氏有国,近戚孙承佑之池馆也。坳隆胜势,遗意尚存。予爱而徘徊,遂以钱四万得之,构亭北碕,

---

①　详见陆广微:《吴地记》,江苏古籍出版社1986年版。

号'沧浪'焉。"①由此可见,孙承佑"池馆"在苏舜钦(1008—1049 年)时期已成为弃地,但山水萦绕的园林格局尚存,于是改建为沧浪亭,并经多次兴废,留存至今。

图 5　钱氏家族园林在《平江图》中的分布图
(图片来源:刘旻雯改绘自宋《平江图》)

　　唐末五代北方虽然扰攘,吴越国却长期安靖,在吴越王钱氏家族经营苏州期间,苏州园林的营建迎来了又一个繁盛期,数座大型园林出现在了苏州城的版图上。吴越时期出现的造园热,为苏州园林史写下了光辉的一页(图5、图6)。钱元璙父子的园林汇聚了奇珍异木,构建了亭台美榭。在山水设计、景点命名和园居生活中,深深流露出文人的风雅情调。园中"流杯亭""惹云亭"等名称十分高雅,而曲水流觞、吟诗聚乐,也是文人雅士所热衷的活动。钱文奉晚年跨白骡,披鹤氅,在花径之中漫步,荡舟碧池,俨然隐士风范,生动地体现了唐末私家园林的审美意趣。

――――――――――

① 详见苏舜钦:《苏舜钦集》,沈文倬点校,上海古籍出版社 2011 年版。

图 6 钱氏家族园林在今苏州城的位置推测图
（图片来源：张娇娇改绘自今苏州地图）

和杭州相比，苏州在水乡平原建城，缺乏自然湖山景观优势。但从吴越时期起，在平地挖湖堆山，种植奇花异卉，构建亭榭，形成"城市山林"般的园林景观。这种造园手法，深深地影响了苏州园林景观特征，并进一步影响了苏州"园林城市"面貌，成为中国古代重要的理想城市模式。考察钱元璙父子苏州造园活动，不仅使我们窥见吴越时期钱氏家族的生活居住样貌，更使我们对江南地域特色的形成，产生了历史人文方面的思考。

致谢：感谢苏州大学郭明友老师对本文提出的中肯意见。

吴越国在杭牡丹花会之开展

高显莹　　闽南师范大学

摘　要：牡丹花会是中国历史悠久的传统活动，起于隋唐，兴盛于宋；源自宫廷，盛于民间，于今，更已入选国家非物质文化遗产名录，其在中华文化中之意涵与影响甚为深刻。牡丹花原生长在水际竹间，隋炀帝在洛阳辟土种植，将牡丹迎入皇家园林，唐代牡丹花虽然走入市井，却仍为达官贵人炫富之物，唯在五代十国深富文化气质和惠民思想的吴越国，能将王官贵族的牡丹花会普及士大夫与民众。牡丹在杭州的种植之盛、品种之多，铺陈了牡丹花会的发展空间，吴越王后代钱惟演在洛阳对牡丹花文士会的开展，加上吴越国的赏花文化积淀，才使宋熙宁五年（1072 年）苏东坡受邀在杭州赏花与民同乐之美事及《吉祥寺赏牡丹》的千古佳篇水到渠成。

学界对牡丹品种的理论专书，首言欧阳修《洛阳牡丹记》，但从其序文，可知撰写构想与资料，源自钱惟演所写的《牡丹品目》，赏花的文士会亦是在洛阳由钱惟演奠基，本篇欲追本溯源，论述吴越国对牡丹花文化奠基之功，兼及钱惟演在洛阳时期牡丹花会推展之功与赏花文士会的影响，以阐明吴越国对牡丹花文化在文学艺术推进的实质贡献。

关键词：吴越国；钱镠；钱惟演；牡丹花会；《洛阳牡丹记》

一、牡丹花本江南开

牡丹为中国特有花卉品种，最初用于医疗，《金匮要略》有"大黄牡丹汤方"[①]"温经汤方"[②]。《神农本草经》记载："牡丹味辛寒，一名鹿韭，一名鼠姑，

---

① 张仲景：《金匮要略》，中国医药科技出版社 2018 年版，第 62 页。
② 张仲景：《金匮要略》，中国医药科技出版社 2018 年版，第 66 页。

生山谷。"①据东晋谢灵运《谢康乐集》："永嘉（今浙江温州）水际竹间多牡丹。"②可知魏晋牡丹花已遍开浙江一带。谢灵运于公元 422—423 年任永嘉太守，此乃他任职永嘉所见，他以细腻之笔触，敏锐之观察，在描山写水中，将牡丹纳入诗人之眼，正意味着牡丹花从药材迈进贵族士家；北齐时，牡丹花更进阶皇家内苑，北齐宫廷画家杨子华以善画牡丹享有盛名，唐代韦绚《刘宾客嘉话录》："北齐杨子华有画牡丹极分明。"③而苏轼也应是在看过他画的牡丹画后，赞叹："丹青欲写倾城色，世上今无杨子华。"杨子华是北齐世祖宫廷御用画家，所画皆为宫廷之物，杨子华的牡丹花画，记录了宫廷栽种牡丹的事实。

隋代洛阳牡丹种植进入人工育种阶段，柳宗元《龙城录》："洛人宋单父，善种牡丹，凡牡丹变易千种，红白斗色，人不能知其术，唐皇李隆基召至骊山，植牡丹万本，色样各不同。"洛阳牡丹到了长安，仍然身在皇家内苑，牡丹花成了唐代宫廷赏花钓鱼宴中的主角，《杜阳杂记》："高宗宴群臣赏双头牡丹。"诗人以牡丹吟咏益增，从水际竹间到京都宫苑，牡丹种植在江北有了不一样的发展路线，并在长安洛阳与诗人的笔下，形塑出国色天香的形象，但这种既高且贵的地位，也受到写实诗的抨击，柳浑《牡丹》："近来无奈牡丹何，数十千钱买一棵。"卢纶《裴给事宅白牡丹》："长安豪贵惜春残，争玩街西紫牡丹。"

唐末的纷扰与五代十国的动乱，让牡丹花容失色，唯在相对安定的江南，牡丹依旧开得灿烂，此时，杭州成了江南牡丹种植名地。唐代杭州寺庙牡丹种植已具雏形，张祜《杭州开元寺牡丹》："风流却是钱塘寺，不踏红尘见牡丹。"唐末诗人同时也在钱镠手下为官的罗隐写有《牡丹花》④《牡丹》⑤，其《虚白堂前牡丹相传云太傅手植在钱塘》，更写明在唐末五代十国纷乱中，牡丹花唯有依托安定的吴越国得以展颜色："欲询往事奈无言，六十年来托此根。香暖几飘袁虎扇，格高长对孔融樽。曾忧世乱阴难合，且喜春残色上存。莫背阑干便相笑，与君俱受主人恩。"⑥结尾"与君俱受主人恩"，清楚地点出了罗隐自己和牡丹花，都是受到钱镠的恩惠，才得以在乱世中找到立身之地。

牡丹种植之所以普遍出现在寺庙道观，主要原因就是牡丹具有药性，道教和佛教无论制香还是制药，都有丹皮的需求。而吴越国对寺庙道观的建置

① 《神农本草经》，中国医药科技出版社 2018 年版，第 85 页。
② 宗凤英：《清代的牡丹吉祥图案》，《紫禁城》1987 年 第 1 期，第 24 页。
③ 韦绚：《刘宾客嘉话录》，中华书局 2019 年版，第 7 页。
④ 罗隐：《甲乙集》卷一，上海涵芬楼 1919 年版，目录页。似共东风别有因，绛罗高卷不胜春。若教解语应倾国，任是无情亦动人。芍药与君为近侍，芙蓉何处避芳尘。可怜韩令功成后，辜负秾华过此身。
⑤ 罗隐：《甲乙集》，上海涵芬楼 1919 年版，目录页。
⑥ 罗隐：《全唐诗》卷六六四，中华书局 2008 年版，第 7603 页。

又多有增加,如钱镠的《造寺保民》,就是在秋天五谷丰登时,为了感谢上苍,造了寺庙,钱镠自己也常到寺庙、道观祈福写祝文,又或在牡丹花盛开之际,作为宴赏臣民的活动主题,这让牡丹花因此又在江南展新姿。

二、吴越国君民赏花共乐

牡丹花的种植与社会安定繁荣,似乎存在一种微妙的联系,杭州自钱镠建国,几经治理,带来社会安定,物阜民丰,牡丹花也在诗人笔下传唱不绝。吴越国王钱镠允文允武,宅心仁厚,《吴越备史》称其"倜傥有大度,志气雄杰,机谋沉远,善用长槊大弩,又能书写,甚得体要"①,又"内敦恭俭,外正刑赏,安民和众,保定功勋"。故能在杭四十年,于纷乱的世代,拥有安定繁荣,诚如他在《大宗谱序》所言:"若夫古先垂训,贤哲修身,莫大于上承祖祢之风,下广子孙之孝。是故尧舜之化理天下,其先则曰敦睦九族,然后平章百姓,协和万邦。"②为了减少钱塘江水患,保住人民的生命财产而进行的筑堤工事,即使可能背负骂名,他也甘愿:"爰自秋七月丁巳,讫于冬十有一月某日,由北郭以分其势,左右两翼,合于冷水源,绵亘若千里,其高若干丈,其厚得之半,民庶之负贩,童髦之缓急,燕越之车盖,及吾境者,俾无他虑。千百年后,知我者以此城,罪我者亦以此城。苟得之人而损之己者,吾无窒碍焉。"③事实证明,钱镠此举,实造福钱塘江水系范围百姓,为杭州安定打下了第一道防线,也为杭州安定富庶打下了基础。

钱镠宏才大略擘画国家社稷久治安康,而国家的经营需要君臣一心,故他延续唐代宫廷赏花钓鱼宴,邀群臣登高宴饮,拉近彼此距离,在其诗作《九日同群僚登高》中写道:"淡荡晴晖杂素光,碧峰遥衬白云长。好看塞雁归南浦,宜听砧声捣夕阳。满野旌旗皆勋色,千株橘柚尽含芳。锦袍分赐功臣后,因向龙山醉羽觞。"钱镠宴请群臣抒发胸襟志向,并论功行赏,而这种延续唐代牡丹种植与赏花钓鱼宴的举措,实质上具有文学政治意义,君主借由赏花、钓鱼、宴饮、赋诗拉近君臣距离,砥砺辅臣,彰显太平盛世,但毕竟宫廷之乐不如与众乐乐,爱民如子的钱镠将这种宫廷宴乐,转向与民共赏,在他自己的诗作中,就有多首表达自己的征战与治理,其实都是为了打造吴越国成为一片福田,《石镜山》:"卯岁遨游在此山,曾惊一石立山前。未能显瑞披榛莽,盖为

---

① 详见钱俨:《吴越备史》卷一,中国书店出版社 2018 年版。
② 详见钱镠:《大宗谱序》,《全唐文》卷一三〇,上海古籍出版社 1990 年版。
③ 同上。

平凶有岁年。昨返锦门停驷马，遂开灵岫种青莲。三吴百粤兴金地，永与军民作福田。"①《秋景》："三秋才到退炎光，二曜分晖照四方。解使金风催物象，能教素节运清凉。天垂甘泽朝朝降，地秀佳苗处处香。率土吾民成富庶，虔诚稽颡荷穹苍。"②《和高僧惠韵》："岚高照目前，山下有蒙泉。云阁连天际，银河傍斗边。凉风宜散暑，清景好安禅。况是江山固，崇墉保万年。"③对于都城杭州，大动工事、筑堤，其实也是为了改善百年来的水患，《筑塘》："天分浙水应东溟，日夜波涛不暂停。千尺巨堤冲欲裂，万人力御势须平。吴都地窄兵师广，罗刹名高海众狞。为报龙神并水府，钱塘且借作钱城。"杭州不再有水患的侵扰，农渔产业可以依四时节气井然有序地进行，稳定的收获带来经济繁荣，成为"钱城"，这在民不聊生、战事纷乱的五代十国，是一个相当难得的局面，故贯休献诗《献钱尚父》中有"满堂花醉三千客，一剑霜寒十四州"之句，描述钱镠宴饮由臣子扩展到了宾客，其间并装饰满堂的鲜花。根据考证，此时应为五月④，正是牡丹盛开的季节，牡丹花香味四溢，让与会宾客为之陶醉，而牡丹花会也从宫廷文士走向群众。

相较于战场上以寡敌众，打退黄巢的军事能力，以及万箭齐发击退钱塘江巨浪的气魄，钱镠的"陌上花开，可缓缓归矣"，流露出他浪漫的另一面，陌上花如此微不足道，连个花名也没有，却是钱镠眼中传情达意的重要信差，这等柔情蜜意深植人心，故能在杭州传唱到北宋，还得到大文学家苏轼的唱和，序中言其"游九仙山，闻里中儿歌陌上花，父老云，吴越王妃每岁春必归临安，王以书遗妃曰：'陌上花开，可缓缓归矣。'吴人用其语为歌，含思宛转，听之凄然"。九仙山在杭州西边，山上有无量院，苏轼写的陌上花唱和诗，为吴越青山增添雅意，而传唱百年的陌上花歌，更传达了杭州地区人民对钱镠的感念之情，杭州地区百姓是否借此追问九仙山上无量佛，陌上花已开，何时还能再派下贤能爱民如钱镠一般的好官来到杭州。

在永嘉时期已在江浙一带遍开的牡丹，在吴越国时期的杭州水患整治后得到进一步拓展。杭州吉祥寺、永明禅院、灵隐寺与宫廷内苑的牡丹花会的生活记忆，让来到洛阳的吴越国王钱氏后代钱惟演，把牡丹花会在洛阳发扬光大。他把姚黄（牡丹四大品种之一）作为贡品，进献朝廷，对牡丹花的确有

---

① 《石镜山》：卯岁遨游在此山，曾惊一石立山前。未能显瑞披榛莽，盖为平凶有岁年。昨返锦门停驷马，遂开灵岫种青莲。三吴百粤兴金地，永与军民作福田。

② 《秋景》：三秋才到退炎光，二曜分晖照四方。解使金风催物象，能教素节运清凉。天垂甘泽朝朝降，地秀佳苗处处香。率土吾民成富庶，虔诚稽颡荷穹苍。

③ 《和高僧惠韵》：岚高照目前，山下有蒙泉。云阁连天际，银河傍斗边。凉风宜散暑，清景好安禅。况是江山固，崇墉保万年。

④ 何勇强：《钱氏吴越国史论稿》，浙江大学出版社 2002 年版，第 201 页。

很重要的宣传作用。事实上,唐代赏牡丹花宴在宋代初未被延续,《宋史》有"赏花宴"六处:《本纪》第六:"赏花苑中,召从臣宴射。"①《志》第六十六礼十六(嘉礼四):"太宗太平兴国九年三月十五日,诏宰相、近臣赏花于后苑,帝曰:'春气暄和,万物畅茂,四方无事。朕以天下之乐为乐,宜令侍从词臣各赋诗。'""雍熙二年四月二日,诏辅臣、三司使、翰林、枢密直学士、尚书省四品两省五品以上、三馆学士宴于后苑,赏花、钓鱼,张乐赐饮,命群臣赋诗习射。赏花曲宴自此始。""三年二月晦,赏花,宴于后苑,帝作《中春赏花钓鱼诗》,儒臣皆赋,遂射于水殿,尽欢而罢。自是遂为定制。""《应制赏花诗》十卷。"②《列传》第二百文苑三:"淳化五年,直史馆,侍宴内苑,应制赋《赏花钓鱼诗》,特被嘉赏,翌日,命中使就第赐白金以奖之。"③在宴会举办时间上,皆非牡丹花盛开的五月,自然赏的不是牡丹。

《玉海》中亦有记载宋真宗多次在宫中召群臣,举办观书宴、诗宴。卷一百六十,景德三年四月五日,真宗"幸崇文院观书,宴从臣于崇政殿";祥符三年九月丙子朔在崇政殿再次举行观书宴;景德四年(1007 年)三月乙巳近臣观书太清楼,并赐宴群臣;天禧四年十一月十一日御龙图阁诏近臣观书宴于资政殿。④卷一百七十五:"大中祥符九年二月二十七日,诏近臣观书后苑,移幸流杯殿,登象瀛山翠芳亭。"⑤从宋真宗景德四年的《太清观书》等《景德四图》中,尚未有牡丹进入赏花会,钱惟演于 1030 年冬天来到洛阳,并于隔年将姚黄进贡皇宫,姚黄乃牡丹花中名品,气质高雅,欧阳修《洛阳牡丹记》记载:"姚黄者,千叶黄花,出于民姚氏家。此花之出,于今未十年。"⑥淡黄色,托桂型。株形直立,枝条细硬,花蕾圆尖,绽口形,叶中圆,花朵在叶之后。此花光彩照人,亭亭玉立,古人以"花王"誉之。牡丹花在文中地位的提升可见一斑,故欧阳修离开洛阳返京述职,还说"直须看尽洛阳花,始共东风容易别"。

洛阳的牡丹花在钱惟演的个人推动下,成为欧阳修、梅尧臣等几位文坛新秀聚会的主题,牡丹花也因此再度重返诗人笔下。牡丹花会正式进入文人聚会的节目选项,当苏轼到杭州为官时,这项以文人为花会的活动,早已融入杭州与居民同乐,在吉祥寺赏牡丹花,欢乐无比,翌日又看见太守所搜集《牡丹记》十卷:"凡牡丹之见传记与栽植培养剥治之方,古今咏歌诗赋,下至奇怪

① 脱脱等:《宋史》,中华书局 1997 年版,第 66 页。
② 同上,第 715 页。
③ 同上,第 3321 页。
④ 王应麟:《玉海》,广陵书社 2003 年版,第 2930 页。
⑤ 同上,第 3204 页。
⑥ 欧阳修:《欧阳修全集》卷七五,中华书局 2001 年版,第 1096 页。

小说皆在。"①自是一场独特的盛宴。

这场牡丹花会在苏轼心中留下深刻印象,接下来他还多次与其他官员一起赏牡丹,自己更在冬天独自一人到吉祥寺赏牡丹,②在苏轼作品中再三提及的杭州,是一个美丽、富庶、充满文人气息和与民同乐的城市,而这些感怀都透过赏牡丹花流露出来。

三、屏风上牡丹花名见

钱氏家族对牡丹花的喜爱,源自当地牡丹适宜栽培的先天地理环境,加上对唐代的文学文化的承继,钱氏家族在江南吴越国对牡丹花的栽种,也应该累积了相当多的经验和资料,这些都记在了钱惟演的脑海中。他把这些写在家里的屏风上。欧阳修《洛阳牡丹记》:"余居府中时,尝谒钱思公于双桂楼下,见一小屏立坐后,细书字满其上。思公指之曰:'欲作花品,此是牡丹名,凡九十馀种。'余时不暇读之。然余所经见,而今人多称者才三十余种,不知思公何从而得之多也? 计其余虽有名而不著,未必佳也。故今所录,但取其特著者而次第之。"钱惟演对牡丹的记忆和知识,想要写一本牡丹记,自然比欧阳修要容易得多,但他却不写,他当然知道,让当时文坛名士欧阳修写,效益自然更加卓著,作为一位文学家,他的舍与得,更让我们体会到当初牡丹花在吴越国不仅是一场花会,更是吴越国兴盛与文化的象征,牡丹花的繁盛又随着他来到洛阳,进入宫中,借着欧阳修一代名士的宣传,牡丹花文化与情结又再度扬起。

四、结 论

从药材到观赏,从宫廷到民间,牡丹花的广泛种植与牡丹花会的雅俗共赏,在中华文化中彰显了时代经济富足与社会安定,并成为具有代表意义的花卉。承接唐朝牡丹花种植与赏花宴的活动,使牡丹花会在杭州有了稳定发展,并且在钱镠惠民思想的推进下,成了与民同乐的文化活动,这些是该地区长期富足安康、重视文化的成果,若没有吴越国打下的环境整治、经济基础与

---

① 苏轼:《吉祥寺》,《苏轼文集》卷一〇,中华书局 1986 年版,第 329 页。
② 苏轼:《赞牡丹诗》《花将落而陈述古期不至》《陈述、古期明日同至,因用前韵同赋》《冬至日游吉祥寺》《吉祥寺僧求阁名》。蔡襄:《吉祥寺赏牡丹对月》《杭州璘上人以花栽数种见寄》。

对文人的重视,牡丹花的栽种只能停留在水际竹间,不会变得如此盛大,甚至品种之多、样式之广,连逛遍洛阳的欧阳修都没见过。

吴越国的治理与发展,不仅为长江三角洲的繁荣发展争得了先机,同时也让唐朝牡丹花的种植与文化得到延续和发展。

诚如稼穑,农作物的成长是一点一滴的累积,文化需要经济的支撑,在上位者的重视,并且需要环境上的配合,才能产生空间上的意义,否则,型塑的文化意涵很容易就会消失殆尽。

吴越国在牡丹文化上的积累和发扬,有继往开来之功。钱惟演家中屏风上的牡丹花品,是对吴越国牡丹花的共同生活记忆,他将牡丹花送进朝廷,又将牡丹会带入洛阳文士会,这些文士,从欧阳修、苏轼到蔡襄,都亲自参与并留下嘉篇,更为牡丹花在北宋留下雅致的形象,牡丹花的文化意涵,受到大文学家作品的启发,牡丹花也由此从宫廷走向民间,在诗词、绘画、纺织、建筑装饰性构件上遍地开花,今天牡丹花在中华文化中展现其独特意涵,吴越国对牡丹文化的传承与发扬,有其重要历史地位与不朽影响,为中华文化中牡丹文化的存续做出了独特贡献。

论钱镠的文学成就

李最欣　杭州师范大学

　　摘　要：钱镠的文学成就主要表现在其文艺观点和诗歌成就两方面。文艺观点上，钱镠喜好文艺而不沉迷文艺，符合"士先器识而后文艺"的古训；诗歌成就上，钱镠诗以爱民保民为突出的主题，以乐观开朗为主要的情调，以笔力雄健为基本的特色。尤其值得关注的是，钱镠唱《还乡歌》时在乡民面前载歌载舞的表演既流露了钱镠的率真个性，又体现了钱镠的朴实人品，还说明了钱镠与民同乐的珍贵品格；而钱镠《陌上花开》在赠予后人一个艳称千古的故事的同时，也留下了一个难以破解的谜题。所有这些，都是值得大加挖掘和研究的。

　　关键词：钱镠；文学；成就

　　钱镠（852—932年），字具美，小字婆留，谥武肃，杭州临安人，唐末宋初钱氏吴越国创建者。作为吴越国的创建者，钱镠主要的长处在于能攻善守、攻守得宜，成就在于以此平定叛乱、立基开国。在征战之余，钱镠也写了不少诗文，但多数散佚，今存钱镠作品有诗十九题二十一首（另一首诗残缺过甚，不计），文五十四篇（《全唐文》卷一三〇、《唐文拾遗》卷一一收钱镠文二十一篇，《全唐文补编》卷一一三收钱镠文三十三篇）。这样的数量已经不算少了。但钱镠更出色的表现是他关于文艺的见解。以下本人将先分析钱镠的文艺见解，再分析其诗思想和艺术两方面的成就，然后对钱镠在乡民面前唱《还乡歌》时载歌载舞的情景和钱镠给夫人写信时所说的"陌上花开"的故事稍做评析。

一

《北梦琐言》卷七云:"或有述李频诗于钱尚父曰:'只将五字句,用破一生心。'尚父曰:'可惜此心何所不用,而破于诗句,苦哉。'"①李频的话只是自述其作诗时的苦心锤炼和在诗艺上的精益求精,绝不是说他终生除作诗外其他事一概不做,但钱镠的批评真实地说出了钱镠自己对待文艺之事以及处理人生事物的正确态度。"士之致远,先器识而后文艺"②的古训正契合钱镠这种观点,而且钱镠把这种观点贯彻到自己的生活中去了,这从清吴任臣《十国春秋》卷七八对钱镠的论述可以看出来:"稍暇则命诸子孙讽诵诗赋,或以所制诗赐丞相将史。亦间能书写,画墨竹。然不以呫毕废正务。……反复议论,由是往往达旦。"③"不以呫毕废正务"正说明钱镠对文艺喜好而不沉迷的态度,这种态度使得钱镠要么不写诗,写诗就实实在在地表达自己的感受和思想,绝不无病呻吟,也不敷衍了事。这种诗歌特色在钱镠的名作中有突出的表现,只需看看钱镠的诗歌名作就知道了。

二

先看钱镠的《巡衣锦军制还乡歌》。

《巡衣锦军制还乡歌》

《吴越备史》:镠生临安石镜乡临水里,有大木,镠幼与群儿戏其下。坐大石,指麾为队伍。镠既贵,昭宗改其乡曰广义,里曰勋贵,所居营为衣锦营。俄又升为衣锦军,号大木为衣锦将军。天复元年(901年),镠于其地大会故老宾客,山林树木,皆覆以锦幄,表衣锦之荣。开平四年(910年),镠游衣锦(又作锦衣)军,作还乡歌。

三节还乡兮挂锦衣,碧天朗朗兮爱日晖。

功臣道上兮列旌旗,父老远来兮相追随。

---

① 孙光宪撰,贾二强点校:《北梦琐言》,中华书局 2002 年版,第 167 页。
② 刘昫等:《旧唐书》,中华书局 1975 年版,第 5006 页。
③ 吴任臣撰,徐敏霞、周莹点校:《十国春秋》,中华书局 1983 年版,第 1114 页。

家山乡眷兮会时稀,今朝设宴兮鸧散飞。

斗牛无字兮民无欺,吴越一王兮驷马归。

(《湘山野录》云:时父老不解此歌,王复以吴音歌云:"你辈见侬底欢喜,别是一般滋味,子长在我侬心子里。"至今狂童游女能效之。)①

——《全唐诗》卷八

这里先引用了《吴越备史》所记关于钱镠的一些生平知识作为该诗的背景,但这些知识均是间接引用。如果直接引用,那么可知此诗具体的写作时间:"庚午四年(笔者按,开平四年)……冬十月戊寅,王亲巡衣锦军,制《还乡歌》:……。"②可见,此诗写于开平四年(910年)农历十月戊寅日(22日),即910年11月27日。四部丛刊续编本《吴越备史》于此诗末句"吴越一王兮驷马归"之后有"其雄辞壮气实大风之俦也"③的评语。

"其雄辞壮气实大风之俦也"是钱镠《还乡歌》在《吴越备史》中所得到的唯一的评语。"大风"当然指刘邦的《大风歌》:"大风起兮云飞扬,威加海内兮归故乡,安得猛士兮守四方。"④说刘邦的《大风歌》和钱镠的《还乡歌》皆有雄辞壮气,这话不假,但两者情感基调差异太大了。现将这二首诗的同和异归纳一下。

先看相同点:

都出自功成名就者之手;

都是游子多年在外、一朝回乡之作;

都写于时处秋天的十月;

都写于置酒为欢酒酣兴豪之时;

都是作者即兴发挥唱出来的;

都有壮阔气象;

另外,写此诗时两人年龄相若,钱镠五十九岁,刘邦六十二岁。

再看不同点:

"大风起兮云飞扬",可见天气恶劣,显示情况变幻莫测;"碧天朗朗兮爱日晖",风和日丽、一团祥和。

---

① 中华书局编辑部点校:《全唐诗》,中华书局1999年版,第83页。

② 钱俨撰,李最欣校点:《吴越备史》卷一,《五代史书汇编》本。见傅璇琮、徐海荣、徐吉军主编:《五代史书汇编》,杭州出版社2004年版,第6204—6205页。

③ (托名)范坰、林禹撰:《吴越备史》,四部丛刊续编本,第48页。

④ 司马迁:《史记》,中华书局1959年版,第389页。

"威加海内兮归故乡",归故乡靠的是"威";"父老远来兮相追随",归故乡靠的是"相追随",体现的是"和"。

"安得猛士兮守四方",国家并未安定,急需强兵猛将,而且强兵猛将不易得;"斗牛无孛兮民无欺,吴越一王兮驷马归","斗牛无孛"指吴越地区太平无事,四境无人挑衅,境内百姓安服。(笔者按,孛,音贝,古书上指光芒四射的彗星。)

《大风歌》歌词短促,显示其紧张不安;《还乡歌》歌词悠长,显示其从容不迫。

这两首诗的情感气氛有如此大的差异,刘邦、钱镠唱完歌后的情态也颇为不同。刘邦的行为是"令儿皆和习之,高祖乃起舞,慷慨伤怀,泣数行下。谓沛父兄曰:'游子悲故乡,吾虽都关中,万岁后吾魂魄犹乐思沛。且朕自沛公以诛暴逆,遂有天下,其以沛为朕汤沐邑'"[①];钱镠的行为在宋代释文莹《湘山野录》(收于《宋元笔记小说大观》第二册)卷中里是如此记载的,"时父老虽闻歌进酒,都不之晓,武肃觉其欢意不甚浃洽,再酌酒,高揭吴喉,唱山歌以见意。词曰:'尔辈见侬(吴人谓侬为我)底欢喜,别是一般滋味,子长在我侬心子里。'(止)歌阕,和声赓赞,叫笑振席,欢感闾里"[②]。宋代袁褧《枫窗小牍》卷上(收于《宋元笔记小说大观》第五册)记完此山歌后,还有一句:"至今狂童游女借为奔期问答之歌,呼其宴处为'欢喜地'。"[③]刘邦在故乡父老面前无限伤感,钱镠却唱起了欢歌,与故乡父老完全融成一片。

如果探讨一下刘邦和钱镠会有这么多不同的原因,那么我们对钱镠成功的喜悦会体会得更深刻。刘邦何以会悲?因为刘邦唱此歌前在追击英布的战争中刚受过伤,英布的反叛还没有平息;而钱镠自886年12月2日三十五岁时攻杀浙东观察使刘汉宏而据有杭州以来,二十余年中,每一年都受到朝廷的封赏,有的年份还受到朝廷不止一次的封赏,三年前又被后梁太祖朱晃(即朱全忠)封为吴越王兼淮南节度使。从受封吴越王以来,战事明显减少,而且他已经不亲自出战,只是遣将攻击,自己督战而已。他把更多的精力用在了修建和扩建城市上。钱镠没有称帝的欲望,此次回乡时可以说已经大功告成。所以他才能如此兴致勃勃,与故乡父老共饮酒同唱歌。

再看一下刘邦唱完《大风歌》和钱镠唱完《还乡歌》不久发生的事情。刘邦回到故乡唱完《大风歌》不久,陈豨反、卢绾反,刘邦自感身体不妙、国家不妙,于是遗言吕后安排身后的国家大事。可是他对国家大事的预测和安排很

---

① 司马迁:《史记》,中华书局1959年版,第389页。
② 《宋元笔记小说大观》(二),上海古籍出版社2001年版,第1410页。
③ 《宋元笔记小说大观》(五),上海古籍出版社2001年版,第4767页。

有限。"吕后复问其次。上曰：此后亦非而所知也。"①恐怕不是吕后不知道，而是刘邦自己也不知道。唱完《大风歌》半年后，刘邦果然去世。而钱镠唱完《还乡歌》后，还活了二十二年，到八十一岁的高龄时才寿终正寝。这二十二年和唱《还乡歌》前的二十四年一样顺利，一样宠荣无比。

将《大风歌》与《还乡歌》比较可知，刘邦虽是皇帝，挑的却是难以负荷的烂摊子，唱的是英雄暮年之歌，不胜劳累，充满哀伤和担忧，是悲歌；钱镠虽是国王，怀里抱的却是金灿灿的聚宝盆，唱的是英雄得志之歌，不胜兴奋，充满喜悦和得意，是乐歌。一个是身心疲惫的皇帝，一个是诸事顺遂的国王。这就是想当皇帝者和不想当皇帝者所获幸福感的鲜明对照。可惜后世很少有人从这种鲜明对照中获得启示，吸取点什么。

三

钱镠的这首《还乡歌》和《没了期歌》《筑塘》《造寺保民》可以归于"爱民思想"类的诗歌，这类诗歌虽然只有四首，仅占存诗十九题二十一首的五分之一，但足以看出钱镠对百姓的爱护和百姓对钱镠的拥戴，以及钱镠一生顺遂的状态，还可以看出钱镠为人和性格的主要方面。如果想进一步了解钱镠的个性气质，那么最好看看钱镠写秋天的诗歌。

钱镠写秋天的诗歌有以下几首：

《筑塘》写于后梁开平四年（910年）钱镠五十九岁时的农历八月（据《吴越备史》卷二）。

《还乡歌》写于后梁开平四年（910年）钱镠五十九岁的农历十月（据《吴越备史》卷二）。

《青史楼引宾从同登》的颈联云："志仗四征平妖孽，力扶三帝有褒崇。"诸葛计等《吴越史事编年》云："四征，盖指平刘汉宏、董昌、薛朗、孙儒之役；三帝，谓僖、昭、哀帝。青史楼即功臣堂，或功臣堂中有青史楼。"②因为功臣堂建于唐哀帝天祐二年（905年）十一月，故诸葛计先生记载该年该月的事情时引用了《青史楼引宾从同登》。从该诗颔联"洪涛日日来沧海，碧巘联联倚太穹"看，此诗写秋景，就应该写于秋天。

《秋景》写秋景和写于秋季应不成问题。此诗第七句云"率土吾民成富庶"，钱镠于唐哀帝天祐四年（907年）五十六岁时被封吴越王，既称"率土吾

---

① 司马迁：《史记》，中华书局1959年版，第392页。
② 诸葛计、银玉珍：《吴越史事编年》，浙江古籍出版社1989年，第97页。

民"，则此诗应写于五十六岁以后的某个秋季。

《九日同群僚登高并序》，写于某个重阳节，据序"重九良辰"可知。

《罗汉寺偶题》写于某个秋季，据此诗前二句"九夏听蝉吟，已知秋气临"可知。

《造寺保民》前四句是"百谷收成届应钟，南方景象喜重重。三秋甘泽烟尘息，四序和风气色浓"。"应钟"指十月，又云"三秋"。可见，此诗写于某个秋季。

钱镠存诗完整者有十九题二十一首，写秋天的诗有七首，占三分之一，数量不可谓不多。众所周知，悲秋是中国古代文学一个突出的主题。钱镠喜欢写秋天，这一点与古代文士相同。但是题材上的这么一点相同，正好反映出他在文学趣味上与多数文士的差异。试看以下两个例子。

《秋景》

三秋才到退炎光，二曜分晖照四方。

解使金风催物象，能教素节运清凉。

天垂甘泽朝朝降，地秀佳苗处处香。

率土吾民成富庶，虔诚稽颡荷穹苍。①

——童养年《全唐诗续补遗》卷一二

《九日同群僚登高并序》

遥光素景，重九良辰，玉露将浓，霜天肃物。与群僚登高四望，兼颁锦服，聊成七言四韵。

淡荡晴晖杂素光，碧峰遥衬白云长。

好看塞雁归南浦，宜听砧声捣夕阳。

满野旌旗皆动色，千株橘柚尽含芳。

锦袍分赐功臣后，因向龙山醉羽觞。②

——童养年《全唐诗续补遗》卷一二

《秋景》诗中有秋月，但月光明亮，普照四方；有秋风，但凉风送爽，遍地金黄；有秋雨，但朝朝甘泽，处处苗香。最后两句"率土吾民成富庶，虔诚稽颡荷

---

① 中华书局编辑部点校：《全唐诗》，中华书局 1999 年版，第 10735 页。

② 同上，第 10734 页。

穹苍",向上苍表示无限的敬仰和感谢,感谢在它的护佑下,吴越国百姓过上了富庶安乐的生活。同样是写秋景,同样用月、风、雨这些常见意象,但钱镠笔下的秋天,呈现出一派生机盎然的大好景象,与多数文士笔下的秋景形成了鲜明对照。《九日同群僚登高并序》一首诗中,不论是朝阳还是夕阳,都没有凄惨乏力之感,只让人觉得晴晖淡荡、秋色宜人。远远望去,苍翠的山峦与连绵的白云,相映生辉。观雁飞而神驰,听砧声而遐想,让人情思绵绵,诗意无限。旌旗猎猎遍四方,逗人翰墨之兴;橘柚株株秀山野,惹人生怜之情。如此秀美的景色中,钱镠将锦袍分赐诸位功臣,然后与幕僚们痛饮山中、同醉山中。如果说《青史楼引宾从同登》的前四句"云阁霞轩别构雄,下窥疆宇壮吴宫。洪涛日日来沧海,碧嶂联联倚太穹"以其气魄的阔大表现了钱镠英武豪雄的一面,那么此诗所写秋景的秀美就表现了钱镠俊逸韶秀的一面。这还在其次,更重要的一个问题是,同样用秋阳、秋云、秋山、秋雁写秋景,在钱镠的笔下,只让人觉得明朗秀美,而在多数文士笔下,往往让人觉得一片凄惨、一片黯淡。产生此种差异的原因是多方面的。客观上,一个在成功的境界中享受欢乐,一个在跋涉的路途中忍受艰难。主观上,一个是胸襟开阔的英雄,成功前一心征战,从不动笔,动笔时业已成功,笔下自然全是柳暗花明;一个是功名心重的文士,跋涉中多遭坎坷,每遭坎坷,必有所发,胸中堆满愁云,笔下自然全是惨雾。

文士写秋天,多是悲秋主题,所以选择的意象大多是秋风、秋雨、秋云、秋蝉、秋雁、秋天的黄昏。而且古代文士尤其喜欢写秋天的黄昏、秋天黄昏的雨,进而喜欢写秋天黄昏的雨停。如果将文士写秋天的诗与钱镠写秋天的诗稍做比较,那么对钱镠诗歌主旋律的开朗乐观会有更清楚的认识和把握。例如,柳永《雨霖铃》词句"寒蝉凄切、对长亭晚,骤雨初歇"[1]则用秋蝉、秋雨、秋天的黄昏渲染秋意之悲。辛弃疾的《水龙吟》词句"楚天千里清秋,水随天去秋无际。遥岑远目,献愁供恨,玉簪螺髻。落日楼头,断鸿声里,江南游子"[2]就用秋雁、秋天的夕阳来渲染秋意之悲。钱镠也写秋雨秋风,如《造寺保民》之"三秋甘泽烟尘息,四序和风气色浓"[3];也写秋蝉秋月,如《罗汉寺偶题》前四句云:"九夏听蝉吟,已知秋气临。高梧上明月,深巷捣寒砧。"这四句虽有秋蝉秋月,但毫无悲意,而后四句更让人心里变得亮堂堂的,"好对吴山秀,宜观浙水深。一登灵鹫阁,宝地胜黄金"[4]。白居易笔下秋天的景象是"不堪红

---

[1] 柳永著,薛瑞生校注:《乐章集校注》,中华书局1994年版,第59页。
[2] 唐圭璋编纂,王仲闻参订,孔凡礼补辑:《全宋词》,中华书局1999年版,第2414页。
[3] 中华书局编辑部点校:《全唐诗》,中华书局1999年版,第10735页。
[4] 同上,第10734—10735页。

叶青苔地,又是凉风暮雨天"(《秋雨中赠元九》)①、"昨夜凉风又飒然,萤飘叶坠卧床前"(《凉风叹》)②,以至于"唯弄扶床女,时时强展眉"(《新秋》)③。而钱镠笔下的秋天景象是"百谷收成届应钟,南方景象喜重重。"(《造寺保民》)、"碧天朗朗兮爱日晖……今朝设宴兮舣散飞"(《还乡歌》)。一个是暮雨飘飘,黄叶满地,萤飞无力,冷风袭人;一个是五谷丰登,喜气盈盈,日丽风和,欢声满座。之所以有如此差异,正在于英雄本色与文士气质的不同。可见,钱镠的笔下不是没有秋风秋雨,只是没有秋风秋雨之悲。其原因,与其说是钱镠缺乏捕捉和表现忧愁情绪的敏感之心,不如说是他本来就很少有忧愁的事情去感、去写,而他的个性中也很少有心事重重、忧愁万端的气质,更多的是开朗乐观的心情。这是对钱镠秋天诗的一个重要的认识价值。

四

关于钱镠的文采风流,有一个"陌上花开缓缓归"的故事,不仅此故事在吴越国王钱镠去世后传唱于临安一带的妇孺之口,而且苏轼为此做了三首绝句,晁补之又为和苏轼的诗写了八首绝句,清代的王士祯为此大加称赞,现引王士祯的话如下:

> 钱武肃王目不知书,然其寄夫人诗云:"陌上花开,可缓缓归矣。"不过数言而姿制无限,虽复文人操笔,无以过之。东坡演之为《陌上花》三绝句,云:"陌上花开胡(笔者按,胡,通蝴)蝶飞,江山犹是昔人非。遗民几度垂垂老,游女还歌缓缓归。"五代时列国以文雅称者,无如南唐、西蜀,非吴越所及,赖此一条,足以解嘲。④

说"钱武肃王目不知书",这种贬低显然可笑。说武肃王"姿制无限,虽复文人操笔,无以过之",有可能是对的,但是举出的理由是钱镠给夫人的信中有这么一句"陌上花开,可缓缓归矣",就有点莫名其妙了。陌上花开则风景秀美,爱美之心,人皆有之,故钱镠劝夫人一路上慢慢地走、细细地看,把风景看个够。这当然说明了钱镠具有细腻、敏感的气质,与人们想象中的一介武

---

① 中华书局编辑部点校:《全唐诗》,中华书局1999年版,第4839页。
② 同上,第5161页。
③ 同上,第4936页。
④ 王士祯撰:《香祖笔记》,文渊阁四库全书本,卷二。

夫是有差距的。但说靠此一条,吴越国的文学就可以被人刮目相看,这对钱镠及其吴越国,与其说是称赞,不如说是讽刺。王士禛明明想称赞吴越国(毫无讽刺之意),但却举出了这么一个例子,真是奇怪。"陌上花开,可缓缓归矣"让王士禛如此赞叹,其奥妙究竟何在,看不懂。钱镠对夫人讲"陌上花开,可缓缓归矣"是什么意思,也看不懂,不知道钱镠在讲什么。所以,"陌上花开"的故事,是钱镠赠予后人的一个"艳称千古"的佳话,也是钱镠留给后人的一个难以破解的谜题,简直可以称为"钱镠之谜""武肃王之谜"或"吴越王之谜"。

综上所述,钱镠喜好文艺而不沉迷文艺,其文艺观点与"士先器识而后文艺"的古训相契合。钱镠二十一首诗歌,爱民保民是突出主题,开朗乐观是主要基调,笔力雄健是基本特色。钱镠留给后人的更大财富在于,钱镠唱《还乡歌》时在乡民面前载歌载舞的表演既流露了钱镠的率真个性,又体现了钱镠的朴实人品,还说明了钱镠与民同乐的珍贵品格;而钱镠"陌上花开"的故事在赠予后人一个"艳称千古"的轶事的同时,也给后人留下了一个难以破解的谜题。所有这些,都是值得大加挖掘和研究的。

中国古代咏物诗的类型与罗隐咏物诗的新变

唐爱霞　浙江农林大学

摘　要:咏物是中国古诗中的一个题材大类。中国古代咏物诗的类型,大致分为有寄托与无寄托两种。另有一种在这两者之外,是类书式的咏物诗。有寄托的咏物诗,又可以分为以物喻人、以物喻事、托物喻志、托物喻世、托物寄情、托物寄慨、托物寓刺等小类。这些咏物诗的小类,各有其发生的时代脉络可寻,亦各有其发展的高峰时期。值得注意的是,其他咏物诗多是"尊题",而罗隐大开"贬题"之门,"托物寓刺"这一类型的咏物诗在罗隐笔下有了新的发展。本文梳理这些咏物诗的类型,探讨其发生、发展的时代与当时的文艺思想之间的关系,对中国古代咏物诗的类型做一个总结。

关键词:古诗;咏物诗;罗隐;尊题;贬题

咏物是中国古诗中的一个题材大类,但对咏物诗的研究却是从 20 世纪初才逐渐兴盛起来的。近年来,研究咏物诗的单篇论文增多,高校博士学位论文也纷纷出现。李定广先生大笔勾勒了中国古代咏物诗的演进逻辑,上海师范大学成为咏物诗研究的重镇。在这些论著的基础上,笔者得以梳理古代咏物诗的类型,并探讨各种类型之所以然。

一、以物喻人、以物喻事

上古时代的一些歌谣,像"断竹,续竹,飞土,逐肉",已经具有咏物的性质。《诗经》中有不少咏物的句子,如《桃夭》中描摹桃花,《蒹葭》中写蒹葭,虽语句不多,但深得其形,传为成语或熟语。《诗经》咏物,是以物起兴,兼以物喻人,比如"桑之未落,其叶沃若;桑之落矣,其黄而陨""桃之夭夭,灼灼其华……桃之夭夭,有蕡其实……桃之夭夭,其叶蓁蓁""蒹葭苍苍"等。这些诗句,以描摹物态起兴,以物与人在生命的某个阶段、历程的相通之处,互相比并。此外,像《相鼠》《墙有茨》《鸱号鸟》《节南山》等篇,几乎全篇以物喻人。

《诗经》中以物喻人,带有随意性、不确定性,"饥者歌其食,劳者歌其事",先民们随意吟唱,适会某物,物与心有契合相通之处,心有所感,随口起兴,没有经过周密的谋篇布局,不加雕琢。此时咏物喻人,只取某一点相合即可,还没有将某物与某种品质建立起固定联想。比如《节南山》,以南山比专横的师尹。而在后世,"山"一般是以一种崇高、壮美的意象,出现在文人作品中的。再如《鸨羽》,以大鸨这种鸟本不会在树上栖息,却反常地栖息在树上,来比喻农民反常的生活——长期在外服役而不能在家安居务农、养家糊口。鸨在后世有恶名,而在《诗经》时代,先民们并未想到那么多。在他们的歌吟中,"物"是客观存在,诗人对其并无先入为主的好恶,并无褒贬。

《诗经》咏物,目的不在物,全篇是以"人"为中心的,咏物是为了喻人。这种比喻是"他喻",即以物比喻他人。

二、托物寓志

楚辞晚于《诗经》,楚辞中的比兴,比起《诗经》来,有了进一步的发展。首先是从物无好恶的比兴,发展到"香草美人,以喻君子;恶禽臭物,以比谗佞"的比兴与象征。诗人依自己的好恶,将客观事物区分高下,寄寓褒贬。诗人标举的、坚持的是高洁的人格精神,诗中以正面歌颂、肯定香草美人为主,恶禽臭物仅作为对比物而存在诗中,数量少,出现次数也极少。从《离骚》全诗来看,诗人自幼"扈江离与薜芷兮,纫秋兰以为佩",整首诗中提到的香草名称极多,计有江离、薜芷、兰、木兰、宿莽、申椒、菌桂、蕙、茝、荃、留夷、揭车、杜衡、芳芷、秋菊、薜荔、胡绳、芰、荷、芙蓉、茹蕙、幽兰等;高洁的禽鸟有鸷鸟、鸾皇;恶草有薋菉、艾、茅、萧艾、椒、榝;恶鸟有鸩、雄鸠、鹈鴂。

其次,楚辞中咏物,与《诗经》相比,多数并不描摹物态。我们从《诗经》中得知,桃花怒放时,如同云蒸霞蔚;杨柳依依逐人,如丝如缕,随风飘扬;但是从《离骚》中,只知道江离、薜芷是香草,却不知其形貌。作者写这些香草,用意也不在于描摹其形态为读者做说明,而是以比喻、象征自己高尚的品格气节,抒发志向,是托物言志。

屈原的《橘颂》,比较细致地描写了橘树的物性"受命不迁,生南国兮""深固难徙";橘树的枝叶花果,"绿叶素荣""曾枝剡棘,圆果抟兮。青黄杂糅,文章烂兮。精色内白……"等等。橘树这些生物学上的天然特征,在屈原看来,全都有美好的内涵。比如物性难徙,对于培养作物、扩大种植来看并非好事,屈原却认为是忠诚专一,是美德;橘子的表皮颜色鲜明,内瓤雪白莹洁,在屈原看来,好似可以赋予重任的人。这就完全将物的特性比附为人的美德,《橘颂》也成为比兴体咏物诗的发端。[①] 有人称后世效法《橘颂》的咏物诗为"颂体"咏物诗。[②]

《橘颂》所咏之志,是高洁的志向,屈原用于自比。此后,从汉、魏到晋与刘宋,托物言志都是这一阶段咏物诗的主流,比如刘桢《赠从弟(其二)》,以"风声一何盛,松枝一何劲! 冰霜正惨凄,终岁常端正"来寄寓自己坚韧高洁的志向。托物言志中的"志",具有类型化的特点,它是正面的、积极向上的志,是正人君子用于自勉自励的美德。

三、单纯体物,别无寄寓

《诗经》多比兴,往往以咏物起兴。这些咏物的句子,"写气图貌,既随物以宛转;属采附声,亦与心而徘徊。故灼灼状桃花之鲜,依依尽杨柳之貌,杲杲为出日之容,漉漉拟雨雪之状,喈喈逐黄鸟之声,喓喓学草虫之韵……并以少总多,情貌无遗矣"。刘勰在《文心雕龙》中用"写气图貌""情貌无遗"来赞美《诗经》描摹物态达到了传神入微的成就。可惜《诗经》中只有这些句子,还没有专门咏物的篇章。

从枚乘的《七发》开始,汉人喜欢在赋中罗列物态,不厌其烦。《七发》中就用许多生动形象的比喻,绘声绘色地描写了江涛汹涌的情状。汉大赋穷形尽相地描写事物,成为一时之风。刘勰说:"枚乘摛艳,首制《七发》,腴辞云构,夸丽风骇。"(《文心雕龙·杂文》)可以说,《诗经》中细腻地描摹物态的句子,与汉大赋穷形尽相地描写事物的文字,对于文人咏物注重描摹物态这一方面,都有积极的促进作用。同时,汉赋语汇丰富、辞藻华美,善用形象的比喻对事物做逼真的描摹,但是缺乏个人情感志向的寄托,这些特色对于南朝咏物诗不无影响。

---

① 刘辰翁称《橘颂》为"咏物诗之祖",见沈云翔辑评《楚辞评林》,齐鲁书社1997年影印本,第89页。刘学楷《李商隐的托物寓怀诗及其对古代咏物诗的发展》说:"屈原的《橘颂》,是古代第一篇完整而臻于成熟的咏物诗。"(见《安徽师大学报》1991年第1期,第88页)李定广先生在《论中国古代咏物诗的演进逻辑》中说:"屈原的《橘颂》属于真正意义上抑或严格意义上的比兴体咏物诗。"[《中山大学学报》(社会科学版)2015年第4期,第20页]。

② 李定广:《论中国古代咏物诗的演进逻辑》,《中山大学学报》(社会科学版)2015年第4期,第19页。

晋代陆机在《文赋》中提出:"诗缘情而绮靡,赋体物而浏亮。"体物,就是描摹物态,也就是咏物。陆机认为,用赋来体物,要条理清晰、语言清朗,这主要是对形式的要求,而不要求有所寄寓。南朝咏物诗兴起后,大致是沿着这种重形式而轻思想内容的创作道路发展的。

从齐梁到唐初,咏物诗的数量猛增,咏物这一题材在南朝诗歌中占了重要比例。梁简文帝萧纲写了六十八首咏物诗,为南朝之最。上有所好,下必甚焉,因此萧梁成为咏物诗的全盛时期。

南朝咏物诗与宫体诗有很多交叉之处,或者可以说是宫体诗的一类,其作者与宫体诗作者基本上是同一群人。由于文化垄断,作者多为士族子弟,聚为宫廷诗人。这些人缺乏在广阔社会生活中的锻炼,士族子弟中之荏弱者,竟至于畏马如虎,而得到官职又相当容易,"上书不落则著作,体中如何则秘书"。他们生活圈子狭隘,不知民生艰难,不识劳作之苦,没有怀才不遇之慨,对于山川之壮美、羁旅之苦辛历者甚少。因生活环境狭窄,作诗题材有限,"物"在周遭,所知甚悉,习见而易下笔;加之咏物题材,不关现实,无伤大雅,故而此时多咏物诗。这些咏物诗,以图形写貌为主,没有深刻的思想寄托。学者们把这种缺乏寄寓、单纯描摹物态的咏物诗,称为"赋体咏物诗"[①]。"赋"者,直陈其事也。

南朝的赋体咏物诗中,也有写得比较好的,比如刘宋沈约的《咏檐前竹》《咏湖中雁》;萧梁刘孝绰的《咏素蝶诗》、刘缓的《新月》等。到了初唐,陈子昂在《修竹篇序》中反对咏物只重视辞藻摹写,而无比兴寄托:"彩丽竞繁,而兴寄都绝",自己写了《修竹篇》,以寓己志。张九龄的名篇《感遇》同样以咏兰寓托自己高洁的人格。此后,唐代咏物诗多有寄托,赋体咏物诗要到宋代才再度兴盛。

四、类书式的咏物诗

到了初唐,出现了《李峤百咏》。这是一组"类书式的大型咏物组诗",葛晓音先生认为,作者"在写作之前先按类书的分类做过一个总体的规划,所咏一百二十种物名与《初学记》相同的有九十二种,各种物名在其所属类目中的编排顺序也大致相近"。

---

① 可参见刘学楷:《李商隐的托物寓怀诗及其对古代咏物诗的发展》,《安徽师大学报》1991年第1期,第89页。李定广:《论中国古代咏物诗的演进逻辑》,《中山大学学报》(社会科学版)2015年第4期,第20页。

这组咏物诗,分为三种。

1. 直接描摹物态,采用赋物法,比如入选小学教材的《风》:"解落三秋叶,能开二月花。过江千尺浪,入竹万竿斜。"这些咏物诗,没有寄寓任何思想情感。

2. 描摹物态,兼用跟此物有关的典故。这是这组诗中最多的。比如《雾》:"曹公迷楚泽,汉帝出平城。逐鹿妖氛静,丹山霁色明。类烟飞稍重,方雨散还轻。倘人非熊兆,宁思玄豹情。"全诗除了两句"类烟飞稍重,方雨散还轻",其余六句都用跟雾有关的典故。另外像《风》(落日生萍末)、《梅》、《雨》、《燕》、《竹》、《楼》、《纸》、《弓》、《象》、《海》、《桥》、《经》……都是如此,只不过有的诗中用典多几句,有的诗中用典少几句。

3. 空前的古代咏物诗:"类书"式的咏物诗。这是李峤的独创,他以事物为题,把与题目有关的典故集中在题下,比事连类、事聚类从。比如,《诗》:"都尉仙凫远,梁王驷马来。扇中纨素制,机上锦纹回。天子三章传,陈王七步才。缊衣久擅美,祖德信悠哉。"

这首诗句句都用与"诗"有关的典故,"都尉仙凫远",是用《后汉书·方术列传上·王乔》,王乔的鞋子化为凫鸟的典故;"梁王驷马来",用谢惠连《雪赋》中梁王招邹枚诸人作诗的典故;"扇中纨素制",用班婕妤《团扇诗》典故;"机上锦纹回",用苏惠织回文诗于锦上的典故;"天子三章传",用刘邦写的《大风歌》只有三句,却气势恢宏,雄视千古的典故;"陈王七步才"是说曹植七步作诗;"缊衣久擅美",是说陆机的"素衣化为缁"诗写得好;"祖德信悠哉",是说祖宗的高尚德行流传悠远。

全诗句句都用与"诗"有关的典故,《歌》《兰》《鹿》《象》等诗也是如此,每首诗用八个与题目有关的典故。这些诗对于具体事物如兰,没有一点关于纤枝长叶、幽谷清香等的描写,而只有典故,让人读后对兰这种植物没有任何生物特征上的了解。对于鹿和象等,也是如此。所以在古代咏物诗史上,这是最为奇特的一种咏物诗。

葛晓音先生认为,整组《李峤百咏》的创作,是"为了给初学者提供一种律诗咏物用典的范式"[1]。百咏中这三种咏物诗,有纯咏物的,有咏物兼用典的,有纯用典的,确实是起到了普及咏物诗做法的作用。宋代丁谓仿效李峤作《单题诗》"一句一事,凡一百二十篇,寄洛中子孙,名《青衿集》……且篇篇用李韵"[2]。从"一句一事"来看,同样是句句用典,属于类书式的咏物诗。

---

① 葛晓音:《创作范式的提倡和初盛唐诗的普及》,《文学遗产》1995年第6期,第32页。

② 刘克庄:《后村诗话》,中华书局1983年版,第55页。

五、咏物寄慨、托物喻世的咏物诗

《诗经》中的《鸱鸮》《尸鸠》等篇章,以动物寓言故事,来寄寓人生感慨或哲理。不过这些还不是专门的咏物诗。到唐代,咏物寄慨、托物喻世的咏物诗也成为咏物诗的一个大类。

杜甫的咏物诗甚多。① 他早期的咏物诗,多是托物以喻己志,比如《胡马》《画鹰》等,以骧腾万里、鹏博九天的骏马、苍鹰,比喻自己的凌云壮志。

中年以后,杜甫辗转流离,心态发生很大变化。在成都兵乱后写的《枯棕》《病楠》《苦竹》等,借咏物以悲天悯人。诗中不再是以物比喻自己,而是比喻他人,即被重赋割剥得奄奄一息的劳动人民。有时候,杜诗咏物只是对生活中某物产生某种感慨,比如《白小》,"生成犹拾卵,尽取义何如",感叹人们对银鱼的卵也不放过,具有朦胧的生态保护思想。

刘禹锡的《竹枝词》:"瞿塘嘈嘈十二滩,此中道路古来难。长恨人心不如水,等闲平地起波澜。"借瞿塘峡之险,来反喻人心之险,险过江峡。

白居易的《红线毯》,属于"秦中吟"系列,在描写了红线毯的温暖舒适之后,质问争新买宠的官员们"夺我身上暖,买尔眼前恩!",感时伤世。这些诗,与《诗经》中的某些篇章借物起兴,寄托感慨、比喻时世是一脉相传的。

六、托物喻情的咏物诗

托物喻情与托物喻志的区别,在于"志"一般是士人共有的、积极向上的志向或政治理想,往往是类型化的一种美德,比如坚强、高洁、自我牺牲等;而"情"是个性化的,个人独有的一种情感体验或个性气质。这种情感或个性气质,也许是多愁善感,也许是自怜自伤,不足以称为美德,贵在独具个性。咏物诗从托物喻志到托物喻情的发展,也是古代诗人从崇尚群体美德向抒发个性气质转变的过程。

从杜甫开始,咏物诗所寄寓的思想情感,从类型化的美德向独特的人格个性转变。比如《白丝行》"缫丝须长不须白,越罗蜀锦金粟尺",以素质易染,

---

① 刘学楷《李商隐的托物寓怀诗及其对古代咏物诗的发展》中说:"杜甫一生创作了近百首咏物诗。"见《安徽师大学报》1991 年第 1 期,第 89 页;上海师范大学 2005 级硕士论文《罗隐咏物诗研究》中说杜甫有咏物诗三百一十六首。

比喻才士容易被社会污染，角度新颖独特。

李商隐极大地丰富、发展了个性化的咏物诗，可以说是这种托物喻情的咏物诗的集大成者。李商隐的咏物诗，往往寄托的情感极具诗人的个性，比如《蝉》"五更疏欲断，一树碧无情"，寄寓着自身飘零的身世和对凉薄人情的感受；《落花》"芳心向春尽，所得是沾衣"，更有"伤春"的意绪。[①] 如"莺啼如有泪，为湿最高花""夕阳无限好，只是近黄昏"，处处表现出对人生美好的眷恋，又处处表现出对这美好易逝的感伤。《槿花》"回头问残照，残照更空虚"，简直是万念俱灰、物我莫辨。

刘学楷先生指出："义山托物寓怀之作，则每专注于物的悲剧命运。"[②]此言得之。李商隐咏物诗中体现出来的柔弱感伤、幽微灵秀、空虚冷寂，完全是自身个性气质的映射，非性情中人、非灵心善感之辈，难以有同感共鸣。

七、托物寓刺

托物寓志，是借所咏之物的特征来比附美德、自勉自励。因此有学者将托物寓志的咏物诗称为"尊题"，即诗人以尊崇此物来崇尚美德。李商隐托物寓情，此情不一定是世所共称的美德，但有独特的个性。到了杜甫，以其卓绝才力，对赋体咏物诗和比兴体咏物诗都有创作，且又上绍《诗经》，托物寓刺。

托物寓刺，即咏某物时，意在讽刺此物所寓托的对象，也就是指桑骂槐。《诗经·节南山》，就借"节彼南山，有实其猗"，讽刺师尹如同南山一样根深蒂固、盘根错节。《诗经·鸱鸮》是善良的弱者控诉鸱鸮的恶行。这些诗题中的事物，就是作者指斥的对象。

后来，学者们把托物寓刺的咏物诗称为"贬题"。也就是借所咏之物来寄寓讥刺。

比如杜甫的《萤》："幸因腐草出，敢近太阳飞。未足临书卷，时能点客衣。随风隔幔小，带雨傍林微。十月清霜重，飘零何处归。"这首诗是讥刺君王身边的小人。因宦官要受腐刑，不少论者认为诗中是指宦官。其实不必拘定，但其"敢近太阳飞"，则一定是君王亲近之人。"十月清霜重，飘零何处归"，讽刺小人失去依附，无有归处矣。

---

① 李商隐《无题》："天荒地变心虽折，若比伤春意未多。"《赠杜司勋》："刻意伤春复伤别，人间唯有杜司勋。""伤春"可以概括为一种对于时代大格局、人生整体回顾的感伤之情。
② 刘学楷：《李商隐的托物寓怀诗及其对古代咏物诗的发展》，《安徽师大学报》1991年第1期，第92页。

再如韩愈的《杂诗四首·其一》："朝蝇不须驱,暮蚊不可拍。蝇蚊满八区,可尽与相格。得时能几时,与汝恣啖咋。凉风九月到,扫不见踪迹。"朝蝇暮蚊,都比喻、讽刺得志不长的小人。

宋代魏天应《论学绳尺》在探讨"论"体文章的写法时,提出"贬题立说格"①这种写法,虽不是针对咏物诗,但是可以借"贬题"这个名目,来概括这种类型的咏物诗。

唐末罗隐大开"贬题"之门,他笔下的咏物诗,大多为寓刺之作。著名的如《蜂》："不论平地与山尖,无限风光尽被占。采得百花成蜜后,为谁辛苦为谁甜?"从本意上来看,这首诗是讽刺唐末那些碌碌营营的大小官吏,说他们像蜂一样无处不在,钻头觅缝到处谋利,聚敛无厌,家财却转眼属于他人,或被查抄,或被吞并。② 中唐晚唐时,大大小小的军阀之间互相攻伐,战争频仍,官吏们身亡财散的情况屡见不鲜。杜甫的《草堂》,写中唐历史上徐知道乱蜀事件,死者(鬼)的财产被占据："鬼妾与鬼马,色悲充尔娱。"至于以蜂喻钻营者,古代不乏其例,比如元代马致远的《夜行船·秋思》："蛩吟罢一觉才宁贴,鸡鸣时万事无休歇。争名利何年是彻?看密匝匝蚁排兵,乱纷纷蜂酿蜜,闹攘攘蝇争血。"古亦有以蜂喻驱策争夺之众人,如唐代张碧《鸿沟》:"秦园走鹿无藏处,纷纷争处蜂成群。四溟波立鲸相吞,荡摇五岳崩山根。"只是到了当代,人们从利人的角度出发,喜欢赋予蜜蜂以"勤劳无私"的品质,因此把"蜂"用来比喻广大劳动人民。虽然这种解释完全可以说得通,甚至更有普及性,但从罗隐的本意来说,这首诗是对那些钻营谋私、聚财招祸的大小官吏的尖刻讽刺。

罗隐咏物寓刺,有一个突出特点,就是有些事物,已经成为传统文学意象,人们默认它们承载的是美好的内涵,罗隐则写成贬题咏物诗。别人对此物是审美,而罗隐对此物则是审丑。比如《黄河》:"莫把阿胶向此倾,此中天意固难明。解通银汉应须曲,才出昆仑便不清。高祖誓功衣带小,仙人占斗客槎轻。三千年后知谁在?何必劳君报太平!"而此前写黄河,李白写其壮美;薛能写其利民;唯罗隐通篇借指斥黄河来讽刺唐末科举制度和黑暗政治,这就颠覆了传统的母亲河意象。

再比如春风。春风吹拂,大地回春,人们一向以春风为美好事物,温庭筠《嘲春风》"春风何处好?别殿饶芳草"写春风之柔美;而罗隐的《春风》:"也知有意吹嘘切,争奈人间善恶分。但是秕糠微细物,等闲抬举到青云。"贬斥春

① 魏天应:《论学绳尺》卷五、卷八,影印文渊阁《四库全书》第1358册,第314、471页。

② 《资治通鉴》卷八三:"及淮南王允败,秀因称石崇、潘岳、欧阳建奉允为乱,收之。崇叹曰:'奴辈利吾财耳!'收者曰:'知财为祸,何不早散之!'崇不能答。"

风,借以讽刺唐末那些只会选拔"垃圾"的主考官。再如《鹭鸶》,鹭鸶形象从来是风雅的,罗隐却斥之为心怀私利。

再如《香》:"沉水良才食柏珍,博山炉暖玉楼春。怜君亦是无端物,贪作馨香忘却身。"讽刺那些身具长处的人,为表现自己不惜自毁。我们可以比较李商隐的《无题》"春蚕到死丝方尽,蜡炬成灰泪始干"赞美燃烧自己的奉献和牺牲精神,以及温庭筠的《达摩支典》"捣麝成尘香不灭,拗莲作寸丝难绝"赞美粉身碎骨而高尚的精神、美好的情意永存。罗隐这样贬斥"香",就颠覆了"香"之类的事物传统的无私奉献的意象。

罗隐咏物寓刺的第二个特点是,比喻贴切。他抓住所咏之物与人情世理的某些相似点,咏物寓刺,不即不离。像《黄河》句句说黄河,而句句讽刺当时"朝中有人好做官"的社会现实;再如《春风》:"也知有意吹嘘切,争奈人间善恶分。但是秕糠微细物,等闲抬举到青云。"句句说春风,句句刺主司,尖刻痛快;再如《鹦鹉》:"劝君不用分明语,语得分明出转难。"鹦鹉以能言为佳,学语学得越清楚,就越是上品,那就越为人所重视,不可能放其出笼。表面上是说鹦鹉,实际又是说露才遭害,守拙得全的人生哲理,非常贴切。

罗隐咏物寓刺的第三个特点是,遗貌取名,为名而贬。只执此物的某一端特点,生发开去,而遗去此物的整体特征。也就是说,其目的不在于刻画描摹事物,或者描摹刻画事物也不甚精,他只是从物的某一个特点联想到人情世理,以此来讥刺世事。

比如《雪》"尽道丰年瑞,丰年事若何?长安有贫者,为瑞不宜多!"对于南方没见过雪的人来说,从这首诗中完全不能得知雪的形态。与其说他咏的是雪,不如说他咏的是"下雪的影响"。

再比如《金钱花》:"占得佳名绕树芳,依依相伴向秋光。若教此物堪收贮,应被豪门尽劚将。"金钱花的叶子是带状还是片状?花形是什么样子?有香无香?诗中完全没写,只借"金钱花"这个名字,来讥刺豪门的贪婪专横。

比如《雪》"细玉罗纹下碧霄",大家知道比拟雪降,"咏絮"优于"撒盐",只因盐重絮轻,兼形态上盐为细粒而柳絮为团片。所以罗隐此喻并不贴切,他只是借雪之名来讽刺。

咏物而贬此物,其末流便流于为贬而贬,粗疏不情。比如宋代王溥《咏牡丹》:"枣花至小能成实,桑叶虽柔解吐丝。堪笑牡丹如斗大,不成一事又空枝。"花本为观赏,审美即是价值。如果责以衣食之用,那么众多名花,都在"不成一事"之属。此诗为贬而贬,未免矫情悖理。

罗隐咏物寓刺诗的第四个特点,是语言通俗,讽刺尖锐。一些名诗名句,如"三千年后知谁在,何必劳君报太平!"质问黄河直白而爽快;"不论平地与山尖,无限风光尽被占。采得百花成蜜后,为谁辛苦为谁甜?"语言浅近,讽刺尖刻,至今流传;再比如《后土夫人庙》:"四海兵戈尚未宁,始于云外学仪形。九天玄女犹无圣,后土夫人岂有灵。"这首诗是讽刺高骈好神仙之术,以四海兵戈未宁,对应高骈不理世事学道,后两句,对比讽刺,犀利尖锐;再比如《春风》:"也知有意吹嘘切,争奈人间善恶分。但是秕糠微细物,等闲抬举到青云。""吹嘘""争奈""等闲""抬举",这些俗语运用自如,尖刻痛快。

八、托物寓理

杜甫的咏物诗极多,其中有的是对时世人情的感慨,有的带着哲理。明代钟惺对于杜甫的咏物诗有如下论述:"少陵如《苦竹》《蒹葭》《胡马》《病马》《瀼敕》《孤雁》《萤火》《归燕》《归雁》《鹦鹉》《白小》《猿》《鸡》《麂》等诗,于诸物有赞美者,有悲悯者,有痛惜者,有怀思者,有慰藉者,有嗔怪者,有嘲笑者,有劝诫者,有计议者,有用我语诘问者,有代彼语对答者,蠢者灵,细者巨,恒者奇,嘿者辩。咏物至此,神佛圣贤帝王豪杰具此,难着手矣。"①杜甫之后,刘禹锡的《竹枝词》"长恨人心不如水,等闲平地起波澜"议论人心会无事生非,险过于江峡。

宋代人爱以议论为诗,咏物诗中不少托物寓理者。苏轼《题西林壁》《琴诗》,朱熹《观书有感》,都是此中名篇。

九、结　语

古代的咏物诗,从以上八个类型看,也可以分为简单的两类:有寄托的与无寄托的。从陈子昂提倡咏物要有所兴寄之后,有不少学者论咏物诗,都以有兴寄为上。比如《瀛奎律髓·刊误》引纪晓岚评王安石《华藏院此君亭咏竹》语:"咏物无比兴,不免肤浅。"再如金圣叹《贯华堂选批唐才子诗》评郑谷《鹧鸪》诗:"咏物诗纯用兴最好,纯用比亦最好,独纯用赋不好。"

其实,从审美角度来看,浅的也可以是美的,如清溪,如天真纯净的少女,虽浅却美;而深心寄托的咏物诗,也未必就都具有美感,如同某些"油腻"的人,也可以是语言无味、面目可憎的。从整个古代诗史上来看,单纯体物的咏

---

① 仇兆鳌:《杜诗详注》,中华书局 2001 年版,第 614—615 页。

物诗,其中的佼佼者,传神写照,精深入微,同样是千古名篇。比如初唐骆宾王的《鹅》,以生动的声音、形象和鲜明的色彩描摹取胜;盛唐贺知章《咏柳》,以富于诗意的巧思取胜;白居易的《柳》、王安石的《梅》,寄托在有意无意之间;而林逋的《梅》,最著名的"疏影""暗香"两句,纯用白描。此外,像中唐钱珝的《未展芭蕉》,也是以巧思见长。宋代杨万里写莲:"接天莲叶无穷碧,映日荷花别样红。"纯用白描,而景物如画。这说明,单纯体物的咏物诗,并非就不如深心寄托之类的诗,关键还在于诗人对所咏之物,是否有细致入微的观察,描写的语言是否贴切形象,是否能做到传神写照,整首诗是否具备诗情画意。

罗隐诗文中的动植物意象研究

王秋雁　　浙江农林大学

摘　要：罗隐笔下的动植物意象种类繁多、蕴涵丰富。诗人在它们身上寄托了丰富复杂的主观情感，融入了自己强烈的黍离之悲和身世之感。他对动植物有深入细致的观察，形似与神似相结合，大量用典，发展了古典诗文中常用的比兴象征手法，对晚唐五代的社会生活进行了入木三分的揭露和批判，风格鲜明、个性突出。

关键词：罗隐；动植物；比兴象征；状物；典故

罗隐（833—909 年），字昭谏，自号江东生，新城（今杭州市富阳区新登镇）人。晚唐五代著名的文学家，与罗邺、罗虬并称"江东三罗"。

元代辛文房的《唐才子传》记载："少英敏，善属文，诗笔尤俊拔，养浩然之气。乾符初举进士，累不第。"①罗隐一生偃蹇不遂，先后参加十几次科举考试，均以失败而告终。他曾经到很多地方官那里去干谒，"传食诸侯"②，受尽屈辱，然皆未获起用。直到光启三年（887 年），回归故乡钱塘，投奔时任镇海节度使的钱镠，命运才发生了转机。"镠爱其才，前后赐予无数，陪从不顷刻相背。表迁节度判官、盐铁发运使。未几，奏授著作郎。"③

罗隐"性简傲，高谈阔论，满座风生。好谐谑，感遇辄发"。④ 大半生的坎坷沉浮，使他发愤为文，讽刺当时社会的弊端，嬉笑怒骂，皆成文章。他工诗善文，著作颇丰，有诗集《甲乙集》十二卷传世，存诗五百零二首；小品文集《谗书》五卷，六十篇；骈体文集《两同书》两卷，十篇，另外还有骈散文十几篇等流传下来。

---

① 傅璇琮主编：《唐才子传校笺》第四册，中华书局 1990 年版，第 114 页。
② 同上，第 123 页。
③ 同上，第 116 页。
④ 同上，第 118 页。

郑天锦《五代诗话序》云:"惟遭时分裂,士气怫郁而不得伸,而又猜忌相寻,动多触阂,故一时作者,咸自托于含酸茹叹,惝恍不可究诘之语……缘情体物,类皆有为而言。"①罗隐生逢乱世,皇帝昏庸、朝政腐败、宦官专权、党派纷争、藩镇割据、农民起义……,世乱道丧的时代使他满腔悲愤、抨击时弊。在罗隐众多的诗作中,除了那些直接刺事、借古讽今的作品,他还将目光投向了鸟兽虫鱼、花草树木等物象,在前人写过的相同题材中,推陈出新、托物言志、构思精巧、寄托遥深。

罗隐笔下的动植物意象种类繁多、蕴涵丰富。植物类的意象主要有:

(1)草本类植物。

金钱花、竹、菊、野草、兰荪、蓬蒿、兰蕙、玉簪花、薜萝、芍药、芝兰、菖蒲;

(2)木本类植物。

柳、牡丹、梅花、梅子、杏花、桃花、李、槐花、小松、桂、芳树、梧桐;

(3)水生植物。

芙蕖、红莲、萍蓬、白萍、荷;

(4)其他。

野花、残花、红叶。

动物类的意象有:

(1)鸟类。

①现实中的鸟类:雁、鹦鹉、鸭、鹭鸶、鸥鸟、雀、鸳鸯、海鸟、鸂鶒、燕、黄雀、鹰、莺、鷁鹈、鹤、冥鸿、子规、鸡、鹊;

②神话传说中的鸟类:彩凤、丹凤、紫鸾、鸾凤;

(2)兽类。

①现实中的兽类:鹿、野鹿、野马、麋鹿、犬、猋、骐骥、蟾、兔、病骢马、吴牛、猩猩;

②神话传说中的兽类:龙、獬豸、貔貅;

(3)虫类。

蝉、蛾、蜂、蟋蟀、苍蝇、蚊蚋、蜘蛛、蚤、蝶、萤;

(4)鱼类。

游鱼、赪鲤、鲙、鲤鱼、锦鳞。

诗人在它们身上寄托了丰富复杂的主观情感,融入了自己强烈的黍离之悲和身世之感,反映了晚唐五代广阔的社会生活。接下来我们从三个方面来具体分析罗隐诗文中动植物意象的意蕴和特点,进而了解罗隐的思想、心态、

---

① 王士禛原编,郑方坤删补,戴鸿森校点:《五代诗话》,人民文学出版社1998年版,第1页。

政治立场、对人生价值的追求、忧国忧民的社会责任感。

一、运用比兴象征手法，托物寄情，刺世嫉邪

比兴是中国古代文学常用的两种表现手法，也是形成意象的主要方式。比兴手法最早出现在我国古代第一部诗歌总集《诗经》中，"比者，以彼物比此物也。兴者，先言他物以引起所咏之词也"①。"比"就是比喻，使人或者事物的特征更加形象鲜明；"兴"就是起兴，为了引起要说明的事物，先借助其他的事物来开头。《诗经》中的比兴手法比较简单，动植物意象没有经过艺术加工，都是原生态的，一般只是用来渲染气氛。《楚辞》中的比兴手法具有象征的意义，"《离骚》之文，依《诗》取兴，引类譬喻。故善鸟香草以配忠贞，恶禽臭物以比谗佞；灵修美人以媲于君；宓妃佚女以譬贤臣；虬龙鸾凤以托君子，飘风云霓以为小人"②。屈原赋予动植物等自然物以人的思想感情和丰富的社会内容，以香草美人来比喻忠贞之士，以恶禽臭草来比拟奸恶小人，并从此固定下来。

罗隐继承了《诗经》《楚辞》开创的比兴象征传统，他的诗文中的动植物意象，"缘情必务于刺时，体物无忘乎谏猎"③，或者自喻，或者喻人，用委婉曲折的手法，来表达自己对黑暗社会中的丑恶现象的辛辣嘲讽。在《蜂》中，他这样写道：

> 不论平地与山尖，无限风光尽被占。
>
> 采得百花成蜜后，为谁辛苦为谁甜？

作者用蜜蜂来比喻广大劳动人民，前两句赞扬了他们辛苦劳作的精神，最后一句用反问的语气有感而发：你们辛辛苦苦，奉献一生，到底是为谁忙碌，最后能收获多少呢？为广大劳动人民鸣不平，把批判的矛头直接指向不劳而获的"硕鼠"——封建统治阶级。

---

① 详见朱熹：《诗集传》卷一，见《景印文渊阁四库全书》，台湾商务印书馆出版有限公司 2008 年版。

② 王逸：《楚辞章句•序》，上海古籍出版社 2017 年版，第 2 页。

③ 沈崧：《罗给事墓志》，见雍文华校辑《罗隐集》，中华书局 1983 年版，第 339 页。

《蝉》

天地工夫一不遗，与君声调借君緌。

风栖露饱今如此，应忘当年溘浊时。

蝉依靠老天的赐予拥有了声音，能悠然自得地栖息于大树之上，衣食无忧、得意扬扬，全然忘记了自己当年在泥土中的狼狈处境。此诗以蝉喻人，讽刺了那些凭借外力飞黄腾达的小人，自命清高，千方百计掩盖自己低贱的出身。

《鹭鸶》

斜阳澹澹柳阴阴，风褭寒丝映水深。

不要向人夸素白，也知常有羡鱼心。

鹭鸶又称白鹭，身材修长、通体雪白，是一种美丽异常的鸟类。在我国的传统文化中，白鹭一般被视为纯洁、高贵的象征，罗隐在这里却另出新意，指出白鹭表面上显得清高无比，内心却总想吃鱼。讽刺那些心口不一、假装清高，实则贪婪成性的卑鄙小人。

《鹦鹉》

莫恨雕笼翠羽残，江南地暖陇西寒。

劝君不用分明语，语得分明出转难。

诗人以鹦鹉来比喻自身，慨叹自己仕途坎坷、半生漂泊，在年过半百之时才得到钱镠的赏识，境遇得以改善。最后两句诗人表面上规劝鹦鹉，实际是暗中告诫自己：不要得意忘形、恣意妄言，要谨言慎行，珍惜好不容易得到的安定生活，以免招致杀身之祸。因为钱镠虽然欣赏自己，但君心难测，吴仁璧及其女被沉江就是前车之鉴，要时刻存有戒惧之心。

《桃花》

暖触衣襟漠漠香，间梅遮柳不胜芳。
数枝艳拂文君酒，半里红欹宋玉墙。
尽日无人疑怅望，有时经雨乍凄凉。
旧山山下还如此，回首东风一断肠。

桃花是诗人自我的化身，诗歌描写桃花风姿绰约却无人欣赏，"尽日无人疑怅望，有时经雨乍凄凉"，哀叹自己空有满腹才华却屡次落第，岁月蹉跎，知音难觅。

《梅》

天赐胭脂一抹腮，盘中磊落笛中哀。
虽然未得和羹便，曾与将军止渴来。

此诗表面上是写梅子，实际是安慰自己：人应该像梅子一样，各安其命，无论处在何种位置，都要努力发挥自己的长处。开花时，色如胭脂，给人带来美的愉悦；作为果品盛在盘中，晶莹圆润、味道可口；虽然不能成为治理国家的栋梁，也可以帮助曹操稳定军心，激励士兵继续前进。罗隐本人虽然"凡十上不中第"[①]、历经磨难，却生性洒脱，从来不曾向邪恶势力屈服，改变自己的初心。他认为与其埋怨命运的不公，还不如乐观面对，积极与不幸的命运抗争。

《野花》中将野花与桃李对比，讽刺当时社会的不公：当权者只看重门第出身，根本不重视真才实学，导致"世胄蹑高位，英俊沉下僚"[②]。寒门士子无法实现自己的理想抱负，一生落魄，报国无门。《小松》"陵迁谷变须高节，莫向人间作大夫"讽刺国家危难之时变节投降的宵小之徒，以松树寄托自己的志向，即使朝廷对自己不公，自己也绝不丧失节操、卖国求荣。《金钱花》"若教此物堪收贮，应被豪门尽劚将"讥讽豪门贵族的贪婪成性、巧取豪夺：如果金钱花可以收藏的话，应当早就被那些权要豪门砍伐劫掠一空，怎么可能会

---

① 钱俨：《吴越备史》卷二《武肃王下》，文渊阁四库全书本。
② 左思：《咏史》其二，见魏耕原主编《先秦两汉魏晋南北朝诗歌鉴赏辞典》，商务印书馆 2012 年版，第 285 页。

有在阳光下盛放,"依依相伴向秋光"的机会呢?《玉簪花》借"雪魄冰姿俗不侵"的玉簪花比喻自身遗世独立、出淤泥而不染的高贵品质,宁愿终生不仕,也不愿乞食于权贵之门。《龙之灵》中以龙喻国家的最高统治者,"龙之所以能灵者,水也,……。苟或涸一川然后润下,涸一泽然后济物,不惟濡及首尾,利未及施而鱼已敝矣,故龙之取也寡"。警告统治者不要对老百姓过于严苛、索取无度,要博施而约取,减轻人民的负担,才能缓和社会矛盾,挽狂澜于既倒,扶大厦之将倾。《秋虫赋》中"物之小兮,迎网而毙。物之大兮,兼网而逝。网也者,绳其小而不绳其大",讽刺司法的不公:统治者只知道镇压弱小的普通百姓,对那些有权有势者却毫无约束之力,任其作奸犯科、逍遥法外。作者对执政者发出警告:"吾不知尔身之危兮,腹之馁兮。"如果一味纵容奸佞、姑息养奸,最终将自取灭亡、身死国破。

通过以上作品的分析可以看出,罗隐把自己的感情寄托于为数众多的动植物意象,反映了自己身处王朝末世时的苦闷和彷徨。他为自己遭受的不公正待遇感到愤慨不平、壮志难酬,却坚持气节,不向权贵屈服;仗义执言,揭露社会的不公,讽刺统治阶层的腐朽无能,同情人民的不幸遭遇;为国家的前途和命运忧心忡忡、殚精竭虑。他继承了元稹、白居易"饥者歌其食,劳者歌其事"的现实主义创作传统,心系天下,"无其位则著私书而疏善恶,斯所以警当世而诚将来也"。(罗隐《谗书·重序》)[①]

二、体物工妙,状物传神,形象鲜明

罗隐心思细腻,善于观察事物,能够捕捉动植物的外形特性与习性,进行细致入微的刻画,形象鲜明、形神毕肖。

《菊》

篱落岁云暮,数枝聊自芳。
雪裁纤蕊密,金拆小苞香。
千载白衣酒,一生青女霜。
春丛莫轻薄,彼此有行藏。

---

① 王晓宁:《罗昭谏小品》,文化艺术出版社1997年版,第130页。

"雪裁纤蕊密,金拆小苞香"用生动优美的语言,抓住菊花颜色、香味方面的特征,细腻刻画了菊花的神韵情态。白色的菊花像白雪剪裁而成,那纤细柔软的花密密排列,金色的菊花,蓓蕾初绽、清香四溢、沁人心脾。"裁""拆"两个动词生动描绘出菊花气定自若、傲霜屹立的风姿,形神毕备,意蕴深长。

《扇上画牡丹》

为爱红芳满砌阶,教人扇上画将来。
叶随彩笔参差长,花逐轻风次第开。
闲挂几曾停蛱蝶,频摇不怕落莓苔。
根生无地如仙桂,疑是姮娥月里栽。

此诗生动细致地描写了画师在扇上画牡丹的情态,赞美牡丹美艳高贵的风姿。"叶随彩笔参差长,花逐轻风次第开。闲挂几曾停蛱蝶,频摇不怕落莓苔。"用动态的描写表现牡丹的绰约风采:随着画笔的移动,参差不齐的叶子逐次展现,一朵朵鲜花在轻风的吹拂下次第盛开。画技如此高超,足以以假乱真。蝴蝶都信以为真,多次停留徘徊在扇面所画的牡丹之上,频频摇动也舍不得离开。诗句形神兼备,撼人心魄。

《金钱花》

占得佳名绕树芳,依依相伴向秋光。
若教此物堪收贮,应被豪门尽劚将。

首句诗人描写金钱花的名称、形态、香气,"绕树芳"三字不仅传神地描绘出金钱花柔弱美丽的身姿,而且渲染了它沁人心脾的芳香。次句"依依相伴向秋光"则以拟人的手法摹写金钱花枝繁花艳,就像亲密无间的情侣,相依相偎,迎着秋日的艳阳傲然怒放。"依依"一词贴切形象地展现了金钱花枝繁叶茂、楚楚动人的情态。

《牡丹》

艳多烟重欲开难,红蕊当心一抹檀。

公子醉归灯下见,美人朝插镜中看。

当庭始觉春风贵,带雨方知国色寒。

日晚更将何所似,太真无力凭阑干。

诗的开头两句总写牡丹惊人的美艳,不仅有对其外形、色彩的刻画,而且描写了其所赖以生存的自然环境。牡丹花在园中蓓蕾初绽,光彩夺目,然而雾气笼罩,难以怒放;花瓣粉红,中间包裹着深红的花蕊,分外妖娆。颈联"当庭始觉春风贵,带雨方知国色寒","寒"字描绘出牡丹严峻刚强的特征,经过风雨的洗礼,碧叶更显苍翠,红瓣越发鲜艳,那条条枝茎,显示出铮铮铁骨。"始""方"二字表明恶劣的自然条件不仅未能削减牡丹的国色天香,反而越发彰显其美艳绝伦和高贵的气质。

《柳》

灞岸晴来送别频,相偎相倚不胜春。

自家飞絮犹无定,争解垂丝绊路人。

这首诗紧扣柳的特征来展开,写长安城外灞桥送别的情景。以柳喻人,感叹宦海浮沉、羁旅漂泊的痛楚。次句"相偎相倚不胜春"写柳枝依依,挽留离人。"相偎相倚"写出春风中垂柳的婀娜多姿,同时比喻青年男女临别时亲昵依偎、缠绵悱恻的情景。他们别情依依、难舍难分,要享尽这临别前的每刻春光。三句"自家飞絮犹无定",以柳絮的飘飞不定暗喻人的羁旅孤独,末句"争解垂丝绊路人",以柳丝绊人比喻女子殷切挽留,不愿同情人分离的情形。全诗紧紧切合春柳的特点,人柳合一,自然贴切,形象逼真。

三、化用典故,言简意赅,巧妙自然

罗隐在诗文中描写动植物意象时,喜欢引用相关的典故,表情达意,丰富了诗文中的思想和内容,使诗歌具有典雅庄重的特色。罗隐的用典包括语典和事典两种类型,语典指引用以往典籍中的原话或据原话稍做修改。其形式一般有直引前人语句、点化前人语句等。①

《梅》

天赐胭脂一抹腮,盘中磊落笛中哀。
虽然未得和羹便,曾与将军止渴来。

"虽然未得和羹便",化用《尚书·说命下》殷高宗武丁任命傅说时所说的"若作和羹,尔惟盐梅"。孔传:"盐咸梅醋,羹须咸醋以和之。"后来用"和羹"和"盐梅"借指治理国家的栋梁之材。这里指梅子虽然不能发挥大的作用,但在其他的位置也能发挥自己的一技之长。

《牡丹花》

似共东风别有因,绛罗高卷不胜春。
若教解语应倾国,任是无情亦动人。
芍药与君为近侍,芙蓉何处避芳尘。
可怜韩令功成后,辜负秾华过此身。

"若教解语应倾国,任是无情亦动人。""倾国",指美女。语出《汉书·孝武李夫人传》:"北方有佳人,绝世而独立。一顾倾人城,再顾倾人国。"后世便用"倾国倾城"形容美丽绝伦的女子,这里以拟人化手法写牡丹花的美丽动人。

《蟋蟀诗》

顽飔毙芳,吹愁夕长。屑戍有动,歌离吊梦。
如诉如言,绪引虚宽。周隙伺榻,繁咽贪缘。

---

① 汤梅花:《罗隐诗歌用典研究》,湖南大学硕士学位论文 2015 年,第 5 页。

范睡蝉老,冠峨緌好。不冠不緌,尔奚以悲。

蚊蚋有毒,食人肌肉。苍蝇多端,黑白偷安。

尔也出处,物兮莫累。坏舍啼衰,虚堂泣曙。

勿徇喧哗,鼠岂无牙。勿学萋菲,垣亦有耳。

危条橘飞,抽恨唧唧。别帐缸冷,柔魂不定。

美人在何,夜影流波。与子伫立,裴回思多。

罗隐的《蟋蟀诗》有七处化用语典,其中五处是化用《诗经》中的语句。如"周隙伺榻"化用《豳风·七月》"十月蟋蟀,入我床下"句,"榻"即"床";"苍蝇多端,黑白偷安"借用了《小雅·青蝇》中"用苍蝇比喻进谗言的小人",即颠倒黑白、混淆是非的意思;"虚堂泣曙"中"虚堂"化用了《唐风·蟋蟀》中"蟋蟀在堂",一个"虚"字,使人感觉寂寥、凄冷;"鼠岂无牙"化用《召南·行露》"谁谓鼠无牙?何以穿我墉",意为鼠的牙齿锋利,能穿透屋墙,比喻谗言可以摧毁人;"勿学萋菲"之"萋菲"化用《小雅·巷伯》"萋兮菲兮,成是贝锦"句,指动听却害人的谗言。

这首诗中的典故紧扣蟋蟀与谗言,表现了诗人以蟋蟀自比,虽曲高和寡、备受谗言诋毁,却仍坚守高尚的节操、不向世俗屈服的傲岸品格。[①]

《红叶》

不奈荒城畔,那堪晚照中。

野晴霜浥绿,山冷雨催红。

游子灞陵道,美人长信宫。

等闲居岁暮,摇落意无穷。

"等闲居岁暮,摇落意无穷"中"摇落"一词化用宋玉《九辩》中的语句"悲哉,秋之为气也!萧瑟兮草木摇落而变衰",指秋天草木凋零,一片萧瑟悲凉。诗人自己一生落魄,屡试不第,和红叶一样随风飘零,同病相怜。

事典是借用历史故事来表达作者的思想感情,包括对现实生活中某些问题的立场和态度、个人的意绪和愿望等,属于借古抒怀或者借古讽今。

---

① 汤梅花:《罗隐诗歌用典研究》,湖南大学硕士学位论文 2015 年,第 6 页。

《子规》

铜梁路远草青青，此恨那堪枕上听。
一种有冤犹可报，不如衔石叠沧溟。

末句"不如衔石叠沧溟"，引用了"精卫填海"的神话传说，据《山海经·北山经》记载："又北二百里，曰发鸠之山，其上多柘木。有鸟焉，其状如乌，文首、白喙、赤足，名曰精卫，其鸣自詨。是炎帝之少女名曰女娃，女娃游于东海，溺而不返，故为精卫。常衔西山之木石，以堙于东海。漳水出焉，东流注于河。"①把精卫复仇的果敢坚决和子规的只知哀鸣啼血进行对比，否定了子规的懦弱行为。

《竹》

篱外清阴接药阑，晓风交戛碧琅玕。
子猷死后知音少，粉节霜筠谩岁寒。

罗隐用竹子来比喻高洁的人格，"子猷死后知音少"引用了《世说新语》中关于王子猷和竹子的两个典故，"王子猷尝行过吴中，见一士大夫家极有好竹，主已知子猷当往，乃洒扫施设，在听事坐相待。王肩舆径造竹下，讽咏良久，主已失望，犹冀还当通。遂直欲出门，主人大不堪，便令左右闭门，不听出。王更以此赏主人，乃留坐，尽欢而去"（《简傲》）、"王子猷尝暂寄人空宅住，便令种竹。或问：'暂住何烦尔？'王啸咏良久，直指竹曰：'何可一日无此君！'"（《任诞》）。他羡慕竹子能遇到王子猷这样的知音，慨叹自己无人赏识。

《虚白堂前牡丹》

欲询往事奈无言，六十年来托此根。
香暖几飘袁虎扇，格高长对孔融樽。

---

① 郭璞注：《山海经》，南方出版社 2019 年版，第 215 页。

曾忧世乱阴难合,且喜春残色上存。

莫背阑干便相笑,与君俱受主人恩。

罗隐五十五岁时回到家乡杭州,得到钱镠的赏识,此诗便写于此时。"香暖几飘袁虎扇,格高长对孔融樽。"两句连用两个典故,歌颂曾做过杭州刺史的白居易的功绩,感谢时任镇海节度使的钱镠对自己的知遇之恩。"香暖几飘袁虎扇"中"袁虎扇"的典故出自《晋书·袁宏传》:"谢安常赏其机对辩速。后安为扬州刺史,宏自吏部郎出为东阳郡,乃祖道与冶亭。时贤皆集,安欲以卒迫试之,临别执其手,顾就左右取一扇而授之曰:'聊以赠行。'宏应声答曰:'辄当奉扬仁风,慰彼黎庶。'时人叹其率而能要焉。"这里用来赞扬白居易对杭州人民所施行的仁政。

"格高长对孔融樽"中"孔融樽"的典故来自《后汉书·孔融传》:"岁余,孔融复拜太中大夫。性宽容少忌,好士,喜诱益后进。及退闲职,宾客日盈其门。常叹曰:'坐中客恒满,樽中酒不空,吾无忧矣。'"后用来借指好客、礼贤下士之人,这里指欣赏重用自己的钱镠,深深感念他对自己的提携之恩。

《梅》中最后一句"曾与将军止渴来",故事出自《三国志·魏书·武帝传》"望梅止渴"的故事:"曹操行军至含山,军士皆渴,因指山上梅林,渴遂止。"梅子曾经帮助魏武帝曹操稳定军心,起了非常关键的作用。鼓励人们不要妄自菲薄,相信即使身份低微,也能找到发挥自己作用的合适位置,要坚强乐观地面对生活。

四、总　结

罗隐的诗文借大量的动植物意象来融入自己对当时社会的强烈不满,借物抒怀,风格独特。他对动植物有深入细致的观察,形似与神似相结合,发展了古典诗文中常用的比兴象征手法,对晚唐五代的社会生活进行了入木三分的揭露和批判,流露出深沉的忧患意识。物中有我、诗中有我,充满强烈的个人气息和自我意识。

环中国海区域视野下吴越国佛教研究新探

——以吴越国福州佛教历史地位及其影响为中心

刘　涛　龙岩学院闽台客家研究院

摘　要:本文围绕吴越国福州佛教的文本记载,运用历史人类学研究方法进行系统考察,从中发现吴越国与闽国在福州发展佛教的目的有所不同,吴越国在福州发展佛教并非局限于福州一地,而是延伸到泉州、漳州等地,产生了深远的影响。笔者认为佛教对吴越国治理福州多有裨益,对福州海洋文化的发展以及对外交流都发挥了积极的作用。吴越国从百越民族史视角出发,传承并发展了福州文脉,具有世界海洋史视野,在中国海洋文明史上具有重要地位,对中国海洋发展以及新时期"一带一路"研究多有启示。

关键词:吴越国;福州;吴越佛教;环中国海区域;全球史视野

目前,学术界关于吴越国福州佛教的研究,已取得一定成果。以王荣国《吴越国割据时期的福州佛教》一文为代表,文中将王审知家族统治的闽国与吴越国进行了对比。这一比较视野固然正确,但是该文未从闽国统治者来自光州固始县、吴越国统治者来自杭州的角度切入,揭示杭州在于越,福建古属闽越,属于百越民族文化圈,与来自江淮流域的王审知不同。王审知入闽后,推崇越王勾践,强调越王勾践后裔无诸进入七闽建立闽越国,从越国早于福建入华夏族来看,王审知希望以此推动福建的王化进程。早在唐代,佛教就通过吴越地区传入福州,吴越国是在此前吴越地区佛教传播进入福建的基础上进一步发展的,与闽国佛教有着本质的不同。但是,由于闽国尊崇越国文化,客观上对吴越国佛教传播到福建起到了一定的促进作用。所谓王审知家族虔诚信佛的说法,实际上是忽视了佛教在中国的传播过程,佛教在西汉、东汉通过海陆传入中国,身披黄老之术的外衣。直到十六国时期,鸠摩罗什才接受前秦王苻坚的邀请,前往长安译经,推动佛教开始中国化,对维护前秦统一的多民族国家的稳定发挥了积极的作用,佛教本身也由此走向繁荣与发展之路。基于佛教对统一的多民族国家所起到的积极作用,王审知家族也希望通过佛教加强其统治。王荣国《吴越国割据时期的福州佛教》一文与王承《五代杭州佛寺》一文均停留在重述文本记载层面,未能深入探索福州佛教的发展基础,无法全面揭示吴越国福州佛教的历史地位及其影响。[①]

对此,本文将运用历史人类学研究方法,围绕吴越国福州佛教,从环中国海区域视野切入,来揭示文本记载背后的历史情境。首先,通过吴越国福州高僧及其与福州佛教的法缘,探索福州佛教的发展历程。继而,通过探索福州佛教历史底蕴,考辨福州佛教的发展原因。最后,在研究吴越国佛教载体形式传播的基础上,探索其对福州海洋史方面产生的影响。以期达到重新书写福州佛教发展历史,还原吴越国对福州佛教发展发挥的历史作用,揭示吴越国佛教文化以及治国方略的目的。

一、福州佛教发展

(一)福州籍高僧沩山灵祐禅师及其福州法嗣九峰慈慧禅师

王荣国《吴越国割据时期的福州佛教》一文根据《宋高僧传》记载,称钱镠"早年投军时,闽人沩山灵祐的法嗣洪諲"开示。

按"沩山灵祐",即《五灯会元》所载"潭州沩山灵祐禅师",其俗家为"福州长溪赵氏子",[②]可知其俗家来自福州长溪县(今福建省宁德市霞浦县),王荣国《吴越国割据时期的福州佛教》一文于此未说明其来自福州,只泛称其为"闽人",使之具有福建人的意涵,这会产生不必要的误读。若直称其为福州人,则一目了然,可以更好地理解钱镠与福州的佛教渊源。

查《闽书》记载:有"本州九峰慈慧禅师,初在沩山",[③]名列唐代"福州释衲",可知其俗家福州。沩山灵祐是沩山的开山祖师、佛教沩仰宗的开创者,慈慧禅师虽然是出家人,但是仍讲究地缘关系,因其与沩山灵祐禅师同样来自福州,而拜其为师,成为沩山灵祐禅师的法嗣,名列《南岳下四世》。沩山灵

---

① 王荣国:《吴越国割据时期福州佛教》,《福建宗教》2001年第4期。王承:《五代杭州佛寺》,同济大学硕士学位论文,2003年。王荣国:《杭州龙华灵照禅师弘法历程考(一)》,《杭州文史》(第5辑)杭州文史网,2018年11月1日,http://www.hangchow.org/index.php/base/news_show/cid/3158。

② 释普济:《五灯会元》卷九《南岳下三世·百丈海禅师法嗣》,乾隆四十三年《钦定四库全书》(子部十三)刻本,第1页a。

③ 何乔远编撰:《闽书》卷一三六《方外志》,厦门大学古籍整理研究所、厦门大学历史系古籍整理研究室《闽书》校点组校点,福建人民出版社1994年版,第4043页。

祐禅师曾"剃发于杭州龙兴寺",可知其前往吴越剃发,是吴越佛教的重要成员。王荣国《吴越国割据时期的福州佛教》一文未提及这一渊源,可见该文局限于就吴越国论述吴越国,并未从吴越国的佛教,即从吴越佛教出发,论述吴越佛教与福州的法缘关系。从《闽书》记载可知,与吴越佛教关系密切的福州籍大德高僧对福州产生了一定影响,因此《闽书》所载可推测上述相关人物对其俗家产生了一定的影响,具有一定的参考价值。

王荣国《吴越国割据时期的福州佛教》一文又据《闽书》记载,称时属福州的霍童山开山祖师来自杭州灵隐寺,"名僧清耸禅师(闽人)"。查《闽书》记载:"福州释衲"名录中有"杭州灵隐清耸禅师",[①]可知清耸禅师俗家在福州,王荣国文中未直接说明清耸禅师是福州人。王承《五代杭州佛寺》一文提及清耸禅师时虽有"福建福清县人"之称,却未直接称之为"福建福州福清县人"。例如:王承《五代杭州佛寺》一文引《景德传灯录》称清耸禅师曾"钱懿王命于临安两处开法,后居灵隐上寺",按"钱懿王"即吴越国忠懿王钱弘俶,可知清耸禅师深得钱弘俶信任,在吴越国的首都开法,对清耸禅师俗家福州当地的佛教自然产生了一定影响。

王承《五代杭州佛寺》一文曾述及子仪禅师,虽然称其是温州乐清人,"从福州鼓山涌泉寺神晏国师处得法后回浙","钱忠懿王""命开法"。但是,该文却未把神晏的"国师"的由来,结合钱弘俶生平加以论述。根据这一文本的记载:神晏国师是应王审知的邀请,开创鼓山涌泉寺,与王延彬关系密切。然而,根据《五灯会元》记载:福州鼓山神晏兴圣国师"大梁李氏子",其俗家大梁(今河南省开封市)人,与来自光州固始县(今河南省信阳市固始县)的王审知均来自北方,其入闽弘法自然与闽国的治国方略有关。其时温州属吴越国管辖,可知子仪禅师作为与来自王审知一样来自北方、又深受王审知信任的高僧法嗣,以吴越国的僧人身份,将王审知推动的福州法脉传承至吴越国。于此可见,佛教已经超越了原有的疆界之分,吴越国佛教具有海纳百川的特征,福州佛教由此获得大发展。

---

① 何乔远编撰:《闽书》卷一三六《方外志》,厦门大学古籍整理研究所、厦门大学历史系古籍整理研究室《闽书》校点组校点,福建人民出版社1994年版,第4053页。

(二)福州籍吴越国大德高僧

1.杭州龙华寺契盈禅师

据《闽书》记载:"福州释衲"有契盈禅师与吴越国王钱镠交往密切。

> 契盈,从钱吴越王登渌波亭,时两浙贡赋,繇海上达青州登陆,
> 凡三千里。王命对曰:"三千里外一条水。"契盈应声曰:"十二时中
> 两候潮。"人称骈切。①

"钱吴越王镠",即吴越王钱镠。"渌波亭",位于杭州。"两浙贡赋",即吴越国进贡赋税。"青州",位于山东。从中可知,契盈禅师曾跟随钱镠登渌波亭。其时,两浙贡赋,通过海路前往山东青州,全程三千里。钱镠令契盈禅师与之应对,契盈禅师应对自如,极为贴切,由此获得世人称道。契盈禅师,在《闽书》中未载其俗家所在,但是从《闽书》记载"福州释衲"名录中,可知其俗家应是福州。可见这一脍炙人口的佛教典故是俗家福州的契盈禅师所为。虽然渌波亭位于杭州,于此记述"两浙""青州"之事,并无福州的记载,但是契盈禅师俗家福州是毋庸置疑的,直到明代中后期的漳州月港繁荣发展之际,何乔远仍将此事记载到《闽书》当中。《闽书》虽然是私人所修方志,但是从《闽书》收录的两篇《闽书序》落款"崇祯四年仲夏月吉旦,钦差提督军务兼巡抚福建地方都察院右金都御史熊文灿""万历四十七年,光禄大夫、柱国少师兼太子太师、吏部尚书、建极殿大学士福清叶向高"来看,②《闽书》在崇祯四年(1631年)刊行之际,不仅获得了时任福建巡抚熊文灿为之作序,也就是该志获得了地方官府的认可,而且早在万历四十七年(1619年)就获得了时任内阁首辅大学士叶向高的支持。叶向高,据《明万历十一年进士题名碑录(癸未科)》记载,其是"福建福州府福清县军籍",③既然何乔远《闽书》获得了福州豪绅的支持,《闽书》记载的内容应为其所认同,可知具有半官方色彩,该志所载应是可信的,也代表了闽地精英长期以来的态度。

另据《五灯会元》记载:"杭州龙华寺契盈广辨周智禅师",④此"契盈"正是

---

① 何乔远编撰:《闽书》卷一三六《方外志》,厦门大学古籍整理研究所、厦门大学历史系古籍整理研究室《闽书》校点组校点,福建人民出版社1994年版,第4044页。

② 何乔远编撰:《闽书》卷首《序》,厦门大学古籍整理研究所、厦门大学历史系古籍整理研究室《闽书》校点组校点,福建人民出版社1994年版,第2、6页。

③ 《明清历科进士题名碑录》,华文书局1969年影印本,第986页。

④ 释普济:《五灯会元》卷八《青原下七世·长庆稜禅师法嗣》,第39页b—40页a。

"杭州龙华寺契盈广辨周智禅师",乃杭州龙华寺的高僧。查王荣国《吴越国割据时期的福州佛教》一文并无关于契盈禅师的论述。按契盈禅师与钱镠的这一典故早已成为佛教禅宗经典,也是吴越佛教文化的重要组成部分,对契盈禅师的俗家故里,其时隶属吴越国管辖范围内的福州自然产生了深远的影响。王荣国《吴越国割据时期的福州佛教》一文虽然根据《闽书》研究,却存在挂一漏万的问题,该文又以福州佛寺为主,局限于其与吴越国之间的法缘关系,从而忽略了此重要记载。王承《五代杭州佛寺》一文虽有论述,但未就契盈禅师的籍贯加以考述,可见局限于文本重述阶段,未能全面揭示相关问题。契盈禅师成为吴越佛教的重要组成部分是毋庸置疑的,从吴越国以及吴越佛教对福州的影响来看,其中就有来自福州籍名僧契盈禅师的因素。

2.杭州龙兴寺慧居禅师

据《闽书》记载:"杭州龙兴寺慧居禅师,自天台领旨,钱王俶命住上寺,开堂示众"。[1] 按慧居禅师名列"福州释衲",可知其俗家应是福州。王承《五代杭州佛寺》一文认为其是"福建人",按福建仅有福州属吴越国管辖,可知该文即是论述吴越国佛寺。王承于此并未发现《闽书》相关记载,如果从"慧居禅师的俗家福州"这一论点出发,将出现进一步的论述。按"杭州龙兴寺",即上述沩山灵祐禅师剃发的佛寺,可见与沩山灵祐禅师同样来自福州俗家的慧居禅师选择出家的佛寺,应有这一层关系。

按"钱王俶",即吴越国王钱弘俶,可知慧居禅师深受吴越国统治者的重视。慧居禅师根据钱弘俶的旨意开堂,在吴越国历史上具有一定地位。按福州属吴越国管辖,成为吴越国佛教重要组成部分的慧居禅师,自然对其俗家福州当地佛教产生了积极的影响。此应是福州佛教何以在吴越国成为佛教中心的原因之一。王荣国《吴越国割据时期的福州佛教》一文于此并未述及,因此尤法做到深刻的揭示,应与其认为慧居禅师未有福州记载有关,可见其局限于文本记载层面,未能深入探索文本记载背后的历史情境。

(三)福建历史上首位禅茶诗文作者钱昱

目前所见淳熙《三山志》有两个版本:其一是根据林弘衍《序言》落款"崇祯戊寅夏",[2]可知此版本为明崇祯戊寅(1638 年)版本,以下简称"崇祯本";其二、是《钦定四库全书》清乾隆四十五年(1780 年)刊本,以下简称"四库全

---

① 何乔远编撰:《闽书》卷一三六《方外志》,厦门大学古籍整理研究所、厦门大学历史系古籍整理研究室《闽书》校点组校点,福建人民出版社 1994 年版,第 4053 页。

② 梁克家撰:淳熙《三山志》卷首《序·序言》,见中华书局编辑部编:《宋元方志丛刊》第 8 册,中华书局 1990 年影印本,第 7786 页。

书本"。

查崇祯本淳熙《三山志》记载:福州怀安县有"升山灵岩寺","国初,钱昱诗",内有"禅斋春草长""山静带茶香""更有名僧在,茅庵住上方"。^① 查四库全书本淳熙《三山志》所载内容与之相同。^② "国初"指的是淳熙《三山志》作者梁克家所在的朝代,即宋朝初年,具体是北宋初年。从"钱昱"担任吴越国节度使来看,其时福州处于吴越国统治时期,只不过与之相应的北宋纪年,淳熙《三山志》作者为南宋时人,从北宋正统地位出发,结合吴越国曾向北宋自称国王,而称之为"国初"。

查淳熙《三山志》记载的佛寺相关诗文,唯独钱昱此诗最早。按钱昱此诗提及"禅斋""名僧""茅庵",结合"茶香",可知此"茶"应是禅茶。可见早在吴越国末年福州就以禅茶著称,钱昱是福建历史上第一位赋诗作文见载地方志者,在吴越国佛教以及禅茶诗文中具有重要的历史地位。以往论者未能从这一细节出发,根据该诗相关诗句,置身历史情境深入探索。

钱昱信佛、吴越国崇佛,与闽国崇佛不同,具有较高的学术价值。钱昱该诗所云"茶香",有"底本作'花香',据库本、崇抄改"之说,按"底本"指的是淳熙《三山志》原来的版本,"库本"指的是《钦定四库全书》的版本,"崇抄本"指的是明末崇祯年间的版本。可知"茶香"二字,历史上存在不同记载。最早的版本记载为"花香",到了明末、清代中期就发现这一问题,将"花香"二字改作"茶香",乾嘉年间以考据著称,应以其所考为是,且有明末本持此说,应是淳熙《三山志》底本刊刻之误,应据此将"花香"二字改作"茶香"。为何会在传抄、刊行的过程中出现这一问题呢?个中原因又值得深入探讨。

四库全书本淳熙《三山志》记载:升山灵岩寺"旧号飞山,世传越王勾践时自会稽一夕飞来鉴湖,即其址也。有寺经始于天嘉三年",^③该寺兴建时间的确切记载是在南朝陈文帝天嘉三年(562年),实则应在此间兴建。所谓越王勾践叙事,实际上与吴越国钱昱于此结下佛缘有关,欲在强调福州升山与会稽法缘背后福州与会稽同属百越之地。从中可见吴越国及其文化对福州升山产生了深远的影响,虽然后来被北宋所取代,却仍然通过民间故事的形式流传下来。

---

① 梁克家撰:淳熙《三山志》卷三八《寺观类六·僧寺·怀安县》,见中华书局编辑部编:《宋元方志丛刊》第8册,中华书局1990年影印本,第8230页。

② 梁克家撰:淳熙《三山志》卷三八《寺观类六》,清乾隆四十五年《钦定四库全书》(史部十一·地理类三)刻本,第7页a。

③ 同上,第6页b。

二、吴越国福州佛教发展的基础

(一)历史积淀

1.早期唐代闽籍吴越佛教人物

《闽书》在"福州释衲"人物中记载了部分吴越高僧：比如杭州千顷楚南禅师。

《闽书》记载：

> 杭州千顷楚南禅师,参黄檗……大顺三年,宣州孙儒寇钱塘,发塔,睹师全身俨然,爪发俱长,拜谢而去。①

"千顷"即千顷山,位于杭州,为佛教名山。"黄檗",即黄檗禅师,是佛教黄檗宗创始人,其俗家位于泉州万安县(今福建省福州市福清市)。从泉州在唐代曾一度使用福州的名称来看,黄檗禅师应是此期间人物。

另据《禅宗正脉》记载："杭州千顷山楚南禅师,福州张氏子。"②从中可知楚南禅师俗家福州,其与黄檗禅师均是福建籍在外高僧。

"钱塘",位于杭州,大顺三年(892年),宣州孙儒攻占钱塘,发现楚南禅师舍利塔,目睹楚南禅师全身安好,栩栩如生,由此拜谢而去,楚南禅师由此名扬江南,在吴越佛教史上具有一定地位,成为吴越佛教的文化符号。

2.闽国时期前往吴越弘法的闽籍高僧

(1)台州瑞岩师彦禅师。

据《闽书》记载："台州瑞岩师彦禅师,初礼岩头全奯。"③另据《五灯会元》作"台州瑞岩师产禅师",从其是"闽之许氏子",④按此"闽",由师彦禅师见载《闽书》"福州释衲",可知指其为福州人,即俗家是福州当时闽县的许氏。"岩头全奯",即鄂州岩头全奯禅师,据《五灯会元》记载,其是"泉州柯氏子",⑤可

---

① 何乔远编撰：《闽书》卷一三六《方外志》,厦门大学古籍整理研究所、厦门大学历史系古籍整理研究室《闽书》校点组校点,福建人民出版社1994年版,第4043页。
② 释普济：《五灯会元》卷四《南岳下四世·黄檗运禅师法嗣》,第63页b。
③ 何乔远编撰：《闽书》卷一三六《方外志》,厦门大学古籍整理研究所、厦门大学历史系古籍整理研究室《闽书》校点组校点,福建人民出版社1994年版,第4046页。
④ 释普济：《五灯会元》卷七《青原下六世·岩头奯禅师法嗣》,第28页b。
⑤ 释普济：《五灯会元》卷七《青原下五世·德山鉴禅师法嗣》,第11页b。

知其来自泉州。师彦禅师因与岩头全奯禅师同样来自福建,而拜其为师。

岩头全奯与"雪峰、钦山为友",即与福州鼓山雪峰义存禅师为同门师兄弟,可见师彦禅师俗家福州其时正处闽国统治时期,师彦禅师弘扬佛法为吴越国时期佛教的繁荣与发展奠定了基础。从其曾"自杭州大慈山逦迤造于临济",可见吴越佛教对其时闽地佛教已有向心力。

(2)温州瑞峰神禄禅师。

据《闽书》记载,"福州释衲"有"温州瑞峰神禄禅师,久为瑞峰侍者,后开山创院,学侣依附"①,从中可知,来自福州的神禄禅师见证了温州瑞峰开山创院,为吴越佛教奠定了基础。

根据"福州莲华山永兴神禄禅师,闽王请开堂日"的典故,②"闽王"即王审知。从温州瑞峰神禄禅师生活在五代十国时期,俗家来自福州来看,似与福州莲华山永兴神禄禅师为同一人。然而,查《闽书》又有"本州莲华山永兴神禄禅师"的记载,③可知二者并非同一人。

(3)杭州报慈院从瓖禅师。

《闽书》"福州释衲"记载有"杭州报慈院从瓖禅师"及其偈语。④ 另据《五灯会元》记载,其俗家"福州陈氏子",⑤可知从瓖禅师俗家福州,其在杭州成为名刹高僧,偈语流传至今,对吴越佛教影响深远。

从瓖禅师出自"长庆慧稜禅师法嗣",即"福州长庆慧稜禅师"法嗣,慧稜禅师俗家"杭州盐官人也,姓孙氏",⑥其又出自雪峰义存禅师法嗣,可知福州与杭州之间具有密切的法缘关系,且相互影响。

(二)福州、泉州佛教具有法缘关系

吴越国时期,福建福州隶属吴越国管辖,泉州则属留从效势力范围。福州与泉州均是著名佛教圣地,历来围绕福州佛教的研究局限于就福州论福州,而未曾从福州以外深入探索福州,未能发现福州与泉州的佛教互动关系,据此深入研究福州、泉州两地佛教渊源。

---

① 何乔远编撰:《闽书》卷一三六《方外志》,厦门大学古籍整理研究所、厦门大学历史系古籍整理研究室《闽书》校点组校点,福建人民出版社1994年版,第4046页。

② 释普济:《五灯会元》卷八《青原下七世·玄沙备禅师法嗣》,第26页a。

③ 何乔远编撰:《闽书》卷一三六《方外志》,厦门大学古籍整理研究所、厦门大学历史系古籍整理研究室《闽书》校点组校点,福建人民出版社1994年版,第4048页。

④ 同上,第4049—4050页。

⑤ 释普济:《五灯会元》卷八《青原下七世·长庆稜禅师法嗣》,第39页b。

⑥ 释普济:《五灯会元》卷七《青原下六世·雪峰存禅师法嗣》,第50页b。

例如：福州鼓山雪峰义存禅师，影响深远，其俗家"泉州南安曾氏子"，①可见虽然泉州被留从效割据，却改变不了泉州与福州佛教的法缘关系，在吴越国之前来自泉州的雪峰义存禅师对福州佛教产生了一定的影响，但是在吴越国时期，福州佛教却继续对泉州佛教产生了一定的影响。泉州南安县，在闽国时期析置永春县，即留从效故里，可知其与留从效又有祖地渊源，成为影响泉州佛教的因素之一。

（三）福州籍高僧在泉州、漳州传有名僧法脉

据《闽书》记载，"泉州国欢文矩禅师""泉州睡龙山道溥弘教禅师""泉州开元寺文超禅师""漳州保福院从展禅师"等四名大德高僧的俗家均来自福州。②

另据《五灯会元》记载，道溥弘教禅师俗家"福唐郑氏子"，③从展禅师俗家"福州陈氏子"，④"福唐"指福唐县，是福清县的曾用名，可知溥弘教禅师的俗家是福州福清郑氏。从展禅师的俗家则来自福州陈氏。

文超禅师虽未见载于《五灯会元》，但是其俗家的确来自福州。文超禅师"门弟子多贤者，无晦文章尤知名"，⑤从中可知其法嗣多有贤人，在泉州开元寺法水长流，可见来自福州的大德高僧对泉州佛教产生了深远的影响。

《五灯会元》记载，"保福展禅师法嗣"分布于"漳州延寿寺""漳州保福""福州报慈院""泉州万安院""漳州报恩院""泉州凤凰山""福州永隆院""泉州后招庆和尚""泉州招庆院""福州康山""泉州西明院"等十一座名刹，从展禅师法脉分布在福州、泉州、漳州三地。⑥ 在吴越国时期，超越吴越国与留从效统治的疆界，通过福州与泉州、漳州之间的同门师兄弟法脉互动，对泉州、漳州佛教产生了积极影响。

① 释普济：《五灯会元》卷七《青原下五世·德山鉴禅师法嗣》，第17页a。
② 何乔远编撰：《闽书》卷一三六《方外志》，厦门大学古籍整理研究所、厦门大学历史系古籍整理研究室《闽书》校点组校点，福建人民出版社1994年版，第4043、4046、4047、4046页。
③ 释普济：《五灯会元》卷七《青原下六世·雪峰存禅师法嗣》，第77页b。
④ 同上，第55页b。
⑤ 何乔远编撰：《闽书》卷一三六《方外志》，厦门大学古籍整理研究所、厦门大学历史系古籍整理研究室《闽书》校点组校点，福建人民出版社1994年版，第4047页。
⑥ 释普济：《五灯会元》卷八《青原下七世·保福展禅师法嗣》，第40页b—48页b。

三、吴越国福州佛教发展影响

（一）推动了福建参与环中国海航道进程

契盈禅师见"两浙贡赋，翲海上达青州登陆"，两浙至青州，即浙江前往山东的海道，浙江、山东位于环中国海区域，契盈禅师见证了浙江往山东之间的通航。福建也地处环中国海区域，福州依山傍海，为吴越国管辖，对契盈禅师俗家福州的海外贸易也产生了一定影响。

《闽书》所载"高邮醴泉寺昭庆禅师"，即昭庆禅师，是北宋著名大德高僧，其俗家"晋江林氏"，少时"为贾客往来闽、粤、山东海道，资用甚饶"，"皇祐中""名隶漳州开元寺僧"，与秦观友善，"观为作塔铭"。① 福建、广东、山东海道地处环中国海海域，昭庆禅师少时就从泉州晋江县（今福建省泉州市），也就是泉州刺桐港出发往来于福建、广东、山东海道。福建历史上，山东航海应始于吴越国开辟浙江前往山东的航道，虽未记载福建当时是否开辟山东的航海线路，但是从福州隶属吴越国来看，应与吴越国有关，即在吴越国时期，福州在两浙开辟山东海道的基础上，基于与浙江同属吴越国管辖，开辟了福州前往山东的航海线路。因此，林昭庆的环中国海视野，应源于吴越国统治福州，其与契盈禅师密不可分。

土肥祐子《宋代的漳州商人——黄琼与林照庆》一文曾论述南宋初年著名海商黄琼与林照庆即昭庆禅师，交往密切。② 从朱熹高足陈淳所谓的"漳民无大经商"③，漳州百姓应与黄琼相似，自漳州前往泉州出海，陈淳所见应是漳州而并无出海，对漳州并非全面认识。黄琼应是在林昭庆的支持下，前往临安（今杭州）告御状，可见其时已有漳州前往临安的航海路线。从漳州、泉州与吴越国以及吴越佛教具有渊源来看，契盈禅师见证的江南前往山东的航海路线在福建继续产生影响。

（二）促进了福州长溪县与高丽的对外交流

沩山灵祐禅师俗家来自福州长溪县。长溪县是著名的对外贸易口岸，因

---

① 何乔远编撰：《闽书》卷一三六《方外志》，厦门大学古籍整理研究所、厦门大学历史系古籍整理研究室《闽书》校点组校点，福建人民出版社 1994 年版，第 4076 页。

② 土肥祐子：《宋代的漳州商人——黄琼与林照庆》，《西北史地》1994 年第 3 期。

③ 陈淳撰：《北溪大全集》卷四七《札》，清乾隆四十四年《钦定四库全书》（集部四·别集类三）刻本，第 6 页 a。

钱镠坚持发展海外贸易,所以吴越国是著名海洋帝国,这对福州对外交流也产生一定的影响。

曾巩自北宋熙宁十年(1077年)至元丰元年(1078年)任福州知州时所作《乱山》,有"举头东岸是新罗"[①]的诗句,其自注"福州际海,东岸即新罗诸国,《图经》亦云:长溪与外国接界。"[②]吕肖奂《高丽文化在宋朝的认知度与接受度——地域与阶层在认知与接受域外文化上的差异》一文认为在福州肉眼上无法望见新罗国而提出这实则是曾巩的想象。[③]然从"福州际海",即福州位于环中国海区域,曾巩于此述及福州海洋文化。新罗亡于935年,其时应为"高丽"。从西夏建于1038年,935年为闽国永和二年,可知早在新罗时期福建就与之开展海外贸易。"举头东岸是新罗"之句,实际上反映了福州与朝鲜早有往来,故有"莫问吾亲在何处"之称。从中可知,曾巩对福州海外交流有深刻了解,与福州的新罗华侨眷有交往,讴歌了福州海外交流。吕肖奂该文未能结合福州与高丽海外贸易历史,从而误认为仅是曾巩的想象这看法其实是片面的,其立论并不成立。作为灵祐禅师的俗家福州长溪县与新罗多有交流,实则与钱镠和后百济的密切交往具有一定关联性,吴越国对外交流于此起到了促进作用是毋庸置疑的。

(三)促进了福州对外交流

《闽书》记载:灵隐灵祐禅师在卓锡杭州灵隐寺之前,"回止明州四明山卓庵,节度使钱亿执事师之礼",[④]"明州",即明州港,唐代起就成为海内四大港口之一。"钱亿",即钱弘亿,时任吴越国奉国军节度使、明州刺史,曾拜相,可见其在任期间继续发展海外贸易,对明州发展做出了积极贡献。灵祐禅师在明州具有一定历史地位,对海外产生了积极影响。《闽书》囿于宗教史论述,未能述及其海外影响。

王荣国《杭州龙华灵照禅师弘法历程考(一)》、王承《五代杭州佛寺》二文均曾提及灵照真觉禅师,王承文重述文本记载;王荣国一文对此曾做考述,认为灵照禅师"很可能是直接从朝鲜半岛乘船取海陆抵福州的","因为唐末五代福州港兴盛,且为当时福建对外贸易港口",其言下之意是指福州对外贸易源于王审知。但是,其却忽视了福州东冶港、甘棠港是闽中汉、唐最大港口这一史实。吴

---

① 曾巩撰:《曾巩集》卷八《律诗》,陈杏珍、晁继周点校,中华书局1998年版,第129页。

② 同上,第129—130页。

③ 吕肖奂:《高丽文化在宋朝的认知度与接受度——地域与阶层在认知与接受域外文化上的差异》,《江西师范大学学报》(哲学社会科学版)2011年第2期。

④ 何乔远编撰:《闽书》卷一三六《方外志》,厦门大学古籍整理研究所、厦门大学历史系古籍整理研究室《闽书》校点组校点,福建人民出版社1994年版,第4053页。

越国与高丽关系密切,灵照禅师更有可能自高丽前往吴越国。而即使是能够从高丽前往福州,也是源于吴越国与高丽关系密切。据北宋蔡襄所撰《荔枝谱》记载:福州荔枝"外至北漠、西夏,其东南舟行新罗、日本、流求、大食之属,莫不爱好,重利以酬之。"①蔡襄《荔枝谱》作于嘉祐四年(1059 年),嘉祐五年(1060 年)誊抄,可知福州荔枝在北宋嘉祐年间(1059—1060 年)与新罗交往密切,"新罗"其时已灭亡,应作"高丽"。明州在北宋时设立市舶司,开辟北宋与高丽往来主要航线,北宋时期福州与高丽方才密切交往。深得吴越国王钱弘俶信任、来自明州同处环中国海区域福州的一代大德高僧灵祐禅师,以及灵照禅师,对福州产生了一定影响,其中包括了对海洋方面的影响。

另据《五灯会元》记载:"杭州龙华寺灵照真觉禅师,高丽人也。萍游闽越,升雪峰之堂。"②"雪峰"即雪峰义存禅师,是福州高僧。高丽国人灵照真觉禅师在卓锡杭州龙华寺之前就前往福州学法,其所传法脉源于福州。王荣国《杭州龙华灵照禅师弘法历程考(一)》、王承《五代杭州佛寺》二文均未述及。实际上福州佛教深受吴越佛教影响,吴越佛教也受到了来自福州的影响,福州佛教与吴越佛教之间具有互动关系。

四、结　语

综上所述,笔者得出了以下三点结论:

第一,吴越国佛教既有灵祐、契盈、慧居等吴越国福州籍高僧在吴越国政治中心杭州的传播,对其俗家福州的佛教产生一定影响;又有来自唐代以来的福州籍高僧千顷楚南、瑞岩师彦、瑞峰神禄、从瓌、从展,通过发展吴越佛教,对福州产生一定影响。福州籍吴越国高僧契盈、沩山灵祐、灵隐灵祐,对福州海洋文化以及对外交流产生了深远的超越佛都的影响。钱昱在福州升山的禅茶诗作,开创了福州禅茶诗文先河,在中国佛教史乃至茶文化中具有重要的地位。吴越国在福州的佛教发展,并非只是从吴越国统治福州之际开始的。早在唐代,福州就与吴越地区建立了法缘关系,这种关系又延至五代时期,既出现了福州高僧的法脉在吴越地区的传播,又有吴越地区高僧在福州进行法脉传播的现象,这成为吴越佛教的组成部分并对福州佛教产生了一定的促进作用。

第二,吴越国在福州发展佛教,并非局限于福州地方,而是在泉州、漳州

---

① 蔡襄:《荔枝谱》,清乾隆四十六年《钦定四库全书》(子部九·谱录类三)刻本,第 3 页 b—4 页 a。
② 释普济:《五灯会元》卷七《青原下六世·雪峰存禅师法嗣》,第 65 页 b。

也产生了一定影响。以往针对吴越国时期福州的佛教研究,局限于吴越国时期在福州的佛寺,由此造成对吴越国福州佛教的片面认识。与闽国在福州的佛教政策不同,吴越国从福州与浙江同属的百越民族出发,传承并发展了福州海洋文化,促进了福州的对外交流。吴越国从福州与杭州同属环中国海区域出发,对福州产生了深远的影响,是世界海洋史格局的体现。吴越国以佛教为载体,超越了佛教本身范畴,对福州禅茶文化、海洋文化产生了深远的影响,是吴越国治国方略的体现。

第三,新时期吴越国佛教研究,不能局限于文本重述,应树立揭示文本背后历史情境的重要性。例如:佛教研究不能局限于佛寺、名僧的文本记载,要深入探索文本背后的历史情境,探索为何有此记载,其目的何在,形成的过程又是如何? 在以地方社会历史变迁、王朝制度史、海洋史为代表的全球史三位一体的多元视野中,参考并借鉴宗教史、人类学、民族学等多学科研究成果进行深入探索。要跳出吴越国、吴越佛教的范畴,深入探索,最终达到为吴越国、吴越佛教研究的目的。在佛教研究中,不仅要上升到佛教文化层面,更要从佛教研究出发,比较福州以外的吴越国内部,以及福州之前的闽国政权。与此同时,还要从吴越国发展佛教方面出发,探索吴越国的治国方略,通过比较视野研究其与闽国的异同。未来笔者将在福州研究的基础上,深入开展吴越国佛教研究,为吴越国治国理政策略研究提供新的路径。

吴越国赤城山舍利的发现及相关问题略考

魏祝挺　浙江省博物馆

　　摘　要：吴越显德七年（960 年），国师德韶在重建天台赤城山唐代砖塔时，发现了梁岳阳王萧詧瘗埋的舍利四十九粒。笔者通过整理史料文献和考古材料，确认了其中十一处共四十五粒舍利的去向，并一一考证了瘗埋赤城山舍利的佛塔所在。通过分析对比这些佛塔及其供养物的相关信息，笔者发现赤城山舍利在分布、营造、瘗埋和安置上，有自身的特点，可能有着统一的规划设计。

　　关键词：萧詧；德韶；舍利；砖身木檐塔；阿育王塔

　　吴越开运年间（944—946 年），吴越国王之弟钱弘俶出镇台州时，结识了当地的天台山名僧德韶。在乾祐元年（948 年）胡进思之变后，钱弘俶得以袭位，遂将德韶奉为国师，人称"天台国师"。在德韶的推动下，忠懿王钱弘俶大兴佛法，创寺建塔、造像刊经。

　　吴越显德七年（960 年），德韶于天台赤城山塔发现岳阳王萧詧瘗埋的舍利四十九粒，并广为建塔供养，成为吴越国佛教史上一大事件。笔者现就史料文献和考古材料，详细讨论这一事件中的舍利发现、舍利去向、瘗埋方式、安置方式等问题。

　　赤城山（如图 1 所示），在吴越国台州天台县北六里，山石皆赤色。赤城山自东晋南朝起逐渐成为佛教名山，赤城山飞霞寺为岳阳王萧詧所建，[①]山顶的赤城山塔相传为岳阳王妃所建。[②]

---

　　① 飞霞寺：在赤城山腹。梁岳阳王建，其后僧定光居之，梁亡寺废。见张联元：《天台山全志》，清康熙刻本，第 100 页。
　　② 赤城塔：在赤城山巅，七级，高二十丈，梁岳阳王妃建，旧有三所。见张联元：《天台山全志》，清康熙刻本，第 141 页。

图 1　赤城山

笔者要说明的是，德韶在赤城山塔发现的这四十九粒舍利，时人一般称其为岳阳王感应舍利。但考虑到岳阳王萧詧留下的感应舍利，不止赤城山砖塔一处，故笔者采用赤城山舍利的说法来表述，更为准确。

一、赤城山舍利的发现

关于赤城山舍利的发现，可资参考的材料有中兴寺塔出土《婺州东场县中兴寺新砖塔舍利记》（如图 2 所示，以下简称《中兴寺塔记》），全文如下（标点为笔者所加，下同）：

> 梁第四附庸国主岳阳王萧詧，初抚会稽，虑阻惊涛，乃于开善寺礼谒志公大师，觊示臧否。师云："但于旧址，问彦师，必晓今昔。"王如所陈，将欲离京。时昙彦和尚俗年一百岁，预谓门人曰："却后三日，有圣者来，宜净房宇。"初闻未信，寻而果至。师出户相迎曰："许玄度来何暮，昔日浮图今如故。"云："弟子姓萧名詧，非许玄度也。"寻悟前事。乃往萧山旧址，果见前生所创塔也。便于塔下掘得舍利，分四十九粒入天台赤城山砖塔。会昌五年乙丑岁，勒废。咸通六年乙酉岁，有僧宗立、居士倪求、徐师约等重建，至咸通八年丁亥岁瑧毕。时移星改，风华霜摧。建隆元年庚申岁，天台国师德韶，罄舍资金，鼎新构砌。寺有僧文捷、敬温、敬超、匡信、师德，并近居檀越葛仁皎、郑□、金晖、□□□，同力募缘，结兹砖塔。特歆于国师，蒙分一粒，缄在第三层。□□久与一切人天植福矣。时建隆二年太

岁辛酉九月二十五日,设大斋入舍利。虑年序遐□,故□石记。镌
雕毛承邺①

图 2　东阳中兴寺塔出土《婺州东场县中兴寺新砖塔舍利记》残碑(961 年)

《两浙金石志》转录自《越都图经》的《天台般若新寺砖塔记》(原石已佚),
以下简称《般若寺塔记》,全文如下:

　　按《越都图经》□古碑云:梁朝岳阳王者是昭明太子第三子,即
梁萧詧,是第二生梁王是也。于赤城山顶造砖塔三所,中有如来舍
利四十九颗。其塔至唐会昌五年乙丑岁七月,敕废。至咸通六年乙
酉岁,僧宗立并居士倪求、徐师约与信士同修一所。至八年丁亥岁
七月,办毕。星霜绵远,其塔砖石隳堕。爰至显德七年庚申载,般若
寺沙门德韶重建造。才启旧砖,石感雷电,风雨惊众,现如来身光,
顶佩毫光,光中又现阿育王宝塔,塔中亦放五色祥光,遂获舍利四十
九粒,迎归紫凝山。香花馔并众僧各燃顶臂,种种供养。遂累砖石,
僧俗云苊,逾一祀圆就,再安□舍利二十八颗,前后可三十余瑞现,
光与前无异。留舍利二十一颗,散安东都府内并应天寺砖塔、中吴
武丘寺砖塔、国清寺砖塔、东场中兴寺砖塔各一颗。当寺二塔尽是
□□舍□□□金亲造,各安舍利三颗。上赞皇王帝业,□□□□□
乐康云耳。辛酉岁大□建隆二年十一月十日②

---

　　①　该碑现存 295 字,笔者据东阳市博物馆藏原始文物档案,在末尾部分额外复原 39 字,共计 334
字。说明该碑出土以来,有部分缺损。
　　②　阮元:《两浙金石志》卷五,浙江古籍出版社 2012 年版,第 100 页。

《中兴寺塔记》《般若寺塔记》两碑分别为建隆二年（961年）九月和十一月立，年代相近、内容相似，综合两碑内容可知，文本内容应来自同一源头。其主要讲述了赤城山舍利的来源，以及德韶发现舍利的过程和建塔供养事迹。大致经过如下：

> 梁武帝之孙岳阳王萧詧，赴任会稽郡前，得到国都建康开善寺的高僧宝志建议，前往会稽郡萧山开善寺旧址拜访了一百岁高龄的昙彦和尚，得知自己为许玄度转世。萧詧随即在萧山开善寺旧址的许玄度所创塔基发掘，得到大批释迦真身舍利，并将其中四十九粒，瘗入新建的三所赤城山砖塔中。这三所砖塔于唐会昌中（841—846年）敕废。唐咸通六年至八年（865—867年），当地僧俗重建一所赤城山砖塔。百年后的吴越显德七年（960年），天台国师德韶意欲再次重建已破败的唐代赤城山砖塔，在阿育王宝塔的瑞现祥光中发现了岳阳王萧詧感应所得的四十九粒舍利。同年，德韶开始重建赤城山砖塔，并瘗埋其中的二十八粒舍利。剩余的二十一粒舍利，分别安置在了东都府内、应天寺砖塔、中吴武丘寺砖塔、国清寺砖塔、东场中兴寺砖塔和天台般若新寺塔中。吴越建隆二年（961年），东场中兴寺和天台般若新寺分别立造塔记碑，就是为了记载德韶分赤城山舍利建塔的事迹。

许玄度是东晋会稽名士，他舍山阴（会稽）旧宅和永兴（萧山）新宅，建寺立塔。[①] 而萧山开善寺则是梁天监十二年（513年）由高僧宝志据许玄度旧宅原址所建。[②] 赤城山的寺塔也确实由梁岳阳王萧詧始建。这些事实都使得赤城山舍利现世的说法有了可靠的依据。而梁代时所建的三所赤城山砖塔中的共计四十九粒舍利，可能都在唐咸通年间重建时，被归并到了重建的那所唐代砖塔中去了。

总之，五代吴越国时期，国师德韶发现天台赤城山唐塔中瘗埋的这批南朝流传下来的真身舍利，是一次重要的圣物现世事件。如碑记所知，国师德韶充分利用了这一祥瑞事件。他将这些真身舍利，安置于吴越国境内各处，

---

① 祇园寺，在县西北一百步。东晋咸和六年，许询舍山阴、永兴二宅建，寺号崇化。穆帝降制云：山阴旧宅名曰祇园，永兴新宅号曰崇化。见施宿：《嘉泰会稽志》，嘉庆十三年刊本，民国十五年影印，第270页。

② 慈云寺，在（萧山）县西南四十里，梁天监十二年，僧宝志于许玄度宅基上建，号开善资宝寺。会昌废。晋天福三年重建。大中祥符元年，改赐今额。见施宿《嘉泰会稽志》，嘉庆十三年刊本，民国十五年影印，第271页。

大事营造佛塔,以瘗埋供养。

二、赤城山舍利的去向

如上所述,德韶于显德七年(960 年)在天台赤城山塔共发现四十九粒岳阳王萧詧的感应舍利。《般若寺塔记》载:"遂累砖石,僧俗云芃,逾一祀圆就,再安□舍利二十八颗。"他将其中的二十八粒舍利,放回了重建完成的赤城山舍利塔。

(一)天台赤城山砖塔(二十八粒)

天台赤城山塔(如图 3 所示),位于天台赤城山顶。德韶于建隆二年(961年)在赤城山砖塔安置了二十八粒舍利,数量最多,应该是因为该塔是原址所在的缘故。该塔在德韶重建时,保留了方形塔身。据旧志载:"塔四面七级,高约二十丈,砖砌。每层开一扇假门,层间有短檐突出。"[①]清末民国时,塔身上三级已毁,下部也破损不堪,1947 年该塔重建。其内安置的二十八粒感应舍利,现也已下落不明。

图 3　赤城山塔(五代吴越始建)老照片

---

　　①　褚传诰:《民国天台县志稿》,《中国地方志集成·浙江府县志辑》第三十二册,上海书店 1993年版,第 290 页。

据《般若寺塔记》，德韶对剩余的二十一粒舍利，又作了如下安排：

> 留舍利二十一颗，散安东都府内并应天寺砖塔、中吴武丘寺砖塔、国清寺砖塔、东场中兴寺砖塔各一颗。当寺二塔尽是□□舍□□□金亲造，各安舍利三颗。①

但是，这段文字其实只描述了其中十一粒舍利的去向。

（二）东都府内（一粒）

据《般若寺塔记》，德韶于建隆二年（961年）在东府越州城内，安置舍利一粒，但具体位置不详。考虑到其余赤城山舍利均安置在塔中供养，吴越国越州城内除了应天塔外，还有唐大中年间（847—860年）所建的越州龙兴寺塔。该塔在吴越国时期保存完好，焚毁于北宋淳化三年（992年）十一月，景德元年（1004年）重建，后龙兴寺又毁（可能在北宋末年），未再复建。宋人取龙兴寺废塔舍利，藏于越州城内大善寺塔（如图4所示）中。南宋庆元三年（1197年），大善寺塔亦焚毁，舍利和塔记现世。② 现大善寺塔为南宋绍定元年（1228年）重建。笔者认为，大善寺塔内所藏的来源于龙兴寺塔内的舍利，可能就包含了这一粒赤城山舍利。

图4 绍兴大善寺塔（南宋重建）

---

① 阮元：《两浙金石志》卷五，浙江古籍出版社2012年版，第100页。
② 大善寺：在府东一里二百一十步。……庆元三年十一月，寺僧不戒于火，一夕煨烬。……寺有塔，亦俱焚。或发其塔中地，得石刻，乃越州龙兴寺，宋太始元年，唐大中元年造塔，大宋淳化三年十一月火焚，塔寺俱尽，景德元年重建。石刻中间多断阙，不可尽读。案龙兴寺与今龙兴桥相近，或谓提举廨舍是也。疑龙兴塔俱焚后，人取废塔所葬舍利佛骨，盖以他舍利葬于大善塔耳。见施宿：《嘉泰会稽志》，嘉庆十三年刊本，民国十五年影印，第229页。

(三)东府应天寺砖塔(一粒)

据《般若寺塔记》,德韶于建隆二年(961 年)在东都府内的应天寺砖塔,安置舍利一粒。该塔相传为东晋许玄度始建未成,梁萧詧继成,重建于唐乾符年间(874—879 年),三建于吴越乾德年间(963—968 年),僧皓仁建,高九层、二百二十丈,号应天塔。[①] 这座东府越州的九层高塔,在吴越国后期时十分著名,吴越国王钱弘俶在西府杭州新建的皇妃塔(即雷峰塔)塔记中,专门列举此塔,作为对比。[②] 应天塔位于如今绍兴老城西南的塔山上,遗憾的是,现存的应天塔(如图 5 所示)为明嘉靖年间第四次所建,已非吴越原物。其原塔中所藏的一粒赤城山舍利,不知是否尚存现塔中。

图 5　绍兴应天塔(明代重建)

---

　　① 晋末沙门昙彦与许询玄度,同造砖木二塔。未成,询亡。久之,至梁天监中,岳阳王将至,彦预告门人曰,许玄度来也。岳阳亦早承志公密示,至州即入寺寻访。彦望而曰,许玄度来何暮,昔日浮图今如故。王曰,弟子姓萧名察。彦曰,未达宿命,焉得知之。遂握手,命人室席地,王忽悟前身造塔之事,宛若今日。由是复修塔,塔更加壮丽。唐会昌中废。乾符元年重建,改题为应天寺。宋乾德初,僧皓仁建塔九层,高二百二十丈,号应天塔。见萧良干、张元忭:《万历绍兴府志》,明万历十五年刊本,第771 页。

　　② 视会稽之应天塔所谓许元度者,出没人间凡三世,然后圆满愿心。宫监等合力于弹指顷幻出宝方。信多宝如来分身应现,使之然耳。顾元度有所不逮。出自浙江省文物考古研究所:《雷峰塔遗址》,文物出版社 2005 年版,第 41 页。

(四)中吴武丘寺砖塔(一粒)

据《般若寺塔记》,德韶于建隆二年(961 年)在中吴武丘寺砖塔(如图 6 所示),安置舍利一粒。中吴,即吴越国中吴军节度使所在的苏州。武丘寺,即虎丘寺,改虎为武,是沿用唐讳。该塔八面七级,木檐虽毁,但砖身保存完好,至今依然屹立于虎丘之上。据当代的调查和研究,该塔于建隆二年(961 年)建成,并于第三层天宫中发现了安置于铁铸金涂阿育王塔中的"迦叶□来真身舍利"。[①] 该舍利可能就是德韶安置的这一粒赤城山舍利。

图 6 苏州武丘寺塔(五代吴越始建)

(五)天台国清寺砖塔(一粒)

据《般若寺塔记》,德韶于建隆二年(961 年)在国清寺砖塔(如图 7 所示),安置舍利一粒。国清寺砖塔,笔者认为应是如今天台国清寺外俗称"隋塔"的那座大砖塔。该塔六面九级,是吴越国典型的佛塔形制。笔者认为该塔应为德韶时所建,并安置有一粒赤城山舍利。

---

① 苏州市文物保管委员会:《苏州虎丘云岩寺塔发现文物内容简报》,《文物》1957 年第 11 期,第40 页。

图7　天台国清寺砖塔（五代吴越始建）

（六）东场中兴寺砖塔（一粒）

据《中兴寺塔记》和《般若寺塔记》，德韶于建隆二年（961年）在东场中兴寺砖塔，安置舍利一粒。东场，即东阳，吴越国早期因与杨吴世仇，故改"阳"为"场"。中兴寺砖塔（如图8所示），即东阳南寺塔。该塔为四面九级，历经千年风雨，最终倾覆于1963年，后世未再重建。在发掘中，文物部门发现了二百

图8　东阳中兴寺塔（五代吴越始建）老照片

余件吴越国时的供养品,包括舍利函、经函、经卷、阿育王塔、佛像等。[①] 但遗憾的是,舍利函中原藏的一粒赤城山舍利,已在塔倾覆时,散落于废墟中,下落不明。

(七)天台般若寺双塔(六粒)

据《般若寺塔记》,德韶于建隆二年(961年)在天台般若寺双塔,各安置舍利三粒。天台山般若寺,是德韶的第九道场,[②]也是他最重要的道场。他在《般若寺塔记》中,即自称为"般若寺沙门德韶"。

天台般若寺双塔,位于天台县城西北二十里。般若寺后称护国寺,南宋以来为钱氏家族墓地所在,香火颇盛。但清代后护国寺衰败不堪,民国时仅存双塔。历史上双塔未曾重建,至"文革"时双塔被拆毁,安放的六粒真身舍利及供养物也不知去向。如今仅存一张老照片(如图9所示),据照片可知二塔为四面五级,均为砖塔。

图9 天台护国寺双塔(五代吴越始建)老照片

德韶于建隆二年(961年)兴建的这六处七所砖塔,其中赤城山塔、般若寺双塔、应天寺砖塔、中兴寺砖塔已毁,国清寺砖塔尚待确认,可明确的仅有中吴武丘寺砖塔保留至今。这七座砖塔,虽然平面各异(方形、六角、八角),层数不同(五级、七级、九级),但均为德韶舍金建造,用以安置岳阳王萧詧感应所得的真身舍利。这批佛塔或是新建,或是重修,统一在显德二年(961年)瘗埋舍利,无疑是出自德韶的设计。

---

① 魏祝挺:《中兴寺塔出土文物概述》,见陈荣军:《天心光明——东阳市中兴寺塔出土文物》,文物出版社2019年版,第1页。

② 护国寺,在县西北二十里,旧名般若,周显德四年建,盖僧德韶第九道场。见陈耆卿:《嘉定赤城志》卷二八,《宋元方志丛刊》,中华书局2006年版,第7497页。

据《中兴寺塔记》和《般若寺塔记》所载，上述六处七所砖塔共计安放赤城山舍利三十九粒。其余十粒舍利，在建隆二年（961年）十一月十日营造天台般若寺双塔时，还没有安放。

笔者现继续探索这十粒舍利的下落。

（八）平阳宝胜寺双塔（两粒）

温州平阳钱仓有宝胜寺遗址，现存双塔，均为六面五级。文物部门在对宝胜寺双塔的调查中，发现了一方吴越乾德三年（965年）的《清河弟子造塔记录》碑，其中提道：

于宝胜寺大佛殿前建造宝塔两所。东西二塔之内，各请得天台赤城山塔内岳阳王感应舍利，又备银瓶，并育王铜塔盛贮，并铜尊像。[①]

据此可知，平阳宝胜寺双塔（如图10所示）内应各有一粒赤城山塔岳阳王感应所得的真身舍利，并供养在银瓶中，再盛放在阿育王铜塔中，边上安置铜佛像。

图10　平阳宝胜寺双塔（五代吴越始建）

（九）黄岩瑞隆感应塔（一粒）

台州黄岩瑞隆感应塔（如图11所示），为六面九级，由天台国师德韶施建，至今砖身保存完好。据《嘉定赤城志》记载："兴善院，在县东南三里，旧名瑞隆感应塔院，本僧德韶建。"[②]《万历黄岩县志》则记载其始建于开宝年间

①　黎毓馨：《地涌天宝——雷峰塔及唐宋佛经遗珍特展》，浙江省博物馆编，浙江省博物馆出版，2010年，第57页。
②　陈耆卿：《嘉定赤城志》卷二八，《宋元方志丛刊》第七册，中华书局2006年版，第7492页。

(968—976 年)。① 从其"瑞隆感应塔"之名称、施建人德韶、始建年代等因素来看,该塔在始建时应安放有一粒赤城山塔岳阳王感应舍利。

图 11　黄岩瑞隆感应塔(五代吴越始建)

(十)龙泉金沙寺华严塔(一粒)

丽水龙泉县金沙寺,原有一座华严塔,为六面七级,毁于 20 世纪 50 年代。该塔约建于吴越国末期的太平兴国二年(977 年)。② 有北宋初期杨亿(974—1020 年)撰的《金沙塔院记》传世,其中有:

　　邑人李文进,施财百万,造塔七层。……以岳阳王感应舍利、李长史华严合论,匮而藏之,目曰华严宝塔。③

可知,这座于吴越末期至北宋初期兴建的华严塔(如图 12 所示),内藏有

---

① 九峰寺,在县东三里,宋开宝间僧德韶建,名瑞隆感应塔院。见袁应祺、牟汝忠:《万历黄岩县志》,明万历刻本,第 276 页。

② 拆塔时,在部分塔砖上模印着"太平兴国二年"(977 年)的纪年文字。出自朱伯谦:《浙江两处塔基出土宋青花瓷》,《文物》1980 年第 4 期,第 2 页。

③ 苏遇龙、沈光厚:《乾隆龙泉县志》卷一二,同治二年补刊本,第 326—328 页。

一粒来自赤城山的岳阳王感应舍利。

图 12　龙泉金沙寺华严塔(五代吴越始建)老照片

(十一)秀州灵光寺双塔(两粒)

秀州城内有精严寺,吴越时名灵光,并建有双塔,今已不存。据《康熙嘉兴府志》:

> 精严讲寺……晋天福四年复名灵光,宋祥符中赐额精严。……寺门侧二塔,相传吴越王得佛舍利,内金铎中,藏此。宋时石刻御赞尚存。[1]

双塔中的舍利,据宋僧契嵩撰《秀州精严寺行道舍利述》记载,也是赤城山舍利:

> 此行道之舍利,昼夜振之而不息者,天下未始见也。捧其塔敬之,则金铎益转,若与人意而相应。异乎美哉! 至神之物,不必大也;至道之验,不必多也。考其始致,则曰得之于吴越故国师韶公,盖得乎梁之岳阳王萧察之所传者也。既而钱氏之先王内于金铎,以小铜塔而缄之,真诣灵光寺,殆百年矣。韶公至人也,号其舍利,一日行道,一日入定。入定者秘而不可见,行道者益塔而张之。[2]

---

① 袁国梓:《康熙嘉兴府志》,清康熙二十一年刻本,第 200 页。
② 黄承昊:《崇祯嘉兴县志》,明崇祯刻本,第 615 页。

其安放方式：先将舍利纳入金铎中，再封缄在小铜塔中，最后安放于塔中。

以上就是建隆二年（961 年）之后，继续安置的六粒舍利。最后仍有四粒舍利不知下落，有待进一步调查。

综合上述信息，我们可以大致了解到德韶发现的四十九粒赤城山舍利中，四十五粒舍利的去向，具体如图 13、表 1 所示。

图 13　赤城山舍利去向分布图

表 1　赤城山舍利去向一览表

	场所	所在地域	时间（年）	舍利数（粒）
1	赤城山砖塔	台州天台	961	28
2	东都府内	越州	961	1
3	应天寺砖塔	越州	961	1
4	武丘寺砖塔	苏州	961	1
5	国清寺砖塔	台州天台	961	1
6	中兴寺砖塔	婺州东场	961	1

续　表

	场所	所在地域	时间（年）	舍利数（粒）
7	般若寺双塔	台州天台	961	6
8	宝胜寺双塔	温州平阳	965	2
9	瑞隆感应塔	台州黄岩	968—976	1
10	金沙寺华严塔	处州龙泉	977	1
11	灵光寺双塔	秀州	吴越末期	2
12	下落不明			4
	合计			49

发现于建隆元年（960年）的这四十九粒舍利，有三十九粒在建隆二年（961年）完成安置，可谓迅速。但之后的进度就大大放慢，这或许与德韶后来年老体衰，以及地位下降有关。德韶入寂于开宝五年（972年），太平兴国（977年）金沙寺华严塔的营造，显然已经不是出自他的直接规划了，而这时距离赤城山舍利的发现，已经过去了十七年。

这四十五粒舍利在地域分布上的特征是，被大量安置在天台及其附近地区，但一粒都没有安放于吴越国的国都西府杭州。天台作为赤城山舍利的发现地，以及天台国师德韶的道场所在地，自有其侧重的道理。但是，连中吴、秀州、东场、平阳、龙泉、黄岩等地都有安放，却无一粒进入西府杭州，则似另有隐情。当时的西府杭州作为吴越国真正意义的国都，早已拥有明州阿育王寺的西晋传世真身舍利和越州上虞舜井发现的唐代传世真身舍利，分别安置于城南真身舍利塔（916年）[①]和城北真身舍利塔（929年）[②]，已历数十年。笔者认为，德韶将赤城山舍利大量安置于西府之外的地区，也有抗衡西府著名的两大传世真身舍利及相关寺院僧团之意。

---

①　贞明二年（916年）冬十二月，建浮图于城南。王命惠州防御使弟铧，率官吏僧众，诣明州鄮县阿育王寺，迎释迦舍利塔，归于府城。仍建浮图于城南以致之。浮图凡九层八面，高三百七十尺，中外皆通旋绕，其制度形势皆出王之心匠焉。见钱俨：《吴越备史》卷一，载《五代史书汇编》，杭州出版社2004年版，第6208—6209页。

②　天成四年（929年）八月，余姚县修舜井，获古佛舍利数十粒，王命迎之，定浮图于城北，一如城南之制。见钱俨：《吴越备史》卷一，《五代史书汇编》，杭州出版社2004年版，第6216页。但据钱镠自身所记，该舜井为上虞县百官乡之舜井，发掘时间为宝正三年（928年）八月。宝正三年闰八月初九日奏上：当月十四日，钱王差东都上直官五十人、东都上直官五十人，赍大粮、畚锸，至井所，开掘得⑮记宝物一百二十余件。见萧良干、张元忭：《万历绍兴府志》，明万历十五年刊本，第335页。

三、赤城山舍利的瘗埋和安置

安放舍利入塔封存，一般称为瘗埋。已知去向的四十五粒赤城山舍利，有四十四粒瘗埋在了十处十三所塔中（内有三处为双塔）。剩余的东都府内一粒，笔者认为也有很大概率瘗埋在塔中。

（一）砖塔与天宫瘗埋

瘗埋舍利时，位于塔基中的场所，一般称为"地宫"，位于塔顶、塔身的场所，一般称为"天宫"。地宫与天宫两词，均始见于宋代，目前未见唐五代时期有此称呼，但笔者为行文方便，暂且使用这两个词来代指这两种舍利瘗埋场所。

唐五代时期，舍利一般瘗埋于佛塔的地宫或天宫内。在南北朝时期的佛塔地宫基础上，唐代佛塔出现了天宫。[①] 笔者猜测，这也是砖塔和砖身木檐塔在唐代逐渐流行后，才产生的。[②] 因为纯木结构的佛塔，很难在上层塔身中挖出一个空间来瘗埋舍利和供养物。

目前已知的瘗埋赤城山舍利的十处十三所塔。其中赤城山砖塔、武丘寺砖塔、国清寺砖塔、中兴寺砖塔、般若寺双塔、宝胜寺双塔、瑞隆感应塔、金沙寺华严塔八处十所均现存或保存到近现代，可知原为砖身木檐塔。应天寺砖塔虽早毁，但从现存明代重建塔为砖身木檐塔来看，吴越国时期也应为砖身木檐塔。仅有灵光寺双塔，因史料不足，难以判断。笔者认为，这一批瘗埋赤城山舍利的佛塔，应该都是砖身木檐塔，这也是吴越国时期最流行的佛塔类型。

上述塔中，目前能确定舍利瘗埋位置的，只有武丘寺砖塔、中兴寺砖塔和金沙寺华严塔 3 所，均瘗埋于塔身天宫之中。苏州武丘寺塔，塔基没有地宫，[③]第二、三层均筑有天宫，舍利函封缄于第三层天宫。东阳中兴寺塔，塔基也没有地宫，[④]据《中兴寺塔记》记载，舍利函也封缄于第三层天宫。龙泉金沙

---

① 据冉万里研究，唐代在东魏北齐至隋代的竖穴式地宫基础上开始采用横穴式地宫，并已出现天宫的实例，如陕西长安天子峪国庆禅寺第三层中部、陕西周至仙游寺法王寺塔第二层北壁。见冉万里：《中国古代舍利瘗埋制度研究》，文物出版社 2013 年版，第 262 页。

② 目前已知最早的砖身木檐塔实例，应为五台山佛光寺无垢净光塔，唐天宝十一年（752 年）建。

③ 至于（虎丘云岩寺塔）塔底，在挖到 2.25 米深处仍未发现有地宫。见苏州博物馆编著：《苏州博物馆藏虎丘云岩寺塔、瑞光寺塔文物》，文物出版社 2006 年版，第 14 页。

④ 不论 1963 年还是 2011 年的发掘，文物部门始终未能在中兴寺塔原址塔基内发现地宫的痕迹。

寺华严塔也没有地宫,①其写经等供养品均自塔身中拆出,②舍利虽已遗失,但根据杨亿塔记描述的"以岳阳王感应舍利、李长史华严合论,匮而藏之"推断,舍利也应瘗埋于塔身之中。笔者认为,考虑到其他几处也均为砖身木檐塔,都能满足天宫瘗埋的需要,故推测其他几处塔的舍利瘗埋位置,可能也均为天宫。

武丘寺塔(如图14所示)和中兴寺塔(如图15所示)的舍利明确安置于第三层天宫。与此类似的是,后梁贞明二年(916年)创建的杭州城南真身舍利塔,即是将明州阿育王寺请来的传世真身舍利及其外函阿育王塔,安置于八角九层塔的第三层。③ 不过,由于城南塔本身是一座木塔,故阿育王塔并非封缄于天宫内,而是安置于第三层的七宝龛中。故显德五年(958年)城南塔大火时,僧人尚能冒险登塔抢出。④

笔者认为,像武丘寺塔和中兴寺塔这样,将赤城山真身舍利封缄于砖身木檐塔的第三层天宫之内,应该是吴越国砖身木檐塔瘗埋舍利的一种流行风格。至于其他瘗埋赤城山舍利的几处塔,或许其舍利也安置在第三层天宫。

图14　武丘寺塔第三层天宫
出土鎏金铁阿育王塔

图15　中兴寺塔出土潘彦温等造
鎏金铜阿育王塔

① 浙江省文物管理委员会于1957年调查金沙塔塔基,未发现地宫。见朱伯谦:《浙江两处塔基出土宋青花瓷》,《文物》1980年第4期,第1—2页。

② 王丽萍:《温州博物馆藏龙泉东大寺双塔及金沙塔文物整理》,《东方博物》第57辑,第3页。

③ 梁贞明二年,钱武肃王遣弟铧等迎塔作礼。明年正月回,止西陵岸,放光照江中,其明如画。又改浮屠为九层,第三层置七宝龛,用以贮塔。见郭子章:《明州阿育王山志》,明万历刻清乾隆续刻本,第120页。

④ 镠造南塔以奉安。俄在国,天火屡作,延烧此塔。一僧奋身穿烈焰,登第三级,持之而下,衣裳肤体多被烧灼。见黄鉴、宋庠:《杨文公谈苑》卷六"喻皓造塔"条,载《全宋笔记》第八编第九册,大象出版社2017年版,第107页。

(二)阿育王塔与舍利安置

舍利在瘗埋时,需要用舍利内外函安置舍利。

据考古调查,武丘寺塔的赤城山舍利,安置在铁函内一座铁阿育王塔内的金瓶之中。[①] 宝胜寺双塔的赤城山舍利,也是"备银瓶并育王铜塔盛贮"。[②] 灵光寺双塔的赤城山舍利,"内于金铎,以小铜塔而缄之",[③]这里的小铜塔,很可能就是阿育王铜塔。中兴寺塔由于倾覆,其舍利内外函的关系已经无法复原,但塔内出土了至少九件阿育王塔,说明阿育王塔在安置舍利时,起到了重要作用。

将阿育王塔作为舍利外函使用,这传承自明州阿育王寺以阿育王塔安置舍利的传统,但也与吴越国后期的阿育王塔崇拜,以及赤城山舍利出土时的阿育王塔瑞现有直接的关系。

阿育王塔崇拜在吴越国的勃兴,正出现于这一时期。现存最早的纪年民间造吴越国阿育王塔,为黄岩灵石寺西塔天宫出土的乾祐三年(950 年)陈八娘造铜阿育王塔须弥座(如图 16 所示)。黄岩,即位于台州境内。此种类型小塔的流行,可能就是受到了德韶及天台山僧侣的影响。

图 16　黄岩灵石寺西塔天宫出土吴越乾祐三年(950 年)铭铜阿育王塔须弥座

钱弘俶第一次大规模铸造八万四千件铜阿育王塔(如图 17 所示),是在显德二年(955 年)。而大力推动并参与这一大型铸造和供养工程的,应该就是当时的国师德韶。随后大量的民间造阿育王塔,也出现在了吴越国境内各地。中兴寺塔出土的两座"丙辰岁(956 年)"铭鎏金铜阿育王塔(如图 18 所

---

①　苏州市文物保管委员会:《苏州虎丘云岩寺塔发现文物内容简报》,《文物》1957 年第 11 期,第40 页。

②　见上文《清河弟子造塔记录》碑。

③　见上文《秀州精严寺行道舍利述》。

示）及其他三座民间造鎏金铜阿育王塔,即是受此风气影响。

图 17　中兴寺塔出土乙卯岁(955 年)钱弘俶造铜阿育王塔

图 18　中兴寺塔出土丙辰岁(956 年)僧绍崧造铜阿育王塔

　　据上文所引的《般若寺塔记》记载,于显德七年(960 年)德韶重建天台赤城山唐代砖塔时,塔内出现阿育王宝塔五色祥光,从而发现了南朝梁岳阳王萧詧感应所得的真身舍利四十九粒。

才启旧砖,石感雷电,风雨惊众,现如来身光,顶佩毫光,光中又
现阿育王宝塔,塔中亦放五色祥光,遂获舍利四十九粒,迎归紫
凝山。①

在阿育王宝塔灵光下发现舍利的这一祥瑞事件,恰恰发生在德韶的根据
地天台。赤城山塔的重建耗时一年,最终德韶将二十八粒真身舍利留在重建
完工的砖塔内,而这一年中又出现了三十多次阿育王塔的灵光瑞现。

遂累砖石,僧俗云芃,逾一祀圆就,再安□舍利二十八颗,前后
可三十余瑞现,光与前无异。②

赤城山舍利在发现过程中的一系列阿育王塔灵光瑞现事件,深刻影响了
此后赤城山舍利在各地佛塔瘗埋时的安置方式。

笔者认为,像武丘寺塔、宝胜寺双塔这样,将赤城山舍利统一安置在阿育
王塔中的方式,应该就是出自德韶的规划。其他几座瘗埋赤城山舍利的砖
塔,或许也是采用这种安置方式。

此外,虽然舍利来源不同,但吴越国末期杭州雷峰塔地宫和天宫出土的
两座鎏金银阿育王塔(如图 19 所示),其功能也是作为舍利外函使用的。

图 19　杭州雷峰塔地宫出土鎏金银阿育王塔

① 见上文《天台般若新寺砖塔记》。
② 同上。

四、小　结

　　吴越国天台国师德韶于显德七年(960 年)发现赤城山砖塔瘗埋的四十九粒岳阳王萧詧感应舍利，这在吴越国佛教史上，是一个重大事件。德韶因此在吴越国境内各处广修佛塔、瘗埋赤城山舍利。目前已知其中十一处四十五粒舍利的去向，其中的三十九粒在建隆二年(961 年)即迅速完成瘗埋，之后的瘗埋进度则十分缓慢。四十五粒舍利中，除东都府内一粒有待确认之外，其余均明确为以建塔的方式进行瘗埋，共计十处十三所塔。建塔的地域以天台为中心，遍布吴越国境内，但不包括吴越国都西府杭州，这其中似另有隐情。这些佛塔中，除灵光寺塔有待确认外，其余均明确采用砖身木檐塔的形式进行建造，这也是吴越国后期佛塔的流行营造方式。已知武丘寺塔、中兴寺塔、金沙寺华严塔均没有地宫，以天宫瘗埋舍利，其余塔有待确认。其中武丘寺塔、中兴寺塔明确将赤城山舍利瘗埋于第三层天宫之中。已知武丘寺塔、宝胜寺双塔的赤城山舍利安置于阿育王小塔之中，灵光寺双塔、中兴寺塔也有一定的可能性，这与吴越国浓厚的阿育王塔信仰，以及赤城山舍利在发现过程中多次出现阿育王塔瑞现有很大关系。这一切事实都表明，赤城山舍利在建塔瘗埋和安置供养的过程中，应该有着统一的设计规划。而这位设计规划者，应该就是赤城山舍利的发现者——天台国师德韶。

吴越佛教美术东传朝鲜半岛研究

——以韩国出土的钱俶造铜塔和石造阿育王塔为例①

吴天跃　　广州美术学院

摘　要:五代吴越国末代国王钱俶崇信佛教,曾效仿古印度阿育王,在位期间广造"八万四千塔",相传曾流传至日韩两国。之前国内学者囿于种种限制对吴越国阿育王塔的东亚传播现象鲜有研究。本文整理了韩国的相关考古报告和历史文献,辅以实地考察,详细介绍了韩国出土的吴越国钱俶造乙卯岁铜塔和韩国东国大博物馆所藏忠清南道天安市发现的石造阿育王塔的基本情况,并联系吴越国与朝鲜半岛佛教交流的文献记载,得出初步推论。吴越国与朝鲜半岛佛教交流非常密切,高丽国曾派遣沙门谛观法师前往吴越国遗送天台散佚教卷,韩国出土的钱俶所造铜塔可能也与谛观法师往来吴越国有关。韩国出土的高丽时代石造阿育王塔上的图像显示了自身独特的发展,在艺术表现形式上进一步"本土化"。但该石塔未必直接模仿自钱俶所造的金属制阿育王塔,不能排除模仿中国东南沿海宋元时期石造阿育王塔的可能性,显示了东亚佛教美术交流的多层次性和复杂性。

关键词:吴越国;钱俶;乙卯岁铜塔;朝鲜半岛;石造阿育王塔

一、吴越国与朝鲜半岛佛教交流的文献记载

二十世纪上半叶(具体时间不详),在韩国发现了一座"德"字编号吴越国

---

①　本文是 2019 年度广东省文学艺术界联合会重大研究专项:《20 世纪中国美术史叙事框架和方法论研究》(编号:WL2019Z012)的阶段成果。本文的写作得到清华大学建筑历史与理论专业韩籍留学生黄文镐博士指正,特致谢忱!

王钱俶①（948—978 年在位）所造乙卯岁（955 年）铜塔，该塔由伊东槙雄所藏。1967 年，在韩国忠清南道天安市发现并清理出了石造阿育王塔②的残片。种种迹象表明，除了远播日本，③钱氏吴越国所造的阿育王塔还可能流传至朝鲜半岛。可惜的是，史籍中未曾找到关于吴越国王钱俶所造塔流传至朝鲜半岛的一鳞半爪的记录。这里有必要对十世纪吴越国与朝鲜半岛交往的历史背景作一简单梳理。

吴越国与一水之隔的东邻朝鲜半岛，在政治、商贸和佛教文化交流方面都有密切往来。十世纪，当中国正处于五代十国的分裂状态之时，朝鲜半岛也进入了战乱不息的新罗、后百济、后高句丽的后三国时代。

吴越国与新罗、后百济、后高句丽官府间的往来，主要在吴越国第一代国王钱镠（907—932 年在位）之际，史籍多有记载。④ 公元 923 年至 926 年，钱镠"伪行制册，加封爵于新罗、渤海"。⑤ 927 年，钱镠又劝甄萱与王建和解，从中为高丽、百济两国调停。说明吴越国与朝鲜半岛的关系非同寻常，较之中原朝廷和其他小国，联系更为紧密。后三国之中，地处朝鲜半岛西南部的后百济（900—936 年）与吴越国的关系最为密切。自唐以后，后百济一直是与中国进行海上交往的前沿。到唐朝后期，从长江流域到后百济的海上商贸交通蓬勃发展起来。936 年，后高句丽的王建吞并新罗，以开城为都建立"高丽"，再度统一了朝鲜半岛，王氏高丽政权一直延续至 1392 年，推崇并大力发展佛教。

除政治、商贸上的往来之外，吴越国与朝鲜半岛之间的佛教交流也很频繁，显然是继承了唐代以来的传统。在宁波天封塔地宫中发现了据传为统一新罗时代（8 世纪）的金铜佛像，近年多次在浙江省博物馆的佛教主题展览中展出，印证了当时两地文化交流的活跃程度。据《佛祖统记》卷四二载，935 年吴越国天台沙门子麟，曾访问过高丽和百济，"传授天台教法，高丽遣使李仁日送麟还吴越国"。⑥

---

① 钱俶是五代十国之一的吴越国末代国王，原名钱弘俶，字文德。公元 960 年，北宋建国，为避赵匡胤之父宋宣祖赵弘殷之讳，改称钱俶，下文凡出现"钱弘俶"之名，为了避免混淆，统称为"钱俶"。

② 关于五代吴越国钱俶所造塔的定名尚存争议，主要有"金涂塔""阿育王塔""宝箧印塔"和"钱俶造塔"等多种定名。下文出现的钱俶所造乙卯岁（955 年）铜塔，一律称"钱俶造铜塔"，韩国发现的相似形制的石造塔，与日本镰仓时代以来的石造宝箧印塔的谱系有所区别，故统称为"石造阿育王塔"。

③ 相关研究见吴天跃：《日本出土的吴越国钱俶造铜阿育王塔及相关问题研究》，载《艺术设计研究》2017 年夏刊。

④ 统一新罗末至高丽初期，朝鲜半岛与吴越的交涉，见崔聖銀：《羅末麗初仏教彫刻の对中関係についての考察》，《仏教美術》11 号，東国大学校博物館 1992 年，第 109 页。吴越国与后百济的交往，详见何勇强：《钱氏吴越国史论稿》，浙江大学出版社 2002 年版，第 263—264 页。

⑤ 薛居正等撰：《旧五代史》第六册，卷一三三《钱镠传》，中华书局 2015 年版，第 1768 页。

⑥ 《大正藏》，第 49 册，No.2035，第 391 页。

　　其中,吴越国王钱俶听从天台山螺溪传教院净光大师羲寂之言,遣使往日本、高丽搜求天台教卷一事,在佛教史上传为美谈。《佛祖统纪》卷四十有载:"初天台教卷,经五代之乱残毁不全。吴越王俶遣使之高丽日本以求之。至是高丽遣沙门谛观持论疏诸文至螺溪,谒寂法师。一宗教文,复还中国。"①日本延历寺僧日延就是有史可查的负责遣送天台教卷的僧人之一,高丽国派遣了沙门谛观前往吴越国遣送天台散佚教卷,高丽人谛观法师扮演了与日延同样的历史角色。关于谛观其人其事,《佛祖统纪》卷十有传,可作补充:

　　　　唐末教籍流散海外,今不复存。于是吴越王遣使致书,以五十种宝往高丽求之。其国令谛观来奉教乘。而智论疏、仁王疏、华严骨目、五百门等,禁不令传。且戒观师,于中国求师问难,若不能答。则夺教文以回。观师既至。闻螺溪善讲授即往参谒。一见心服遂礼为师。尝以所制四教仪藏于箧,人无知者。师留螺溪十年。②

　　针对钱俶遣使以"五十种宝往高丽"求天台教卷一事,韩国学者崔应天指出此事发生在高丽光宗十二年(961年),正值钱俶所造乙卯岁(955年)铜塔完工之后,再加上后来在韩国确实又出土一座"德"字编号钱俶所造铜塔,可粗略得出"五十种宝物"中包含吴越钱俶造铜塔的可能性很高的结论。③ 事实上,关于"五十种宝",史籍没有详细罗列,有待考证,暂备一说。

　　吴越国与高丽之间的高僧佛法交流频繁,高丽国王因诵读永明延寿之高论而钦慕,特遣使前来学习佛法。《禅林僧宝传》录有一则。惠洪记曰:

　　　　(吴越永明延寿)声被异国,高丽遣僧航海问道。其国王投书,叙门弟子之礼,奉金丝织成伽梨,水晶数珠,金澡瓶等,并僧三十六

---

　　①　《大正藏》,第49册,No.2035,第394页。

　　②　同上,第206页。

　　③　见崔應天著,久保智康訳:《中国阿育王塔舍利器の受容——東国大博物館所藏の石造阿育王塔を中心に》,《東アジアをめぐる金属工芸——中世・国際交流の新視点》,《アジア遊学》134号,勉誠出版2010年,第60页。谛观法师入吴越遣送天台教籍发生的时间,《佛祖统纪》并无确切记载,崔应天未给出具体出处。笔者查《佛祖纲目》卷三五《光祚禅师住智门》条有载:"唐末教籍流散海外,今不复存。宋乾德二年,王乃遣使,及赍韶书。往高丽国,缮写,备足而还。"乾德二年是964年,与崔应天961年之说有出入。见续藏,第85册,No.1594,第689页。

人,亲承印记。相继归国,各化一方。①

此外,高丽国境内佛塔曾三次发现与吴越钱俶所造铜塔装藏密切相关的《一切如来心秘密全身舍利宝箧印陀罗尼经》(以下简称《宝箧印经》)的刻本和墨书写本。② 其中高丽穆宗十年(1007 年)总持寺印行的《宝箧印经》在版式、构图、发愿文上,与吴越国《宝箧印经》非常相似,从侧面证实了吴越国或之后的辽宋,与高丽国密教经咒和雕版印行品有一定的交流。据以上种种史料记载与实物发现,说明吴越国与朝鲜半岛在政治、商贸和佛教层面交流之频繁,是谓钱俶所造乙卯岁铜塔与石造阿育王塔在韩国发现的历史背景。

二、伊东槙雄旧藏韩国出土的钱俶造铜塔

日本考古学家、京都大学文学部教授梅原末治博士,长期致力于东北亚地区中国东北、日本、朝鲜半岛和蒙古的考古资料收集,对古代青铜器、铜镜有丰硕的研究成果。1967 年,他在韩国《考古美术》第八卷第四号上介绍了一座伊东槙雄旧藏于韩国出土的"德"字编号吴越钱俶造铜塔,如图 1 所示。

图 1 韩国出土的"德"字编号钱俶造铜塔和铭文拓片,伊东槙雄旧藏
(采自梅原末治撰,秦弘燮译:《吴越王钱弘俶八万四千塔》,第 288 页)

---

① 惠洪:《禅林僧宝传》卷九,见闫孟祥《宋代佛教史》(下),人民出版社 2013 年版,第 629 页。吴越国内活跃着不少高丽僧,除了投于永明寺名下的三十六名高丽僧外,比他们早来的高僧也有不少投于雪峰义存(约 822—908 年)门下。又如,高丽僧义通(约 927—988 年)法师,后晋天福末年来华,从天台羲寂法师修习多年,乾德年间起程回国,途经四明(今浙江宁波)时被四明郡守钱维治(吴越王钱俶之子)礼留,在此弘法。入寂后在四明阿育王寺西北立塔。

② 韩国佛国寺释迦塔出土的墨书纸片《宝箧印经》的相关研究,见[韩]朴相国:《墨书纸片中的〈宝箧印陀罗尼经〉写经片》,浙江省博物馆编:《中国古代佛塔地宫文物国际学术研讨会论文集》,中国书店出版社 2015 年,第 295—302 页。初步研究发现,高丽版《宝箧印经》多用于佛腹装藏,基本与韩国出土的钱俶造"德"字编号阿育王塔、石造阿育王塔无关。

据梅原末治博士转述，"该铜塔是第二次世界大战结束前，居住在首尔的以收集朝鲜半岛古物为兴趣的伊东槙雄遗物，他的后人至今还保存着这座塔。此塔至今还可见到因出土而附带的鲜明铜绿锈，是一件破损品。这种收藏品的常态便是出土地信息缺失。此塔被挖掘之后，经由古董商入手伊东槙雄手上这一点是明确无误的。笔者前年十月在鉴赏伊东槙雄收藏品的过程中得知此塔的遗存。此塔在朝鲜半岛出土这一点毋庸置疑"。①

关于伊东槙雄旧藏的"德"字编号铜塔，具体出土地不明确，未见于任何考古报告与图录，现仅存拓片（如图 1 所示），其余信息有待日后发现，但梅原末治博士在文中十分确定该塔出土于朝鲜半岛。据该拓片所示，其内壁阴刻"吴越国王／钱弘俶敬造／八万四千宝／塔乙卯岁记"四行十九字题记，下有"德"字编号；其外壁阴刻图像主题，暂存争议。画面中央，一男子半跏趺而坐，一只脚伸向左下角的老虎口中。男子身旁有三位侍从，左右各一，右下角的侍从半跪，似皆面朝男子做礼拜赞叹状，历代金石著录、日本小野玄妙等佛教美术研究者均考证该图像为"萨埵太子饲虎变"②。最近也有学者提出新见，认为该图像非常接近克孜尔石窟壁画的"虎噬王足"图式，或可解读为《贤愚经》中的"须阇提饲虎"故事。③

就数量而言，铜制塔是钱俶所造所有材质塔中最多最集中的。目前世界各地考古发现以及传世收藏铜塔共计有三十七座。其中，中国藏二十四座，日本藏十一座（其中九座完整件和二件出土的残部件），韩国藏一座，美国藏一座。以 1957 年金华万佛塔地宫一次出土最多，共出土十一座铜塔。就出土地分布而言，铜塔也是钱俶所造铜、铁、银鎏金塔中分布最广的，广布在中国、日本和韩国。中国境内多见于吴越故境浙江、福建两地的佛塔地宫、天宫当中。

据笔者统计，钱俶造乙卯岁铜塔铭文题记有金、万、了、大、三、化、安、上、仁、乙、向、小、人、尔、已、全、礼、保、十、德等编号。伊东槙雄旧藏的这座铜塔，是仅存的"德"字编号铜塔，可惜是一件破损品。目前留存的是该塔四个版，四版各自分开。此塔基座的内侧四面上各有一个"德"字。关于铜塔上的

---

① 梅原末治撰，秦弘燮译：《吴越王钱弘俶八萬四千塔》，《考古美术》第八卷第四号，通卷八十一号，1967 年 4 月，第 288 页。梅原末治原文为日文，查询无果，该文后经秦弘燮翻译成韩文。韩国学中央研究院美术史学系的李梅博士协助将韩文译为中文，特致谢忱！

② 小野玄妙：《吳越王錢弘俶造金塗塔私考》，《小野玄妙仏教芸術著作集（第二卷）》，開明書院 1977 年版，第 615—640 页。

③ 任平山：《吴越阿育王塔四本生图辨》，《文物》2019 年第 3 期，第 81 页。此外，姚士宏曾明确将克孜尔石窟"虎噬王足"图式壁画列为待考图像，见《克孜尔石窟探秘》，新疆美术摄影出版社，1996 年，第 95、117 页。

编号,薮田嘉一郎认为,"人""向""安""仁""大"这些字当作"寺名""所名"较之"人名"更恰当,而"化"这个字很难看成是人名。① 石田茂作认为这些字是表示造塔次第顺序的千字文编号。② 黎毓馨也认为编号应是千字文编号,并认为"八万四千塔"可能并非以往普遍认为的那样是虚指,或许每种编号铜塔复制了百座。但笔者仔细对照了千字文编号法,钱俶乙卯塔上的铭文未能与千字文编号的个别字相对应。这些编号用以区分不同铜塔无疑,也为了便于分版铸造。薮田氏提出的"寺名""所名"的代号之说,笔者认为目前所发现的不同寺院分到同样编号的铜塔的情况比较常见,而寺院一般不会是生产铜塔之地,所以此说可能性不大。综合起来,笔者认为其是施舍愿主或铸造师的姓名代号的可能性较大。

三、韩国东国大博物馆所藏高丽时代石造阿育王塔

除了吴越钱俶所造的乙卯岁铜塔之外,在韩国还发现了一座钱俶八万四千塔式的石造阿育王塔,韩国现存的这类石塔,仅此一座。1967 年 9 月下旬,韩国忠清南道天安市发现了四块花岗岩石造阿育王塔的塔片,后入藏韩国东国大博物馆。随即韩国学者李殷昌在《考古美术》第九卷第三号(1986 年 3 月)发表了论文《天原大坪里寺址的石塔材》,对这一发现做了介绍。之后,日本学者坪井良平从考古学角度对寺址情况、石塔材、石塔构造展开了分析,并进行复原。③ 2010 年,崔应天辨识了石塔上的所有图像,并与中国阿育王塔舍利容器图像做比较。④ 此前中国学者并不熟悉韩国存世的这座石塔,对相关学者的研究也很陌生,鉴于韩国发现的这座石塔的唯一性和重要学术价值,在此综合韩国学者的研究成果和笔者 2019 年 2 月在韩国的实地考察,⑤再作

---

① 薮田嘉一郎:《宝篋印塔の起原,続五輪塔の起原》(第六版)之《〈宝篋印塔の起原〉補考》,綜藝舍,1966 年,第 37 页。

② 石田茂作:《那智發掘佛教遺物の研究》,帝室博物館学報第五册,1927 年,第 57 页。

③ 坪井良平:《韓国に於ける钱弘俶八万四千塔型式の石造品》,《史迹と美術》39(3),史迹美術同攷会 1969 年,第 82—89 页。韩国学者李殷昌的论文转引自坪井良平的介绍。

④ 崔應天著,久保智康訳:《中国阿育王塔舍利器の受容——東国大博物館所藏の石造阿育王塔を中心に》,《東アジアをめぐる金属工芸——中世・国際交流の新視点》,《アジア遊学》134 号,勉誠出版,2010 年,第 44—64 页。不过,崔应天在论文中将泉州开元寺的阿育王塔断为明天顺年间所建,值得商榷。

⑤ 因韩国东国大博物馆内不允许拍摄,所有图片引自官方图录。据韩国官方媒体 2019 年 1 月 13 日报道,该馆对所藏的石造阿育王塔稍微挪移调整,但不影响石塔构件的相对位置。新闻参见 https://www.yna.co.kr/view/AKR20190112045200005? input=1195m。

介绍补充。

　　石塔出土地所在的废弃寺址位于韩国西部忠清南道天原郡北面大坪里的"塔之谷"中,北面是高峰,东西两面也被群山包围,而前方(南面)横亘着一条小河。当地人称这是高丽时代留下的"九龙寺",是否属实无法确知。坪井良品认为大坪里寺址是高丽时代兴盛一时的大伽蓝,而石造阿育王塔(如图2所示)也是高丽时代的遗物。崔应天进一步精确石塔制作的时间,认为应不晚于11世纪。当时的大坪里寺院所在的地区虽然远离高丽都城开城,却很可能是后三国时代到高丽初期,在与吴越国文化交流中起着"窗口"作用的地域。忠清南道沿海的瑞山、唐津,处于航海便利的要冲位置,①为接受吴越国传来的佛教美术提供了基本条件。

图 2　高丽时代石造阿育王塔,韩国忠清南道天原郡北面大坪里塔谷出土,韩国首尔东国大博物馆藏,国宝 209 号(采自秦弘燮编著,孔泰瑢译,《国宝:韩国7000 年美术大系》卷六·塔婆,图 209,第 171 页)

　　目前东国大博物馆重新组装拼合成的石塔(如图2所示),高一点九米,由基坛、塔身、屋盖石、山花蕉叶等四部分组成,相轮部分佚失,可能原先应置基台石或莲花座,现亦不存。塔身石的中央,有直径七厘米、深六厘米的舍利孔。

　　基坛部分,每面均雕有二佛并坐像。塔身和山花蕉叶部分的图案,与目

　　① 韩国忠清南道的唐津地区因朝鲜半岛古三国时期与中国交流频繁而声名鹊起。据清华大学黄文镐博士的推测,很可能在东亚海上丝绸之路的重要人物张保皋(约790—846 年)死后,他的残留势力暂时被强移到唐津、瑞山地域。可能性亟待考证。

前所见吴越国钱俶所造阿育王塔和中国东南沿海一带宋元时期的石造阿育王塔有较多差异，说明当时的高丽匠人或未按照既定的图稿制作，而是根据佛教经典的内容重新设计雕刻而成，或有其他的图稿来源。

塔身部四面雕刻的本生故事，经崔应天辨识，分别为大光明王本生、萨埵太子本生、尸毗王本生和须大拏王本生。与一般所见差异最大的是尸毗王割肉贸鸽本生图和须大拏王本生图。尸毗王本生图（如图3所示），以立式秤为分界线作黄金分割式构图，将画面分成左右两边。秤的左边是试验尸毗王的帝释天，合掌而立。秤台分两端构造，下方的秤皿之上是由帝释天的臣下毗首羯摩天幻化的鸽子。尸毗王坐于席上，正往小腿上割肉，头戴的宝冠最富韩国特色，冠上刻有"王"字。以往中国出土的不管是金属制阿育王小塔，还是福建、广东一带发现的宋元石造阿育王塔，尸毗王本生故事均以尸毗王为中心做众星拱月式构图，且尸毗王的坐具通常是束腰筌蹄座。

图3　高丽时代石造阿育王塔的"尸毗王本生"面（采自秦弘燮编著，孔泰瑢訳，
《国宝：韩国7000年美术大系》卷六·塔婆，图版207和208，第170页）

高丽工匠对须大拏王本生图的处理，则完全选择了须大拏王本生的另一场景，代替了常见的"舍眼"场景。该面最早由安真镛的东国大硕士论文辨识为须大拏王本生故事。须大拏王本生的完整故事，见于《六度集经》卷二、《太子须大拏经》和《菩萨本缘经》。东国大博物馆所藏石塔的该场景表现的是在叶波国的须大拏王夫妇和子女乘车入山林途中，而婆罗门出现，向太子祈求车马布施。画面中尤其着重对车轮的表现，几乎占据了画面的一半，而没有刻画马。车上坐着须大拏王和怀抱儿女的太子妃。车旁有三人合掌站立，应是祈求车马布施的婆罗门。在中国同类塔的塔身图像中，须大拏王本生图像的辨识尚存争议，[①]高丽时代的这件石塔，为解决这面图像的辨识问题增加了新的案例和思考方

---

① 服部敦子：《銭弘俶八万四千塔をめぐる現状と課題》，《東アジアをめぐる金属工芸——中世·国際交流の新視点》，《アジア遊学》134号，勉誠出版2010年，第39—42页。

向。如果与南京长干寺地宫出土的七宝阿育王塔比较(上面铭文注为"须大拏王"本生,而图像则更接近"快目王舍眼"图式),那么高丽石塔上"须大拏王好善乐施"本生图像在这一时期出现并非孤例,可能存在共同的经典来源。

石塔山花蕉叶(如图 4 所示)的图像保留非常完整,图像清晰可辨,鉴于韩国发现石塔图像的独特价值,与吴越国钱俶所造铜塔、铁塔和雷峰塔地宫出土的银制塔上山花蕉叶图像及其配置进行对照,能够发现高丽石造阿育王塔的特色,以及当时工匠对图像的理解。崔应天一一辨识了山花蕉叶部分的图像,但叙述较为零散,且未与中国发现的阿育王塔的山花蕉叶图像进行严格比较。经笔者现场核实并与拓片(如图 5 所示)比对,综合崔应天的部分辨识。需要说明的是,由于东国大博物馆藏石造阿育王塔乃重新组装而成,塔身与山花蕉叶图像并非原初的对应关系,所以此表所列为现藏石塔的相对位置关系。

图 4 高丽时代石造阿育王塔的山花蕉叶(采自秦弘燮编著,孔泰瑢译,《国宝:韩国 7000 年美术大系》卷六·塔婆,图版 207,第 170 页)

图 5 高丽时代石造阿育王塔的四面拓片采自东国大博物馆编《东国大学校建学 100 周年纪念特别展国宝展》,图 51,(第 60 页)

　　如表1所示,东国大博物馆的石造阿育王塔山花蕉叶图像,对佛传故事题材的挑选比中国的同类塔更广,几乎包括了释迦"八相图"的所有情节。杭州雷峰塔出土的两座银鎏金阿育王塔的山花蕉叶佛传故事非常清晰,已经辨识出的图像分别是腋下降生、步步生莲、二龙灌浴、比武掷象、削发出家、连河洗污、牧女献糜、初转法轮和醉象调伏,尚缺少兜率来仪、魔女引诱、降魔成道、梵天劝请和释迦说法等情节。不仅如此,钱俶所造的乙丑岁(965年)铁塔和银塔山花蕉叶,都有两面图像题材重复。而高丽时代的石塔山花蕉叶,每一块图像都是单独题材,未见重复。

表1　韩国东国大博物馆藏石造阿育王塔塔身与山花蕉叶图像

塔名	塔身图像	山花蕉叶		山花蕉叶图像辨识
东国大博物馆藏石造阿育王塔	须大拏王本生	左侧山花蕉叶	上段	龙王夫妻
			下段	魔女引诱
		右侧山花蕉叶	上段	兜率来仪
			下段	无法辨识
	尸毗王割肉贸鸽	左侧山花蕉叶	上段	无法辨识
			下段	释迦涅槃
		右侧山花蕉叶	上段	降魔成道
			下段	梵天劝请
	萨埵太子舍身饲虎	左侧山花蕉叶	上段	马夫与乾闼喀告别
			下段	牧女献糜
		右侧山花蕉叶	上段	无法辨识
			下段	醉象调伏
	大光明王施首	左侧山花蕉叶	上段	无法辨识
			下段	无法辨识
		右侧山花蕉叶	上段	腋下降生
			下段	步步生莲

　　从雕刻技法来看,基本为减地平雕,风格粗犷,缺乏细节表现,带有浓郁的山东半岛一带汉画像石气息。人物服饰多见宽袖大袍,脱去西域色彩,个别甚至换上高丽王室的服饰。本生故事图像中兜形的独特帽子,被韩国学者认为与开心寺迹五层石塔(1010年)的八部神宗像非常接近,说明石雕风格可能有本地工匠的传统。

关于该石塔风格图像的来源,除了前面提到的韩国出土的"德"字编号钱俶塔外,韩国感恩寺西三层石塔舍利遗物青铜制四角龛的四天王像毗沙门天(多闻天)的捧持塔,正是这类阿育王塔的初始形态。而崔应天认为该石塔是仿效自金属制作的阿育王塔舍利器,通过工匠对经典内容的再诠释,以石雕形式制作的具有韩国特色的阿育王塔。但笔者认为高丽时代的阿育王塔未必是直接模仿自钱俶造的金属制阿育王塔,不能排除间接模仿自中国东南沿海一带以泉州为辐射中心的石造阿育、塔的可能性,其中最有代表性的便是泉州开元寺大雄宝殿前的宋代石造阿育王塔。中、日、韩三国石造阿育王塔美术的内在联系和图像比较,将是笔者下一步的研究课题。高丽时代对中国阿育王塔图像的改造,明显不同于日本镰仓时代对中国阿育王塔的接受,从而见证了佛教美术在东亚诸国间流传时的接受与更新。[①]

四、小 结

综上所述,本文主要结合史料文献与图像资料,考察韩国出土的吴越国阿育王塔及其后世影响,将其置于十世纪至十三世纪东亚佛教文化交流的背景之下审视,这是目前国内学术界对韩国这批材料的首次整理和分析。

吴越国与朝鲜半岛之间,隔海相望,交往程度远较五代十国的其他小国深入密切。高丽国王诵读吴越高僧永明延寿的著作而生钦慕之情,特遣使者前来。高丽国又派遣沙门谛观前往吴越国遣送天台散佚教卷,谛观法师扮演了与日僧日延同样的历史角色。韩国曾出土钱俶所造乙卯岁铜塔,之后韩国忠清南道天原郡北面大坪里的"塔之谷"中又出土了高丽时代石造阿育王塔上的图像,其细部显示了高丽佛教艺术自身独特的发展,进一步"本土化"了。但高丽时代的阿育王塔未必直接模仿自钱俶所造的金属制阿育王塔,两者之间在材质、图像和表现技法上,仍存在较大鸿沟。至于韩国为何仿造石造阿

---

① 两宋时期,中国东南沿海地区的福建泉州、莆田,广东潮州等地,出现了一批石造阿育王塔,类型丰富多样,对于理解中日韩三国石造阿育王塔图像的交流与流变问题非常关键。2003 年至 2008 年佐藤亚胜等中日学者组成的调查队针对中国、日本的石造阿育王塔展开了系统调查(未包括韩国),成果收录在山川均所编《中日石造物的技术的交流 に関する基礎的研究——宝篋印塔を中心に——》,《シルクロード学研究》Vol. 27,シルクロード学研究センター,2007 年。另外,关于韩国的阿育王塔,方炳星指出:"大力推动政治改革的高丽光宗,对带有转轮圣王意味的阿育王塔必然十分敏感,因此对钱俶送来的'宝物'予以'冷处理'是很可能的,从而导致塔的传播与应用受到了限制。"不失为一种考虑东亚宏观政治局势的新颖观点。见方炳星:《十世纪中期的东亚佛教交流——以吴越国为中心》,山东大学 2019 年硕士学位论文,第 28 页。

育王塔,其背后的宗教信仰与思想背景,疑点尚存。这种石造阿育王塔不能排除模仿自中国东南沿海宋元时期石造阿育王塔的可能性,因为种种迹象显示了十世纪至十三世纪东亚佛教美术交流的多层次性和复杂性。

下卷　吴越国社会治理研究

论吴越国与浙江区域发展之变

何勇强　浙江省社会科学院

摘　要：浙江区域开发史,曾历经两个大的转变。隋唐时期浙江的经济文化的发展重心逐步从绍兴平原与太湖流域转移到钱塘江流域,五代两宋以后则从钱塘江流域转移到沿海——瓯江地区。从钱塘江时代走向海洋时代,吴越国的建立对浙江区域格局的转变起到了重要的作用。隋唐时期钱塘江流域迅速发展,大运河的贯通起到了极为重要的作用。大运河的贯通激发了钱塘江的航运价值。在隋唐以前,钱塘江只是浙江的一条河流,隋唐以后则纳入了全国的水运交通体系。五代吴越国以后,吴越国与南唐互为敌国,大运河—钱塘江水运通道的作用受到限制。吴越国转而大力发展海洋运输,开启了浙江的海洋时代;同时,钱氏政权通过平水山道的开辟与新昌置县两件大事,将浙江境内诸多水道与海上交通联为一体,加速了浙江东部沿海诸州的开发,为浙江从钱塘江时代向海洋时代的转变创造了条件。

关键词：吴越国;唐宋;钱塘江;海洋

一、隋唐：浙江发展史上的钱塘江时代

在唐代以前,浙江的发展重心是在绍兴平原与太湖流域,绍兴与苏州是吴越地区的两个中心城市。具体到今浙江境内,则是绍兴、湖州,辉映钱塘江南北。这种局面一直保持到唐朝,越州、湖州两个城市不但在城市规模、经济发展水平上在浙江处于领先地位,而且在诗人数量上也明显占优。

当然,到了唐代,浙江其他地区也开始发展,发展得最快的地区是钱塘江流域的杭、睦、婺、衢四州。也就是说,到唐代以后,浙江的经济文化的发展重心逐步从绍兴平原与太湖流域转移到钱塘江流域。这可从唐代浙江各地的

户口变化中反映出来,[①]如表 1 所示。

表 1 唐代浙江诸州郡户数表

	贞观户数(户)	天宝户数(户)	贞观至天宝间新增户数(户)
湖州	14135	73306	59171
杭州	30571	86258	55687
越州明州	25890	132486	106596
台州	6583	83868	77285
婺州衢州	37819	212558	174739
睦州	12064	54961	42897
处州温州	12899	85750	72851

唐代浙江诸州郡户数如图 1 所示。

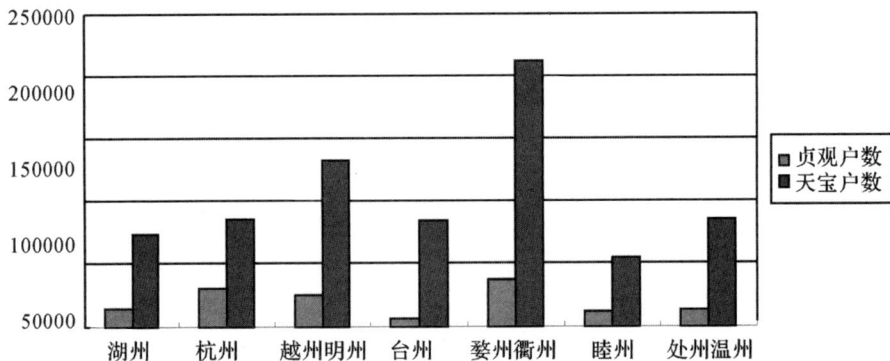

图 1 唐代浙江诸州郡户数图

贞观时明州、衢州、温州尚未分置,为便于对比,故将越州明州、婺州衢州、处州温州各合为一项。从中可以看出,婺衢二州户数在唐初就名列浙江诸州第一,到天宝年间更是遥遥领先于其他州郡。再看唐元和年间浙江诸州户数,如表 2、图 2 所示。

---

① 据梁方仲:《中国历代户口田地田赋统计》,见梁方仲:《梁方仲文集》,中华书局 2008 年版,第 111—129 页。

表 2　唐元和年间浙江诸州户数表

州	杭州	湖州	严州	越州	明州	温州	婺州	衢州	处州
户数(户)	51276	43467	9054	20685	4083	8484	48036	17426	19726

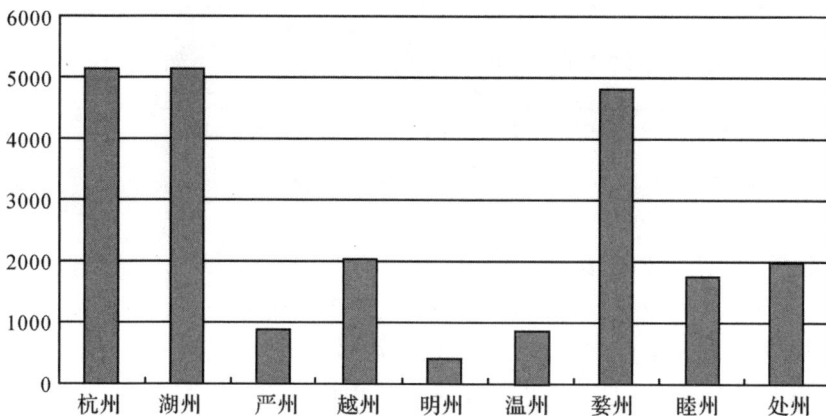

图 2　唐元和年间浙江诸州户数图

唐后期户口数据残缺不全,加上户口隐匿现象严重,因此不与唐前期一起比较。但我们从中可以看到:处州户口数在唐代浙江各地中处于中流。钱塘江流域的两个城市——杭、婺二州户口增加最为突出,超越作为浙东政治中心的越州与浙江的另一老牌城市湖州。沿海明、台、温三州,台州数据缺乏,明、温二州户口数都非常低。钱塘江流域的另两个城市睦州、衢州,虽户口数量低于处州,但诗人数量多于处州,这可能与钱塘江水上运输线的繁忙和商业发展有关。尤其是睦州,在唐代一度是钱塘江的交通枢纽,与外地的经济联系、文化交流十分频繁。

另外,乡里增废往往也能从侧面反映一个地区的开发程度。《元和郡县图志》卷二五、二六记载的开元、元和年间浙江乡数,如表3、图3所示。

表 3　唐代浙江诸州乡数表

州	杭州	湖州	越州	婺州	衢州	处州	温州	台州
开元乡数	188	122	210	189	124	76	78	115
元和乡数	—	—	145	200	170	36	16	95

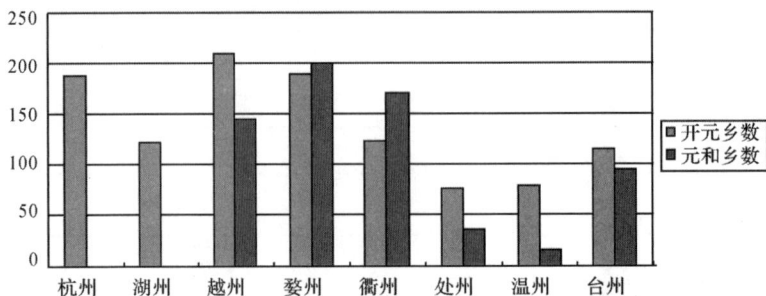

图3　唐代浙江诸州乡数图

其中缺睦州、明州数据,杭州、湖州仅有开元年间数据,缺元和年间数据。从中可知,开元年间越州乡数最多,这与其政治中心地位是一致的。对比开元、元和年间乡数,大部分州郡都有下降,有的(如温州)甚至是大幅度下降,处州户数的下降也非常明显。这也与文献中唐中后期受战乱影响户口普遍下降的事实相一致。但浙江诸州中,独有婺州、衢州是例外,二州乡数不但没有下降,反而有所增加。

今天浙江各地,丽水、衢州两地,地理环境相似,经济水平相当。但检索唐代文献,可以发现,在唐人印象中,衢州的地位似乎高于处州。如李华《衢州刺史厅壁记》谓"以婺州封畛为广,分置衢州,领六县,犹为大郡"①。衢州是唐时才从婺州分置出来的,但衢州仍被人们称为"大郡"。李华又说:"去年江湖不登,兹境稍穰,故浙右流离,多就遗秉,凡增万余室而不为众。"唐中后期,户口下降是一个普遍现象。但反观衢州,即使年景不好,其户口也仍在大量增加。又如裴堪《停齐总为衢州刺史敕命表》称衢州为"浙东大郡"。②又如元锡《衢州刺史谢上表》称"浙东诸州,衢为大郡"。③可见在当时人们的观念中,衢州是一个大郡。

唐代对处州的描述相对较少,韦纾《栝郡厅壁记》说:

> 处州溯浙江东南七百里,连山洞溪,负海逾峤。绵历更置,至隋始为处州,后复号栝。国朝置十道,处州列在江南,第居于上。天宝初为缙云郡,大历末复之。刺史更置迭废,州郡沿革,官则随之。大凡亲人辅化,任莫重焉。大和五年,纾自司贺员外郎奉符典州,大惧

---

① 李华:《衢州刺史厅壁记》,董诰等编:《全唐文》卷三一六,中华书局1983年版,第3206页。

② 裴堪:《停齐總為衢州刺史敕命表》,董诰等编:《全唐文》卷四七九,中华书局1983年版,第4895页。

③ 元锡:《衢州刺史謝上表》,董诰等编:《全唐文》卷六九三,中华书局1983年版,第7111页。

不称其职。且以地险而瘠,人贫而劳;茧丝之税,重倍他郡。故逢穰岁,亦未若他郡之平年也。

金衢盆地户口增加、经济发展,究其原因,一是因为浙东地区在唐中后期受战争影响较少,社会环境较为安定,故杜牧称浙东"机杼耕稼,提封七州,其间茧税鱼盐,衣食半天下",[①]二是因为金衢盆地地处浙江北部平原,进入江西、福建;进而进入岭南的交通要道。唐中后期,大量北方人口南下,金衢盆地成为重要的迁入地与经过地。文献中多有名人流寓、居住婺衢地区的记载。如诗人韦庄寄居婺州,韦庄曾有诗"回头烟树各天涯,婺女星边远寄家"[②]。

金衢盆地是唐代浙江人口增加最多、开发力度最大的地区。唐代浙江户口增加较多、发展较快的另一个明星城市是杭州。而睦州正处于杭、婺之间,尽管睦州自身山多地狭,人口容纳数量有限,但它处在钱塘江水道上的一个关键节点上,经济也因此得到长足发展,尤其是对外经济交流与文化交往得到扩大。

二、两宋:浙江发展史上的海洋时代

而到两宋以后,浙江的发展重心逐步从钱塘江流域转移到沿海—瓯江流域,虽然杭州作为政治中心,其经济、文化综合实力居浙江诸州之首,但当时发展最快的地区无疑是沿海—瓯江流域。

这一点仍可从户口变化中得到反映,如表4、图4所示:

表4　浙江各地户口变化表

	杭州	湖州	严州	秀州	越州	明州	台州	温州	婺州	衢州	处州
开元	86258	59000	27700	—	64100	42400	21000	16100	33982	27100	19700
元和	51276	43467	9054	—	20685	4083	—	8484	48036	17426	19726
宋初	170457	38748	12251	23052	56491	27681	31941	40740	34046	19859	20586
元丰	202816	145121	76751	139137	152922	115208	145713	121916	138097	86797	89358

---

① 杜牧:《樊川文集》卷一八《李讷除浙东观察使兼兼御史大夫制》,上海古籍出版社1987年版,第268页。

② 韦庄著,聂安福笺注:《韦庄集笺注》卷七《夏口行寄婺州诸弟》,上海古籍出版社2002年版,第284页。

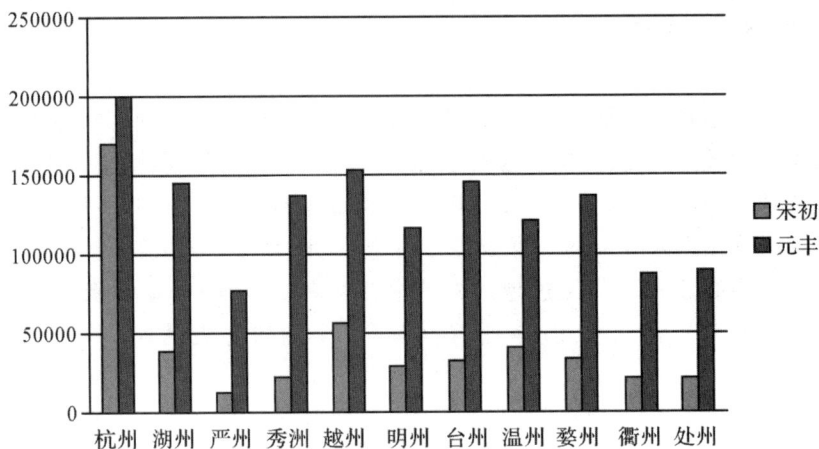

图 4　浙江各地户口变化图

　　这种区域格局的转变反映到文化上尤为明显。唐宋是中国诗歌发展史上的巅峰时代,让我们来看一下唐宋时期浙江诗人的地域分布情况。

　　唐代浙江诗人的地理分布情况,叶持跃先生曾撰《论浙江唐五代时期诗人的籍贯分布》进行分析。据其研究,唐代浙江诗人的地理分布,可分为四类:太湖流域与杭州湾两岸的湖州、杭州、越州及苏州的嘉兴、海盐为高密度区,钱塘江中游的睦州、婺州为中密度区,东南沿海的明州、台州、温州为中密度区,浙南的衢州、处州为稀疏地区。①　叶文还专列《唐五代时期今浙江境内主要诗人地理分布统计表》,将唐五代浙江诗人分初唐、盛唐、中唐、晚唐五代四个时期按州县进行统计。我们根据他的这些研究数据进行分析,绘制初唐、盛唐、中唐时期浙江各州诗人人数如表 5、图 5 所示:

表 5　浙江各州诗人人数

州	杭州	秀州	湖州	睦州	越州	明州	台州	温州	婺州	衢州	处州
诗人数(人)	12	9	16	9	18	1	3	5	8	2	1

　　①　叶持跃:《论浙江唐五代时期诗人的籍贯分布》,《宁波大学学报(人文科学版)》1999 年第 1 期,第 38—39 页。

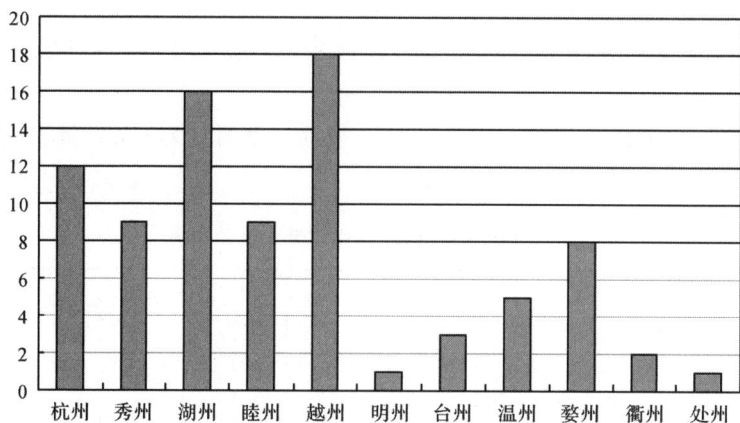

图 5　浙江各州诗人人数

从中可以发现唐宋时期诗人数量地理分布的变化:在唐代,浙西四州占有明显优势,湖、杭、睦、秀(即苏州的嘉兴县与海盐县)四州共四十六人,而浙东七州相加,不过三十八人;但在浙江十一州中,诗人数量最多的却是浙东的越州,十八人。越州一州,诗人人数几乎占据浙东一半。

晚唐五代各州诗人数如表 6、图 6 所示:

表 6　晚唐五代各州诗人数

州	杭州	秀州	湖州	严州	越州	明州	台州	温州	婺州	衢州	处州
诗人数(人)	21	4	12	6	9	4	6	8	6	1	2

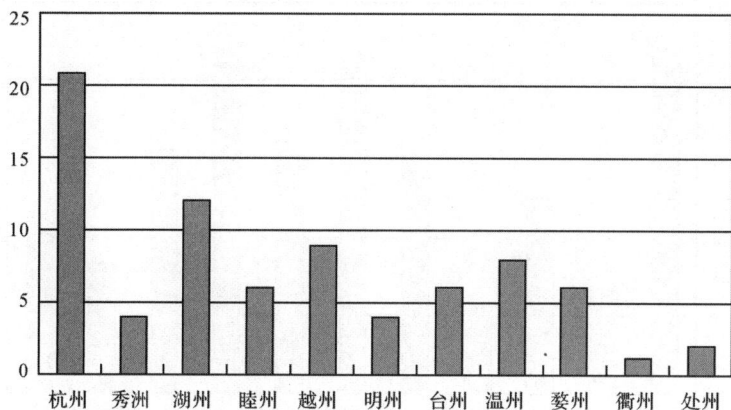

图 6　晚唐五代各州诗人数

　　杭州作为吴越国首都，诗人数量遥遥领先，一枝独秀。浙江的两个老牌大城市湖州、越州分列第二、第三位。沿海明、台、温三州作者数量进步明显，但仍处于中下水平。

　　再看宋代浙江各州诗人的地域分布情况。笔者曾对《全宋诗》作者的生活时代进行统计，如表7、图7所示：

表7　《全宋诗》浙江各州作者人数分布表

州	太祖	太宗	真宗	仁宗	神宗	哲宗	徽宗	钦宗	高宗	孝宗	光宗	宁宗	理宗	度宗	恭宗	总数
杭州	4	7	22	37	18	6	19	0	8	7	13	22	22	36	1	222
秀州	—	—	6	3	2	1	7	—	5	11	7	14	12	3	—	71
湖州	1	2	4	20	15	8	12	2	8	8	12	16	10	4	1	126
严州	—	1	5	4	1	—	2	—	2	6	2	4	14	14	—	55
越州	0	2	7	18	11	4	9	8	13	11	14	15	29	10	—	152
明州	—	—	6	18	14	9	15	6	9	21	20	54	30	6	—	208
台州	—	2	1	6	4	4	6	4	10	18	23	33	33	6	1	161
温州	1	2	2	3	8	4	20	10	15	25	31	35	35	8	—	211
婺州	—	1	4	8	5	2	6	4	13	19	26	19	23	24	1	155
衢州	1	1	6	13	13	6	4	2	5	9	3	4	12	4	—	83
处州	—	—	1	9	9	4	6	6	9	15	7	16	15	3	1	101

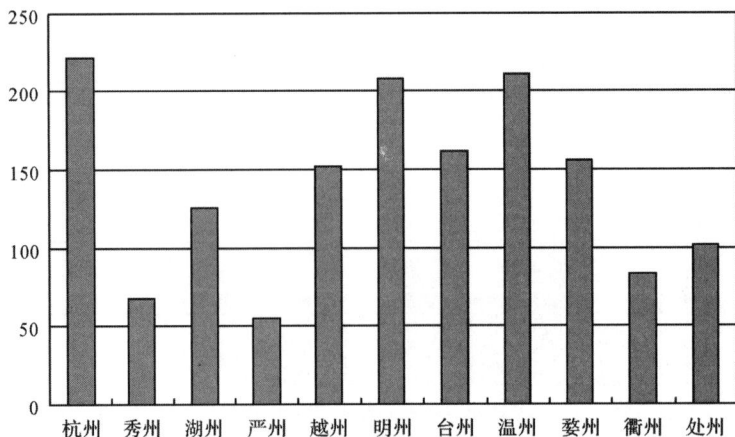

图7　《全宋诗》浙江各州作者人数

从中可见,在浙江十一州中,杭、明、温三州均超过二百人,为第一梯队;台、婺、越三州均超过一百五十人,为第二梯队,湖州一百二十六人,也可勉强跻身其中;其余为处州一百零一人,衢、秀、严三州皆不足百人,为第三梯队。

表现最为抢眼的仍是沿海三州,分列第二、三、四位。杭州为政治文化中心,《全宋诗》作者数量虽名列第一,但仅以微弱优势领先于明、温二州。

如将北宋、南宋分列,这种情形就表现得更加明显,如表8、图8所示:

表8　北宋、南宋浙江各州作者人数统计

州	杭州	秀州	湖州	睦州	越州	明州	台州	温州	婺州	衢州	处州
北宋	113	16	64	13	60	68	36	56	30	46	35
南宋	109	52	62	42	92	140	125	155	125	37	66

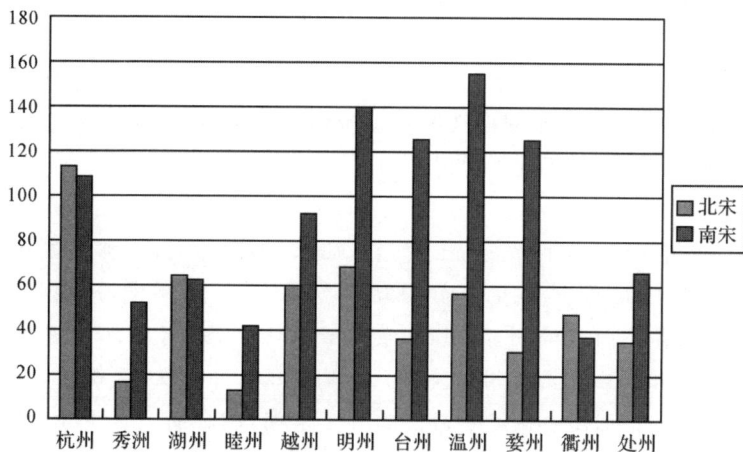

图8　北宋、南宋浙江各州作者人数统计

到南宋时期,沿海三州超越杭州,在《全宋诗》作者数量上囊括浙江前三位。婺州名列第四。作为南宋首都的杭州仅列第五位。

南宋浙东学派兴起,《全宋诗》作者数量最多的四州恰恰是浙学兴盛之地,说明当时浙江沿海地区的文化繁荣是整体文化的繁荣。

浙江明、台、温三州,在唐宋时期经济文化重心南移的大背景下,发展迅猛,反映到经济上,便是航海业迅速发展,海外贸易特别繁荣;反映到学术文化上,便是思想名家辈出。北宋时明州成为重要的佛教学术中心,天台宗、云门宗两大宗派在高僧知礼、重显的领导下中兴。至南宋,则有以"甬上四先生"(杨简、袁燮、舒璘、沈焕)为代表的四明学派以及黄震的东发学派。而在台州,宋初有道教内丹学说之集大成者张伯端,宋末有著名史学家胡三省。

温州在北宋时便有"元丰九先生"名震一时,南宋时以叶适为代表的永嘉学派更是汇聚了一批思想家,与当时的朱、陆之学鼎足而三。其学则倡导事功,尊重富人,发展商业,明显体现出海洋文化的特点。反映到文学上,则是温州出现了"永嘉四灵"这样的文学流派;反映到世俗文化的层面,温州南戏的诞生对中国此后戏曲的发展与繁荣产生了深远影响。可见,宋代浙东滨海三州文化的繁荣,在宗教、哲学、史学、文学乃至世俗文化上都有所体现,这是一种整体性的文化繁荣,而非孤立现象。

三、吴越国与浙江区域格局之变

从钱塘江时代走向海洋时代,吴越国在浙江区域格局的转变中起到了重要的作用。

隋唐时期钱塘江流域的迅速发展,大运河的贯通起到了极为重要的作用。大运河的贯通激发了钱塘江的航运价值。李翱撰《来南录》,逐日记录自洛阳至广州行程,其浙江段行程记录如下:

> (元和四年二月)戊子,至杭州。己丑,如武林之山,临曲波观轮椿,登石桥,宿高亭,晨望平湖孤山江涛,穷竹道,上新堂,周眺群峰,听松风,召灵山永吟叫猿,山童学反舌声。癸巳,驾涛江逆波至富春。丙申,七里滩至睦州。庚子,上杨盈川亭。辛丑,至衢州,以妻疾止行,居开元佛寺临江亭后。三月丁未朔,翱在衢州。甲子,女某生。四月丙子朔,翱在衢州,与侯高宿石桥。丙戌,去衢州。戊子,自常山上岭至玉山。

李翱在浙江境内,所行道路即是钱塘江道。然后进入江西,再从江西渡岭南下,进入广东。

在唐以前,中国南北交通,如从中原到岭南,长江中游的地位非常重要,洛阳—南阳—襄阳—江陵一线是南北交通首选;在长江下游,自采石矶渡江,从江东到江西,再从江西到岭南,则是南北交通的另一要道。相比之下,绕道杭州,从钱塘江—江西南下,距离要远得多。但自唐以后,运河—钱塘江航道见诸文献就变得非常多。如权德舆有《送王仲舒侍御赴衢州觐叔父序》,其中讲到"况新安江路,水石清浅,严陵故台,德风蔼然,渔浦潭七里濑,皆此路也",[①]这反映了水利交通在古代在航运上的独特价值。

可以说,隋唐以前,钱塘江只是浙江的一条河流,到隋唐以后则纳入了全国的水运交通体系。这是隋唐时期钱塘江流域杭、睦、婺、衢四州得以大发展的原因,尤其杭、婺二州,堪称唐代的两个明星城市。

但到五代吴越国以后,局势陡变。吴越国与吴(南唐)互为敌国,大运河—钱塘江水运通道的作用受到极大的限制。

钱镠政权兴起之初,他与中原地区的交往是通过陆路联系的。但由于中间是强大的杨氏政权,双方的联系又必须绕道福建、江西、湖南。当时占有虔、韶二州的卢光稠被迫投附淮南,但他同时也向朱全忠称臣效忠、互通款曲,钱镠与朱全忠的陆上联系通道便是经由虔州才辗转得以畅通的。

开平四年(910年),卢光稠去世,其子卢延昌袭位。次年,部将黎球杀卢延昌自立。但黎球不久即一命呜呼。之后牙将李彦图控制了虔州。岭南的刘䶮趁着江西内乱,出兵占有韶州。又过了一年,到乾化二年(912年)十二月,李彦图去世,忠于卢氏的谭全播被推上百胜防御使的位置,执掌虔州大政。后梁贞明四年(918年)正月,吴国遣王祺出兵进攻虔州,楚、闽、吴越三国分别发兵相救,可惜的是,楚国援军在古亭被吴国大将刘信击败,吴越与闽国军队各自引退。这年十一月,吴国军队攻克虔州,俘虏了谭全播。吴越国与北方的陆路交通被完全切断。

吴越与中原地区的交往被迫通过海上进行联系。《资治通鉴》卷二七〇,贞明四年(918年)十一月条在记载此事时特意说明,"始自海道出登、莱,抵大梁"。胡三省注:"此即闽、越入贡大梁水程也。但吴越必就许浦或定海就舟,水程比闽为近耳。"

自此以后,海运在浙江交通史上的作用日益加强。吴越国在北方地区建立多个商业据点,发展贸易,[②]至于闽、南汉二国,都是近海之国,彼此海上交往更是频繁;甚至与地处内陆的楚国联系,由于陆上通道为吴(南唐)所隔,双方的交流也以南汉为中介,通过海上进行。

五代吴越国依靠其发达的海上交通,除中原王朝与南方诸国外,又与契丹、日本及朝鲜半岛诸国建立政治关系、发展贸易关系。吴越国通过海运,将大量

---

① 权德舆:《送王仲舒侍从赴衢州觐叔父序》,见董诰等编:《全唐文》卷四九二,中华书局1983年版,第5025页。

② 《旧五代史》卷一〇七《刘铢传》的记载:"先是,滨海郡邑,皆有两浙回易务,厚取民利,(如有所负,回易吏)自置刑禁,追摄王民,前后长吏利其厚赂,不能禁止。铢即告所部,不得与吴越徵负,擅行追摄,浙人愒息,莫敢干命。"中华书局1976年版,第1415页。

茶叶、纺织品、瓷器、香料运往中原地区与契丹、日本、朝鲜半岛诸国。香料并非吴越国的特产(如乳香,原产于哈德拉毛、索马里),是从东南亚、西亚、非洲或南汉诸地进口的,还有象牙、水精、孔雀、珍珠等,大概也是从南方进口的。出现这种情形说明吴越国在当时的国际贸易中扮演了中介角色。

可以说,吴越国开启了浙江的海洋时代,浙江区域发展史上从钱塘江时代向海洋时代的转变是从吴越国开始的。

四、吴越国与浙江交通的开辟

浙江南北交通,有三条要道。

最为重要的一条,即是上文所说的钱塘江道。即从杭州出发,沿富春江西行,至建德南下,经兰溪,进入金衢盆地。

其次是浦阳江道。即从萧山、诸暨、义乌,至于金衢盆地。今人沿高速公路从杭州南下金华,路向基本与古代的浦阳江道重合。

此外还有剡溪道。今人所说的浙东唐诗之路其实就是剡溪道。这条路上多名山,仙道文化发达,唐时引得李白、孟浩然等一众诗人来此寻仙问道,留下不少古诗名篇,但仅从航运价值而言,这条路其实并不好走。

此三条道路,水陆皆可通。但自古以来,钱塘江道的重要性在其他二路之上。

钱塘江道的重要性也可从古代对行军路线的选择中得到反映。南朝陈世祖时,留异割据东阳郡,表面臣服、阴怀异志,因此常担心官军讨伐。《陈书》卷三五《留异传》记载了他的军事部署及南陈的讨伐行动:

> (留)异亦知朝廷终讨于己,乃使兵戍下淮及建德,以备江路。……异本谓官军自钱塘江而上,安都乃由会稽、诸暨步道袭之。异闻兵至,大恐,弃郡奔于桃支岭,於岭口立栅自固。明年春,安都大破其栅,异与第二子忠臣奔于陈宝应,于是虏其余党男女数千人。

下淮,据《读史方舆纪要》:"在(桐庐)县东五十里,与富阳接境,旧为江流扼要处。《字说》:淮,围也。言江流四周围合也。"[1]留异屯兵下淮、建德,把防守重点放在钱塘江路上,没想到官军突出奇兵,从"由会稽、诸暨步道袭之"。

---

① 顾祖禹:《读史方舆纪要》卷九〇《浙江二》,中华书局 2005 年版,第 4158 页。

《南史》记述稍详,谓"步由会稽之诸暨,出永康",[1]可见当时侯安都的军队是从浦阳江道转剡溪道,由陆路南下的。从这一事件也可看出,在当时人们的心目中,钱塘江道是浙江南北交通主干道,其重要性在浦阳江道、剡溪道之上。

但到唐末五代以后,随着海洋时代的来临,以及钱镠对浙东地区的军事征服,浦阳江道、剡溪道的重要性得到提升。在此过程中,发生了两件大事,对浙江东部交通的畅通起到了重要作用。第一件大事是平水山道的开辟,据《资治通鉴》卷二五六记载:[2]

> 董昌谓钱镠曰:"汝能取越州,吾以杭州授汝。"镠曰:"然,不取终为后患。"遂将兵自诸暨趋平水,凿山开道五百里,出曹娥埭,浙东将鲍君福帅众降之。镠与浙东军战,屡破之,进屯丰山。

胡三省注,《九域志》:越州会稽县有平水镇、曹娥镇。平水今在越州东南四十余里,自此南踰山,出小江,沿剡溪而东二十里,至曹娥埭。这条山道实际上是联结了剡溪道与浦阳江道。

第二件大事是新昌县的设置。天福五年(940年)吴越国从越州剡县析十三乡置新昌县。五代时吴越国承唐旧制,新置州县不多,除从苏州析置秀州,在杭州新置钱江县(后之仁和县)外,另一较大事件便是新置新昌县。《太平寰宇记》卷九六《越州》记载:

> 唐末,钱镠割据钱塘时,以去温州之道路悠远,此地人物稍繁,且无馆驿,乃析剡县一十三乡置新昌县。

可见,吴越国新置新昌县原因有二:一是人口增加;二是出于交通考虑,打通从杭州到温州的陆上通道,实际上是打通了钱塘江与剡溪水道、瓯江水道的联系。

平水山道的开辟与新昌置县两件大事,不但将浙江境内诸多水道连为一体,加速了浙江东部沿海诸州的开发,而且也为浙江从钱塘江时代向海洋时代的转变创造了条件。

---

① 李延寿:《南史》卷六六《侯安都传》,中华书局1975年版,第1612页。
② 司马光:《资治通鉴》卷二五六光启二年十月条,中华书局1956年版,第8339页。

政治选择与历史记忆:"十国"形成史考

刘　喆　中国人民大学

　　摘　要:"十国"概念的形成经历了一个复杂的过程。《旧五代史》的《世袭列传》和《僭伪列传》共列举了五代时期的十五家割据势力,这是宋人对五代的历史记忆和现实认知。《九国志》记述了吴、南唐、前蜀、后蜀、东汉(北汉)、南汉、吴越、闽、楚九个割据政权,路振以封爵作为标准,只有获国王以上封爵及僭号称帝者才能入选"九国"。《新五代史》增入荆南高氏的南平政权成"十国"之数,这是受到宋代重新设立西平王、南平王及西夏建国的影响,是欧阳修对宋代政治新形势准确把握的结果。宋人对五代时期割据势力的认定从"十五"到"九"再到"十"的变化,反映了政治现实对历史记忆的修改,同时也是历史书写对政治选择的投影。

　　关键词:《旧五代史》;《九国志》;《新五代史》;十国

　　五代十国时期处于唐宋之间,是唐宋转型期的重要阶段。"五代"与"十国"各有所指,"五代"指的是公元907—960年先后在中原立国的梁、唐、晋、汉、周五个王朝,"十国"指的是存在于公元902—979年间的吴、南唐、前蜀、后蜀、吴越、闽、南汉、北汉、楚、荆南十个割据政权。"五代十国"并称,始于北宋,长期以来已被学界广泛接受。实际上"十国"的概念是在复杂的历史过程中逐渐形成的,它并不能准确反映五代时期割据政权的真实面貌。

　　由于学界长期以来对"十国"之说奉若圭臬,故这方面的研究较少。王凤翔对"十国"概念的提出及流传进行了初步的研究。他认为"十国"之说在五代宋初并未形成,今日所谓的"十国"之说应始于欧阳修,而最终确定"十国"概念的是清人吴任臣。① 王氏的研究把"十国"概念从提出到被接受的过程基

---

　　① 王凤翔《"十国"之说的由来》,《史学月刊》2008年第11期,第128—130页。

本讲清楚了,但对于"十国"概念的形成过程却并未给出令人满意的解释。①"十国"是对五代割据政权的称谓,这一说法的形成过程是五代史研究的基本问题之一,在政治史和史学史上都有十分重要的意义。有鉴于此,笔者不揣浅陋,略陈拙见,以就教于方家。

一

五代各朝国祚短促,最短的后汉只有四年。宋太祖继位之后,为避免沦为"第六代"的命运,尤其重视从历史中吸取经验教训,于宋初编撰了大量五代史书,其中最具代表性的当属《五代会要》及《旧五代史》。

《五代会要》三十卷,宋王溥编撰。内容记载有五代时期梁、唐、晋、汉、周等朝的典章制度,凡二百七十九目,成书于宋太祖建隆二年(961年)。王溥为后汉进士,授秘书郎,后周时历任端明殿学士、中书侍郎平章事、右仆射等,对五代制度见闻详悉。入宋后编撰《五代会要》,从五代历朝实录中引录了不少奏章、诏令,所记颇具史料价值。然该书行文中并不见"十国"之谓。

《旧五代史》成书稍晚于《五代会要》。宋太祖建隆年间(960—963年),昭文馆大学士范质"以《五代实录》共三百六十卷为繁,遂总为一部",成《五代通录》六十五卷。该书述梁开平至周显德事,"纂次有序,最有条理",②是《旧五代史》的重要参考文献。开宝六年(973年)夏四月戊申,"诏修《五代史》",七年(974年)闰十月,书成。此书共一百五十卷,由薛居正监修,卢多逊、张澹、李昉等同修,为与欧阳修《五代史记》(《新五代史》)相区分,称《旧五代史》。

《旧五代史》中亦无"十国"的说法,其对割据政权的记载主要集中于《世袭列传》和《僭伪列传》,共记载了该时期的十五家割据政权。其中《世袭列传》载有七家,分别是秦岐李茂贞、鄜延高万兴、灵州韩逊、夏州李仁福、荆南高氏、湖南马氏和吴越钱氏。《僭伪列传》载有八家,分别是杨吴、南唐、王闽、刘燕、南汉、北汉、前蜀和后蜀。两传的体例和入选标准非常明确:即同为割据势力,以僭称帝号者入《僭伪列传》,受五代王朝册封者入《世袭列传》。《旧五代史》主要取材于各朝实录及《五代通录》等书,修撰时间距五代不远,编撰

---

① 王氏认为欧阳修选取"十国"最接近的标准是从唐末五代割据直至北宋立国之后仍然存在的政权,把吴和南唐、前蜀和后蜀、闽和殷、马楚和周行逢等前后承接、割据地域基本稳定的政权视为在北宋建立之后仍然存在的政治实体。这种说法稍显牵强,以至于王氏本人也承认这只是一种"勉强解释得通"的说法。

② 王应麟:《玉海》卷四八《建隆五代通录》,中文出版社1986年版,第953页。

人对当时的情况较为熟悉。就割据政权的选取而言,该书修撰时南唐、北汉、吴越钱氏和夏州李氏四个政权都还存在,可以为编撰人提供鲜活的参考样本。《世袭列传》及《僭伪列传》所选取的十五家政权,基本上囊括了五代时期实力比较雄厚的割据势力,这反映了宋初官方认可的历史记忆和现实认知,成为本文讨论"十国"形成过程的起点。

《旧五代史》撰修期间,北宋处于统一战争之中,其修成后,北宋的疆域又发生了新的变化。太祖开宝八年(975 年),宋军攻陷金陵,南唐灭亡。太宗太平兴国三年(978 年),陈洪进纳土、钱俶献地。四年(979 年),宋灭北汉。五、六年间(980—981 年),宋攻打交趾,铩羽而归。七年(982 年),夏州李继捧献地。雍熙三年(986 年),太宗北伐幽云,失利而归。至此,宋的统一战争才算真正落下帷幕,其在北、西、南三个方向上的边界得以基本确定。① 此时,除了刘燕政权所在的幽州地区之外,《旧五代史》所载的其他十四家割据政权控制的地区均已重新纳入宋的疆域之内。

北宋一改唐末五代以来的分裂局势,太祖、太宗将五代遗留的割据势力几乎消灭殆尽,基本完成了中国中南部的统一。② 宋真宗景德元年(1004 年),宋辽订立"澶渊之盟",承认了彼此的地位,双方约为兄弟之国,互称南、北朝,中国历史进入新的纪元。新时代的开启同时也标志着旧时代的终结。在新的形势下,撰写新的五代史书成了必要的工作。而随着割据政权的消失,"世袭"与"僭伪"的合流也在所难免,《九国志》便在这种情况下应时而出。

二

《九国志》,北宋路振撰,原书四十九卷,后宋人张唐英补撰北楚(荆南)两卷,合为五十一卷。原书已佚,今本《九国志》为清人邵晋涵从《永乐大典》中辑出的。路振卒于宋真宗大中祥符七年(1014 年),据《宋史·路振传》载:"(路振)尝采五代末九国君臣行事作世家、列传,书未成而卒。"③可知直到病逝前,路振还在撰写《九国志》。《九国志》虽有未成之憾,但这个"未成"应该指的是九国君臣事迹尚未详备,并非指有某一国事迹未成。因为《宋史》中明言路振撰述的是"九国",即吴、南唐、前蜀、后蜀、东汉(北汉)、南汉、吴越、闽、楚。

① 这个边界即北至幽云、南至交州、西抵银夏。
② 笔者认为宋、辽南北对立,辽完成了中国北部的统一。
③ 脱脱等:《宋史》卷四四一《路振传》,中华书局 1977 年版,第 13062 页。

《九国志》成书于真宗年间,在时间上处于两部《五代史》之间,撰者路振是太宗淳化年间进士,供职史馆,还曾经编修过《太祖太宗两朝国史》,在一定程度上能够体现北宋官方的态度。司马光在给刘恕的《十国纪年》作跋时曾指出:"世称路氏《九国志》在五代之史中最佳,此书又过之。"①可见路氏的《九国志》在当时的政坛和士林中都有不错的反响。因此,路振对割据政权的选择很大程度上能够代表当时宋人对五代割据政权的认知,对后世有重要的参考意义。

相比《旧五代史》记载的十五家割据势力,《九国志》删减其六,分别是《世袭列传》中的秦岐李氏、鄜延高氏、灵州韩氏、夏州李氏、荆南高氏和《僭伪列传》中的幽燕刘氏。其中《世袭列传》七去其五,《僭伪列传》八去其一。《僭伪列传》的取舍,分析起来其实并不复杂。杨吴、南唐、王闽、刘燕、南汉、北汉、前蜀、后蜀都曾僭号称帝,路振舍刘燕而不论,原因大致有二:一是自后晋以来,幽云始终处在辽的统治之下,北宋虽然做了很多努力,但仍未改变幽云不在自己手中的现实。幽云不在北宋疆域之内,故对刘燕政权略去不论。二是《九国志》撰写之时,宋辽早已订立"澶渊之盟",出于外交关系上的"政治正确",对刘燕略去不论。

至于对《世袭列传》的处理,表面看来路氏取舍的标准似乎已不可考,其实若引入封爵制度,一切问题便能迎刃而解。

唐代的封爵分为九等,"一曰王,正一品,食邑一万户。二曰郡王,从一品,食邑五千户。三曰国公,从一品,食邑三千户。四曰郡公,正二品,食邑二千户。五曰县公,从二品,食邑一千五百户。六曰县侯,从三品,食邑一千户。七曰县伯,正四品,食邑七百户。八曰县子,正五品,食邑五百户。九曰县男,从五品,食邑三百户"。② 其中王和郡王都属于王爵。据《通典·职官典》记载:"唐贞观年间定制,皇兄弟、皇子为王,皆封国之亲王……太子男封郡王,其庶姓卿士功业特盛者,亦封郡王。"③可见在唐前期的制度设计中,郡王为异姓功臣所能获封之极限。到了唐后期,唐政府为了笼络人心大封异姓功臣,甚至不惜以王位授之,滥授爵位直接导致王爵自身价值的贬损,也使"爵赏驭人"的功能大打折扣。赵翼曾言:"是时爵命虽荣,人皆不以为贵,即身受者亦不以为荣,故大将军告身才易一醉。爵赏驭人之柄,于是乎穷。"④

为了重建封爵制度"爵赏驭人"的功能,唐末五代政府一方面对王爵本身

---

① 马端临:《文献通考》卷二〇〇《经籍考二十七》,中华书局1986年版,第1672页。

② 李林甫等撰,陈仲夫点校:《唐六典》卷二《尚书吏部》,中华书局2014年版,第37页。

③ 杜佑:《通典》卷三一《职官十三》,中华书局1988年版,第869页。

④ 赵翼:《陔馀丛考》卷一七《唐时王爵之滥》,中华书局1963年版,第337页。

进行分层,另一方面将原本授予外藩首领的"国王"封号引入中原王朝内部的封爵体系之中,在王爵之上设置"国王"号作为最高爵位,以示优崇。① 为便于阅读,现按由低到高的顺序将唐末五代王爵分层情况列举如下:

郡王—郡王型两字王—平王——字王(小国之号,次国之号,大国之号)—国王(一字国王,二字国王)。②

五代时期,吴越、楚和前期的闽都曾获封"国王"。后梁时,吴越王钱镠被封为吴越国王,建国置百官,仪卫名称多如天子之制。后唐建立后,钱镠"厚陈贡奉,求为国王,及玉册诏下,有司详议,群臣咸言:'玉简金字,惟至尊一人,钱镠人臣,不可。又本朝已来,除四夷远藩,羁縻册拜,或有国王之号,而九州之内亦无此事。'"③经过一番争论后,后唐朝廷最终同意了钱镠的请求,册封其为吴越国王并赐玉册、金印。后唐天成二年(927年)六月,"以天策上将军、湖南节度使、开府仪同三司、检校太师、守尚书令、楚王马殷为守太师、尚书令,封楚国王"。④ 天福三年(938年)十一月,"封闽王昶为闽国王,加食邑一万五千户"。⑤

《世袭列传》所载的七家割据政权中,秦岐李茂贞,唐昭宗光化年间获封岐王,后唐时封秦王;其子李从曮,后晋时亦封秦王、岐王。鄜延高万兴,后梁时获封北平王。灵州韩逊,后梁时获封颍川郡王。夏州李仁福,后唐时封朔方王,后追封虢王;其子李彝兴后周时获封西平王,后追封夏王。荆南高氏世为南平王。湖南马殷,后唐时获封楚国王。吴越钱氏世为吴越国王。

将这七家按封爵高低分类,我们发现:灵州韩氏属于"郡王",夏州李仁福属于"郡王型两字王",⑥李彝兴、鄜延高氏、荆南高氏都属于"平王",秦岐李氏属于"一字王",湖南马氏属于"一字国王",吴越钱氏属于"二字国王"。在这七家里,路振保留了湖南马氏和吴越钱氏,而将其他五家剔除不论,很明显是以封爵为"国王"作为选取的基本条件。由此我们可以得到一个初步的结论:路振编撰《九国志》,是以封爵高低来选取诸国的,只有封号达到"国王"以上或称帝才能进入"九国"行列。经过此次选取,《旧五代史》中的十五家割据势

---

① 详参曾成:《唐末五代王爵考》,《魏晋南北朝隋唐史资料》第28辑,第224—242页。

② 有关唐末五代王爵的分层,详细论证可参考曾成:《唐末五代王爵考》,《魏晋南北朝隋唐史资料》第28辑,第224—242页。拙作《"四平王"之封与唐五代的节度使政治》,《唐史论丛》第二十七辑,第336—350页。

③ 薛居正等撰:《旧五代史》卷一三三《世袭列传第二》,中华书局1976年版,第1768页。

④ 薛居正等撰:《旧五代史》卷三八《明宗纪四》,中华书局1976年版,第525页。

⑤ 薛居正等撰:《旧五代史》卷七七《高祖纪三》,中华书局1976年版,第1021页。

⑥ 当然,朔方王有可能是朔方郡王的简称,那么李仁福应该也属于郡王,不过这两种情况都不影响总体论证。

力仅余九家进入"国"的行列。

<h1 style="text-align:center">三</h1>

司马光言"世称路氏《九国志》在五代之史中最佳",可见《九国志》所倡导的"九国"观念在当时得到了普遍的认可。皇祐五年(1053年),欧阳修基本撰成《新五代史》,提出了"十国世家"的说法,此时距离路振离世(1014年)已经过了将近四十年的时间。与"九国"之说不同的是,"十国"之说补入了荆南高氏的南平政权,亦将其视为一国。

前文已言,封爵制度是路振选取"九国"的标准,只有在宋朝疆域内曾获封"国王"号或僭位称帝的五代割据政权才能入选"国"。荆南高氏仅获封南平王,不仅未获"国王"封号,甚至连一字王都不是,根本没有入选"国"的资格,故路氏不取。数十年后,荆南在欧阳修笔下成功跻身"十国"之列,这其中的差别,根本原因便是"平王"封号的意义在宋代发生了变化。

"平王"取"使四方平定安宁"之意,是一种比较特殊的美称王爵。它起初仅为郡王,只是地位比一般郡王高。唐末五代时,由于王爵内部的分层,"平王"的层级亦随之发生了变化,其位阶在郡王、郡王型两字王之上,一字王、国王之下。[①] 五代时,东平王和北平王退出了历史舞台。至宋初,随着荆南政权的覆灭(963年)和夏州李继捧献地(982年),南平王和西平王也曾一度被废置。

唐末五代时,朝廷一般将"平王"封授给割据或半割据地区的将帅,以达到优崇、拉拢、安抚等政治目的,宋初仍是如此。北宋虽曾短暂停封"平王",但由于其西疆和南疆从未实现真正的安宁,故"平王"的册封也不可能真正废止。太宗太平兴国年间讨伐交州不利,被迫承认了黎桓的统治地位,真宗至道三年(997年),宋封黎桓为南平王。李继迁自李继捧献地后便一直在西疆坚持反宋,继迁死后,其子德明嗣位。真宗景德三年(1006年),宋"以赵德明为定难军节度兼侍中,封西平王"[②]。至此,西平王和南平王重新登上历史舞台。

宝元元年(1038年),李元昊称帝,建国号为大夏,遣使奉表告于宋。次年,宋仁宗下诏削夺元昊在身官爵,宋夏开战。庆历四年(1044年),宋夏议

---

① 详参拙作《"四平王"之封与唐五代的节度使政治》,《唐史论丛》第二十七辑,第336—350页。本文仅讨论割据势力首领获封"平王"的情况,皇亲宗室获封的情况不在讨论之列。

② 脱脱等:《宋史》卷七《真宗纪》,中华书局1977年版,第131页。

和,夏向宋称臣,宋封元昊为夏国王。西夏的建国对唐末五代宋初的王爵体系产生了巨大的影响。如前所述,唐末五代时"平王"的位阶处于一字王之下,其向上层级依次为"平王——一字王(小国之号、次国之号、大国之号)—国王(一字国王、二字国王)"。元昊以西平王之身获封夏国王,这就使得"平王"越过一字王,直接与"国王"对接,即形成了"平王—国王"的册封模式。南宋淳熙元年(1174年),宋封南平王交趾李天祚为安南国王,便是遵循了这一模式。故马端临在《文献通考》中说"宋朝沿其(唐)制……又于王爵之上有国王及西平、南平之号,皆非常典所加"①。换句话说,西夏建国之后,西平王与南平王称谓的地位水涨船高,跃居普通王爵之上,具备了"准国"的政治含义。②

欧阳修编撰《新五代史》时,西夏已经建国,"平王—国王"的册封模式已经形成,西平王、南平王二封号均具备了"准国"的意义。这种政治现实对欧阳修产生了巨大的影响,倒逼其将南平王荆南高氏选入诸国,遂成"十国"之数。受此影响的不仅有欧阳修,还有与之同时代的张唐英、路纶。张唐英,有史才,曾补撰《九国志》,亦是《蜀梼杌》等书的作者。据《张御史唐英墓志铭》载,他死于熙宁四年(1071年),另据学者考证,他或死于熙宁元年(1068年)。③ 与欧阳修一样,张唐英亦增荆南为"国",补撰"北楚(荆南)"两卷入《九国志》,化九为十。不仅如此,他还在《蜀梼杌》中称前蜀王建曾获封西平王。实际上据两《五代史》,王建并不曾获此封号,张唐英此举,只能说明西平王与南平王的"准国"含义在当时已经深入人心。《玉海》中还记载宋英宗治平元年(1064年)路振之孙路纶将《九国志》增入荆南高氏,为《十国志》以献。④ 欧阳修、张唐英、路纶不约而同地将荆南增补为"国",说明补荆南入诸国、变"九国"为"十国"在当时是一股强大的史学潮流。这种做法深受现实政治的影响,是对宋朝政治局势的准确把握。它不仅是政治现实对历史记忆的修改,也是历史书写对政治选择的投影。

四、结　语

综上所述,"十国"的说法是在复杂的历史过程中逐渐形成的,是宋人"制

---

① 马端临:《文献通考》卷二七七《封建考十八》,第2199页。
② "平王—国王"的册封模式形成后,平王具备了"准国"的意义,但因北宋仅在西疆(银夏)、南疆(交趾)置平王,东疆、北疆无平王之设,故此处直接称西平王、南平王,以避免混乱。
③ 粟品孝:《张唐英生平与著作考论》,《社会科学研究》2010年第3期,第162—163页。
④ 王应麟:《玉海》卷四七《治平十国志》,第930页。

造"出来的。它并不能全面反映五代时期割据政权存在的真实情况，而是在特定政治语境下对刚刚结束的一段历史的高度概括。今人在研究五代割据政权时应回归到五代史自身的真实，而不应囿于所谓"十国"的思维定式，否则很难得出符合实际的结论。

宋人对五代时期割据政权书写体例的探索大致经历了三个阶段：第一个阶段以《旧五代史》为代表，是宋初人对五代割据政权的客观描述和理性认知，在《世袭列传》和《僭伪列传》中，共记载了十五家割据势力；第二个阶段以《九国志》为代表，是北宋疆域基本确定后宋人对五代割据势力的判断与反思，《九国志》舍弃刘燕政权，是宋人对幽云、对辽朝态度的生动反映；第三个阶段以《新五代史》为代表，欧阳修增荆南入世家，变"九国"为"十国"，是对北宋边疆新形势和新封西平王、南平王政治地位提升现状准确把握的结果。

路振和欧阳修选取诸"国"的标准具有内在的一致性，即在宋朝现有疆域内以割据政权首领爵位高低为标准进行选择。具体而言，便是僭号称帝者及爵位在王爵以上者方可入选。西夏建立前，符合后一标准的仅有"国王"，故楚、吴越入选"九国"；西夏建立后，形成了"平王—国王"的册封模式，西平王和南平王二封号均具备了"准国"的政治含义，位阶超越了普通王爵，故亦符合后一标准。因此，南平王荆南高氏入选"十国"。由此可见，宋人对五代割据政权的书写从"十五"到"九"再到"十"的变化，是宋代政治发展变化在史学层面的缩影。

五代十国吴越钱镠与前蜀王建之比较研究

赵春昉　　成都永陵博物馆

摘　要：五代十国时期，社会动荡、战争频繁，短短54年间出现了15个政权，涌现出众多历史人物。公元907年，前蜀与吴越立国，吴越钱镠与前蜀王建均由一介平民成为一方明主。他们二人有诸多的共通与相异之处，在他们的治理之下，吴越国成为东南最为富庶的国家，前蜀成都成为西蜀最为安定繁荣之地。本文力图真实生动地反映两位历史人物的成长轨迹和建立政权的过程，展现他们的历史功绩，挖掘他们"为民向善"的历史品格和至今仍具有启示意义的历史资源。

关键词：五代十国；吴越钱镠；前蜀王建

　　唐朝末年，政治腐败，宦官专权，藩镇割据，社会动荡，危机四伏，王仙芝、黄巢农民大起义爆发，李唐王朝的统治摇摇欲坠。公元907年，朱温篡唐，建立后梁，拉开了五代十国的序幕。公元907年到960年前后，在中国历史上是一个分裂割据的时代，战争频仍、朝代更迭，中原先后出现后梁、后唐、后晋、后汉、后周五个封建政权；而在中原政权以外，吴、南唐、吴越、闽、楚、荆南、南汉、北汉、前蜀、后蜀十个地方政权相继建立。这个分裂战乱统一、承唐启宋的历史时期，也是中国传统社会发生剧烈而又深刻变动的时期，先后出现南汉刘隐、楚马殷、吴越钱镠、前蜀王建、南唐李晟等风云人物。

　　王建于公元891年攻占入据成都，公元903年，唐昭宗封王建为蜀王。公元907年三月，唐昭宣帝"禅位"给朱全忠，朱全忠称帝建立后梁。蜀王王建号召天下兴复唐室，无人响应。同年九月，在成都即帝位，国号大蜀，史称前蜀。王建称帝在位12年间，蜀中百业兴旺，民众安居乐业，是当时乱世之中的一方安稳之地。前蜀成都是当时中国首屈一指的繁盛大都会，人文荟萃、经济文化繁荣发展，是成都城市历史发展中的一段鼎盛时期，而前蜀高祖王建正是开创这一繁荣历史局面的重要人物。

同一时期,位于两浙地区的吴越钱氏,在藩镇割据战争中逐渐崛起。后梁开平元年(907年)封钱镠吴越国王,后唐同光元年(923年),钱镠称帝。从吴越国建立到钱俶"纳土归宋",吴越国处于半个多世纪和平发展安定局面。而这一局面的开创者吴越王钱镠也是一位传奇人物。平民出身,发迹于行伍之间,从唐乾宁三年(896年)钱镠击败董昌占有两浙十三州算起,到后唐长兴三年(932年)镠卒,钱镠在位近四十年的时光里,忠君睦邻,惜兵爱民,礼贤下士,兴修水利,发展农桑,社会安定,百姓安居乐业,江浙两地成为当时最为富庶的地区。

在五代十国动荡纷乱的五十多年时间里,政权更迭,前蜀王建据蜀和吴越钱镠控制两浙之地的过程,显示了两位平民英雄人物在纷乱的历史时代,乘农民起义之机投身行伍,通过政治军事实力成就大业,成为一方节帅的相似人生。

本文将从人生轨迹、治国方略、宗教思想、家训家风四个方面力图全面阐述展现两位英雄人物。

一、人生轨迹惊人相似

王建生于唐宣宗大中元年(847年)二月初八,字光图,许州舞阳人,生于一个世代饼师之家。家境贫寒,未受教育。《新五代史·前蜀世家》记载王建本人隆眉广额,状貌伟然。少无赖,以屠牛、盗驴、贩私盐为事。后弃盗从军,唐僖宗乾符元年(874年),二十七岁的王建投忠武军为卒,乾符二年(875年)十二月,王仙芝攻沂州(属河南道,州治临沂,今山东临沂),王建在这一年参加了镇压王仙芝起义军,因军功被提拔为列校。乾符五年(878年)二月,王仙芝牺牲后,共推黄巢为起义领袖。黄巢率军渡过长江淮河,进入河南境地,攻陷洛阳,突破潼关,直捣关中,攻克长安。唐僖宗溃逃之余,纠集各藩镇兵力前去镇压。而王建作为"八都头"之一在参与围剿起义军的战争中成为一名悍将,跻身将领之列。光启元年(885年)三月,唐僖宗流亡后回到长安,王建为禁军神策军将领,成为僖宗的亲近卫士。后僖宗又流亡凤翔,出奔逃难途中,王建保护僖宗冲过燃着的栈道,夜宿"上枕建膝而寝",僖宗脱袍服赐与王建,并赐以金券,深得僖宗信任。[①] 光启三年(887年)王建被任命为利州(今四川广元)刺史。他采用谋士周庠之计,放弃了交通便利但易受攻击的利州,进

---

① 杨伟立:《前蜀后蜀史》,四川省社会科学院出版社1986年版,第23、230页。

而攻占地方偏僻但较为富裕的阆州(今四川阆中),以此为根据地,逐步踏上了割据称雄争取"豹变"之途。大顺二年(891年)王建攻下西川(今成都)。王建占有富庶的西川,拥有近二十万庞大兵力,并有一大批骁勇善战的武将和善于谋划的人才。其间不断发动战争夺取东川和山南西道北部各州,到天复二年(902年),三川之地,均被王建占领。天复三年(903年)王建被唐昭宗加封为蜀王,天祐四年(907年)三月,朱全忠篡唐建后梁,王建传檄四方试图讨伐朱温,兴复唐室,但无人响应,同年九月,王建在大臣士卒的拥戴下在成都称帝,建立前蜀政权,疆域为今四川大部、陕西之南、甘肃之东南及湖北西境一隅之地,面积位居十国第三。王建于六十岁登基,公元918年病逝归葬永陵。在位十一年,也是五代时期在位最长的一位皇帝。主政期间采取了一系列稳定发展措施,百业兴盛、民众安居乐业,是乱世当中难得的一方富饶之地。

钱镠,字具美(852—932年),杭州临安县人,据《十国春秋》记载,镠于唐大中六年(852年)二月十六日出生。他家庭贫寒,世代以务农为业。七岁修文读书,《旧五代史》中记载钱镠少拳勇,喜任侠,以解仇报怨为事。年少喜武厌文,后喜读《春秋》,兼治武经诸书。① 青年时卖过私盐,后习武练兵,而钱镠在小时候就显示出为将风范,"临安里中有大木,镠幼时与群儿戏木下,镠坐大石指挥群儿为队伍,号令颇有法,群儿皆惮之"。② 唐懿宗咸通十三年(872年),钱镠二十一岁"入军",散家财在乡间组织"义师",建立起自己的小支武装队伍,这成为钱镠发迹的起点。③ 唐僖宗乾符二年(875年),据《新五代史》记载,浙西裨将王郢作乱,唐廷敕本道征兵讨伐,石镜镇将董昌招募乡兵讨伐逆贼。钱镠率领自己的武装队伍投奔董昌参与到讨贼行动中,骁勇善战,一举将王郢攻破,逐渐得到董昌重用。乾符五年(878年),寇盗蜂起,江淮盗贼聚众,大者攻州郡,小者剽闾里,董昌聚众,令钱镠率兵参战,剿灭义军。在击退黄巢军的过程中,钱镠以"临安兵屯八百里"的奇袭战术和出色指挥才能为自己赢得了很高的军事声望。是时,唐廷镇压黄巢起义军的都统高骈召董昌与钱镠到广陵(今扬州)会面,高骈表董昌为杭州刺史,昌乃称钱镠为"杭州八都"指挥使,使他成为靖江都将。钱镠在战争中建立、培养起自己的一支武装力量,并逐渐在军中树立起威望。随后,在中和二年(882年)越州观察使刘汉宏与杭州刺史董昌争夺浙东浙西两地的战争爆发,昌以军政委镠,率八都之士进攻越州。钱镠全程指挥了这场长达四年的争霸战,最终于光启二年(886年)在会稽斩杀了刘汉宏。于是钱镠奏请董昌代汉宏,自居杭州,拥有了

---

① 钱文选:《钱氏家乘》,上海书店出版社1996年版,第114—115页。
② 欧阳修:《新五代史》卷67,中华书局1974年版。
③ 杨渭生:《略论东南雄藩钱镠》,《浙江万里学院学报》2003年第8期,第40、41页。

自己独立的地盘。唐僖宗光启三年（887年），拜钱镠为左卫大将军、杭州刺史，董昌为越州观察使。从唐乾符二年（875年）王郢之乱到光启三年（887年），钱镠一直跟随董昌，立下赫赫战功。而彼时，钱镠与董昌一个占领浙西一个占领浙东，已形成龙虎对峙的局面。这也成为钱镠立足浙江建立吴越的最初阶段军事生涯。

　　光启三年（887年），淮南大乱，六合镇将徐约攻取苏州，润州牙将刘浩叛变，浙西节度使周宝仓促逃奔常州。润州发生兵变，钱镠挥戈攻苏州、常州、润州。昭宗封钱镠为杭州防御使，这场战争进一步巩固了钱镠在浙西的军事地位，同年，占据扬州的杨行密与孙儒争夺淮南，钱镠审时度势，参与到这场争战之中。唐昭宗乾宁二年（895年）正月，董昌反，称帝，给了钱镠讨伐董昌的极好机会。钱、董战役发生一年后，钱镠占据两浙十三州，至此吴越国的版图初步形成。唐昭宗乾宁三年（896年）授钱镠为镇海、镇东军节度使，加检校太尉、中书令，赐金书铁券，恕九死。天复二年（902年）钱镠被封为越王，天祐元年（904年）改封钱镠为吴王。梁太祖即位，开平元年（907年），朱温封钱镠为吴越王。后唐庄宗同光元年（923年），钱镠建立吴越政权，称吴越国王。到后唐长兴三年（932年），钱镠病逝，享年八十一岁，葬于安国山（今太庙山），赐谥号武肃。

　　纵观王建与钱镠的成长、发迹、崛起人生轨迹，会发现他们都出生、成长于五代十国这样一个充满动荡和变革的时期，王建比钱镠大五岁，二人幼时均家境贫寒，了解民间疾苦。王建青年时代因缘际会受到道士点拨，武当僧人处洪见其"骨相甚奇"劝他投军，以求"豹变"。王建二十七岁时参加忠武军后攻打王仙芝起义队伍有功而得到提拔，随后又因黄巢起义唐僖宗流亡入蜀，王建护驾有功而被擢升。少年钱镠则遇善术者慰镠曰："子骨法非常，愿自爱！"遂激起钱镠奋发向上之心。钱镠二十一岁时在自己的家乡建立起一支乡间武装。黄巢起义，唐廷征兵讨伐，钱镠率自己的义军投奔董昌，后因参加镇压和阻击黄巢起义军有功而得到逐步提升，实力愈加雄厚。仔细分析王建与钱镠的人生成长发展轨迹，我们会发现诸多相似之处：同处割据、分裂动荡的朝代和时期，一介布衣投身行伍，机智拳勇，有过人的才能和风范，同在镇压唐末农民起义中发迹，开始军事政治生涯。又在藩镇割据中异军突起，逐步树立起自己的军事威望，戎马一生。王建于公元907年，六十岁这一年即帝位，建立前蜀政权。公元923年，钱镠七十一岁时建立吴越政权，受封为吴越王。王建在位十二年间，励精图治，为达"永致清平"。钱镠在位近十年，"善事中国，保境安民"。

二、治国方略几近趋同

王建、钱镠二位藩雄的施政思想和治国方略是怎样的呢？有何相似之处呢？

钱镠自唐乾宁三年(896年)受封镇海、威胜两军节度使据有两浙起，到后唐明宗长兴三年(932年)，钱镠统治两浙三十六年。钱镠建立吴越政权后，疆域极盛时，拥有十三州、一军，包括今浙江全境、苏南、闽北一带地方，东濒大海，西邻歙州，南连漳、泉，北达常、润。^①唐末以后两浙地区长年征战，《资治通鉴》卷二八二记载，"自黄巢犯长安以来，天下血战数十年，然后诸国各有分土，兵革稍息"。吴越建国，战火平息安定以后，钱镠为巩固政权统治，着手整顿秩序恢复经济社会发展。钱镠治国期间，重视人才、礼贤下士，招揽贤能之人为其发展农业、手工业、商业等各项事业，并采取系列措施，治国理政。

史载王建本人宽宏大度，知人善任、重视人才、礼贤下士、求贤若渴，《锦里耆旧传》卷五中记载开国大赦召文："诸州府或有贤良方正，能直言极谏，达于教化，明于吏才，政术精详，军谋宏远，韬光待用，藏器俟时；或智辩过人，或辞华出格，或隐山林之迹，或闻乡里之称，仰所在州府奏闻，量材叙用。"在用人政策的感召下，王建身边汇聚了一批来自各地的贤能之士，各有所长，在王建的礼遇与重用下，励精图治，为前蜀政权的巩固与社会发展做出了贡献。司马光在《资治通鉴·后梁纪一》中评价道："蜀主虽目不知书，但好与书生谈论，粗晓其理。是时唐衣冠之族多避乱在蜀，蜀主礼而用之，使修举故事，故其典章文物有唐之遗风。"

(一)息兵安民，以文治世

"保境安民"是钱镠治理吴越国的基本国策，即安民和善事中朝。钱镠作为吴越开国之主，志向远大，曾与淮南杨行密抗衡并有兼并藩镇之志，但钱镠也深知战争对社会生产的破坏。吴越的北面是吴、南唐，南面是闽。顾祖禹《读史方舆纪经》卷八九中载"浙江之形势，尽在江淮"。钱镠始终以吴、南唐作为其制定军事战略的首要因素，吴越尊奉中原王朝为正统，联姻闽、楚，睦邻藩镇，对契丹称臣。钱镠"保封疆"的施政用兵基本思想，为吴越国迎来了长达几十年的和平发展环境，休养生息、发展经济。欧阳修在《欧阳文忠公文

---

① 杨渭生：《略论东南雄藩钱镠》，《浙江万里学院学报》2003年第8期，第40—41页。

集》卷四十中描述了吴越时期,杭州这座城市的繁荣发展:"钱塘自五代时……不烦干戈,今其民幸富完安乐。又其俗习工巧,邑屋华丽,盖十余万家。环以湖山,左右映带,而闽商海贾,风帆浪泊,出入于江涛浩渺、烟云杳霭之间,可谓盛矣。"说明杭州这座都城当时日益成为政治、经济和对外贸易的中心。

与此相似的是王建为民利政、"以文治世"的主张。藩镇割据,三川地区连年征战、民不聊生。前蜀立国后武成元年,王建颁布大赦诏:革弊从新,去华务实,有利于民者,不得不用;有害于政者,不得不除。公平必致于民安,富庶自成于国霸。恩虽不齐,法且无私。赫宥者各迎自新,厘革者皆宜共守,俾从荡涤,永致清平。①前蜀经济的发展,在某种程度上得益于前蜀立国后,蜀地安宁的社会局面。前蜀王建据蜀,与后梁保持友好关系,前期与歧王李茂贞修好,结成姻亲。不与邻国为敌,巩固边防,谨慎用兵。王建本人虽然目不识丁,但重视文化教育事业。前蜀开国之初,就设国子监,学校教育按唐朝旧制把都城和各州的学校与孔庙加以恢复。永平元年(911年),修建新宫,储存四部书籍。宰相王锴上表劝高祖兴文教,选用名儒专门掌管图书。通正元年(916年)八月,建文思殿,购置群书存放在里面,用清资五品正品官管理,内枢密使毛文锡为文思殿大学士。从恢复庠序、崇饰孔庙到两次集中图书来看,前蜀王建在兴复文教方面做了大量工作,为前蜀文教事业的发展做出了贡献。②而这也正是王建推行以文治世的政治方略,为蜀地重视文化典藏的收集与整理,形成了良好的文化氛围。

(二)整治水利,重农兴商

唐末,战乱频发,百姓流离失所,江浙海塘失修,钱塘江水患严重。钱镠据两浙后,积极兴修水利,治理潮患,发展农业。据《资治通鉴》记载,"开平四年(910年),镠定两浙,就开始从六和塔至艮山门,修筑瀚海石塘"。后梁贞明元年(915年),钱镠积极治理太湖水系,并组织人力整修浙东诸湖,包括东府南湖(绍兴鉴湖)。后唐天成二年(927年),钱镠派遣士兵数千人,日夜割草、清除淤泥,疏浚西湖,以利航运和灌溉。据史料记载,吴越国八十六年中,只发生过一次水灾。而在吴越国之前的唐朝,却是每隔九年一旱灾,每隔三十六年一水灾。吴越国之后的北宋,因为缺乏水旱治理,平均每七年半受旱灾

---

① 勾延庆:《锦里耆旧传》,张唐英撰,王文才、王炎校笺:《蜀梼杌校笺》附录四,中华书局1985年版,第504页。

② 杨伟立:《前蜀后蜀史》,四川省社会科学院出版社1986年版,第23、230页。

一次,五年半受水灾一次。① 吴越国风调雨顺的一切都要得益于钱镠对吴越国水利工程的重视,通过设置专门的治水治田机构"都水营田使",整修水系,设闸治水,修筑堤坝,既可防洪又可灌溉,且利于农渔业发展。吴越国开垦农田,耕地面积增加,粮食和经济作物增产,蚕桑丝织业得到大力发展。吴越江浙一带,农业得到发展的同时,丝织品、茶叶、冶炼、造船、盐业、越窑青瓷等手工业都有了长足的发展,商品的增加,进一步促进贸易的繁荣。吴越都城杭州也一跃成为东南繁荣大都会,商贾云集,《旧五代史》卷一三三中记载:"邑屋之繁会,江山之雕丽,实江南之胜概也。"在钱镠和其继任者的治理努力下,吴越逐渐成为富庶之地。

而王建着手整顿社会秩序,通过减免赋税,赦免犯人,劝课农桑,整治农田、水利,发展农业,与民休息,恢复和发展生产等系列措施,缓和阶级矛盾,扭转生灵涂炭的混乱社会局面,达到了"永致清平"的政治目的。前蜀时期,四川地区的政治、经济、文化得到不同程度的发展。其中农业粮食增收,手工业当中,丝织、茶叶、蜀刻印刷、冶炼制造、陶瓷等得到进一步发展。农业、手工业的发展,带动了商业的繁荣,都城成都出现各类集市,《五国故事》记载前蜀王建时期:"蜀中每春三月为蚕市,至时货易毕集,阗阓填委,蜀人称其繁盛。"随着商业的繁荣,贸易往来不局限于境内州县,与后梁、后唐、吴越、南唐、南汉等割据政权以及海外诸国都有贸易往来。前蜀武成三年(910 年),后梁遣使通聘前蜀,前蜀高祖王建获赠大量珍贵礼品,其中产于域外的即有"金香一十斤,麝香五十剂,犀一十株,琥珀二十斤,玳瑁二百斤"。另有新罗人参、羚羊角等一些域外药物,被后梁国书称为"或来从燕市,或贡自炎方"。② 可见其物丰货足,市场繁荣。

(三)发展贸易,对外交往

钱镠尊奉中原王朝,通过频繁而丰厚的奉贡来维系与中原王朝的政治关系。清吴任臣《十国春秋》卷七八《吴越·武肃王世家下》介绍了钱镠时期公元 924 年,"王遣使钱询贡唐方物……秘色瓷器"。朝贡的同时,经济贸易往来也日益增多,《十国春秋》记载,"梁时,江淮道梗,吴越泛海通中国,于是沿海置博易务,听南北贸易"。吴越国与周边割据政权吴、南唐、南汉、前蜀、契丹等经济贸易均往来不断。2001 年,考古发现杭州雷峰塔地宫出土钱币三千四百多枚,其中铸于五代宋初的有四十一枚、南唐十四枚、后周八枚、北宋五枚、

---

① 卢仁江:《钱镠对吴越国的积极贡献》,《浙江档案》1995 年第 9 期,第 41 页。
② 陈玮:《唐五代成都外来文明研究》,《唐史论丛》,2019 年第 1 期。

前蜀十一枚、南汉二枚、后晋一枚。[1] 另据《考古学报》1956 年第三期《赤峰县大营子辽墓发掘报告》载,墓中发现收口圈足青瓷小碗六件,敞口青瓷小碗六件,花式口平底青瓷小碗二件,另有青瓷器皿的残片。陈万里先生考证这些青瓷均属越器。该墓出土的墓志,刻有"应历九年(958 年)"字样,证实了这是五代时期的墓葬。墓中越器,应该是从吴越输入的。[2]

钱镠治理吴越时期,由于大力整治、疏浚航道,海陆畅通,造船业兴盛,人民扬帆远航,与日本、朝鲜半岛、印度等诸国积极开展对外交往和海上外交关系。《欧阳文忠公文集·居士集》卷四〇记载,"闽商海贾,风帆浪泊,出入于江涛浩渺、云烟杳霭之间,可谓盛矣"。此时,吴越国明州、湖州、杭州等杭州湾及长江沿海城市港口一带,已成为吴越国海上贸易的重镇,明州港逐渐成为"海上丝绸"之路的核心港口,日本成为明州港的主要商品贸易国。《吴越史事编年》记载,924 年,钱镠遣使日本,船舶往来。据《吴越备史》卷三记载,"火油得之海南大食国,以铁桶发之",这里说的火油指石油。大食(阿拉伯帝国)石油从吴越时期开始输入,要比郑和下西洋(1405 年)早四百多年。吴越海外贸易及对外交往东到日本、新罗,北至契丹,南到海南,西到波斯、大食。史书记载,"航海收入,岁贡百万",吴越富甲东南。

在内陆的蜀地,王建打通盆地阻隔,以政治家的深谋远略发展对外贸易。南汉刘涉时,"西通黔、蜀,得其珍玩"。荆南高从诲"东通于吴,西通于蜀,皆利其供军财货而已"。后晋"天福初,蜀犹与中国通"。后周"听蜀境通商"[3]。另外,蜀国还从海外输入众多香药,成为蜀地商品市场上特殊的一类海外物产。频繁的商业贸易往来,使蜀地钱币流通到外地,并在一定程度上刺激货币需求量的增加。例如在 1993 年内蒙古赤峰市曾发现一枚五代十国前蜀钱"永平元宝",该钱币始铸于公元 911 年。而王建在位期间,还铸有"通正元宝""天汉元宝""光天元宝"等钱币。[4] 可见,前蜀经济的发展与王建开放的治国理念是紧密联系在一起的。

以上,通过对吴越钱镠与前蜀王建治国理政的分析,我们进一步了解了这两位平民皇帝他们的相似之处:宽宏大量、知人善任、礼贤下士、忠君睦邻、重视民生,积极恢复生产发展,采取诸多政策与措施,促进社会经济文化发展,促使杭州与成都商业兴盛、城市繁荣。

---

① 黎毓馨:《杭州雷峰塔地宫出土的钱币》,《中国钱币》2003 年第 1 期。
② 孙先文:《吴越钱氏政权研究》,安徽大学硕士学位论文 2004 年,第 48、23 页。
③ 武建国:《论前后蜀经济发展及其原因》,《四川大学学报》(哲学社会科学版)1983 年第 3 期。
④ 杜国禄、董秉义:《赤峰出土前蜀永平元宝》,《内蒙古金融研究》2003 年第 11 期。

三、崇佛信道出自心性

唐朝是我国道教发展的兴盛时期,尤其在唐玄宗时期,崇道活动达到高潮。但到了唐朝末年,经过安史之乱和黄巢农民起义的战乱冲击,道教的发展由胜转衰。进入五代,战火纷飞、社会动荡,前蜀政权之下,众多唐朝皇亲贵族、文人学士入蜀,"是时唐衣冠之族,多避难在蜀,帝礼而用焉,使修举政事,故典章文物有唐之遗风"。前蜀王建不仅优礼士人,还沿袭了唐代崇道风尚。①

唐末僖宗时期,在道教宗师杜光庭的帮助下,僖宗对道教的扶持与崇奉显得尤为突出。"道门中的一些有识之士,纷纷致力于道教神话、理论、方术、斋醮科仪的研究和发展,为维护和加强对道教的信仰做了不懈的努力,杜光庭就是比较突出的一位。"②

杜光庭(850—933年),唐末五代著名的"道门领袖",黄巢农民起义爆发后,唐僖宗为挽救唐王朝的颓势,求助于圣祖老子,崇奉道教,多次下诏赐封道士。据《历世真仙体道通鉴》记载,杜光庭由礼部尚书集贤殿大学士郑畋推荐进京,"郑畋荐其文于朝,僖宗召见,赐以紫服象简,充麟德殿文章应制,为道门领袖"。僖宗在长安时因杜光庭弘道有方就已嘉奖重视此人,而到中和元年(881年),黄巢军攻占长安,杜光庭随僖宗入蜀避乱,越发得到皇帝的信任。从光启元年(886年)到天祐四年(907年),杜光庭留在四川隐居于青城山。③ 公元907年,西川节度使王建在成都称帝建立前蜀后,杜光庭投靠王建,因其有经国理政之才,得到王建的尊重与赏识,官爵至金紫光禄大夫、左谏议大夫,封蔡国公,进号"广成先生",后又除户部侍郎。王建赞曰:"昔汉有四皓,不如吾一先生足矣。"④

杜光庭在前蜀王建的信赖与支持下,对道教自开创以来的重大理论做了系统而深入的探索与研究,成为晚唐五代道教理论的集大成者;同时,他进一步壮大了道教的组织规模,提升了道教的社会地位,扩大了道教在蜀地的宗教影响。其中,前蜀时期,在王建、王衍父子的大力支持下,杜光庭参与了众

---

① 尤佳、周斌:《杜光庭与蜀地道教——兼论其咏道诗的思想内涵》《中国道教》2011年第2期。
② 卿希泰:《中国道教史》卷二,四川人民出版社1996年版,第421页。
③ 粟品孝等:《成都通史》卷四,四川人民出版社2011年版,第461页。
④ 赵道一:《历世真仙体道通鉴》卷四〇,道藏第五册[M].文物出版社、上海书店出版社、天津古籍出版社1988年版,第330页。

多斋醮科仪活动,为王建和许多人写了斋醮词,系统、规范地整理了道教的斋醮科仪。道教的斋醮科仪活动在蜀地得到充分发展,介入社会政治生活的方方面面,既顺应了当时社会发展的需要,也在很大程度上促进了道教的传播与发展。

前蜀皇帝王建所葬之永陵,在地宫后室石床上放置有王建石质圆雕坐像,石像坐北朝南,通高八十六厘米,在墓室中放置墓主写真石雕像,是五代十国时期川西地区非常流行的一种葬俗,反映了道教文化对丧葬习俗的影响。① 王建之后,其子王衍也大力崇道,尊老子为圣祖,道教在蜀地继续发展,宫观众多。

同一时期,割据东南地区的吴越国也是一个宗教氛围极其浓厚的国家。重视宗教,道、佛并重,是吴越国自始至终贯彻执行的一项宗教政策。吴越国钱镠对道教高度重视,延请礼敬名道,不惜花费巨资修整受战乱破坏的道教宫观,使道士云集,令一度衰落的道教得以振兴,道教对吴越国的历史产生了重要的影响。比如在唐光化三年(900 年)七月,钱镠重修大涤山天柱观。钱镠还在吴越境内兴建了不少道教宫观,比如建广润龙王庙于金华,建上清宫于绍兴泰望山等。明万历《金华府志》、清雍正《浙江通志》及清光绪《金华县志》等历代方志,都有"吴越钱武肃王(钱镠)重修"金华赤松宫的记载。为了提高道士的社会地位,扩大道教的影响,钱镠还奏请中央朝廷给境内高道颁赐封号,礼遇道士。②

钱镠在崇奉道教、兴建宫观的同时,也对佛教文化倍加推崇。吴越从开国者钱镠到末代钱俶,他们都与禅僧往来密切,尤其热衷创建寺院、刻印佛经、延请高僧,形成了以杭州为中心的宗教文化活动中心,为佛教文化在吴越地区的发展和传播做出了重要贡献,对后世宗教文化发展影响深远。今天杭州以灵隐寺、净慈寺、六和塔、保俶塔、白塔、雷峰塔、临安功臣寺、功臣塔、海会寺等为代表的宗教文化遗存,实际上与吴越国时期宗教文化的繁荣和钱氏家族的推崇密切相关。唐末五代,整个文化呈现向南转移的态势,佛教文化的中心也向南转移,其标志就是禅宗的南迁。这种宗教文化南移的大背景,对于吴越国来说是发展宗教文化的机遇。③ 钱镠及其继承者"吴越诸王以杭州为中心,大力提倡佛教,使该地区逐渐成为佛教的一大中心"。④

发掘杭州雷峰塔、金华万佛塔、东阳中兴寺塔、苏州虎丘云岩寺塔、黄岩

---

① 张勋燎:《前蜀王建永陵发掘材料中的道教遗迹》.线装书局 2005 年版,第 1033—1041 页。

② 曾国富:《道教与五代吴越国历史》,《宗教学研究》2008 年第 2 期。

③ 薛正昌:《钱氏家族与吴越佛教文化》,《浙江社会科学》2013 年第 3 期。

④ 任继愈主编:《佛教史》,中国社会科学出版社 1995 年版,第 332 页。

灵石寺塔,出土了众多造像、阿育王塔、经卷等礼佛精品,极具时代、地域特色。在举国上下的崇佛氛围中,从王室至民间,佛教盛极一时,吴越国成了名副其实的"东南佛国"。①

王建和钱镠对道教、佛教的尊崇,既是那个时代宗教之风传布使然,更是他们作为一国之君为维护统治利益和使内心价值平衡所不得不强力推动的治国安民、行善修心的宗教文化举措。由于他们的倡导和推动,道教和佛教得以在当时广泛传播并为后世留下宝贵的宗教文化遗产。

四、注重家训家风传承

吴越国从 907 年后梁封钱镠为吴越王,到钱镠孙钱俶纳土归宋(978 年),吴越立国七十二载,历三世五王。钱氏政权继任者都遵从"善事中国"的家训,对中原政权恪尽臣礼,纳贡称藩;坚守"关切民生、经营和谐"的家训,偃息兵戈、发展生产、保境安民,江浙富庶,甲于全国。像钱镠这样一位影响钱氏后世发展的历史人物,他所树立的家训家风,有其传世价值。

公元 912 年,钱镠曾作《武肃王八训》,932 年三月,八十一岁高龄的钱镠写下《武肃王遗训》,《武肃王遗训》是在《武肃王八训》的基础上修订而来,二者基本内容一致。在《武肃王遗训》中,钱镠回顾了自己从初出江湖到戎马执政的岁月,将自己立足于五代乱世中的成功经验传给其后继者,并以忠孝作为基本的道德信条,重视家族的伦理教育,提倡忠孝思想。②钱镠对唐朝末年上层统治者道德趋于沦丧的现象有着深切的感受,希望子孙能够从中吸取教训:"唐室之衰微,皆由文官爱钱、武将惜命,托言讨贼,空言复仇,而于国计民生全无实济。"钱镠《武肃王遗训》所列十训,涉及忠孝、民本思想,确立"保境事大"的基本国策。告诫子孙要以臣子的身份效忠中原故土,对臣民多施加恩惠,爱惜子民。嘱托诸子要"兄弟相同,上下和睦",强调家庭和睦的重要性。"今日兴隆,化国为家,子孙后代莫轻弃吾祖先。"钱镠希望子孙勿忘祖先,不要抛弃自己的家乡,需念祖先创业之艰辛。遗训中,钱镠还谈到了对婚姻的看法,希望子孙婚姻嫁娶宜选择同样家风家教良好、门当户对的家庭。钱镠十分重视钱氏家族的门风,具有较强的儒家宗法思想,重家教,尊家训,《武肃王遗训》的最后一条:"吾立名之后,在子孙绍续家风,宣明礼教,此长享

---

① 浙江省博物馆:《吴越胜览——唐宋之间的东南乐国》,《中国文物报》2011 年 11 月 2 日,第 4 版。
② 耿宁:《钱氏家训及当代价值研究》,安徽财经大学硕士学位论文 2017 年,第 13—14 页。

富贵之法也。倘有子孙不忠、不孝、不仁、不义,便是坏我家风,须当鸣鼓而攻。"①

《武肃王遗训》由钱氏先祖钱镠所作,可以说是《钱氏家训》的雏形,对后世子孙影响深远,强调治国齐家的重要性。《武肃王遗训》这一古老的钱氏家训,到近代民国初年,由钱文选重新整理而成《钱氏家训》,为后人研究学习提供了范本。

钱镠与王建皆宽宏大量,善于接纳不同意见,知人善任。然而,在对待自己的家人和择定王位继承人时却显现出不同的处事风格。钱镠对自己的儿子与宠姬要求极为严格。徐绾、许再思叛乱时,引淮南将田頵为援。后因钱镠外交成功,杨行密召回田頵。田頵撤兵之时,向钱镠索要 20 万缗"犒军钱"。同时,还提出要扣押钱镠的儿子为人质,以作修好的条件。钱镠为保吴越国平安,同意与"兵强财富,好攻取"的田頵修好,遂在诸子中物色人选,准备派遣幼子传球为人质。然而,传球不同意,"镠怒,将杀之"。次子传瓘请行,被其母吴夫人劝阻,不愿"置儿虎口",但传瓘说:"纾国家之难,安敢爱身!"这正合钱镠的心意,钱镠遂"泣送之"。而传球则因"爱身"而被夺内牙兵印。②

钱镠晚年病危之时,召诸将议立嗣王。"诸将立下,皆曰:'元瓘从王征伐,最有功,诸子莫及,请立之。'"长兴三年(932 年),钱镠弥留之际,以印、钥授元瓘。镠卒,元瓘嗣立。钱元瓘继位得到了诸将和一些兄弟的广泛支持。③

前蜀王建以"恭俭畏惧,勤劳慈惠"作为家训,告诫儿孙们"无一事纵情,无一言伤物",必须"早暮诫勖,恐汝遗忘"。王建称帝时六十岁,他有十一个儿子,因长子宗仁先天残疾,故立二子元膺(宗懿)为太子。元膺虽多才多艺,却因王建不察元膺与枢密使唐道袭的紧张矛盾关系,造成二人皆在宫廷武装冲突中被杀。元膺死后,太子人选未定。王建有宠妃徐妃,因受宠幸,专房用事、干预朝政,王建未能制止。徐妃为使其子王衍被立为太子,遂拉拢朝臣,合力密谋,王建被蒙骗而不知,永平三年(913 年),王衍被册立为太子。王建虽立幼子为太子,然而内心清楚王衍不堪大任,心中始终忧虑,却未能及时更改,另立贤者。《资治通鉴》卷二七〇曾记载"吾百战以立基业,此辈其能守乎?"。王建病逝,王衍喜爱声色、宴游,不理政事,咸康元年(925 年),前蜀被后唐所灭,耽于享乐的王衍葬送了两朝基业。王建曾在《诫子文》中提到的殷殷期盼终幻化于空,留下诸多遗憾:"吾提三尺剑,化家为国。亲决庶狱,人无枉滥。恭俭畏惧,勤劳慈惠。无一事纵情,无一言伤物。故百官吏民,爱朕如

---

① 钱志熙:《〈钱氏家训〉体现的现代思想》,《学习时报》2018 年 5 月 2 日,第 3 版。
② 曾国富:《五代吴越国王钱镠略论》,《广西社会科学》2007 年第 1 期。
③ 孙先文:《吴越钱氏政权研究》,安徽大学硕士学位论文 2004 年,第 48、23 页。

父母,敬朕如天地。汝襁褓富贵,不知创业之艰难……察声色之祸,然后能保我社稷,君我臣民。吾早暮诫勖,恐汝遗忘。当置之几案,出入观省。"

在钱镠和王建的家风育化和继承者培养方面,可见钱氏家风比王氏家风要规范系统得多,具有家族制度性约束机制和传承方式,一代一代地遵循着钱氏家风,至今还鲜明地体现在吴越王钱镠第三十三世孙钱学森、钱大昕、钱锺书以及钱其琛等大家名人身上,而王建后裔则消失在历史的长河之中。

综观五代十国吴越钱镠与前蜀王建的史迹,二人的人生和从政经历颇多相似,这种"历史共生现象"值得深思。历史共生现象是人类文明发展到某一个阶段,身处不同地域的不同族群和个人因交通环境阻隔,缺乏交流沟通而产生相似的同时性历史文化现象。这种现象构成人类历史发展的难解之谜。钱镠与王建的惊人相似性,既表明身处大变革时代有抱负的平民一旦把握机遇就可助推历史的进步,也证明了一个朴素的真理:不管是君王还是百姓,只要"为民向善"就能书写历史,成为一个时代的主角。这就是钱镠与王建给予我们的历史启示。

武勇都之乱与吴越国政治模式的转变

许锦光　临安区委党史研究室

摘　要:天复二年(902 年)发生的武勇都之乱是吴越国历史上最具影响力的一次军队叛乱。这场叛乱发生在吴越国核心区杭州,时间长达半年之久,当中掺杂了吴越国土客军矛盾、淮南军事集团内部矛盾,等等,钱镠为此付出了巨大的代价。在叛乱平定之后,其余波仍不断。在武勇都之乱后,钱镠对吴越国的政治模式进行了改革,逐步建立起以钱氏宗亲为核心的政治模式,宗亲治国成为钱镠晚年,乃至贯穿吴越国历史的一个显著特征。

关键词:武勇都;钱镠;吴越国;宗亲;政治

吴越国是五代十国时期由钱镠建立的一个地方割据政权,从唐景福二年(893 年)钱镠被封为镇海军节度使始,至太平兴国三年(978 年)钱弘俶"纳土归宋"止,前后存在了八十六年。钱镠发迹于唐末黄巢之乱,后逐步扩充实力,在击败董昌,被封为镇海军节度使后,先后夺取台州、苏州,击败了婺州王坛、衢州陈岌等独立小藩镇,成为割据江浙的大藩镇。吴越国政权与五代十国时期的其他政权并无不同,都是依靠军事力量,实行武装割据。钱镠依靠的是唐末建立的八都镇将(后扩充为十三都)。军事力量可以成就钱镠,同样也可以将其摧毁。与其他政权一样,钱镠同样需要面对如何有效地控制下属中的骄兵悍将,巩固自身统治的问题。清代史学家赵翼在《廿二史札记》中这样评述,"唐中叶以后,河朔诸镇各自分据,每一节度使卒,朝廷必遣中使往察军情,所欲立者,即授以旄节。至五代其风益甚,由是军士擅废立之权,往往害一帅、立一帅,有同儿戏"。[①] 部将哗变和叛乱在当时更是家常便饭。钱镠一生也遇到过多次叛乱,其也曾说过:"军中叛乱何方无之?"[②]但钱镠遇到最危险的一次叛乱当属武勇都之乱。

---

① 赵翼:《廿二史札记》,中国书店 1987 年版,第 236 页。
② 钱俨:《吴越备史》,中国书店 2018 年版,第 89 页。

一、武勇都之乱始末

武勇都是钱镠在帮助杨行密平定孙儒后,招纳孙儒降兵而建立起来的军队。《吴越备史》卷四:"及武肃王(钱镠)以宣州降卒隶中军,号武勇都。"[①]孙儒原为秦宗权的部将,其军队以蔡州兵为核心,兵将悍勇,都是久经战阵的老兵,具有很强的战斗力。武勇都组建后即被编入中军,中军即牙军,是钱镠军队的中坚力量。钱镠依靠武勇都击败了董昌,一统两浙,并在与淮南杨行密的战争中屡次获胜。可见武勇都是钱镠手中的利剑。

为加强对武勇都的控制,钱镠任命心腹大将顾全武为武勇都都指挥使,统率这支军队。由顾全武统帅这支军,钱镠应该是放心的。但八都旧将普遍对武勇都保持怀疑,如杜棱就警告钱镠:"狼子野心,棱观武勇将士终非大王所畜,愿以土人代之。"[②]罗隐也屡屡进谏,认为这些人不可亲信。钱镠对此并不在意。天复元年(901年),钱镠更是任命武勇都系的陈璋为衢州制置使。从中可见钱镠对武勇都的重视和信赖。

武勇都之乱既有偶然性,也有必然性。天复元年(901年),淮南杨行密部将李神福率军攻打衣锦城,用计俘虏了顾全武。钱镠被迫任命徐绾为武勇都都指挥史,而这为武勇都之乱埋下了祸根。武勇都高级将领中再无钱镠亲信,钱镠实际上失去了对武勇都的控制;同时钱镠对徐绾在李神福攻打临安之战中"不用命",致使大将顾全武被俘一事,产生厌恶之意。徐绾对此非常恐惧。钱镠命武勇都修筑临安衣锦城,武勇都将士冒着酷暑整治沟渠,军中怨言弥漫。天复二年(902年),徐绾打算在衣锦城的宴会上刺杀钱镠,但没有成功。在受命返回杭州的途中徐绾发动了叛乱,武勇都左指挥使许再思起兵响应,兵围杭州城;同时,徐绾、许再思引来淮南杨行密部将田頵一起围攻杭州。

在杭州之围最危急时,有人建议钱镠退往越州,钱镠也打算派大将顾全武率兵驻守东府,即有意在杭州守不住的情况下,退守越州。最后,钱镠一方面依靠八都旧将马绰、杜建徽、高彦等力量抵御徐绾、许再思以及田頵的进攻;另一方面听从顾全武和杜建徽的建议,以其子钱元璙为质(娶杨行密之女为妻),取得杨行密的支持。杨行密严令田頵撤走,田頵被迫带着徐绾和许再

---

① 钱俨:《吴越备史》,中国书店 2018 年版,第 262 页。
② 同上。

思撤回宣城;同时为消除田頵的顾虑,钱镠给了田頵"犒师钱一百亿"①,并以其子钱元瓘为质(娶田頵之女为妻),最终消除了这场危机。

二、武勇都之乱余波

武勇都之乱发生在钱镠统治的核心区,叛军围困杭州长达半年之久,造成了巨大的破坏,差点使钱镠的霸业毁于一旦。武勇都之乱的影响不仅限于杭州地区,更是波及吴越国其他地区。

(一)武勇都旧部反叛

杭州武勇都之乱使驻守在吴越国其他地方的武勇都旧部处境尴尬。吴越国内部本来就存在土客军矛盾,八都旧将对武勇都兵将始终保持怀疑态度。在平定武勇都之乱中,八都旧将可谓尽了全力。因此没有参与武勇都之乱的武勇都旧部们面临着艰难的选择。《吴越备史》卷一:"徐绾作乱,越州客军张洪等疑惧,乃与其党三百余人奔璋,璋纳之。"②张洪是武勇都平定越州后,留在越州用来控制越州当地驻军的武勇都一部;陈璋是武勇都主要将领,后被外放主政衢州,在武勇都之乱时曾出兵帮助钱镠平叛。但在武勇都之乱后,陈璋与钱镠之间的矛盾逐渐激化,陈璋除接纳张洪之外,还与田頵有往来。"温州将丁章逐刺史砾敖,敖奔福州。章据温州,田遣使招之,道出衢州。陈璋听其往还,钱镠由是恨璋。"③天祐元年(904年),钱镠"潜遣衢州罗城使叶让杀刺史陈璋,事泄。十二月,璋斩让而叛,降于杨行密"。④ 张洪出逃是因为害怕受到武勇都之乱的株连,而陈璋勾连田頵,最后反叛,恐怕也有害怕遭到钱镠及八都旧将清算的意味。

(二)地方小藩镇叛乱

武勇都之乱,使钱镠直接掌握的最强军事力量被清除,钱镠失去了制约地方小藩镇最有利的武器。事实上钱镠的中央集权被削弱了,由此也间接导致了地方小藩镇的反叛。在武勇都之乱后,即发生了睦州刺史陈询叛乱事件。陈询是陈晟的弟弟,陈晟是余杭都镇将;应该说陈询是钱镠最可信赖的

---

① 钱俨:《吴越备史》,中国书店2018年版,第91页。
② 同上,第103页。
③ 同上。
④ 同上。

八都旧将之一，但是当武勇都之乱发生时，陈询"属徐、许之乱，乃通田頵。"①当田頵被杨行密和钱镠联合绞杀的时候，"询益惧。及王命桐庐县使府复征军赋，遂不听命而叛，至是而奔"。

陈询、陈璋之乱都有武勇都之乱的影子，而且都引来了淮南杨行密的势力，使之波及的范围更广，时间也更长久。

三、钱镠的政治改革

武勇都之乱平息之后，钱镠变得更加小心谨慎，"备盥漱，而后寝焉。又以圆木小枕缀铃，睡熟则欹，由是而寤，名曰警枕。又置粉盘于卧内，有所记则书……每夕必列侍女，各主一更，戒之曰：'外有报事，当振铃声以为警醒。'凡有闻报，即时而遣。又常以弹丸于墙楼之外，以警宿直者，使其不寐，以应其事。又尝微行，夜叩北城，门吏不肯启关，曰：'王来，我亦不启。'王乃自便门而入。明日，召吏，厚赐之"。②

除小心谨慎之外，钱镠也一改之前对部将的充分信任，始终对部将充满猜忌，即使是八都旧将也不例外。平乱功臣杜建徽在武勇都之乱后，先后两次遭到钱镠的猜忌。天复三年（903年），睦州刺史陈询反叛。陈询与杜建徽是儿女亲家。钱镠怀疑杜建徽也参与其中，于是就派马绰（马绰是钱镠的亲家）去秘密调查。后来陈询的部将投奔钱镠，带来了杜建徽写给陈询的信，信中全是责备陈询之语。钱镠这才解除了对杜建徽的猜忌。后来杜建徽之兄杜建思与其不和，向钱镠诬告杜建徽私藏兵器准备造反。钱镠急命自己的亲兵直接闯进杜建徽家中搜查。从杜建徽的遭遇来看，可见钱镠对部下猜疑之深。

鉴于外姓之人皆不可靠，钱镠一方面提拔新人如方永珍、杨习、陆仁章等，取代老部下；另一方面注重培养钱氏宗亲和姻亲，将钱氏宗亲充实到中央和地方的各个实权位置上，由此改变了吴越国政治模式，即由倚重八都镇将，以个人魅力和能力控制部将的方式，转变到打造宗族和姻亲势力，构建钱氏权力核心，实行宗亲治国的模式上来。

钱镠子嗣众多，《十国春秋·吴越七》中载武肃王有亲子三十八人。除亲子外，钱镠还有许多养子，再加上钱镠兄弟之子，由此构成了人数众多的钱氏宗亲集团。武勇都之乱时，除养子外，钱镠的子侄们年纪都尚小，如第三子钱

---

① 钱俨：《吴越备史》，中国书店2018年版，第99页。
② 同上。

传瑛 24 岁,而钱元瓘只有 14 岁。但在平定武勇都之乱的过程中,钱镠的子侄们开始登上了政治舞台。钱元璙、钱元瓘自愿为质,为消除叛乱做出了重大贡献;钱传瑛在杭州保卫战中的处置得当,为平叛赢得了时间。武勇都之乱后,钱氏宗亲逐渐成长起来,为钱镠构建钱氏政权的核心提供了可靠保障。

(一)宗亲掌军

早期,钱氏宗亲中只有钱镖、钱镒、钱铢等参与了钱镠的征战,但除钱铢外,其他人功勋皆不显。武勇都之乱后,钱氏宗亲中领兵出征的人及次数逐渐增多。天复三年(903 年),田頵反叛杨行密。杨行密请钱镠出兵援助。钱镠派堂弟钱镒进兵宣州。天祐三年(905 年),处州刺史卢约派其弟卢佶攻陷温州,钱镠派钱镖救援婺州;同年,淮南部将阍睦增援新安,陈兵边境。钱镠让弟弟钱镒与指挥使顾全武增兵边境。开平元年(907 年),钱传瓘等攻陷温州,钱传璙攻陷处州。开平三年(909 年),湖州刺史高澧反叛,钱镠派钱镖讨伐;同年,"淮南兵围苏州,守将孙琰拒之甚力,王命弟内牙指挥使镖、行军副使杜建徽、江海游奕都虞侯何逢……率师救姑苏"。[1] 乾化三年(913 年),淮南军李涛攻打衣锦军,钱镠命钱传瓘率军增援,并命钱传璙率军攻打淮南东州。贞明五年(918 年),应万胜军防御使谭全播之请,命钱传球和鲍君福率军二万攻信州。纵观《吴越备史》《十国春秋》《资治通鉴》等史籍,可以发现从天复二年(902 年)开始,钱氏宗亲逐步掌控了军权,到开平四年(910 年)之后,领兵作战的基本上是钱氏宗亲。八都旧将逐步退出了历史舞台。

除领兵作战之外,钱镠还任命钱氏宗亲掌控亲兵,负责保护自身及王城的安全。吴越国时设内衙指挥使,负责杭州保卫之职,掌握亲兵,为最重要的军事职位。吴越国时期,担任其职的基本上是钱氏宗亲或姻亲,如钱镖、钱传珦、钱传球、钱传术、胡思进等。除内衙指挥使之外,吴越国中枢的其他重要军事职位也基本上为钱氏之人所垄断,如土客军诸军指挥使、内外马步军统军使、亲从都指挥使等。由此钱镠构建了以钱氏宗亲为核心的军事集团,将包括八都旧将在内的外姓之人均排除在军事核心体系之外,保证了钱氏对军队的控制。

(二)宗亲治民

州县是钱氏政权地方政治的基础。早期,钱镠与其他藩镇一样将地方军政大权交予部将,任命部将为刺史(在刺史之名未定之前,也有判某州、知某

---

① 钱俨:《吴越备史》,中国书店 2018 年版,第 111 页。

州等称呼），由此形成了一个个地方小藩镇。龙纪元年（889年），"王命海昌都将沈粲权知苏州事"①。光化元年（898年），"王以越州指挥使骆团为台州制置使；"②"王以嘉兴都将曹圭权苏州制置使，寻命为本州刺史"③。光化二年（899年），"命浙西营田副使沈夏权婺州刺史"；"命顾全武权知衢州事"④。乾宁四年（894年），"王命海昌镇将高彦为湖州制置使"⑤。这些被外放到地方担任刺史的，往往都是父死子继、兄终弟及，如浙江都将阮结，"成疾而卒，年四十六，王以其弟右骑卫将军阮绰领其本郡"。⑥ 余杭都将、睦州刺史陈晟死后，子绍权、弟询先后领其余部；湖州刺史高彦死后，子高澧嗣职；嘉兴都将曹信、曹圭也是父子二世相袭。这种地方管理体制极不稳定，地方刺史对上级工作阳奉阴违，反叛也时有发生。

在平叛武勇都之乱后，钱镠开始对地方政治进行改革。逐步安排亲信担任地方军政长官，实现对地方各州的直接控制。天祐三年（906年），钱镠在对陈璋、陈询的战争中取得了实质性的胜利后，重新占领了睦州；方永珍、杨习等夺取婺州，并进攻衢州。在新的形势下钱镠任命了新的地方长官。"三月，命浙西营田副使马绰权睦州刺史"⑦；"九月，命方永珍为衢州制置使"⑧；"十一月，命弟镖为婺州制置使"⑨。方永珍应是钱镠在武勇都之乱后提拔起来的新将；马绰是钱镠的姻亲，钱镠的堂妹嫁给了马绰，同时钱镠的儿子钱元璙娶了马绰的女儿，两人关系十分密切，他是钱镠姻亲势力的代表。而钱镠之弟钱镖出任婺州制置使，则首开钱氏宗亲担任地方最高长官的先例，是钱氏政权地方行政体制变革的标志性事件。在此之后，钱氏宗亲逐步取代了八都旧将，成为主政地方的主力。在黄晟死后，钱镠巡视明州，安排儿子钱元球出镇明州。后梁贞民三年（917年），后梁皇帝一次加封钱镠十一个儿子官职，这些人中有吴越国地方刺史头衔的有：钱传璙为湖州刺史、钱传璲为温州刺史、钱元懿为睦州刺史、钱元球为明州刺史。除上述之人外，钱镠子孙中担任过地方刺史的还有：钱传珦担任过明州刺史、钱传瑛担任过湖州刺史、钱传弼担任过秀州刺史、钱传倩担任过苏州刺史，等等。到钱镠晚年，钱氏宗亲掌握了吴

---

① 钱俨：《吴越备史》，中国书店2018年版，第34页。
② 同上，第72页。
③ 同上，第74页。
④ 同上，第77—78页。
⑤ 同上，第69页。
⑥ 同上，第35页。
⑦ 同上，第102页。
⑧ 同上，第103页。
⑨ 同上，第105页。

越国地方军政大权。

四、小　结

　　钱镠通过一系列的改革,形成了宗亲治国的局面。《旧五代史》中这样记载:"前后左右皆儿孙甥侄。"①从中央到地方,钱氏宗亲和姻亲占据了主导地位,彻底消除了分裂割据的危险。钱镠的这种安排形成了一种内外相制的局面,即使有人在中央发动兵变,也会陷入被钱氏宗亲四面包围的境地;而一地一隅的叛乱,也很快就会被消灭,成不了气候。事实也证明了钱镠建立的宗亲治国体制的稳定性,钱镠之后,权力的斗争都发生在钱氏宗亲内部,如钱元瓘杀钱元球、钱元珣,钱弘佐囚禁钱仁俊等。即使是钱弘倧时期发生了胡进思之变,也没有动摇钱氏政权,胡进思不得不从钱氏宗亲中选择钱弘俶继承王位。

　　为调节钱氏宗亲内部关系,钱镠同步建构了钱氏宗族的伦理道德。贞明元年(915 年),由罗隐主修的《钱氏大宗谱》修成。钱镠在去世之前,留下一篇《遗训》,遗训中,钱镠倡导"恭承王法,莫纵骄奢,兄弟相同,上下和睦",要子孙明白"若不忠不孝、不仁不义,便是破家灭门",警告"倘有子孙不忠不孝、不仁不义,便是坏我家风,须当鸣鼓而攻"②。《钱氏大宗谱》《遗训》是钱镠为调节钱氏宗亲内部关系所确立的伦理道德,是钱氏子孙要遵循的行为准则之一。

---

　　①　薛居正:《旧五代史》,中华书局 1983 年版,第 1772 页。
　　②　钱文选:《钱氏家乘》,上海书店出版社 1996 年版,第 83 页。

钱镠建设杭州的历史性贡献

戎玉中

摘　要：在史册上，对钱氏吴越国只有寥寥几语，但实际上，比照纵横，吴越国不仅在杭州历史进程中，而且在中国历史进程中，都有其重要地位与作用。本文从钱镠筑塘捍城、保湖安民、广建寺院入手，阐述钱镠"保境安民"的英明国策，这成就了"吴越之治"，使杭州走向昌盛。因而认为：没有钱镠，就没有西湖，也就没有今日之杭州。笔者认为，研究杭州，应当先在研究钱镠故乡临安上下功夫。

关键词：吴越文化；西湖文化内涵；杭州城市特性

在中国发展史上，作为唐末五代十国之一的吴越国，史书上只是几笔带过，但在杭州发展史上，它却占有非常重要的地位。今日看来，吴越国在中国发展史上，理应占有非常重要的地位，起到了不可估量的作用。

杭州，恰如一部历史人文的经典藏书，有着千年古都的独特韵味、东方文化的别样精彩，她的底蕴让人迷恋。翻开这部藏书，汉魏以降，"东南形胜"开始形成；隋代之始，"杭州"地名由此登堂。到了五代十国时期，钱镠于公元907年建立吴越国，钱塘杭州首次成为一国之都。钱镠立国之后，保境安民、营建都城、整治水利，杭州也成了东南佛国。正因钱氏建国，成就了"吴越之治"，杭州从此才走向昌盛。欧阳修在《有美堂记》里，赞扬："钱塘自五代时，不被干戈，其人民幸福富庶安乐。十余万家，环以湖山，左右映带，而闽海商贾风帆浪泊，出入于烟涛杳霭之间，可谓盛矣。"杭州在北宋时就被誉为"地有湖山美，东南第一州""万物富庶，地上天宫""天上天堂，下有苏杭"，后人把此话变成"上有天堂，下有苏杭"，而钱镠无疑是"上有天堂，下有苏杭"的重要奠基人。

一、钱镠首创"捍海石塘"乃"保境安民"第一良策

杭州地处钱塘江下游,虽有航运的便利,但钱塘江潮患对杭州造成了极大的危害,从秦汉至唐代,这种潮患一直严重地威胁杭城的安全。唐代杭州刺史崔彦曾在城外建筑了沙河塘(堤),虽在一定程度上缓解了潮水的冲击,但潮患问题并没有消除。据《武肃王筑塘疏》记载,每当涌潮水聚涨,"自秦望山东南十八堡,数千万亩田地,悉成江面,民不堪命"。唐景福二年(893年)七月,唐朝任命为胜武军团练使、苏杭等州观察处置使的钱镠发动民夫二十万与十三都兵卒扩建杭州罗城,在城东筑城墙时,因钱江潮水的冲击,多次筑造未成。

开平元年(907年),被五代后梁封为吴越王的钱镠认识到吴越国以杭州为首府,若不能阻挡潮患,势必危及吴越政权的存在,所以必须先解决这一隐患。于是在开平四年(910年)八月,钱镠就开始大规模兴建海塘堤。先在离江岸十丈九尺范围内,取罗山之木,打桩六层,每层中间又实以装有石头的竹笼和泥土,交错密排,堆成泥塘,泥塘之内,再加石堤,十分坚固,后人称之"钱氏捍海塘"。此后,杭城得以安全。《十国春秋》记曰:"钱塘富庶,由是盛于东南。"

北宋大科学家、杭州人沈括在《梦溪笔谈》卷十一《官政》中写道:"钱塘江,钱氏时为石堤,堤外又植大木余行,谓之滉桩。宝元(1038—1039年)、康定(1040—1041年)年间有人献议取滉柱,可得良材数十万。杭帅(即太守)以为然,既而旧木出水,皆朽败不可用,而滉柱一空,石堤为洪涛所激,岁岁摧决。盖昔人埋柱,以折其怒势,不与水争力,故江涛不能为害。"这里说的"昔人"即指钱镠,用滉柱筑石堤,才使"江涛不能为害"。

北宋范坰《吴越备史》卷一《武肃王》记述:"开平四年八月,始筑捍海塘。王(即钱镠)因江涛冲激,命强弩以射潮头,遂定其基,复建候潮、通江等城门。"又说:"初定其基,而江涛昼夜冲激沙岸,板筑不能就,王(即吴越王钱镠)命强弩五百以射潮头,又题一章,急钥置于海门,其略曰:'为报龙神并水府,钱塘借取筑钱城。'既而,潮头遂趋西陵(今西兴)。王乃命运巨石,盛以竹笼,植巨材捍之。城基始定,其重濠(城河)累堑,通衢广陌,亦由是而成焉。"

元代胡三省说:"今杭州城外濒江(即钱塘江),皆有石塘,上起六和塔,下抵艮山门外,皆钱氏所筑。"

事实证明,钱镠率兵卒与民夫建成的这条捍海石塘,基本上消除了钱塘

江水对杭州城区的危害,显示了吴越国君民取得了与潮患斗争的胜利。而且这类捍海石塘,还是钱镠首创,实证了他保护杭城的卓越功勋。正如《旧五代史》卷一三三《世袭列传》所载,石塘的兴筑,扩大了杭州城区,"悉起台榭,广郡廓周三十里,邑屋之繁会,江山之雕丽,实江南之胜概也"。

关于钱王射潮,据元代李东有《古杭杂记》载:"五代钱王射潮箭,在临安(杭州)候潮门内左手数步。昔江潮每冲击城下,钱氏以壮丁数百人候潮之至,以强弩射之,由此潮头遂避,后遂以铁铸成箭样,其大如杵,作亭泥路之旁,埋箭亭中,出土外七尽许,以示定厌之义。"

此事流传至清代,在《西湖佳话·钱塘霸迹》中被撰成神奇故事:

> 各城门俱已筑定,独候潮一门,临于钱塘江上江岸,时城为潮水冲坍,故一带城墙难以筑起,钱镠不觉大怒道:"吾钱镠既为杭州一方之主,则一方鬼神皆当听命于我,怎敢以潮水无知,冲坍江岸,以致吾善政不能成功! 若果如此,则朝廷官爵为无用矣。吾安肯低眉,任其汹涌!"因选了精卒万人,各持劲弩,等到潮头起处,如银山雪巘一般飞滚而来……钱镠待潮头滚到百步之外,便放了三个大炮,一声锣响,万弩齐发,箭箭都射那潮头之上,射了万箭,又是万箭,真个英雄之气,直夺鬼神! 那潮头被射,竟撤转潮头,霎时退去江口。万民见了,莫不诧异,欢声如雷,皆伏钱将军之神威。

近年,在钱塘江北岸建起"钱王射潮"巨大雕像。而相传钱王射潮箭所止处立有铁幢,故杭州旧有横箭道巷与直箭道巷之地名,皆因巷内旧有埋箭亭而得名。今横箭道巷已并入江城路,尚留直箭道巷。

二、没有钱镠就没有西湖

西湖,经唐代大诗人、杭州刺史白居易等人的治理之后,以其景致秀丽的面貌呈现在世人面前。白居易歌咏与怀念西湖、杭州的大量诗篇,更给杭州的西湖增添了绚丽的色彩。

但到唐末,"西湖岁之不修,湖葑蔓蔽""旧日湖堤,尽于城宇"。唐光启三年(887年),唐授钱镠为上武卫大将军兼杭州刺史,这是唐代最后一位刺史。景福二年(893年),钱镠第二次扩建杭州城垣,西城墙自六和塔边秦望山往北沿钱塘湖(即西湖)到霍山(昭庆寺后),从此形成了"城湖相依"的城市布局。

天复二年(902 年),唐昭宗封钱镠为越王,两年后,又封其为吴王,到开平元年(907 年),五代后梁封钱镠为吴越王;龙德三年(923 年),进封他为吴越国王。杭州也成为吴越国的首府,西湖的作用更为显著。

据《十国春秋》卷八二《吴越世家》载:

> 武肃王时,有术者告曰:"王如广牙城,改旧如新,有国延及百年;若填筑西湖以为公府,当十倍于此。"武肃王笑曰:"岂有千年而无真主者乎?"即于治所增广之。

这说的是:天宝五年(912 年),后梁太祖尊钱镠为"尚父",恩准他扩建王城。为王城选址时,钱镠请来的方士献策,说:"大王若想省事些,可在凤凰山隋唐旧宅基上扩造宫殿;若想国运长些,就得填平西湖,在西湖上兴建王城。"方士还说:"我这几天反复看过了,杭州这方土地就属西湖最好,它坐西朝东,三面环山,王气只聚不散,可传大王千年国祚。而且填湖为城,还有拓土之利,吴越国的疆域将会不断扩大,国运何止十倍于百年!"钱镠想了想,笑道:"先生差矣,五百年必有王者兴,哪有一千年不灭的国家?我钱氏能有百年的国祚就不错了。何况这西湖是杭州的水源所在,有道是无水则无民,我把西湖填了,老百姓怎么生活?没有了百姓,哪还有国家的存在?我意已决,就在旧宅基上建造王城。"

幸亏钱镠不含糊,没有听信方士的荒谬之言,不然我们今天就无福享受西湖美景了。后人有诗夸赞钱王的明智:

> 牙城旧址扩篱藩,留得西湖翠浪翻。
> 有国百年心愿遂,祚无千载是名言。

贞明二年(916 年)正月,钱镠表请封钱塘湖(西湖)龙君为广润龙王,并在宝石山麓建钱塘龙君祠致祭,在祠建成时,又亲自撰《建广润龙王庙碑》文表示庆贺。

由此可见,钱镠作为吴越国的开创者,深知西湖的重要性。他不仅没有去填平西湖,而且在宝正二年(927 年)西湖葑草蔓合时,钱镠还专设钱塘湖撩湖兵千人,专门打捞湖内葑草,开始重视西湖的"专一开浚"。

经过数年努力,西湖恢复了昔日碧水荡漾、烟波浩渺的胜景。每逢节假日,湖面上画舫穿梭、游人如织,呈现出一派其乐融融的盛世景象。

为了解决钱江潮水倒灌、杭州内河水苦难以饮用的问题,五代天福元年

（936年），吴越王钱元瓘使金华令曹杲（称金华将军）在位于今西湖大道西端临湖处的丰豫门内凿一大池，引西湖水入内，池边立了石碑，吴越王钱元瓘亲笔题写"涌金池"三字，故后人改丰豫门为涌金门，乃古杭州西城门之一。传说这里是西湖中金牛涌现之地，因而得名。这样，西湖水先入清湖河（西河），然后向南流入菜市河，向北流入市河，最后注入盐桥河（中河），杭州的内河水形成了良性循环，更加清澈鲜活。不仅解决了杭城居民的饮水问题"得饮甘泉"，也使西湖成了活水，得到有效保护。

三、西湖周边兴建寺院佛塔，佛教文化大盛

讲到西湖文化，自然离不开宗教文化，尤其是佛教文化在西湖文化中占有重要部分。

西湖山水秀美，在这块号称"东南形胜"、集天地灵性的胜境觉场中，留下了多少远道而来弘法者的足迹。"天下名山僧人多。"五代吴越国时期，西湖的青山名川中，寺塔林立、佛学盛行、高僧辈出，杭州成为名扬天下的"东南佛国"。钱氏三代五王笃信佛教，在杭州兴（扩）建寺院二百余所，后来总数多达四百八十所，正是"南朝四百八十寺，多少楼台烟雨中"。而寺塔之盛，更为南方之首。

吴越兴建寺塔，有个特点，绝大多数都建在西湖四周，环湖皆寺，梵香缭绕。其中就有：重建灵隐寺，扩建下天竺寺为五百罗汉院、中天竺寺为崇寿院、玉泉寺为净空院，新建昭庆寺、永明院（今净慈寺），还有理安寺、六通寺、海会寺、灵峰寺、云栖寺、玛瑙寺、清莲寺、宝成寺、开化寺和南高峰下荣国寺等。最为著名的当数灵隐寺和净慈寺。

灵隐寺是杭州最早的寺院和最大丛林。东晋咸和元年（326年），印度高僧慧理由中原云游来杭弘法，在飞来峰下建灵鹫寺（龙泓洞侧，久废）。又于东晋咸和三年（328年）在北高峰下建灵隐寺。慧理开山时，灵隐、灵鹫及下天竺的翻经院原属一体，由同一山门出入，成为杭州佛教寺院之始源。今灵隐寺还有门额"灵鹫飞来"。经南北朝、隋、唐，到吴越国时期，灵隐寺由毁、复而壮大。吴越王钱弘俶于宋建隆元年（960年）从奉化请来延寿禅师住持复兴，两度重建、扩建寺院，达到九楼、十八阁、七十二殿堂，新置石幢两座，僧舍一千三百余间，本寺和挂单僧众共三千余人，还赐名"灵隐新寺"，使这座江南名刹焕然一新，更加雄伟壮观。

位于南屏山麓的净慈寺，是后周显德元年（954年）吴越国王钱弘俶兴建，

原名慧日永明寺,因为有道潜、延寿两位名僧先后主持,声誉日隆,成为继灵隐寺之后的又一东南名刹。明朝改称净慈寺,并浇铸一口巨钟,洪亮的钟声远播山谷,"南屏晚钟"被列为"西湖十景"之一。

"湖(西湖)南净慈,湖(西湖)北昭庆。"昭庆寺,地处北山街东端,前临西湖,与西湖南面的净慈寺隔湖相望,它创建于北宋乾德五年(967年),由吴越国王钱弘俶所建,初名"菩提寺"。北宋太平兴国三年(978年),菩提寺内建起一座"万善戒坛",即僧人举行受戒仪式的专用场所。四年后,菩提寺改称"昭庆律寺",一直沿用至今。其戒坛成为中国佛教界四大著名戒坛之一。许多高僧均以在昭庆寺剃度出家为荣。明代后期,这座吴越古刹成了西湖上最热闹的香客集散地(中转站)和西湖香市兴隆的大市场。

杭州现存的六和塔、保俶塔、白塔、雷峰塔等,均始建于吴越国时。

六和塔,建于北宋开宝三年(970年),吴越王钱弘俶为镇江潮而命禅师在钱塘江边月轮山建塔,并建开化寺,取佛教"六和敬"之义命名为"六和塔",又名"六合塔",则取"天地四方"之意。该塔现为全国重点文物保护单位。

雷峰塔,建于北宋开宝八年(975年),历时六年完成。位于西湖南岸夕照山的雷峰上。吴越国最后一位国王钱弘俶决心"纳土归宋",为庆贺宠妃黄氏产子并为其子祈福而建,昔日亦称黄妃塔。后因地名而改称"雷峰塔"。"雷峰夕照"为西湖十景之一。

保俶塔,建于宝石山上,又名应天塔,相传是吴越王钱弘俶奉宋太祖赵匡胤之召,准备去汴京(今开封)"纳土归宋"时,他的母舅、宰相吴延爽为了保佑吴越王进京平安,于北宋开宝元年(968年)特建此九层高塔,故名保俶塔。如美人亭立于西湖之畔,有"保俶如美人"之称。

佛教对西湖周边的百姓影响深远,不仅使他们成为虔诚的信徒,而且"茶禅一家",寺院周边的乡民们就是依附名寺胜院而生存至今。

四、吴越赋予杭州以独胜的文化内涵与品质

文化是国家的根、民族的魂。同样,文化也是一座城市的根与魂,而且,文化还决定了一个城市的个性与特色。每座城市,都拥有不同的个性。杭州,作为一座历史悠久、文化灿烂的历史文化名城,其形成、繁荣、发展都离不开西湖。西湖是自然湖,又是文化湖。西湖文化的源与流,它的特色与个性,是在特定的历史条件和文化背景下形成的。

杭州是中国八大古都之一,是五代十国之一吴越国和南宋王朝的都城。

杭州历史上战乱少,发展比较安定,形成了以良渚文化、吴越文化、南宋文化、明清文化和民国文化为代表的比较完整的历史文化序列,留下了极其宝贵的历史文化遗产。

杭州的全部历史文化序列,都给西湖以极大的影响与滋润。值得一提的是雷峰塔。最初,据说是因一个姓黄的妃子喜得贵子,钱弘俶才决定修建这座规模空前、精美绝伦的宝塔,该塔初名"黄妃塔"。但据正史记载,雷峰塔是为了供奉珍贵的佛螺髻发舍利而建。

雷峰塔的选址颇具匠心。从小环境来说,它建于南屏山支麓雷峰上,这里是杭州的西关(西城门口),往来人多,十分瞩目。雷峰塔与净慈寺建筑成为一体,相得益彰,此后便形成了"南屏晚钟""雷峰夕照"两大胜景珠联璧合的佳构。从大环境来说,它与此前建造的保俶塔隔湖相望,处在西湖风景布局的中轴线上,从这两座几乎同时修建的宝塔,以及此前此后分别修筑的白堤和苏堤上,我们可以充分体会到古人的恢宏大气,与自然相谐的审美情趣,参透古人发自天籁的用心和禅机。

正因钱氏捍江筑城,保湖建国,成就了"吴越之治",杭州走向昌盛,人民得以富庶幸福安乐。杭州在吴越国时期有了"东南佛国"的美誉,而西湖是"东南佛国"中心的一颗明珠。从吴越开国王钱镠奉行"保境安民,善事中国"的国策,到末代吴越王钱弘俶践行"纳土归宋"的夙愿;从西湖周边众多佛寺的兴盛,到西湖南北雷峰塔和保俶塔相对而立的初衷,我们可以清楚地看出,贯穿吴越国国策的一条脉络就是"天人合一""和合共美""精致和谐""和谐共生",既是人与自然的和谐共生,又是人与人的和谐共生。以和为贵,是五千年中华文明的核心内涵。自古以来,中华儿女崇尚"和合之道",华夏大地激荡"和合之美"。厚重、大气、和谐、静谧、闲适,可以说,这就是吴越赋予西湖的文化特性,是杭州的历史底蕴和文化特色,也是杭州代表的东方文化的魅力。

世界上像西湖这样的湖泊有很多,但西湖文化景观为什么能够列入世界遗产名录?在中国,像西湖这样的湖泊也有很多,但为什么有那么多的中外游客要到西湖来,到断桥来?答案就是,因为其独特的文化沉淀所形成的品位与魅力,彰显了文化对杭州建设与发展的强大作用力。

西湖的和谐共生、杭州的和谐共生,正是深厚的文化积淀与优美的山水风光的和谐共生。文化、自然是一个点与面相联系、相互影响的整体,任何一个点都离不开一定的面,就像杭州深厚的文化积淀离不开中国传统文化、西湖独特的文化特色更是与吴越文化息息相关一样。当年,钱镠保湖之举做得极对,以至于后来苏轼赞叹"杭州之有西湖,如人之有眉目"。从先辈们的字里行间,我们了解了属于这座东方名湖的价值,也从这里开始,读懂了杭州的文化韵味。

现在,杭州走在巩固好、发展好历史文化名城、建设独特韵味别样精彩的世界名城的大道上,我们要推进美丽中国样本建设,打造生态文明之都,一定要以习近平新时代中国特色社会主义思想为指导,以人民为中心、让人民过上更美好生活的根本目的作为出发点,放眼更广袤的视野,在广阔的层面谋划,让市民望得见山、看得见水、记得住乡(城)愁,让生态环境成为杭州最具魅力、最富竞争力的独特优势。要当好历史文化名城的"薪火传人",特别要传承好白居易、钱镠、苏东坡等历史名人对西湖保护的理念与胸怀,彰显"天人合一、诗画江南"的文化意境,呈现历史与现实交汇的独特韵味。

吴越国钱镠与杭州城市发展功绩论

徐顺雨　浙江省游船协会

摘　要：钱镠是杭州城市发展史上重要的人物,他立足杭州,扩展疆域达两浙十三州,并以杭州为国都成立吴越国。在纷乱的群雄混战中,他偏安江南,对内治水兴疆、鼓励农桑、发展经济,对外保境安民、远交近攻;营建杭州城,筑捍海塘战钱江潮,隆兴佛教美化西湖,三筑杭州城形成南宫北城大格局,为杭州成为"东南第一州"奠定基础。

关键词：吴越国;钱镠;杭州城市发展;功绩

除却近代,对杭州城市的建设、西湖的保护影响最大的是吴越国时期和南宋时期,原因不说自明,杭州是这两个朝代的国都,打扮得美丽、堆砌出气质、培育出内涵,是历朝历代营建国都"大国形象"的惯例。笔者暂按下南宋不表,着重研究吴越国早期,钱镠以杭州为中心,发展农业经济,采用外交斡旋,让吴越国偏安江南,安享太平;钱镠对杭州城的扩建、钱塘江捍海塘的修筑以及对西湖的保护和雕琢,不仅对杭州城市发展史意义重大,且直接奠定了两宋时期杭州的规模和繁荣基础。

一、控江保湖，构筑"左江右湖"杭州城市格局

从地理发展来看,西湖原是一个海湾,由于海水淤塞逐步形成泻湖再演化成天然湖泊。从秦代在西湖群山中置钱唐县以来,杭州一直是一个山中小县。直至隋文帝开皇十一年(591 年),钱唐县治移到凤凰山麓的柳浦,改钱塘郡为杭州,在行政等级上升为州治,当然这和隋唐大运河的开通不无关系,杭州也因为千里运河而逐步生发成雄踞东南的"三吴都会"。其中最重要的因素当属吴越国钱镠对杭州的营建。

从滨海港湾到冲积平原,杭州城市的发展和延拓,从另外一个角度来看也是"与水争地"的过程,是钱塘江南移、江北地区诸多湖泊"湖苕蔓合"直至"挤压成河"乃至最终消亡的过程,如杭州历史上的下湖、清湖、泛洋湖、阼湖、白荡海等都消失在历史的进程中,而最重要的西湖被保护了下来。

(一)射潮筑塘定城基

《淳祐临安志》卷五有载:"华信筑塘,乃迁平地。"[①]即自东汉华信开始修筑防海大塘水利工程,杭州才开始摆脱"听天命"的尴尬,钱塘旧治及百姓开始迁往平地生活。隋代迁址于柳浦(今凤凰山麓),依山筑城,从隋经唐直至吴越国期间,紧邻州治的钱塘江潮依旧是杭州的第一大水患。《白氏长庆集》卷二三记载,唐长庆二年杭州刺史白居易作文祈祷"潮涛大涌,奔击西北""浸淫郊廛,败坏庐舍,人坠垫溺,吁天无辜"[②];《筑塘疏》中这样写道:"海飓大作,怒涛掀簸,堤岸冲啮殆尽。自秦望山东南十八堡,数千万亩田地,悉成江面,民不堪命。"[③]潮患严重威胁百姓生命,更危及家国安全,故治水成为当时朝廷最大的民生工程。于是,后梁开平四年(910年)八月,钱镠发动民工二十万于候潮门、通江门外筑捍海石塘,同时"王于叠雪楼命水犀军架强弩五百以射潮"[④],三千强弩射潮低,同频镇戍怒潮,两大史诗般的"战役"至今还留有捍海石宕(江干区皋亭山)和直箭道巷(上城区六部桥)可以凭吊,以发千古之幽思、感历史之厚重。

1982年江城路立交工程施工中发现的钱氏捍海塘遗迹,让我们亲眼看到了捍海塘的原貌,工程采用的"竹笼石塘"结构是在当时"版筑法"基础上的改良版,"竹络叠砌、外固桩木"的钱氏竹络法是当时最先进的筑塘实用技术,也因为捍海塘的修筑,遏制了江涛肆虐,从而"城基始定",才有了南宋时人口超百万的大都会。也因为钱氏捍海塘,加上北宋的"捍江兵"、南宋的"修江司",所以杭州才有了近300年直至元代的繁荣发展,明清两代人在钱氏捍海塘和北宋张夏"巨石砌堤法"的基础上发明了五纵五横的鱼鳞大石塘,成为横空出世的"海上长城",根基巩固、表里坚凝。至此,杭州的潮患时代正式终结。

(二)南宫北城大格局

司马光在《资治通鉴》中谓:"吴越王镠筑捍海石塘,广杭州城,大修台馆,

---

① 详见潜说友等:《咸淳临安志》卷五《行在所录》,见中华书局编辑部编:《宋元方志丛刊》第4册,中华书局1990年版。

② 详见白居易:《钦定四科全书荟要•白氏长庆集》,吉林出版集团有限责任公司2005年版。

③ 详见钱镠:《筑塘疏》,见钱文选:《钱氏家乘》卷八《遗文》,上海书店出版社1996年版。

④ 详见王謩:《群书类编故事》卷三《钱王射潮》,书目文献出版社1993年版。

由是钱塘富庶盛于东南。"①钱镠立足杭州后,进行过三次扩建。

在隋唐柳浦城即隋代大臣杨素所建州治的基础上,钱镠在三年时间里两次扩建杭州城,第一次"筑新夹城",东西相距不到三百米,南北却长达十二里;第二次见《资治通鉴》有载,"发民夫二十万及十三都军士筑杭州罗城",②"自秦望山由夹城东亘江干,泊钱塘湖、霍山、范浦凡七十里",③同时由于左江右湖的地理格局,导致"东西窄而南北展",状如腰鼓,故杭州城也叫"腰鼓城";第三次是后梁开平四年(910年)扩建罗城三十里,将城东南边界从中河边拓展至东河边,形成了"子城(皇城)—夹城—罗城"筑城顺序,强化了"南宫北城"格局,从此以后,杭州城即使到南宋时期都是此格局。

二、乱世中的偏安:保境安民、鼓励农桑

钱镠通过多年的征战,统一两浙十三州,开创了吴越国。在群雄割据的年代,吴越国一直秉承"保境安民"的基本国策,安稳度过了八十六年,主要是对内发展农桑实现经济丰盈,对外则采用"远交近攻",谨事中原王朝,奉正朔、岁纳贡,花钱买平安,对于邻国则采用敌对态度以保障边境安全,多措并举让一方百姓在战争年代安享太平。

(一)保境安民,内肃兵患

所谓以战止战,没有战争就没有和平,钱镠的一生,也是征战的一生,其中列举几起关键之战加以说明。

早期钱镠只是董昌的偏将,中和二年至光启二年(882—886年)浙东观察使刘汉宏和杭州刺史董昌争夺两浙霸权,钱镠主动请战,战后董昌践行诺言推钱镠为杭州刺史,钱镠由此控制杭州,迈开了建立吴越国的第一步。

文德元年(888年),钱镠和淮南杨行密与谋定江南的北人孙儒在江淮地区争夺拉锯。景福元年(892年),钱镠联合杨行密击败孙儒,钱镠得苏州,一举稳定了吴越国的北境。

乾宁二年(895年),是钱镠人生中最重大的转折点,董昌冒天下之大不韪,在越州称帝,国号大越罗平,建元顺天。这对于钱镠来说机遇难得,在唐

---

① 详见司马光:《资治通鉴》,中华书局1956年版。

② 同上。

③ 详见钱俨:《吴越备史》卷一《武肃王上》,见丁申、丁丙编:《武林掌故丛编》第十九集,嘉惠堂丁氏清光绪九年(1883年)刊本。

朝廷、董昌、杨行密、钱镠多方拉锯下,在朝廷已经赦免董昌、复其官爵的情况下,钱镠不服听命,最终斩杀董昌。对于这一重大历史事件,至今仍有一个地方可以凭吊,就是绍兴安昌古镇。据《羊石山石佛庵碑记》载:"大唐中和间,武肃王钱镠以八都兵屯羊石寨,平刘汉宏及获董昌因名其乡为安昌焉。"如今的安昌古镇,一派水乡风貌,是长三角保存完好、风韵犹存的水乡古镇之一。

对于钱镠而言,还有一个重要的时间节点,那就是天宝七年(914年),在这一年,钱镠平定了"横阳之乱",取"横阳既平"之义,遂改县名为平阳,此后境内一片祥和;也就是在这一年,钱镠在用人策略上逐渐从倚重八都兵和内牙军军将变为倚重宗室,通过宗室治州推动了吴越国文臣政治的形成。

(二)鼓励农桑,富济天下

唐代"韩愈谓赋出天下,而江南居十九",其中苏湖地区更是基于冲积平原的沃野千里,所产米粮成为整个国家的"东南根柢"。到了吴越国时期,江南一带的农事发展更是达到历史新高度,原因在于国家对水利农业的重视。

吴越国创造的塘浦圩田系统,将浚河、筑堤、建闸等水利设施统一于棋盘化的水网圩田系统。遗留至今尚留全貌或概貌的当属湖州太湖溇港和杭州西溪湿地。

塘浦圩田技术在吴越国期间达到第一个高峰。首先,吴越天宝八年(915年)置都水营田使,专门组织"撩浅军"近7000—8000人驻扎在太湖边"专为田事治湖筑堤",将塘浦圩田技术应用于太湖,五里至七里一纵浦以通江,再五里至七里一横塘以分水势,设堰作坝立正门,便促使溇港文化开始形成和升华,直接带动农业发展,使得杭嘉湖和苏锡常地区成为"鱼米之乡",一句"苏湖熟,天下足"就是最好的注脚;其次,溇港文化更是开创"丝绸之府"的序章,塘浦圩田和桑基鱼塘使得蚕桑种养规模快速扩大,进而带动丝织业发展。近旁湖州著名的辑里丝就是种桑养蚕的绝佳成果。总之,溇港文化在吴越国时期以及各时代都是保障农业发展的重要水利工程,也是湖州乃至杭州地区水流下泄太湖的重要通道,堪称古代的"第二个都江堰",其重要性可与海塘并提,2016年溇港入选第三批世界灌溉工程遗产名录。

塘浦圩田技术的另外一个典型遗存当属西溪湿地,几千年来生活在这片土地上的勤劳的人民通过渔耕经济人工改造而形成了现在港汊交错、"鱼鳞状"鱼塘密布的特点,桑基鱼塘和柿基鱼塘形成良好生态循环,把疏浚圩田河渠网络和鱼塘的淤泥用来垫高圩堤和戗岸,堤上种植桑树、柿子树,基、塘相连,鳞次栉比,连绵成片,形成独具特色的桑基(柿基)鱼塘。余杭超山丁山湖也是塘浦圩田的典型,当然基塘上种植的都是枇杷。

古有塘浦圩田,今有筑堤围垦。钱塘江潮是世界奇迹,对两岸百姓来说却是极大的灾难。当时有句话叫"贼偷勿算,火烧一半,坍江全完",可见钱塘江潮的破坏力之巨,但萧山人却敢向钱塘江潮要土地,百年间围垦土地近50万余亩,占萧山总面积的四分之一。萧山围垦蜚声海外,成为世界围垦史上的奇迹,最后也升华成萧山"奔竞潮头"的围垦精神,成为新时代的"弄潮儿"。

三、吴越国的杭州:东南佛国,人文西湖

经过唐代杭州刺史白居易对杭州西湖多年的经营,杭州西湖呈现出貌美的一面,一首诗《钱塘湖春行》可证之。从"孤山寺北贾亭西"可见原为自然山林的孤山有了"寺",也有了"亭",更有"绿杨阴里"的"白沙堤",西湖的部分区域逐渐进入"人工去雕饰"时代。而到了吴越国期间,更是扩展到了整个西湖及周边山林,同时延及钱塘江畔,寺塔林立,西湖成为当时的"核心景区"。

(一)隆兴佛教,人工美化西湖

由于吴越国历代国王崇信佛教,在西湖周围兴建大量寺庙、宝塔、经幢和石窟,扩建灵隐寺,创建昭庆寺、净慈寺、理安寺、六通寺、开化寺、高丽寺、云栖寺、灵峰寺、宝成寺和韬光庵等多达二百余座,建造保俶塔、六和塔、雷峰塔、白塔和北高峰塔,一时有"佛国"之称。

历经千余年,这些名词我们并不陌生,很多已成为西湖和杭州的重要组成部分,也成为现代西湖文化格局和西湖世界文化遗产的重要载体。

一是寺。自古名山僧占多,吴越国时期的西湖周边群山中名寺林立,成就了杭州"东南佛国"的美誉,这和吴越国三代五王笃信佛教有着直接的关系。灵隐寺因钱弘俶力邀延寿禅师重建而中兴;中天竺和下天竺也因吴越国期间的重修和改建而绵延;净慈寺以及九溪的理安寺、赤山埠的六通寺、灵峰的灵峰寺、南高峰的荣国寺、天竺山的上天竺寺、紫阳山的宝成寺、月轮山的开化寺,以及海会寺、昭庆寺、玛瑙寺、清涟寺等均始建于吴越国期间,成为杭州西湖文化的一部分。

二是塔。吴越五塔中有四塔如今几近网红,一度成为杭州旅游的重要标志和形象,经久不衰。白塔成名最早,缘于这里出了中国第一份旅游地图,有诗为证:"白塔桥边卖地经,长亭短驿甚分明。如何只说临安好,不数中原有几程。"这既写出了对南宋朝廷偏安杭州一隅的讽刺,也道出了白塔作为入京要道的重要战略位置;"雷峰如老衲,保俶如美人"的雷峰塔、保俶塔则使得西

湖呈现出"一湖映双塔,南北相对峙"的格局,显现出意境悠远的东方韵味;"六和如将军"的六和塔一直是钱塘江的地标,和一桥搭配成完美的画面;而北高峰塔则相对陌生,其始建于唐,毁于"会昌法难",钱镠重建,后毁于清代,2018 年杭州市政府启动重建工作,重建后的北高峰塔将成为西湖群山中最高的塔,"高高在上"的地标。

(二)组建"撩湖兵",力保美丽西湖

《宋史·河渠志》中有这样的记载:"钱氏有国,始置撩湖兵千人,专一开浚。"①由于西湖的地质原因,淤泥堆积速度快,西湖疏浚成了日常维护工作,因此吴越国王钱镠于宝正二年(927 年)置撩湖兵千人,芟草浚泉,确保了西湖水体的存在。随后经过千年各朝各代的雕琢,方成就了现在的"东方名湖"。

杭州因河而兴,因湖而名。吴越国时期,将西湖稍加打扮山野村姑变成清丽少女,南宋又将西湖打造成为大家闺秀。自此,西湖成为杭州的"面子",杭州也因为吴越国奠定的基础以及美丽的西湖,最后成就了"东南第一州"的美名。

四、生民永赖,天下追思武肃王

钱镠祖上为南方望族,做过乌程长(现湖州菰城一带)、富春侯,到他这一代已经没落为平民。钱镠从小还不受待见,有"婆留"的传说,少贫苦,长大后无所事事,以贩私盐为生。《新五代史》称钱镠"及壮,无赖,不喜事生产,以贩盐为盗"②。《吴肃王十训》云:"稍有余暇,温理《春秋》,兼度《诗经》。十七习《兵法》,二十一投军。"③可见,钱镠的一生极具传奇色彩,祖上荣耀,少贫苦,为养家糊口去贩私盐,而后能文能武,从军后开始开挂人生,像极了汉高祖刘邦!钱镠虽是一位铁汉,但也有柔情一刻,一句"陌上花开,可缓缓归矣"仅九个字,但含思婉转,尤其"缓缓"两个字更是体贴入微,让人感动。

在杭州城建史上,钱镠功在千秋,使"钱塘富庶盛于东南",兴修水利,治理钱塘江和西湖,疏浚城中内河,奠定杭州城市格局和古都地位;同时鼓励农桑,发展贸易,成就了杭州"鱼米之乡、丝绸之府、文物之邦"等声誉,成为江南经济中心。

---

① 详见脱脱等:《宋史》,中华书局 1977 年版。
② 详见欧阳修等:《新五代史》,徐无党注,中华书局 1976 年版。
③ 详见钱镠:《武肃王遗训》,见钱文选:《钱氏家乘》卷六《家训》,上海书店出版社 1996 年版。

在战争频发、割据纷乱的五代十国时期，即使对比史海钩沉中的历代君主，钱镠绝对是有大智慧的一位君主，是一位"以民为大"的君王，故备受国民爱戴。苏轼在《表忠观碑》中的一段话或许可作为解释，"吴越地方千里，带甲十万，铸山煮海，象犀珠玉之富，甲于天下""其民至于老死，不识兵革，四时嬉游，歌鼓之声相闻，至于今不废，其有德于斯民甚厚"。

一座钱王祠，历经千年香火不断，最后以钱王祠楹联颂之：

> 功勋合五百臣之多，一代规模创吴越；
> 德化被十四州而远，千秋坊表永湖山。

苏州何缘"人间天堂"

钱汉东　　上海钱镠研究会

　　苏州,江南著名的历史文化名城,早在13世纪,《马可·波罗游记》就将苏州赞誉为东方威尼斯,称其受到世人的青睐。

　　苏州园林自古有名,历代造园兴盛,名园颇多,号称"吴中第一"。尤以五代吴越国时盛极一时,南园、沧浪亭、虎丘塔等名胜均为吴越国钱王管辖时期所建造。"江南园林甲天下,苏州园林甲江南。"这些典雅园林为"上有天堂,下有苏杭"的美称奠定了坚实的基础。

　　自同济大学古典园林专家陈从周教授应邀将苏州网师园以"明轩"的形式,移建到美国纽约大都会博物馆,苏州园林更成为世界瞩目的经典中华园林艺术。现在"上有天堂,下有苏杭"这句谚语早已深入人心,苏杭成为江南文化的重要代表。那么,何以会有"上有天堂,下有苏杭"之说呢?又为何将苏州放在杭州前面呢?其中除了从文学角度考虑的押韵之外,是否还有其他因素呢?

一、"上有天堂，下有苏杭"之由来

　　江南山清水秀,是美丽、繁荣、富庶之地,在中华历史文明进程中,江南文化具有较高的地位。旧有"吴有姑苏,越有会稽"之说,它告诉人们,苏州是苏南经济文化中心,绍兴为浙江经济文化中心。

　　杭州西湖约在汉代才成为内陆湖,由于长期受到海潮的侵袭,经济并不发达,人口也不多。唐以前浙江的经济文化中心在绍兴,随着大运河的开凿和政治资源的转移,杭州才慢慢地发展起来。特别是五代吴越国武肃王钱镠在杭州建都,重民生,修水利,筑海堤,兴教育,劝农桑;三次扩城,史称"城凡三重";崇佛建塔,造雷峰、保俶、六和三塔,疏浚西湖,使湖山增光,湖水荡漾,荷香飘溢。杭州遂成为江南大都会,雨也适宜、晴也适宜,更像美女西施那样无论淡抹浓妆都艳丽无双,而人民过上了安定的小康生活,令文人雅士吟唱不绝。

吴越国还有规定:"募民能垦荒者,勿收其税,由是境内无弃田。"在农耕时代,这些措施极大地调动了农民的生产积极性,为江南经济发展平添了动力。欧阳修曾这样描述当时的杭州:"钱塘自五代时,不烦干戈,其人民幸福富庶安乐。"武肃王钱镠之孙钱弘俶遵循祖训,"纳土归宋",使政权平稳过渡,避免生灵涂炭,实现祖国统一,也为宋高宗赵构南渡建都临安打下了基础。南宋时期,杭州地位第一次超越了苏州。

最早将苏杭相提并论,并将苏杭两地一起赞美的是大诗人白居易。白居易于唐长庆二年(822 年)任杭州刺史,尔后升任苏州刺史,他对苏杭两地都十分熟悉喜爱,在其任职期间写下了不少盛赞两地的诗篇,比如,有夸杭州的"知君暗数江南郡,除却馀杭尽不如";也有赞苏州的"甲郡标天下,环封极海滨"。白居易回到北方后,时常怀念江南,"江南名郡数苏杭,写在殷家三十章",他的《忆江南》成为传世经典。

最早用文字记录"上有天堂,下有苏杭"的,是南宋早期田园诗人范成大,他在《吴郡志》中说:"谚曰:'天上天堂,地下苏杭。'"元初诗人奥敦周卿又把这谚语变换了一下,写进他的《蟾宫曲》:"春暖花香,岁稔时康,真乃上有天堂,下有苏杭。"从此,"上有天堂,下有苏杭"广为流传,名扬中外。由此可见,谚语从形成、流传到被文人引用的年代,应是五代吴越国后期或北宋初期。人们虽将苏杭放在一起称誉,但它们的实力是互为消长的。

苏州很早就进入人们的视野,春秋时期苏州就被吴国作为都城。公元前514 年吴都建城,同时吴王建造园囿。相传苏州城就是吴王阖闾时伍子胥所造的阖闾大城。据《史记正义》记载:"寿梦(吴兴王)卒,诸樊(吴顺王)南徒吴,至二十一代光(吴道王阖闾),使子胥筑阖闾城都之,今苏州也。"唐大历十三年(778 年),白居易诗中写苏州的繁雄很具体,云:"版图十万户,兵籍五千人。"陆放翁在《常州奔牛闸记》中又有"苏常熟,天下足"的话。不管是苏湖也好、苏常也好,说明苏州在宋代的经济地位都是很高的。

隋唐之前,杭州因为受钱塘江水患的影响,人烟还较稀少。唐时的杭州是个上州,苏州则是江南唯一的雄州(见《通鉴》胡三省注);至于户口,苏州于中唐以后一直保持十万户,在江南诸州中也是突出的,人多、桥多、水多、庙多。明人郎瑛认为"上说天堂,下说苏杭"的谚语,不是唐朝人的话,他认为"杭在唐时尚僻在一隅,何可相并"。杭州虽然相对偏远,但吴越国时期恰遇空前发展时机,北方战乱,江南安定。南宋金兵入侵,宋室偏安临安后,杭州成为政治中心，经济得到急速发展，都市渐渐繁华，这才领先于古老苏州。

所谓风水轮流转，到明清时代，苏杭的地位再次出现逆转。苏州又开始上升，一举超过了杭州。其标志：一是苏州贡献的税赋占比超过杭州；二是在科举考试中，苏州出的状元人数远远超过杭州，位居全国第一。当然，杭州比起当时别的州郡还是要好得多。故文人依旧称苏杭，不叫杭苏，是有一定道理的。

鸦片战争后，随着上海的崛起、太平天国的战乱、沪宁铁路的开通，杭州成为省会都市，相比而言，苏州的地位逐步下滑，但人间天堂的美誉仍然流传。

二、吴越国造就苏州古典园林艺术

苏州建造宫廷园林历史悠久，公元前494年，吴越争霸，越败受辱，越王勾践卧薪尝胆，用范蠡大夫计，进献美女西施。西施从诸暨北上使吴，还经过了笔者的祖籍地——西施北上第一村钱池，去绍兴学习歌舞礼仪三年后到姑苏，受到吴王的宠幸。吴王在苏州西灵岩山建响屐廊，西施在此起舞弄倩影，吴王如痴如醉，最终荒废朝政，自取灭亡。唐皮日休《馆娃宫怀古五绝》诗云："响屐廊中金玉步，采苹山上绮罗身。"苏州私家园林始于西晋，文献记载西晋的辟疆园，唐代文人学士多去游览，陆羽、陆龟蒙、皮日休等人的多首诗篇有此记载，如茶圣陆羽诗云："辟疆旧林园，怪石纷相向。"

苏州园林在五代吴越国时期得到空前的发展，缘于吴越国王钱镠治理有方，他十分重视苏州地区，派遣其第六子钱元璙镇守苏州，元璙以战功赫赫而迁升苏州刺史，在诸王子中威望甚高。《十国春秋》记载，乾化二年（912年），"王命子元璙，权苏州刺史"。他努力发展经济生产，重视教育文化，使苏州人民安居乐业，颇有政声。《吴越备史》中说他"仪态瑰杰，风神俊迈，性俭约恭靖，便弓马"，风度潇洒，谦虚节俭，英勇善战，乃人中豪杰。钱元璙在任苏州刺史三十年，他组织了营田军，人数达七八千人，专为田事导河筑堤，当时苏州的水田是全国最好的，经济繁荣，受到宋人范仲淹的赞赏："保国惟贞，勤王惟诚，传日畏天，继缉休明，东南重望，吴越福星。"

苏州城原为春秋时吴王阖闾所筑，系土城墙，当时已残破不堪。钱元璙发明用夯土墙外包青砖技术建城墙，雄伟挺拔，坚固沉稳，美观典雅，此发明造福于后世，后世建城时广为采纳。《吴县志》云：贞明七年（921年）"王以苏州城，原为土墙。尝先后陷于徐约、孙儒、台蒙之乱。故复以砖甃，高二丈四尺，厚二丈五尺，里外有濠。八门"。

钱元璙特别喜欢建造园林,是一个狂热的园林建筑爱好者,他建起了苏州发展史上最大的园林——南园,泽被后世。《吴郡志》载:"南园,吴越广陵王元璙之旧囿也。老木皆有抱,流水奇石,参差其间。王禹偁为长洲县令,尝携客醉饮。"《吴郡图经续记》作者朱长文说:"当兵以剽焚之后,而元璙以俭约慎静镇之者三十年,与江南李氏(南唐李煜)接境,而能保全屏蔽者,元璙之功也。"还说元璙"好治林囿,酾流以为沼,积土以为山,岛屿峰峦,出于巧思,求致异木,比及积岁,皆为合抱,亭宇台榭,值景而造,所谓渭三阁,名品甚多,二台、龟首、旋螺之类";又说他"颇以园池草木为意,建南园、东圃及诸别第"。北宋文学家王禹偁曾多次游园,赋诗云:"天子伏贤是有唐,镜湖恩赐贺知章。他年我若功成后,乞与南园作醉乡。"北宋诗人苏舜钦也在游南园之后,写下诗歌:"西施台下见名园,百草千花特地繁。欲问吴王当日事,后来桃李若为言。"可见南园的当时之盛。苏州的名园,如宋人苏舜钦构筑的沧浪亭、范仲淹创建的郡学之庙等,都仅是南园的一部分。

元璙之后,其子文奉继承父职,又继续任苏州刺史三十年。父子俩经营了苏州整整一个甲子。钱文奉少时聪明过人,习书史,爱弓马,精骑射,能上马运槊,以武艺高超闻名;他治军有方,礼贤才士,有儒将之风。子承父业,钱文奉也是一个狂热的园林建造者,他在苏州扩筑南园、建造东墅(又名东庄),均为吴中名胜。宋人路振《九国志》称之为"东墅",钱文奉曾"三十年间,极园池之赏。奇卉异木及其身,见皆成合抱。又累土为山,亦成岩谷。晚年经度不已,每燕集其间,任客所适。文奉跨白骡,披鹤氅,缓步花迳;或泛舟池中"。

钱文奉的兴趣广泛,情趣高雅,喜欢收藏书画珍玩古物,其品质之精、数量之多,令人赞赏。这些宝器被存放在美丽的园林里,适得其所;文人墨客云集园林,谈古论今,把玩文物,鉴赏宝物,其乐无穷。五代吴越国新建的园林如南园和东墅等,到宋代仍为名园。钱元璙父子经营苏州六十年,其功绩可见一斑,元璙父子为苏州园林史留下浓墨重彩之篇章,同时也为后世的达官贵人、文人雅士收藏古文物开了风气之先,明清时产生一大批文物收藏鉴定大家,皆源于此。

现代史家认为:时至北宋,以两浙之境而论,苏州最出人才,这与钱元璙、钱文奉幕府有着或多或少的渊源关系。南宋龚明之《中吴纪闻》记云:钱元璙父子"皆为中吴军节度使,开府于苏。时有丁陈范谢四人者,同在宾幕"。这四人是同僚,同为中吴军节度推官。推官的身份,近似秘书。但这四位秘书的孙辈,都是北宋赫赫有名的人物:丁守节,其孙丁谓,贵为丞相;陈赞明,其孙陈子奇,官至太子中台,被称为"吴下三贤人",家住阊门;范梦龄,其曾孙是范仲淹;谢崇礼,其儿子谢涛,官至太子宾客,属东宫官属。王鏊《姑苏志》对这一现象称赞不已,很羡慕"其子孙皆至大官"。

三、苏州是名副其实的江南水乡

"东方威尼斯"——苏州是典型的江南水乡,苏州水巷万千变化,神奇莫测,春秋晨昏,各有不同,其最大的特点就是:小桥、流水、人家。智者乐水,江南人家就"枕"在河流上,生活也"枕"在河流上,人与大自然相依相靠,息息相通,心便觉得踏实而宁静。苏州水乡其实早已形成,在唐诗中有如下描写,"君到姑苏见,人家尽枕河"。

吴越王钱镠十分重视水利事业,苏州在吴越国时期得到进一步的治理和发展。

苏州是平原地区,地势低洼,暴雨成灾,太湖洪水淹没田地,浸入城区,成为泽国。在钱镠及钱元璙父子治理下,太湖的水患变成了水利。钱镠也因此获得"海龙王"的称号。据《吴越书》记载:清雍正七年(1729年),雍正皇帝得知海塘修筑完工,想到武肃王钱镠治水的功绩,封其为:"诚应武肃王,发币金十万两,春熙门内,购民地四十亩,建海神庙,于海宁,敕封为'宁民显佑,浙海之神'。"即在海宁盐官镇建造了海神庙,以祭祀钱王的治水功德。

钱王治水筑塘控江、凿礁通海、疏浚湖泊、广开明州东钱湖、治理苏州环太湖,修河护田、保护湿地,充分发挥了江、河、湖、海、溪纵横交错的水利优势,保证了丰产丰收,使吴越国成为"鱼米之乡""丝绸之府",从而"富甲东南"。

由于吴越国时期采取保境安民的方针,苏州距离战乱纷扰的北方比较近,又处于相对安定局面,因此吸引了大批流民和文人迁居此地,为苏州的开发提供了劳动力和人才支撑。不少北方的流民自愿加入治水大军的行列,影响深远。

《吴郡图经续记》卷下《治水》载:"钱氏时尝置都水营田使以主水事,募卒为都,号曰撩浅。盖当是时,方欲富境御敌,必以是为先务。"《十国春秋》亦载:"是时,置都水营使以主水事,募卒为都,号曰撩浅军,亦谓之撩清;命于太湖旁置撩清卒四部,凡七八千人,常为田事,治河筑堤,一路径下吴淞江,一路自急水港下淀山湖入海,居民旱则运水种田,涝则引水出田。"可见,吴越国当时在太湖流域已经设置了都水营田使的常设机构,下设撩浅军专司治河筑堤等水利业务。

吴越国时,苏州设有专门的水利部队,称营田军。北宋范仲淹在庆历新政的著名纲领性文件《答手诏条陈十事》中提到吴越国的治水副使,云:"臣询访高年,则云曩时两浙未归朝廷,苏州有营田军四都,共七八千人,专为田事,导河筑堤,以减水患。于是民间钱五十文籴白米一石。"范仲淹的曾祖父曾为吴越国中吴军节度推官,熟稔于吴越国典故,其记载应该是可靠的。营田军的长官称为营田指挥使,如《资治通鉴》记载吴越助后周攻打南唐事,曾提到"苏州营田指挥使陈满"。其下则有营田甲将、营田副将等官。从范仲淹的记载中可知,营田司与营田军对吴越国水利建设与农业发展起到了积极作用,"钱氏百年间,岁多丰稔"。

吴越国在苏州一带河流上还设立了很多堰闸,便于控制水流,保证苏州城区免遭洪水浸入。北宋时郏侨曾云:"某闻钱氏循汉唐法,自吴江县松江而东至于海,又沿海而北至于扬子江,又沿江而西至于常州江阴界,一河一浦皆有堰闸,所以贼水不入,久无患害。"据倪连德著录《吴越国水利工程一览表》,在十五项大工程中,有两项涉及湿地:一是余杭修堤筑堰制水,防涝防旱;二是漊湖常设撩浅军,筑堤闸,浚河渠,防洪抗旱。治水防洪依靠筑堤,钱王在筑堤的同时,进行开浦、置闸,即防涝与疏导并举,使得苏浙地区旱涝保收,丰衣足食,国泰民安。水巷苏州也更趋精致完美,名扬天下。

四、虎丘塔成为苏州的地标

今年是吴越国重建虎丘塔1060周年,苏州以园林享誉中国,而苏州园林的标志性建筑是虎丘塔。苏东坡早就说过:"到苏州不游虎丘者,乃憾事也。"可见虎丘在东坡心目中的崇高地位。虎丘塔比意大利比萨斜塔早建200多年,经历一千多年风吹雨打,仍然雄踞山巅。1961年,虎丘塔被国务院确定为全国重点文物保护单位。

相传春秋时,吴王夫差葬其父阖闾于此,葬后三日,便有白虎踞其上,故名虎丘山。云岩寺塔矗立在虎丘山上,因而又称虎丘塔。虎丘塔始建于隋文帝仁寿元年(601年),初建成木塔,后毁。现今虎丘塔建于五代后周显德六年(959年),正是吴越国时期;原有云岩寺在清咸丰十年(1860年)已全部焚毁。唐末藩镇割据,及至五代的政权频繁更替,社会动荡,苍生蒙难,故唐末至宋初这一时期,极少有建筑大型佛塔的,但五代十国之一的吴越国是个例外。在当时的战乱中,吴越国却守有一方安定富庶。当年负责维修虎丘塔的文物专家钱玉成说:"盛世建塔,无论小型精美的金涂塔,还是宏伟壮观的虎丘塔本身,都需要耗费大量财力、物力和时间。虎丘塔高四十七点七米,塔身全砖砌,重六千多吨。如果没有一个安定、文明、富裕的社会环境是绝不可能做到的。"他还认为:"考古中还发现,虎丘塔内最后一个标志年代的文物是'宋元通宝'铜钱,这是宋太祖登基后发行的钱币,其在位年限至976年止,由此推断:虎丘塔的建设时间应该在900年到976年之间。"

虎丘塔的历史一直为世人所关注。1954年南京工学院教授刘敦桢在《文物参考资料》上刊发《苏州虎丘云岩寺塔》一文,推断"云岩寺塔应建于钱弘俶十三年己未,也就是五代最末一年,而全部完成可能在北宋初期"。

1957年在修缮虎丘塔时,发现了不少文物,包括宋代经卷及题记、钱币、秘色瓷莲花碗等。文物证明了钱家人曾向地宫捐赠了不少物品。时任国家文物局副局长的王冶秋先生在1957年4月12日《文汇报》发表的《虎丘塔发现北宋经卷等文物目击记》中,记载了经卷中有钱氏包绢上写有"彭城县君钱氏三十八娘舍"等文字。王冶秋先生在文章最后说道:"按建隆二年为宋太祖赵匡胤的年号,约为公元961年,距今已近千年,对虎丘塔确定历史年代是极为重要的资料,从佛教经典上、织绣工艺上、当时风俗以及雕刻工艺方面都提供了极有价值的材料。"

在保护修缮虎丘塔的过程中,已故的文物专家罗哲文先生起过较大作用,他为抢救加固虎丘塔而奔走呼号,悉心指导。1957年,因为十三陵殿堂发生雷电事件,所以罗哲文先生提出为古塔古建筑安装避雷针。罗哲文先生早在1953年就随其恩师刘敦桢教授考察过虎丘塔和苏州园林,尔后又来此不下一百次,对苏州园林情有独钟。我曾询问过罗先生关于虎丘塔的有关情况,他认为虎丘塔建造时间为吴越国时期,应该是没有问题的。今日苏州园林成为天下园林之冠,同吴越时期钱元璙父子奠定的基础密不可分,此也彰显了钱氏政权治理江南的功绩。

令人遗憾的是,五代吴越国广陵郡王钱元璙——这一位苏州历史上极其重要的人物,其在木渎镇七子山九龙坞的墓地,虽于1960年被公布为苏州市级文保单位,却杂草丛生、荒芜凄凉,令人徒生伤感。钱元璙墓自五代建成后,一直受到历代地方政府和当地民众保护。在清中期时尚完好,乾隆三十四年进士潘奕隽曾为此墓写过《重修吴越广陵郡王墓记》,以史家之平静,描述了钱元璙的一生,云"吴越钱氏既定十三州之地,分令诸子守疆土,以第六子元璙尝解姑苏之厄,征战有功,令守苏州。同光三年,诏升苏州为中吴军,授元璙为节度使,镇抚之。天福七年封广陵郡王。钱元璙父子治苏六十余年,祠墓均在吴郡横山,一名荐福山"。可惜的是墓碑、翁仲、石兽、牌坊等物已被毁,现仅残存该墓的封土部分,但近期又发现墓区附近有残破的石翁仲、石狮、石虎、青石块等。

苏州园林与虎丘塔已成为世界非物质文化遗产和人类珍宝,为天下人所共敬同仰,它们是五代吴越国树立的千年丰碑,钱元璙父子也因此而得以同祀沧浪亭五百名贤祠。为延续钱王之功德,造福广大民众,苏州有识之士和钱氏宗亲希望有关方面尽快复建钱王陵墓及相关纪念建筑,再建一个钱王公园,以永久纪念为苏州发展做出过卓越贡献的钱元璙父子。

吴越国对苏州地区的实际统治时间可以从唐昭宗龙纪元年(889年)三月钱镠第一次攻占苏州算起,到宋太平兴国三年(978年)五月钱俶纳土归宋为止,整整经历了九十年的时间,将近一个世纪,这对苏州的发展,从任何角度讲都非常重要。

话说回来,"人间天堂"苏州之所以名列杭州之前,不是乡间里人的好事杜撰,也不是士大夫文人的随心所欲,它是由历史原因、经济地位、人文环境和社会影响造就的,也是符合情理的。苏州在改革开放的新时代,不断创造令世人惊叹的奇迹,谱写新的历史华章,续写"人间天堂"的新传奇。

吴越国时期的越州

胡文炜　　绍兴市越文化研究会

摘　要：越州虽是吴越国时期的十三个州之一，但这里是钱镠的两次平叛之处，因而也可以说是吴越国的起家之地。吴越国建立后，设杭州都城为西府，越州为东府，越州成为吴越国的陪都，其地位在十三州中仅次于杭州。由于刘汉宏和董昌据越州时战争频繁，再加上他们向百姓无限榨取，因此导致越州经济凋敝，生产力受到严重破坏。两次平叛后吴越国采取重农政策，疏浚鉴湖、修筑海塘，使越州土地有了保障，同时围造圩田，增加土地面积，百姓得以休养生息，安居乐业，经济迅速发展，出现了欣欣向荣的新局面，成为一方富庶之地。绍兴地区至今留有诸多吴越国时期的史迹和传说。吴越国的年代虽然不算长，但对绍兴的发展起到了重要作用，影响深远，值得深入研究和探索。

关键词：越州；平叛；东府；经济；遗迹

晚唐时期，浙东观察使刘汉宏占据越州，今绍兴城就是当时的越州州治。刘汉宏本是兖州使院的一个小吏，随唐军征战时劫得辎重而叛唐。唐军讨伐刘汉宏没有成功，后被唐都统王铎收降，表为宿州刺史。当时的浙东观察使柳涛因行贿被免职，唐朝官员都不愿做柳的继任，于是派刘汉宏赴任，官员们认为刘是降将，以叛将代贿吏正适宜，刘由此迁升为浙东观察使，驻越州，时在唐僖宗广明元年（880 年）。

刘汉宏任浙东观察使期间，黄巢相继攻陷洛阳、长安，唐僖宗西逃至蜀地。在此期间刘汉宏因为向朝廷进贡了大量物资，被授予义胜军节度使，领浙东越州、明州、台州、温州、处州、婺州、衢州，势力大增。时值唐末，社会动乱，刘汉宏欲望膨胀，觊觎杭州，想趁机进一步扩展势力。唐中和二年（882年），刘汉宏发兵两万，屯于钱江南岸的西陵要塞，也就是现在的西兴渡口。此时杭州由董昌占据。本来朝廷已任命路审为杭州刺史，由于董昌先领兵进入杭州,朝廷不得不改任董昌为杭州刺史,时在唐中和元年(881年)。由于董昌也想扩大自己的势力,准备向钱江南岸发展,于是两股势力之间发生了持续不断的战争。

光启二年(886年),都知兵马使钱镠向董昌建议:除恶务去根本,愿以全师讨伐刘汉宏。董昌许诺"汝能取越州,吾以杭州授汝"。(《资治通鉴》卷二五六《唐纪七十二》)在钱镠的进攻下,刘汉宏全军覆灭,朝廷正式授董昌为浙东观察使,授钱镠为杭州刺史,钱塘江南岸的西陵因此改名为西兴。这场战争先后进行了五年之久,给浙东的经济带来了严重损害,百姓怨声载道、苦不堪言。

董昌任浙观察使后于当年(886年)过钱塘江到越州坐镇。次年朝廷在越州设"威胜军",董昌成为威胜军节度使、检校尚书右仆射,俨然成为越州的土皇帝。他为了讨好朝廷以谋取更大的利益,不惜大肆搜刮当地百姓。"当是时,天下贡输不入,独昌赋外献常三倍,旬一遣。"(《新唐书·董昌传》)就在别地进贡不了时,唯独董昌比平常三倍贡输,从每月一次增加到每月三次,有金万两、银五千锭、绫一万五千匹,居于各藩镇之首。于是董昌得到加官晋爵,累拜检校太尉、同中书门下平章事,爵陇西郡王。

随着爵位的提升,董昌的欲望更加膨胀,他向朝廷要求封自己为越王,但没有获准。于是董昌极度不满,觉得朝廷对不起他,认为自己每年进贡那么多,给一个越王称号都不肯。乾宁二年(895年)二月二日董昌披衮冕登上越州子城(今绍兴市内)门楼,自称为大越罗平国国王,改元顺天,命名城楼为天册之楼,寝名明光殿、亭名黄龙殿,下设丞相、翰林学士、大将军以及百官。以后又在越州城内建起董昌生祠,制度悉如禹庙。今绍兴城内蕺山的岩壁上仍留有刻石,个别字虽缺失,但所剩的字仍很清晰:"唐景福元年,岁在壬子,准敕建节度使相国陇西公生祠堂,其年十二月十六日,兴工开山建立,遍山栽柳枝。"景福元年(892年)。董昌据越后,越州百姓经历了一场浩劫,《新唐书·逆臣下》谓当时越州是"血流刑场,地为之赤"。为了稳固宝座,他致书钱镠,许诺给以权位。对此,钱镠予以抵制,并好言相劝,要他马上悔改,但董昌毫无悔意。唐昭宗于是下诏,削去董昌的官爵,封钱镠为彭城郡王、浙东道讨招使,出兵讨伐董昌。

乾宁三年(896年),钱镠领兵攻克越州,擒获董昌。押解董昌的船只在行经越州的西小江时,董昌趁人不备投入江中,顿时溺毙,钱镠军队彻底占领越州。苦熬十多年战乱劫难,经钱镠两次平叛,越州百姓终于缓过一口气来。钱镠进入州城时,城中百姓无不欢庆,老幼出动迎接仁义之师,今绍兴城内的拜王桥两边就是当年百姓迎拜钱镠的地方,拜王桥至今完好。绍兴城北捉住董昌的地称为昌安,今天的安昌古镇和相邻的羊山是当年钱镠屯兵之处。

天祐四年(907年),唐朝亡,朱温建后梁,开启了五代时期。后梁龙德三年(923年),钱镠建吴越国,拥有浙江和苏南、闽北的十三个州。越州虽是十三州之一,其地位却非常重要。钱镠虽是临安人,但因为他二次平叛的军功都产生在越州,所以在一定程度上可以说他是从越州起的家。也正是这个原因,当他成为吴越国王后,设杭州都城为西府,设越州为东府,成为陪都,可见越州地位在吴越国十三个州中仅次于杭州。在此之前,唐代的元稹于长庆三年(823年)任浙东观察使兼越州刺史,曾作有一首《以州宅夸于乐天》诗。"州城迥绕拂云堆,镜水稽山满眼来。四面常时对屏障,一家终日在楼台。星河似向檐前落,鼓角惊从地底回。我是玉皇香案吏,谪居犹得住蓬莱。"钱镠就是根据这首诗,在越州城内的卧龙山上兴建了"蓬莱阁"。到了南宋,赵构南渡来到越州,又以卧龙山麓吴越王留下的东府作为临时皇宫,时间长达一年又九个月。

唐朝亡后的五代期间,朝代更换频繁,五个朝代中持续时间最长的后梁也不过是十七年。战乱使得社会的经济、文化受到很大影响,特别是北方,经济破坏尤其严重。而钱镠所建的吴越国,由于采取保境安民的策略,在所治范围内休兵息民,使得社会安定,又积极发展生产、整治水利,越州历经战争创伤后,出现了经济繁荣、物产丰饶的新局面。

吴越国时期,越州领山阴、会稽、诸暨、上虞、剡县、余姚、萧山、新昌八县,实行以州、县、乡三级管理,州由吴越国国王直管,派安抚使为州行政主管。开始由于藩镇体制仍然存在,所以采取行政与军事双重管理,到吴越国中后期,藩镇体制逐步转变,双重管理的格局也相应加以调整。吴越国初期,越州辖县七个,当时还没有新昌,为适应浙东南到州城的人员来往和物资调运需要,剡县东部需要建立驿站应接,遂析剡东十三个乡为新昌县。自此以后越州(南宋以后为绍兴府)稳定为八县一府格局,一直延至明、清,时间长达千年。吴越国时越州既是州,又有府的性质,鉴于其地位的重要性,所以越州刺史由节度使担任,也就是由吴越国王直接担任,至于具体事务,由东府安抚使代理国王处理,是实际上的越州长官。

吴越国时期越州的古镜湖还没有湮废,且已存在了将近八百年。镜湖(宋代改名鉴湖),始筑于东汉永和五年(140年),东起广陵斗门(今柯桥区钱清镇东侧),西止蒿口斗门(今上虞区西侧),是当年国内罕见的人工大湖。镜湖的南边是群山,北边一条湖堤,堤长一百三十一里(65.5千米),越州州治处在湖堤中部的北侧。镜湖建成后,水面比田高丈余,上游来水多时能蓄洪,干旱时又能放水,使北部平原的九千顷土地成为旱涝保收的良田。由于长时间的运行,古镜湖底逐渐淤积,还出现了浮在水面上的"葑田",这是一种由水草盘结而形成的浮田,这种葑田在唐代已有,如元稹诗《春分日投简阳明洞天作》:"薅馀秧渐长,烧后葑犹枯。"诗题中的"阳明洞天"在古镜湖南岸,从诗句中可知别的田里秧已渐长,但葑田上的干草被烧掉后,到春分时还干枯着。白居易诗《和春分日投简阳明洞天作》:"涧远松如画,洲平葑似铺。"可知葑田平铺在水面像个洲。方干也有诗《题镜湖野老所居》:"树喧巢鸟出,路细葑田移。"葑田的增多造成镜湖蓄水量减少,有的地方还趁机围湖为田,既易发涝灾,又影响灌溉。吴越国时期对水利十分重视,专门设置了都水营田司,用来管理水利和屯田。又设置疏浚、治水的专业队,称为"撩浅军",又称"撩清军"。此专业队分三路,两路在钱塘江以北,另一路就在越州的镜湖流域,以整治镜湖水利为主。

越州北濒钱塘江口,以前越州人称后海,因为那里潮起潮落,南宋宝庆《续会稽志》谓:"清风、安昌两乡实濒大海,有塘岸御风潮。"清风、安昌是越州靠钱塘江的两个乡。虽然唐代在江的南岸建了海塘,但由于是土塘或木柴与土的混合塘,因而不坚固,抵御不了大潮。钱镠建吴越国后,创造了"石囤木桩法",在钱塘江两岸修建海塘。这种方法是用毛竹编制长数十丈的笼子,笼子里面装进石块,因为用单块石垒塘容易被潮冲散,石块装进笼子后就像手挽着手的人墙,大大增加了抵御的力量;同时再在笼子外钉上木桩,这样连成一条捍海长塘,使土地不再受到潮水的侵袭。在海塘和镜湖堤塘之间的平原地带,还疏浚河道,整治蓄排水功能,通过一系列的措施,使低田不致涝,高田不受旱,从而大幅增加了粮食产量。

绍兴北部平原河道纵横,许多地方是一片片的湿地,直至二十世纪末,当地还开辟了大型的镜湖湿地公园。吴越国时期为增加耕地面积,组织百姓修筑圩田。宋杨万里在《诚斋集》卷三二中记载:"江东水乡,堤河两涯而田其中谓之圩。农家云:圩者围也,内以围田,外以围水,盖河高而田反在水下,沿隄通斗门,每门疏港以溉田,故有丰年而无水患。"圩田就是由堤围起来的耕地。时间过去一千多年,这种地的遗迹现在已看不到了,但从延续至今的村落名称,如陈家埭、赵家埭、姚家埭、范家埭,等等,可知当年曾经有过的这种营造。绍兴现有四十多个带"埭"的地名,全部分布在北部平原。南朝时的《玉篇》谓:"埭,以土堨水。"明代《正字通》:"埭,壅土为堰。"由此可知埭是一种土堤,也就是用来围圩田的设施。正是由于"埭"的重要性,所以绍兴人将山区的"坞"与平原的"埭"合称"埭坞",作为居住地的称呼法,如"你家住在啥埭坞?""你们那个埭坞真好"。

由于吴越国采取了一系列兴农措施,所以越州成为重要的粮食生产基地,据范仲淹《范文正公集·答手诏条陈十事》,吴越国时期:"民间钱五十文,籴白米一石。"《册府元龟》卷一九七载吴越王钱俶向后周进贡时除了绫绢、白金、香药等外,还有"军稻米二十万石"。农业的发展、粮食的丰盈,带来各项副业的繁荣。越州的南部是丘陵,中部又有许多平原上的孤丘,村民在山坡上广植桑树,作为养蚕业的基地,给丝织行业提供源源不断的原料。虽然现在经济结构已发生很大变化,但绍兴至今还有地方在种植桑树养蚕获茧。海水浸泡过的土地不宜种稻麦,百姓们便种植络麻,作为纺织的原料,萧山农村的络麻种植一直延续到近代。2005 年出版的《浙江通史》卷四收有《吴越国进贡中原王朝表》,罗列吴越国曾进贡价值不菲的绫、绢、丝、纱、棉、缎、绮等。山坡上除了种桑之外,还广植花卉,嘉泰《会稽志》卷一七载:"吴越时钱传瓘为会稽喜栽植牡丹,其盛若菜畦,其成丛列树者,颜色葩房率皆绝异,时人号为花精。"吴越国时,越州还是出产青瓷的重要基地,晚唐陆龟蒙诗:"九秋风露越窑开,夺得千峰翠色来。"吴越国时期秘色瓷得以进一步发展,成为上层人家使用的珍品。据《宋两朝贡奉录》载,钱弘俶时进贡"金银饰陶(瓷)器一十四万事(件)"。

越州作为吴越国的东府,留下了诸多史迹和传说。绍兴城内百姓迎接钱镠的拜王桥,现在是全国文物保护单位。绍兴城北钱镠屯过兵的齐贤,当地人将钱镠尊为城隍神,齐贤东郊羊山石佛寺旁建有城隍庙,称武肃王殿,祀奉钱镠,香火延续千年。当地传说,钱镠因战事频繁、鞍马劳顿,致患有眼疾。后有一位神医指点,只要取越州城内的圣水洗眼可以治愈。钱镠按神医所示掘地得泉,果然治好了眼疾,于是留下了两个水池,一名日池,一名月池。嘉泰《会稽志》卷十载:"日、月池在县东北一里,池二所。俗传钱武肃王所浚,王有目疾,故浚此二池云。"二十世纪五十年代二池仍在,现在因城市改造,池已不存,但原址仍留有"月池坊"的地名。嘉泰《会稽志》卷一一又载绍兴府城有钱王井:"钱王井,井凡数十,大抵多在五云稽山门外,以石甃,水高于地,霖潦不溢,大旱不涸,方暑时行路甚以为惠,传以为吴越王时所浚,盖不可考,然至今俗谓之钱王井。"既然有这个名称,当不是空穴来风。钱镠崇尚佛教,传说曾得观音护佑,所以在位时修建了多座寺院,越州城内建有观音院,位置在现在绍兴城内的人民中路,那里至今存有一条观音弄,就是当年的遗迹的证明。绍兴城内原有一座大型寺院,名开元寺,也出自吴越国时期,嘉泰《会稽志》载:"初,武肃王有浙东,以董昌第为开元,而以昌生祠为天王院。"另外绍兴城区内现在还留有"钱王祠前"的地名,也是吴越国时的遗迹的证明。

后唐四年(929 年),钱弘俶继吴越王位,其兄钱弘倧移居越州。《吴越备史》载:"王于卧龙山西寝后置园亭,栽植花竹,周遍高下,旦暮登临,乞于四时。倧能为歌诗,亭榭间记录皆满。"西园处卧龙山西侧,历经千年兴衰,于二十世纪九十年代重建,亭台楼榭、曲池风荷,移步换景,成为绍兴城内著名的开放式园林。钱弘倧居越州时,有人企图加害于他,被其弟弘俶严厉阻止,并派人保护,诛杀了两名刺客。钱弘倧在越州一直居住了二十多年,因病去世,以王礼安葬于越州城南的秦望山麓。《越中杂识》载:"吴越忠逊王墓,在秦望山北,地名昌源。……俶奉王居东府,宋开宝中薨,以王礼葬于秦望山之原,谥曰忠逊。"

由于钱镠平叛有功,唐昭宗乾宁四年(897年)赐以丹书铁券。此券在一千多年里几经风浪颠沛,最后保存在越州嵊县长乐镇的钱氏后裔手中。到公元1938年,日寇侵占长乐,钱氏族人为防铁券有失,将其藏在钱赓麟家的一口井内。据钱赓麟之子钱文汉在2005年八十一岁时回忆,当时他的父母将铁券涂上油,封上蜡,再用棉线缠好,外面再次封蜡,然后沉入深井中。1945年日寇投降,他们于当年十一月将铁券从井中取出,发现完好如初。1951年,嵊县长乐钱氏后裔将铁券捐赠给当地人民政府,由浙江省文物管理委员会保管。鉴于铁券具有重要的历史文献价值,1959年改由中国历史博物馆收藏,经鉴定为国家一级文物。

吴越国的建国史虽然不长,但在我国的历史中占有十分重要的地位,其中对越州经济的发展产生了深远影响,值得深入探索、研究。

吴越国台州官河研究初探

罗永华　台州市黄岩区博物馆

摘　要: 台州官河开凿于晚唐至五代吴越国时期,是温黄平原重要的交通和水利设施,有"浙东小运河"之称。官河的航运给沿线百姓带来了生活的便利,繁荣了商业经济。可以说没有官河就没有温黄平原,也没有现在的商城路桥。千余年来随着行政区域的变化,官河被分割在不同的县域,最早分出温岭境内的已没有官河之名。本文通过考古调查和历史文献资料的整理,对台州官河开挖时间和背景等问题进行剖析,以引起学界对台州官河的进一步研究。

关键词: 吴越国;台州;官河;钱镠

吴越国重视水利建设,国王钱镠修筑捍海塘,钱塘江因此得名,两浙百姓都称钱镠为"海龙王"。台州作为吴越国十三个州之一,下辖临海、黄岩、台兴(今天台)、永安(今仙居)、宁海五县。台州五县多为山区,只有黄岩既有山海之利,又有大片沿海平原。由于行政区域的变化,原属黄岩县的官河,现在分属台州市椒江、黄岩、路桥三区和县级温岭市。为了叙述方便,本文将原黄岩县境内的官河统称为台州官河。

台州官河肇始于东晋时期。当时临海郡治和章安县治均设在章安城,衣冠南渡的北方贵族大量聚集到章安城及其周边。章安地腹狭窄,青瓷窑址就设到椒江南岸的埠头堂一带(见台州古窑址分布图)。为了运输瓷器,当地就开挖了一条沟通从埠头堂到章安城的河道。现在这段位于椒江境内的永宁河就是台州官河最早的雏形。唐上元二年(675年)黄岩立县,经过一百年左右的发展,温黄平原初具规模,数万亩粮田的灌溉和大量物资运输需要一条人工河道。台州官河就是在这一背景下开凿的。

台州官河作为浙江省第三大平原——温(岭)黄(岩)平原的重要水利交通设施,历代官方和民间对此都十分重视。从北宋元祐七年(1092年)至清乾隆十一年(1746年)的654年间,由官府主持有记载的官河疏浚和治理就有十次之多。北宋元祐七年（1092年），两浙提刑罗适首先在台州官河修建四座水闸，为台州建闸之始。南宋淳熙年间（1174—1189年），提举朱熹、勾龙昌泰又增修六闸。明朝成化五年（1469年）十二月，台州知府阮勤奏准，划黄岩县南太平、方岩、繁昌三乡置太平县。官河亦被划分为黄岩、太平二县所有。之后台州官河多年没有人治理，到嘉靖十八年（1539年）台州知府周志伟上任时，官河淤积已经十分严重。他沿着官河做了详细的调查，在给嘉靖皇帝朱厚熜的奏状中，周志伟指出："弘治以来，有司废之不讲，沿河居民规海图利，以致各闸启闭不时，旋复壅塞。频年旱潦，束手无谋，饥馑相因，盗贼生发，民日消索。臣到任之初，访之父老士人，皆云此河不复，民无生日。"官河不复，民无生日，官河的重要性可见一斑。

据《嘉定赤城志》卷二十四"黄岩官河"条记载："官河，在县东南一里。自南浮桥南流，至峤岭一百三十里，陆程九十里，广一百五十步，又别为九河，各二十里，支为九百三十六泾，以丈计者七十五万，分为三十余堨，其名不可殚记，绵亘灵山、驯雉、飞凫、繁昌、太平、仁风、三童、永宁八乡，溉田七十一万有奇。"这是关于官河的最详细的记录，记载了南宋嘉定年间官河从黄岩县城到温峤街水路一百三十里，灌溉七十一万亩良田的情况，时间在南宋嘉定年间（1208—1224年），但它没有述及官河开凿的时间和背景。

官河究竟开凿于何时？

1986年12月，温岭大溪镇下园山唐代窑址群的发现，为探询官河开挖年代提供了重要线索。文物普查和古窑址调查表明，大溪下园山窑址群是台州境内唐代最大的窑址群，其烧造时间主要集中在唐代中晚期。调查中发现有"大中二年"铭文的窑具匣钵，说明其制作时间在公元848年，离台州设置德化军只有三十多年。古窑址群以下园山为中心，周边两公里长的山岙里分布有塘下、岭口、岭脚、黄泥园、屿背头、前门山、西山、鱼山八处唐代古窑址，文化堆积层一般一至二米，厚的达四米，遗址总面积达三万平方米。1992年，下园山窑址被温岭市政府列为文物保护单位，如图1所示。

图1　下园山窑址

下园山窑址群位于全国重点文物保护单位大溪西汉东瓯国古城东侧五百米左右,是黄岩沿海早期居民集聚区。从下园山窑场遗存的大量堆积物规模分析,该窑场生产的瓷器开始时是为了满足古城及周边民众消费需要,到后来大规模生产时主要是供应台州府城和黄岩县城。大批量的窑场瓷器运输一般走水路,下园山作为台州唐代最大窑场,必定有水路与黄岩县城和台州府城相通。在没有现成河道可利用的情况下,开挖人工河道是必然选择。再从地形看,三面环山的下园山窑场,只有东面与之相通的台州官河是窑场通往外面的唯一河道。所以,唐代下园山窑址群的发现,为台州官河开凿于唐代提供了重要证据。

那么,官河是谁开凿的? 他与钱镠有什么关系呢?

营田使这一官职是唐玄宗当皇帝时设置的,其主要职责是屯田修水利,多由地方节度使兼领。钱镠曾任镇东(浙西)、镇海(浙东)节度使,所以营造水利是钱镠作为节度使的本职工作。当然,忙于军政事务的钱镠不会直接参与台州官河的开挖工程。他属下的台州刺史倒是开凿官河的一位重要人物。史料表明,晚唐五代间的三位台州刺史都有可能是台州官河的开凿者,一位是杜雄,另二位是骆团、骆延训父子。

先讲杜雄。杜雄是晚唐台州临海杨梅镇人。唐朝晚期,地处海隅的台州与全国各地一样,成为地方割据势力统治的范围。唐中和元年(881年),杜雄、刘文起义。朝廷派浙东观察使王于前往镇压,双方曾在黄岩永宁江上大战。期间杜雄、刘文杀死台州刺史罗虬。中和三年(883年)他们攻占台州,刘文自任台州刺史。后来刘文改任明州刺史,由杜雄担任台州刺史。光启二年(886年)浙东观察使刘汉宏为钱镠所败,逃奔台州。杜雄执而送于董昌。在董昌等的帮助下,唐朝廷默认杜雄担任台州刺史一职。光启三年(887年)台州置德化军,由杜雄担任德化军节度使。

杜雄虽然是个武将,但他很有政治头脑。杜雄将小女儿嫁给钱镠儿子,与钱镠结成亲家。据唐朝岭南西道观察支使鲁洵作的杜雄墓志铭记载,杜雄"女四人,皆明惠贤淑,有曹谢之风。长适镇海军都指挥右揆吴章,……次许嫁钱氏,即今两浙中令彭城郡王爱子也"。文中的"两浙中令、彭城郡王"钱氏,就是指钱镠。"两浙中令"是指钱镠担任的镇海、镇东节度使,"彭城郡王"是唐昭宗封给钱镠的一个爵位。

在灭董昌前后,钱镠在浙江的统治地位还是不稳固的。有地方实权人物主动提出结亲家,钱镠也很乐意。这样有亲家担任台州刺史,钱镠对台州就放心了。

台州府治是在唐初从章安县城迁到临海的,因地处山区、资源有限,加上唐朝时期台州社会不稳定,台州府的军政供给往往依赖黄岩等地。黄岩县是唐上元二年(675年)从临海县南部分立的,实际上是唐初并入临海的章安县故地。黄岩立县初名永宁县,武则天当皇帝的天授元年(690年),将永宁县改名为黄岩县。黄岩沿海浅滩多鱼盐之利,近海平原幅员辽阔,是台州的米粮仓。到唐朝晚期,黄岩县已成为台州的强县。

杜雄既是台州刺史又是德化军节度使,部队官兵用粮和日用物品都要他去想办法。黄岩既是台州的米粮仓,当时又有青瓷窑场在生产瓷器。只要开挖一条人工河道,便可将温黄平原与台州府城相连,这些问题就能得到解决。

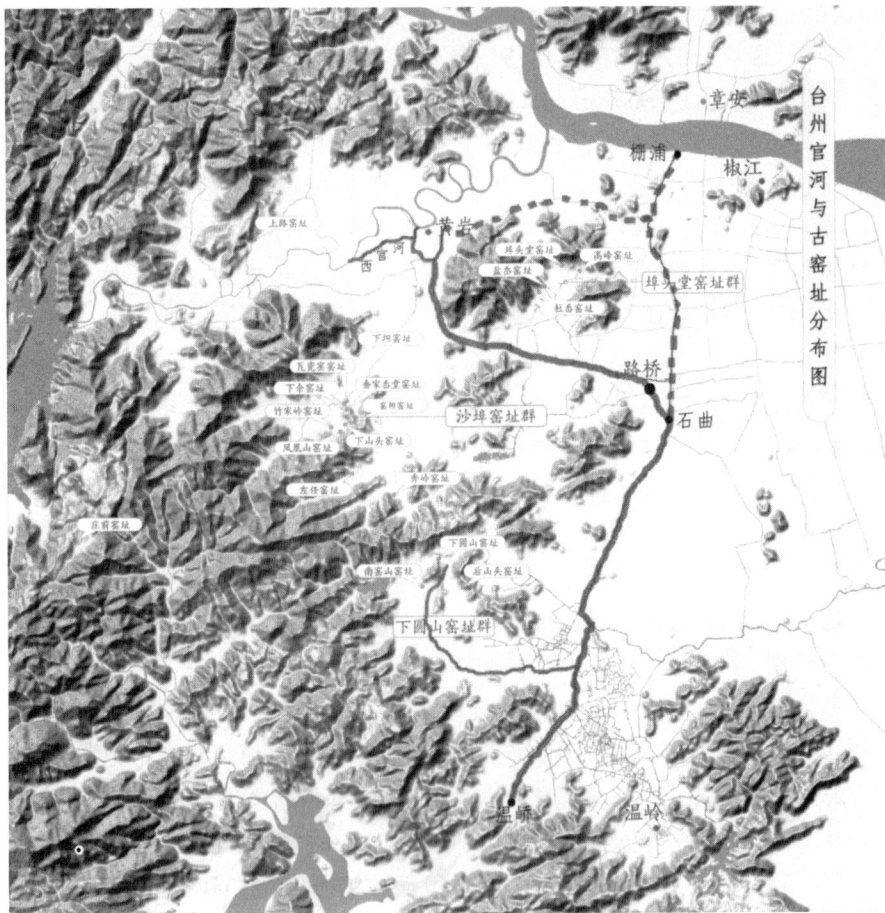

图2 台州官河与古窑址分布图

图片说明:1.粗实线,为南宋《嘉定赤城志》所记官河线路,现黄岩、路桥两区境内的
称南官河,温岭境内已无官河名称。

2.虚线,黄岩、路桥境内河段称东官河,椒江区内河段称永宁河。

　　唐乾宁三年(896年)钱镠平定董昌,唐昭宗任命钱镠为镇东(浙西)、镇海(浙东)节度使,整个浙江局势基本稳定。杜雄提出开挖台州官河,得到了钱镠和唐朝廷的支持。杜雄为德化军运粮开凿河道,官兵积极性也十分高涨。不久,一条从椒江栅浦向南经路桥至温峤的官河就开挖成功。台州税赋征收和德化军给养都有了切实保障。杜雄治理台州有方,唐朝廷对其大加嘉奖,杜雄官拜司空(正一品,三公之一)。在钱镠的帮助下,杜雄统治台州的时间长达十五年。

　　现在的温黄平原水系中仍然可以找到这条官河水路通道,如图2所示。它从下园山脚开始经大溪向东南流入南官河主道,再经泽国、峰江,在石曲入东官河,往北流至栅浦入椒江,溯江向西北四十千米可达台州府城临海,水路总里程约八十三千米。另一支水道在石曲稍偏向西北,经路桥十里长街后,在河西村折向西行,经桐屿、马铺、十里铺到黄岩县城,水路里程约四十二千米。上文引用《嘉定赤城志》时提到,官河连通灵山、驯雉、永宁等八乡,"驯雉乡"就在现在大溪镇一带。这是宋代文献对官河运输下园山窑场瓷器的又一证明。

　　乾宁四年(897年)十一月廿五,杜雄卒,葬于临海义成乡贞节里。唐鲁洢写的《唐台州刺史杜雄墓志铭》碑文,现收录在《全唐文》一书中。杜雄死后,钱镠便派自己的心腹干将骆团为台州刺史。骆团是钱镠的同乡,原来是董昌的部将,后投靠了钱镠。就在杜雄死亡的这年五月,骆团在钱镠平定董昌叛乱中立有战功。唐昭宗任命钱镠为镇海、镇东节度使、加检校太尉、中书令,赐钱镠不死之金书铁券(免钱镠九死,子孙三死)以示嘉奖。杜雄死后,钱镠便派骆团到台州担任最高军政长官。

　　乾宁五年(898年)正月,骆团便到台州上任。骆团是钱镠的心腹人物。他十分感激钱镠的栽培,对钱镠的旨意言听计从。他根据钱镠保境安民的要求,训练德化军,动员民众兴修水利、发展经济。但是,骆团只当了一年台州刺史就因病去世了。钱镠又让他的儿子骆延训接替父亲台州刺史一职。

　　907年,钱镠建立吴越国,骆延训也就成为吴越国的台州刺史。史料表明,骆延训在台州任职时间长达十余年,至少两度担任台州刺史一职。作为吴越国的忠臣,又是子继父职,骆延训对"兴修水利"基本国策是严格执行的。骆延训在任台州刺史这段时间(900—916年)完善了官河功能,开通了黄岩县城至官河的第二条通道。他开挖的这条官河现在称为东官河,是从黄岩县城护城河东北开始,向东经柔桥,再沿九峰山脚北面继续东行,至汇头金与石曲至栅浦南北走向的官河相连接,组成了一个环九峰山的水路"内环线"。骆延训还开挖了一条沟通西江与永宁江的官河,现在称为西官河。至此,台州官河工程全部完成。

吴越国成立后,钱镠派使者给朝鲜半岛的新罗国王颁行制册、加封爵位,新罗国王欣然接受。所以吴越国在沿海城镇与新罗国开展了海外贸易。作为沿海强县,黄岩县城北边的黄岩港也成了吴越国海外贸易的重要港口,大量新罗国人来到黄岩经商。据《嘉定赤城志》卷二坊市"黄岩"条记载:"新罗坊,在县东一里。旧志云,五代时,以新罗人居此,故名。"《赤城志》还记载,新罗坊边上横跨五支河的桥叫"新罗坊桥"。这就是说,五代吴越国时,黄岩县城有专供新罗国商人居住的社区——新罗坊。类似的社区在吴越国其他城镇也有。据研究,新罗人可以在坊内管理本国商人贸易,主持坊内宗教活动。但要遵守中国法律,服从当地知县管理。随着朝代变迁,定居的新罗人渐被同化。到明代初期,黄岩新罗坊改名柏树巷。但新罗坊的经商传统被一直传承下来。现在的柏树巷七号,是清代商人徐昌积宅,是黄岩老县城保存最好的"三透九明堂"古建筑,2013年被列为浙江省文物保护单位。1994年中韩建交后,韩国人士多次来柏树巷访问。1999年5月和2014年12月,韩国东国大学教授曹永禄博士与韩国卞麟锡文学博士专程到柏树巷,采访"新罗坊"故址。

台州官河建成后,主河道长达六十五公里,沿途有九条支河、九百三十六条小河,从黄岩县城南浮桥至今温岭市温峤都可以通船,使当时的仁风、永宁、三童、飞凫、灵山、驯雉、繁昌、太平等八个乡的交通状况大为改善。黄岩当时共有十二个乡,一条官河连通了八个乡,占了全县的三分之二,可想而知,黄岩百姓对开挖官河的吴越国王是何等的感激。

仔细分析千年前的台州官河,我们可以看到,官河选址于黄岩沿海平原中部,除沟通黄岩城乡外,还有很重要的一个功能——灌溉。官河主河道选址平原的内陆中间,支河向两侧延伸,以扩大灌溉范围。在海潮涨到的支河口,官河都筑有堨(土坝),以抵挡海水或防止河水外流。据《嘉定赤城志》记载,南宋时台州官河灌溉面积已达七十一万亩,筑有三十多个堨,名字多得记都不好记。离黄岩县城最近又最重要的堨叫石湫堨,它位于现在南城街道民建村内,是当时东连台州官河西拒西江海水的一个大堨。北宋元祐年间台州进士罗适将石湫堨改为石湫闸,同时改堨为闸的还有黄望、周洋、永丰三堨,现在这些老闸位于温岭市新河镇东北,为国家级重点文物保护单位。

综合考古调查和相关历史资料,台州官河开凿于唐朝末期钱镠统治台州时期,至吴越国大兴浙东浙西水利时趋于完善。一千多年来,台州官河连接了西江和金清两大水系,灌溉着温黄平原百万亩粮田,沟通了黄岩、温岭、路桥、椒江的内河航运,繁荣了温黄平原的商业经济,为台州市的形成奠定了基础。千百年来,台州官河积淀的官河文化彪炳史册,朱熹言"黄岩熟则台州可无饥馑之苦",由此可见,官河的作用功不可没。至今台州官河古道依然在发挥着重要作用,我们应该善待官河,将台州官河列入文物保护范畴,让官河文化深入人心,增强我们的文化自信。

吴越思源话钱镠

陶福贤　临安区钱镠研究会

近年来,浙江省委提出要把浙江省建设成为文化大省的要求,这是时代赋予我们的神圣职责,也是浙江省经济、文化、社会整体推进的一个重要战略部署,可喜可贺! 笔者认为建设文化大省的首要任务是文化定位的问题。纵览浙江发展的历史,最能鼓舞我们现代人奋发向上的是唐末五代十国时期的吴越文化和吴越精神。提到它,又必然会想到五代十国时吴越国的缔造者——杭州临安人钱镠,他不仅是一位雄踞一方、身经百战、智勇双全、文韬武略的吴越国国主,更是一位深谋远虑、头脑清醒、审时度势、顾全大局、有作为和有恩于吴越百姓的政治家、军事家。

一、"上有天堂,下有苏杭"的奠基人

苏州、杭州均为国内外享有盛誉的中国历史文化名城,被誉为"人间天堂",而今日的繁荣与钱镠早年的努力是分不开的。我仅以杭州为例,钱镠自灭刘汉宏,坐镇杭州,后又平董昌,统一"两浙",正式建立吴越国以来,从唐大顺元年(890 年)到唐天祐四年(907 年)的十八年间,钱镠带领军民五次扩建杭城,更值得一提的是公元907 年,扩建牙城时,有术士向钱镠献策:如在旧基扩建,国祚只有百年,如填西湖更建,可以延长十倍。钱镠回答说,百姓靠湖水为生,无水即无民,哪有千年不变的真主? 有国百年就心满意足了。钱镠花大力疏浚西湖,后人有"留得西湖翠浪翻"句赞扬他。后梁开平四年(910年),钱镠增调军民数十万在沿钱塘江北岸,从六和塔到艮山门开展了气壮山河的水利大决战,并采用立滉柱、打竹笼的科学方法降服汹涌的潮魔,筑起了一道长三十三万八千五百九十三丈的捍海石塘,根治了杭州城的潮浸之患,还留下了"钱王射潮"的美丽传说。

"五代之际,天下纷扰,杀人如麻,独吴越人民安居乐业,百年不识兵革。"吴越百姓未受磷青骨白之苦,过了一段太平富裕的日子,钱镠还凿平钱塘江中暗礁以利通航,重视农桑、发展经济,使吴越国"富甲东南"。

隋代杭州只有一万五千三百八十户,五代吴越盛时已达"十余万家"。"盖当隋时杭地苦卤,水咸难饮,自唐邺侯李泌开六井,引西湖水入城外,钱王又凿井九十九眼以泽民。"杭州的"百井坊巷",传说原来有井九十九眼,就是钱镠开的,故称钱王井,钱镠第七子钱元瓘命金华将军曹杲,引西湖水入城为涌金池,便利居民汲取饮用。另设置龙山、浙江二闸,"以大小二堰,隔绝江水,不放入城,则城市专用西湖水,水既清澈,无由淤塞"。钱镠及其子孙对杭州城的饮水淡化做了大量工作,"沮洳斥卤,化为乐土"。苏州在钱镠第六子钱元璙及其孙钱文奉近六十年的建设和统治下,成为江南第一城。

钱镠对开发和繁荣两浙经济、文化之功,代有评述。宋代铁面御史赵抃、宋代英雄文天祥、明代开国元勋刘基分别在撰写的《武肃王传》中,有详细记载。宋代政治家、文学家苏东坡的《表忠观碑记》称钱镠有保卫两浙之功,并说"其民至于老死,不识兵革,四时嬉游,歌鼓之声相闻,至于今不废。其有德于斯民甚厚"。综上所述,称钱镠为"人间天堂"苏杭的奠基人是当之无愧的。

二、中国经济文化重心从北方转移到南方的开拓者

自秦至唐的一千多年中,中国的经济文化重心一直在北方。经过唐末藩镇割据、苛政暴敛及连年战乱和频繁的自然灾害(仅公元910—953年,黄河决口及其他大水灾即达二十四次),北方社会经济遭到了毁灭性的破坏,人口锐减,而与此同时,南方诸割据政权,即在相对比较稳定的社会政治环境中发展了生产,繁荣了经济文化,从而使中国经济文化重心从北方转移到了以长江三角洲为中心的东南地区。五代时,在南方诸政权中,吴越国是经济文化发展最快的地区。在钱镠"善事中国,保境安民"基本国策的指导下,吴越国大力发展农田水利基本建设,发展手工业、商贸业和文化事业,扩建杭州、苏州等中心城市,经过近一个世纪的努力,终于使经济和文化跑到了五代诸分裂政权的前列,也使钱镠成为这一重大转移的重要功臣和开拓者。今天我们可以毫不夸张地说,长江三角洲地区的繁荣始自钱镠开创的吴越时期的发展,当我们研究钱镠这位出身于农民的政治家、军事家所制定的基本国策的意义时,就不能不把导致长江三角洲繁荣之原因放到突出的地位来。

钱镠在发展经济中首先紧紧抓住农业的命脉——农田水利基本建设,重

点整治了钱塘江流域和太湖流域,从而把吴越国建成了鱼米之乡。钱镠还十分重视晒盐、制茶、制瓷、丝织业等手工业的发展。丝织业的发展又刺激了农民种桑养蚕的积极性,使境内"桑麻蔽野",蚕季出现了"青巷摘桑喧姹女"的热闹景象。吴越之地已成为全国丝织业最发达的地区、中国的"丝绸之府"。

经济的繁荣,基础在于生产的发展,但要实现真正的经济繁荣,还有赖于商贸的发展。吴越国通过商贸交易,沟通中国两大经济带——黄河流域与长江流域,实现货畅其流,物尽其用。五代前中国大都市都在长江以北,西京、东京称为"两京市",是全国最大的商贸中心,其次便是扬州、益州(成都)。五代后,商贸中心便慢慢向苏、杭、明等州转移。这些均为后来赵匡胤统一中国,南宋王朝定都杭州的实践所证实。

回眸历史,我们可以清楚地看到钱镠在中国经济文化重心转移中所发挥的特殊作用。现在,长江三角洲最富庶的京沪杭(含嘉、湖),苏锡常,温宁绍九个地区中有七个均在原吴越地区。很难设想,要是没有钱氏三世五王近一个世纪的努力,今天以京沪杭为中心的长江三角洲地区是否会有如此辉煌,是否能承担起中国经济振兴的"龙头"地位。吴越国往事已越千年,但其意义却绵延至今,钱氏三世五王实践"善事中国,保境安民"的基本国策,从而为中国经济文化重心南移做出了历史性贡献,将永垂史册。

三、实现祖国和平统一的倡导者

建国后的钱镠几次回乡,但其父钱宽却避而不见,后来他对钱镠说:"吾家世代以田渔为事,未曾有贵达如此,尔今为十三州之主,三面受敌,与人争利,恐祸及吾家。"这一教诲,对钱镠后来实行"保境安民、事奉中原、不失臣节"的方针颇有影响。吴越立国后,虽曾建元,皆私行于国内,连自己的年号钱都未曾铸行过,当时曾有一个农民在田里得传国玺献给钱镠,钱王说:"此乃天子所用之宝,非臣下所宜留。"马上献于朝廷,在这里我们已清楚地看到钱王盼望民族统一、不搞分裂的可贵精神。而钱镠"子孙善事中国,勿以易姓废之大礼"的临终政治嘱咐更为后代钱王所遵循。公元978年5月4日,钱弘俶遵照祖上"如遇真君主宜速归附"的遗训,审时度势,纳土归宋,使当时吴越国比较发达的生产力免遭破坏,人民免受生灵涂炭。钱弘俶弃王位纳土归宋后,为消除宋帝对在吴越国深得民心的钱氏王族的疑虑,避免燃起战火,使吴越人民陷入水深火热的战乱之中,先后携三千家人赴汴京居住,稳定和巩固了中国和平统一的政治局面。吴越国三世五王的这种以民意为归、民利为先、民族统一大业为重的伟大胸怀,更加增添了广大百姓对他们的敬仰与爱戴之情。

举目当今世界,世界人民都在期盼和平与发展。在当今中国,维护祖国的和平统一,特别是香港、澳门的顺利回归,更加增强了国人对祖国统一的信心。钱镠作为实现祖国和平统一的积极倡导者,已成功地影响和指导了他的子孙,实践了当时祖国的和平统一,为我国在和平统一祖国的道路上开辟了先河。

四、江浙沪经贸发展的先行者

江浙沪一带的人们善经商(1000 多年前上海还只是一个小渔村,也在吴越国版图之内),明州之地还冒出了一个"宁波帮",这些都是世人皆知的。但它的先行者是谁?可能还很少有人知道。在钱镠及其继承者统治吴越国期间,中原地区,由于列国纷争战乱不断,与海外各国的政治经济文化交往一度中断,而吴越国则凭借其社会安定和经济繁荣的基础,积极发展与海外各国的贸易往来和文化交流。据文献记载,古代的朝鲜、日本、印度和阿拉伯等国家,都曾与吴越国有过经济和文化的交往。其中,吴越国与日本、朝鲜的交往尤为频繁。

吴越国时期(907—978 年),朝鲜半岛上先后存在新罗、后百济和高丽等国,吴越国与这些国家都曾有过经济和文化上的交往。据《新五代史》卷六十七记载,吴越国建立之初,钱镠就"遣使册新罗、勃海王、海中诸国,皆封拜其君长"。

在当时,吴越国与新罗、后百济和高丽等国的民间贸易往来也相当频繁。据《十国春秋》卷八一记载,建隆二年十二月"海舶献沉香翁一具,高尺余,剜镂若鬼工,王号为'清门处士'。又,高丽舶主王大世选沉木千斤,叠为旖旎山,像衡岳七十二峰。王许以黄金五百两,竟不售"。而史书也未说是吴越王强行索取的,说明吴越国与外国的贸易关系是相当自由和平等的。

吴越国建立后,钱镠及其继承人曾经多次派遣使节前往日本,积极增进与日本的经济文化交流。由于中日之间往来不便,吴越国与日本的交往最初是通过民间商人进行的。当时前往日本经商的吴越商人,其著名者如蒋承勋、蒋衮等人,都曾充当过吴越国的使节。例如:蒋承勋于公元 936 年、953 年两次携带吴越王的信函出使日本,并把丝绸、绢、绵羊等礼物送给日本朝廷。商人鲍置还曾带去孔雀等珍禽奇兽献给日本天皇。据史书记载,数十年间民间商船就有 14 次来往于中日两国之间。当时开到日本的中国商船,几乎都是从吴越国出发的。

远航日本的中国商船从吴越国的都城杭州出发,横渡东中国海,通过肥前松浦郡值嘉岛后,在博多港靠岸。每次航行的时间,一般都选择在夏季,趁风季来临时起航,到达日本后,在那里卖掉商品,然后在台风期过后的九月启程返航。

除此之外,吴越国还与印度、阿拉伯等国建立了友好的商贸关系。据《吴越备史》卷二记载:"火油得之海南大食国,以铁筒发之,水沃,其焰弥盛。"火油即石油,所以,浙江成为中国最早使用石油的省份。吴越国的商务使者下西洋的时间要比郑和下西洋整整早了四百年。昔日的对外交往使得吴越国较早地接触了商贸,这或许还与钱王早年贩卖过私盐有关,这也为"浙商"的形成和今日江浙沪地区经贸的快速发展奠定了坚实的基础。

五、吴越文化的创立者

作为具有鲜明区域特色的吴越文化(也可称之为钱王文化),自钱镠创立以后,经三代五王的不懈努力,获得了前所未有的发展。钱镠青少年时期虽读书不多,只在暇时温习《春秋》,兼读《武经》,但他深知文化对保境安民、治理国家的重要性,因而掌权后十分重视网罗文人学士,他广开言路、礼贤下士、兼听纳谏,唐末名家罗隐、皮光业、林鼎、沈崧,武将顾全武、马绰、杜陵、阮结等都受到他的礼遇,罗隐还成为他的重要谋臣。佛学兴盛更是吴越文化发展的一个突出标志,据《咸淳临安志》统计,吴越国都会杭州有寺院一百五十多所,素有"江南佛国"之称,临安的功臣塔,杭州的灵隐寺,余杭大涤山的天柱观,杭州的六和塔、雷峰塔、保俶塔,嘉兴烟雨楼,苏州虎丘塔等都是在吴越时期修建的。灵隐寺的弥陀石佛、摩崖石刻和石塔、凤凰山的梵天寺经幢等吴越时期文物一直保持至今。

钱镠本人不仅能征善战,还留下许多诗文,诗文中裹着一团英雄气概,让人兴叹不已。不仅如此,他的书法也颇有造诣,擅长草隶,蜚声中原。

文化的发展、佛学的兴盛,又促进了印刷业的进步,而印刷业的进步又加快了文化的发展。实际上杭州已成为当时中国的第一大印刷中心,所以活字印刷由钱塘工匠毕昇发明也绝不是偶然的。

从五代前后吴越地区文化名人数量的变化情况也可窥见文化发展之一斑。当代著名教授徐中玉先生主编的《古文鉴赏大辞典》中收录的五代前文化名人八十六人,其中吴越地区为七人,占百分之八;五代及其后的文化名人一百一十四人,吴越地区为三十三人,大概占百分之三十。现行高中语文课本中收录的五代前名家三十人中吴越地区仅有一人,占百分之三;五代以后的名家三十三人,吴越地区达十一人,大概占百分之三十。两个百分之三十当然不是偶然的巧合,它反映了钱氏对文化发展的重视,吴越地区一跃而成为文化之都和中国重要的文化中心之一,钱氏是功不可没的。钱镠的个人文学成就也十分突出,他的代表作《还乡歌》和"陌上花开,可缓缓归矣"成为千古绝唱。

历史是人民创造的,民为立国之本,只有人口繁衍、人力充足,才可能创造出丰富的物质财富和灿烂文化。而历史上的灿烂文化又每时每刻地激励着现代人奋发进取。笔者认为,我们浙江要发展、要建立经济和文化大省,就必须继承和发扬吴越时期那种"发展农桑、保境安民"的强国精神,修筑海塘、疏浚湖泊的治水精神;发展海运、扩大贸易的开放精神;尊重人才、克勤克俭的治国精神和不动干戈、纳土归宋的大局精神。这些精神对我省当前的农业开发、全面修复捍海石塘、进一步扩大对外开放、尊重知识与人才和服从中央大局都具有十分重要的借鉴意义。

试论吴越国区域治理经验与历史价值

钱生铭　咸宁钱氏英烈纪念馆

摘　要:在社会极端动荡不宁的五代十国之年代,钱镠凭借个人的胆识和气魄"闯荡世界"。由从军到从政,一步一步地快速攀上政治舞台,成为五代十国之一的吴越国之王。他知人善用,审时度势,不黩武,不称帝。而是利用执掌的军权,施行保境安民、兴修水利、发展农桑、开展外贸等一系列治国大政方针。短短的几十年时间里,把民不聊生的一方瘠土,治理成为"富甲一方的人间天堂"。其智过人,其功巨大,其历史价值连城。

关键词:保境;安民;农桑;贸易;家训

一、保境安民的谋略是吴越立国之基

"上有天堂,下有苏杭"的缔造者钱镠,出生在唐末五代十国的动乱年代,当时藩镇割据,战乱不断,灾害迭起,民不聊生。浙东一带瘟疫流行,"江南大旱,饥人相食",人口锐减。贫苦家庭出身的他,凭着聪慧和武功,曾一度走上贩卖私盐的险路人生。这一段人生历练,锤炼了他的坚毅、机勇和胆识,为后来的执政奠定了基础。目睹乱世,钱镠深知习武从军才有出路,于是钱镠用四年贩盐的可观收入,办足一个义务"越骑"所需的装备,雄心勃勃地到茅山南侧的石镜镇兵营投军,并获得了指挥使董昌的信任。因多次在作战中英勇杀敌,屡获战功,一跃成为董昌的副将。随后,钱镠"挂甲七年,身经百战,方定东瓯",从此,正式坐镇杭州,开始了独立领军创业之路。而此时的威胜军节度使董昌在越称帝,钱镠受诏讨伐,他大义灭亲地平息了叛乱。故唐昭宗于乾宁三年(896 年)十月,授钱镠为镇海、镇东军节度使。从此他由原来单纯的军事领域转入军政领域,开始对两浙一军十三州(今浙江省全部,再加江苏的苏州、常州、镇江、福建的福州和上安国衣锦军)实行实际的地方统治,前后在位四十一年。三世五王治理吴越国,史载七十二年,而实际统治为八十六年。

在中国漫长的五千年文明史上,八十六年只不过是匆匆的一瞬。然而要真正管理好一国也并非易事。古人云:"治大国如烹小鲜。"说明治国是一件复杂、烦琐而又容不得半点马虎的大事。回溯历史,当年并吞六国,强大到不可一世的秦始皇嬴政,建立大秦帝国(公元前221—206年),因父子施行暴政,短短的十五年就结束了昙花一现的使命,酿成历史之悲剧。又如苦心经营的隋文帝把大隋江山交给隋炀帝杨广后,因劳民伤财、穷奢极欲,十四年的无知统治就断送了大隋的大好河山,这是多么可悲的事实。

钱镠获得政权后,慎重地施行保境安民的治国策略,这是他立国埋下的一块坚固的基石,也是他治国先行的一着妙棋。所谓保境,就是利用执掌的雄军,驻守在国内十四州之边境,确保国土的完整和人民的安宁。在八十六年中,三世五王从未与周边吴、闽等国发生过一次冲突,更未与更迭频繁的中原小朝廷进行过一次对抗。他们始终把军队作为兴国和卫国的长城、人民的保护神,而不是作为侵略他国的重器和资本。而恰恰相反,周边各藩镇先后改元称帝。四川王建称蜀,淮南杨行密称吴,福州王审知称闽,南海刘岩称汉,他们还劝钱镠作天子,钱镠不从,并说:"这些人自己坐在火炉上,还想拉我上去吗?"武肃王钱镠一向善于审时度势,认为"要度德量力而识事务"。这是多么明智的言行,他的这些观点成就了他的基业,也避免了悲剧的发生。而周边的那些小国皆因狂妄自大、叛逆无羁而遭到灭顶之灾。

所谓安民,就是基于"民为社稷之本,土乃百物所生""有土斯有财""无水即无民"的深刻认识和践行。一句话管总,即以人为本。安民,首先必安定人心,让人民有安全感。而战争却是最大的扰民。据《宋史·河渠志》记载:"钱氏有国,始置撩湖兵七千人,专一开浚。"后梁贞明元年,钱镠设置都水营使,专门负责治水工作,招募兵卒成立"都"的建制,称为撩浅军,仅太湖周围就有四支撩浅军,共七八千人,常为田事,治河筑堤。仅从修筑海塘、兴修水利这些事来看,钱王对保境安民策略的高度重视。更何况还有维护地方安宁、拓建杭城、疏浚西湖、开拓海运、发展农桑、扩大贸易等一系列重大举措。这些保境安民的措施无疑是立国之基石,为吴越国的大厦筑牢永固的根基。文天祥在《论五代史书武肃王事》中说:"钱镠筑塘射潮,非止一时之保安,实有千万军之功德。"

二、发展农桑的方针是强国之柱

在保境安民、大力兴修水利的同时,吴越国国王钱镠把治国的大政方针放在大力发展农业生产上,这是他执政后走的第二着大棋。吴越国有两浙一军十三州,有平原,有山地,有江河湖泊,地理位置十分有利于发展农、林、牧、渔和手工业。在平川地带,利用丰富的水利资源,栽种稻谷、荞麦和其他农作物。在丘陵地带,鼓励栽桑养蚕,发展丝绸业。在江河湖泊地区,大力发展渔业。在福建、浙西山区一带,大力发展茶叶生产和加工。总之,宜农则农,宜林则林,同时利用天然资源,发展陶瓷手工业。当时越州的"越窑"生产的青瓷蜚声海内外,尤以秘色瓷为极品。钱王为了进贡和外贸出口的需要:"奇器精缣,皆制于官,以充朝贡。"太湖周边产的优质大米,通过京杭大运河,北销数省。从以上文中的内容来看,吴越国注重产业结构的调整,合理地利用资源,有效地促进了生产力的发展。除此以外,还可看出其对中原小朝廷的忠诚朝奉。

在一千多年前的封建社会,生产力十分低下,农业和农村是经济社会的源头和根本。发展农业生产,对于稳定社会,稳定军心和民心,实行强国固本的国策显得极其重要。就是当代的社会,大多数国家对农业也不敢有丝毫的放松。吴越国国王钱镠纲举目张,首抓发展农桑的大政方针,无疑是强国富民的一剂良药,就像一根擎天大柱,有力地支撑着吴越国的大厦,为社会的稳定、经济的繁荣、外贸的扩大奠定了丰厚的物质基础。

三、扩大贸易的举措是富国的必由之路

吴越国治国方略的第三步棋就是利用丰富的产品资源和有利的京杭大运河、长江黄金水道和沿海的便捷运输优势,开拓内航和发展海运,把举世无双的丝绸贸易发展到东洋和南洋一带,把精美的瓷器远销世界的西方,把西湖龙井、武夷山特产茶叶销往北方各地,把优质的大米源源不断地送往中原各省……换回大量的黄金、白银、珠宝和玉石。这些宝贵的财富,为缔造"上有天堂,下有苏杭"发挥了"鬼推磨"的无穷魅力,再创新的辉煌。而这水上贸易之路,正是吴越国的富国之路,对两浙的经济发展具有深远的影响。时至今日,仍有影响。吴越国短短的几十年时间之"富甲于天下",其治国方略简

单中蕴含复杂,平凡中深藏伟大,耐人寻味,值得研究。

四、《钱氏家训》是吴越国文化之魂

钱镠取得政权后,逐渐由原来的重武转向文武并重,同时还转变了对文人原先抱有的偏见和歧视,认识到人才对治国,文化对兴国的重要性。在他执政的四十一年中先后启用并重用敢于直言相谏的罗隐、沈崧、皮光业等人。特别是罗隐,因相貌丑陋,十次不及第,仕途坎坷。投到钱镠帐下后,深得器重,朝中的重要文书报告,大都出自罗隐之手。隐感知遇之恩,竭力辅佐,出谋献策,直言相谏,鞍前马后,不辞劳苦。

提到吴越文化,必须首先要介绍《钱氏家训》。钱氏家训分为四个部分,即个人、家庭、社会和国家。个人部分中,强调了曾子之三省勿忘、程子之四箴宜佩,持躬应谨严,临财应廉介,处事应决断,存心应宽厚;读经传则根柢深,看史鉴则议论伟,能文章则称述多,蓄道德则福报厚。在家庭部分中,重点强调了立良好之家规,孝敬父母,妯娌弟兄应和睦友爱。子孙虽愚,诗书须读。勤俭为本,忠厚传家。在社会部分中,提倡恤寡矜孤,敬老爱幼,救灾周急,排难解纷。在交朋结友中,小人固当远,君子固当亲。在国家部分中,开篇言执法如山,守身如玉。利在一身勿谋也,利在天下者必谋之。大智兴邦,大愚误国。庙堂之上,以养正气为先;海宇之内,以养元气为本。兴学育才则国盛,交邻有道则国安。细细读来,家训中的一字一句,无不充满正能量;无不饱含深刻的哲理;无不永远值得遵循和践行。

吴越《钱氏家训》的制定,绝不是某一人一时的兴起,一己之见,而是钱镠一世祖阅历、身世、身份的凝集物,吴越钱氏族人共同的心声,吴越文化之灵魂。一千多年来,吴越钱氏各地宗亲都把家训铭刻于心,作为做人的准则。在重大家族活动中,必须诵读传扬。正是《钱氏家训》所产生的无穷精神力量,才出现"老三钱""新三钱"的人才井喷现象。这种正气一直沿袭一千余年,长久不衰,受到全社会各方面的关注。吴越文化的内容是极为丰富的,而《钱氏家训》这朵吴越文化百花园中的鲜花,奇香无比,引来世人和外族的青睐和仰望。短短的几百字,包含了深刻的哲理和做人、做事、治国理政的锦囊妙计。它不仅直接影响中华钱氏几十万族人的奋发向上,影响吴越地区的文明,而且对中华民族也产生一定的正面影响。

五、纳土归宋是吴越国执政者的明智之选

　　社会在发展,人类在进步,国家要统一,民族要解放,这些潮流势不可挡。随着历史风云的变幻,北宋太祖赵匡胤已于公元960年立国称帝,吴越国之外的九国均被北宋铲除,唯有吴越国因兵强马壮、经济繁荣,独立于长江南岸,已成北宋太祖的一块心病。此时吴越国的国君钱弘俶心中十分明白,祖父"子孙善事中国,勿以易姓废事大之礼"的嘱咐犹似警钟回荡在他耳边。于是他毅然决然地主动将所辖十三州、一军、八十六县,户五十五万六百八十,兵一十一万五千三十六,献于下执事。宋帝龙颜大悦,答诏曰:"卿世济忠纯,志遵宽度,承百年之堂构,有千里之湖山,愿亲日月之光,遽忘江海之志……书之简编,永彰忠烈,所清宜依。"为了再次表示诚意,消除宋帝疑虑,又将三千余眷属北迁河南京城。

　　吴越国纳土归宋的义举,不仅避免了一场大规模的两国之战,使吴越人民免遭战火带来的无穷灾难,保持了生产力的持续发展。而且一是获得了吴越国王室数百人员的封官许爵;二是争得了钱氏数以万计族人的平安生存;三是赢得了百家姓排名第二的殊荣。此事前无古人,说起来容易,做起来难。这需要有多大的胸怀、政治勇气和智慧。武肃王和他的子孙纳土归宋的明智之选,功在历史,利在千秋,可圈可点,令人敬佩。此举为后来者树立了和平统一的标杆,更是吴越国治国方略中走的最后一着——喜从悲中来的妙棋!

六、吴越国治国方略的历史价值

　　欲问吴越国治国方略的历史价值,最简洁的回答为两个字——连城。其实,它的价值远远超出了经济价值范畴,用单纯的经济数字是无法计算的。笔者认为,它的历史价值最重要的内涵是政治,当然还包括军事、文化等其他方面。

　　其一,从经济的角度来讨论吴越国治国方略的历史价值。

　　众所周知,当年五代十国由于战乱,加上天灾和瘟疫,造成了社会大量减员,田地荒芜,民不聊生,生产力遭到极大的破坏。唯有吴越国一方果断地采取了保境农民,兴修水利、发展农桑、扩大外贸等一系列行之有效的治国方针措施,使人民能安居乐业、发展生产、调整产业结构,创造丰富的丝绸、瓷器、

茶叶、大米等物质,源源不断地外贸到周边各国,乃至出口远洋他国异乡,换回大量的金银财宝。然后,将这些资金投入到两浙地区,用于再生产、再建设之中,为富饶的"下有苏杭"注入"鲜血"。仅这一笔经济账就价值连城了,更何况还已影响了这一地区一千多年,今后还将持续影响,这是一笔无法简单用数据计算的财富。

其二,从军事的角度来讨论吴越国治国方略中的历史价值。

在八十余年的历史中,吴越国一是没有发生对周边邻国的军事行动,二是没有对中原小朝廷做出越轨的行为。毋庸置疑,战争不仅要消耗大量的物资,而且还将严重地破坏生产、破坏城乡设施。这仅仅还只是问题的一面。战争的另一面是要大量死人,把大量的青壮年埋葬在战场上,这样的损失就更无法计算了。换句话来说,避免一场战争,等于创造一大笔社会财富。

而避免最大战争的发生要算纳土归宋这期间的争取,只要吴越国坚持军事对抗的话,战争就不可避免,一触即发。这场战争如果发生,双方定将尽力一搏,吴越国势单力弱,结局必定灭亡。这场战争带来的直接和间接损失谁又能准确地说清?如若战争发生,"下有苏杭"的局面将不复存在,如今的长三角经济优势又从何谈起?所以说吴越国治国方略中的军事谋略历史价值同样不可低估。

其三,从文化的角度来探讨吴越国治国方略的历史价值。

吴越国虽然立国时间不长,但吴越文化的内涵还是很丰富的。例如杭州元宵节的灯会文化、苏州的园林文化、武夷山的茶文化,等等。先撇开这些文化不说,仅谈吴越文化中《钱氏家训》这一枝小奇葩,它的历史价值就高如昆仑,无法衡量。

有人会说一个小小的家族文化,又怎能称得上吴越文化呢?这就大错特错了。吴越国的君主姓钱,《钱氏家训》是他一手主持撰写的,这是他的传家宝、传世宝,是他的智慧结晶,也是他对钱氏家族,乃至中华民族做出的又一重大贡献。

一千多年来,多少钱氏仁人志士,牢记《钱氏家训》的教诲,用心读书,拼搏进取,成为国家的栋梁,涌现出像钱学森、钱伟长、钱三强这样的科学家,这样的人才成千上万,举不胜举。钱氏展现出"一门六院士""一甲六进士"等人才井喷现象。许多被称为导弹之父、原子弹之父、卫星之父、中西文化泰斗的桂冠之人都姓钱。这无疑是《钱氏家训》的感染力,《钱氏家训》无形的动力。透过现象看本质,精神的力量是无穷的,吴越文化的历史价值也是连城的。

最后,再从政治的角度,粗线条地来论述吴越国治国方略的历史价值。

(1)吴越国治国的方略和钱镠的历史功绩已载入史册。古人云:"以史为镜,可以知兴替。"为此,具有史料价值。

(2)吴越国在当时动乱不安的年代果断地采取保境安民、发展农桑等一系列治国方针,这些方针本身就源自当朝执政者的政治开明,除了当时具有现实意义外,同时还具有深远的历史参考、借鉴价值。

(3)吴越国审时度势,纳土归宋,实行和平统一祖国的方略,在古今中外都具有仿效和倡导的价值。

(4)吴越国不黩武,不称帝,朝奉称臣,一贯执行地方服从中央的做法,既符合我国几千年的文明传统,也与当今"全党服从中央"的核心意识相融合,因而具有学习价值。

行文至此,笔芯油已干,合卷理稿,推窗远望,前方潜山寺的灯火一片辉煌,隐约的晨钟声和周边农户的鸡鸣声让人兴奋,疲劳消失,灵感顿生,一章七律,吴越颂草成,就权当本文的结束语吧。

挑灯伏案待天明,吴越雄风秃笔成。保境方针农贸旺,安民谋略县州宁。

钱王治国千秋颂,后裔兴邦一脉承。社稷昌荣添福祉,流芳万古世人评。

吴越国区域治理经验哺育了长三角文明

章胜利　《中外旅游》杂志主编

摘　要:吴越国最大的功绩,是"知尊中原""保境安民""富足民生,善事中国""促进统一,即速归附"。境内大力修筑海塘,全面兴修水利、发展农桑、开辟海运……曾称吴越国"甲富东南",有"百姓百年不知兵革"之誉。

钱王一生威名显赫、事业隆兴,保国、安民、和众,社会安宁发展,长久不衰。继任者秉承祖制,协助赵宋,讨淮南、平南唐。遵循祖训,纳土归宋,完成了中华一统。吴越国治国方略给人深刻的启示是,保护历史与城市的当代发展,顺应国家统一大势,找到和谐之路。

关键词:保境安民;富足民生;善事中国;中华一统

一、吴越国的历史地位和作用

早在一千二百多年前,唐同光元年(923 年)梁王册封吴越王钱镠为吴越国王。钱镠三世五王定都杭州,掌管东南一军十三州。他们最大功绩,是"知尊中原""保境安民""富足民生、善事中国""促进统一,即速归附"。境内大力修筑海塘、全面兴修水利,发展农桑,开辟海运……曾称吴越国"甲富东南",有"百姓百年不知兵革"之誉。

宋南迁时,钱王遵循祖训,以"民为贵,社稷次之,免动干戈,即爱民也"的理念,纳土归宋,避免了一场生灵涂炭的血腥争夺战争,保护了黎民百姓的生命财产和吴越经济繁荣,东南沿海一军十三州的经济文化得以持续发展。此后,北宋南移,定都杭州,为杭州成为中国政治、经济中心创造了条件。

至今,人们还称颂三世五王的功绩。特别是钱镠治家的严谨,他的家训、遗训、八训深深地影响了他的后裔。一千多年来,钱氏家族繁衍生息,家风传承,造就钱氏历代人才辈出,为国家政治稳固、经济繁荣、科技强国做出重大贡献。

吴越国在历史上的地位和作用,可谓显赫荣耀:

> 吴越国王钱镠,讳镠,字具美,杭州临安人。他在位四十一年,为东南沿海经济发展奠定了基础。一生威名显赫,事业隆兴、保国、安民、和众,社会安宁发展、长久不衰。

> 吴越国王钱氏二世,文穆王,讳元瓘,字明宝,武肃王第七子。他在位时,承父志,轻徭役,屡减赋税,使吴越经济得以进一步发展号列国之贤君。

> 吴越国王三世忠献王,讳弘佑,文穆王第六子,十四岁即位,受封吴越国王。他在位期间收福州,积仓十年,得免境内租税四年,百姓更趋富裕。

> 吴越王三世忠逊王,讳弘宗,字隆道,文穆王第七子,二十岁乾祐四年(951年)册封吴越王,在位一年。性严而急,为治内衙干政,平闽帅李儒赟,反被内衙统军使胡进思逼宫而逊,退养以终。

> 吴越国王钱氏三世忠懿王,讳弘俶,字文德,文穆王第九子。他在位三十一年,纳土归宋后封淮海国王,又封汉南国王改南阳国王,又封许王,进封邓王,追封秦国王。生性宽仁,罪黜胡进思,力保让王无恙。秉承祖制,协助赵宋,讨淮南、平南唐。遵循祖训,纳土归宋,完成中华一统。

五代十国时期,战乱不止,百姓甚苦。吴越国地处长江三角洲一带,中华富庶之地。天下兵马大元帅钱弘俶做到"舍制归总,纳土归宋"的所有业绩。历代钱王超常进贡,皇帝赏赐吴越国丰厚。宋太祖、宋太宗对钱弘俶均十分尊敬、关照备至。

次年,宋太宗亲征北汉,汉主出城投降。至此,五代十国全部统一于宋朝。吴越国王从钱镠到钱弘俶对国家统一都起到了非常重要的促进作用。

由于吴越国三世五王保境安民,使得两浙经济在五代十国混乱局面中,不但没有衰退,反而有了显著发展。这为后人称之为"上有天堂,下有苏杭",打下了坚实的经济基础。

当时钱王尊崇《钱氏祖训》,要"爱民如子""宽以恤民""利在一身者勿谋之,利在天下者必谋之",以及"大智兴邦,不过集众思;大愚误国,只为好自用"。所以,历代钱王都这样去做,很得民心,使百姓富裕,生活安定。吴越国民和谐,从国王至百姓,众向善,信佛普遍。

单就天台山而言,在天成五年(930 年)钱王下旨在天台山设斋会,迎请供奉五百罗汉铜像。钱弘俶拜天台高僧德韶为国师,德韶国师在天台山一连建造十三个道场,佛教寺院遍布天台山。期间德韶国师重修国清寺,从韩国请回天台宗教佚迨的藏经,调和圆融佛教宗派,使社会进一步和谐,德韶国师被后人称智者后身。

二、吴越国的自然资源优势

笔者年前去英国旅游,参观了英国博物馆。该馆提出了一个新的观点:认为中华文明的发源地,应该是中国的长江三角洲区域,即长江中下游流域。这恰恰提醒我们长三角地区无论是古代抑或现代,都是中国经济文化最发达的地区之一。

吴越国现在江苏区域,位于中国大陆东部沿海中心,是经济、文化发达省份之一。境内地势自西向东,缓缓下降,低山、丘陵和岗地多分布在北部和西南部。其中包括西南的宁镇山脉、宜溧山地、茅山山脉,太湖北岸的天目余脉,盱眙、仪征、六合一带丘陵。北部低山丘陵,为山东。山地丘陵向南延续为侵蚀残丘,海拔多为二百米上下。黄海之滨的云台山,主峰玉女峰海拔六百二十五米,是江苏第一高峰,境内不少低山丘陵,虽体积不大,但沿江、面海、邻湖,与城镇相融,名胜古迹众多。

江苏山水交融,以水见长,长江横穿东西四百多千米,京杭大运河纵贯南北六百九十千米,东部有上千米的海岸线。境内河湖密布,有大小河流和人工河道近三千条,有太湖、洪泽湖、阳澄湖、高邮湖等大小湖泊近三百个,内陆水域一点七三万平方千米,占全省面积的百分之十七,是我国内陆水域面积所占比例最大的省,也是著名的水乡。临水而建的水乡古镇,至今保存了古代的建筑和小桥、流水、人家的韵致,体现了典型的江南水乡风情。

目前,上海是大陆东部沿海的中心,是中国最大的经济中心和文化发达的国际大都市。它东临东海,外接太平洋,南临杭州湾,西北与江苏接壤,西南与浙江毗邻,北接长江入海口,长江与东海在此汇合。上海具有江海相连、交通便利和腹地广阔的优越地理条件,是太平洋西岸良好的江海港口。

上海是江南著名的水乡,境内水域占总面积百分之十一,河网大多属黄浦江水系,主要河道有黄浦江及支流河(吴淞河)、蕴藻浜、川扬河、淀浦河、大沿河等。黄浦江是上海的水上交通要道,在市区中部的一段是水上旅游观光的黄金水道。星罗棋布的江河湖海,是上海得天独厚的水上航行、养殖和旅游度假的天然资源。

上海从渔村发展成了中国最大的经济文化中心,成为中国历史文化名城,成为"海派文化"的发祥地。上海作为我国最大的经济中心和国家历史文化名城,正在向建设国际经济、金融、贸易和航运中心之一的目标迈进,力争给本地居民和外地游客带来日新月异的感受。

上海是一个朝气蓬勃、充满活力的国际大都市。在近现代史上,上海是全国的"缩影",许多重大历史事件和革命活动在这里发生并影响全国,又成了新中国的"窗口"。尤其是近年浦东的开发、开放,又举办过世博会,上海已成为国际大都市和海内外投资的热点,兼及它在长三角地区的地位和影响,自然成了旅游中心城市。

吴越国的腹地自然在浙江,它位于我国东南沿海,境内最大的河流钱塘江因江流曲折,又称浙江。江南特有的田园风光、湖光山色和独特的地质环境,形成了浙东以海岛文化为主、浙东南以火山岩峰林地貌见长、浙中的丹霞地貌为雄、浙西北以岩溶景观为奇、杭州以两江一湖之秀,还有举世闻名的钱江大潮。一个省内汇集海河、江山、湖潮等多种自然资源,在全国范围内也是少有的。

浙江是自然资源富集的一个省,堪称山好水好、风光旖旎,又具有悠久的历史文化内涵和人文历史。早在七千年前,部落首领舜就在浙东会稽山一带狩猎,至今保留着与他有关的地名,如舜江、舜山等。治水英雄大禹,在会稽上山一带治水,留下了庆功的庙宇。中国第一位改革家、中央集权的封建皇帝秦始皇,曾放马钱塘,上会稽祭祀大禹,留下佳话,越王勾践"卧薪尝胆"雪耻之举,令人激奋。隋朝创立的佛教天台宗,以及后期建立普陀山观音道场,成为佛教盛事的圣地。

可以说,在近现代以前所有的文明中,没有一个国家、地区的文明比这里更发达、更先进。我国的文物古迹、文学艺术、民俗风情、科技思想构成,以古老东方文化为特色的国度形象决定了我国的治国方略,在长三角地区表现得更加突出。

三、吴越国的治国方略

吴越钱氏先后治杭九十一年,三世五王,有国七十二年(907—978 年)。其间射强潮、筑海塘、扩城址、兴水利……于五代离乱之世,重民生、尊中国,不事扩张,最后纳土入宋。故苏轼《表忠观记》中说"其民至于老死不识兵革""其有德于斯民甚厚"。杭州之有今日,吴越之功,实不可没。其识见之远,史所罕见。

杭州是我国八大古都之一。秦王政二十五年(公元前222年)设钱唐县。隋开皇九年平陈,改钱唐郡为杭州。开皇十一年州移治于柳浦西。就浦西凤凰山麓之地,肇建新城。自此,僻处山中的钱唐县乃一变江干的杭州,水居江海之会,陆介两浙之间,适宜于都市发展的杭州。隋大业六年(610年)江南运河凿通,杭州成为大运河水运的起点。唐长庆中刺史白居易筑堤疏浚西湖以利农田灌溉。白居易守杭酷爱湖山,诗名远播,西湖经其品题声誉日起。但杭州在当时仅是一般城市,与扬州和两浙重心苏州、越州(绍兴)相比还差一截。吴越国王钱镠在唐末五代十国藩镇割据的动乱年代,坐拥一军十三州,从杭州刺史、镇海、镇东军节度使,到吴越国三代五王,钱镠及其子孙实行了"知尊中原,保境安民,纳土归宋"的治理方略,使杭州从一个无名小州跃升至东南第一州。

三筑杭城为杭州城市建设打下基础。

《隋志》:"开皇中,移州居钱唐城,后移州于柳浦西,依山筑城。"钱镠任杭州刺史后,就着手杭州城的建设。唐昭宗大顺元年(890年)开始筑夹城,从钱塘江北岸、环包家山,泊秦望山而回,凡五十余里,皆穿林架险而筑。主要扩展了隋唐杭州城的西南部,就是南从包家山向西至秦望山(今六和塔西),然后向北折,经过钱王岭(亦称钱粮司岭),而达西湖之滨。加强了杭州城的西南部的防御。

第二次筑城是晚唐昭宗景福二年(893年),钱镠发民夫二十万及十三军都军士筑杭州罗城,周七十里。这次扩建是对隋唐旧城东北部所做的一次更大范围的拓展,成了名副其实的罗城城外之城。

第三次筑城是在后梁太祖开平四年(910年)。因江潮为患,百姓受害,钱镠筑捍海塘,又展筑杭州旧城东南部城墙,并射潮附近城垣建一新门称竹车门(南宋候潮门前身)。至此,杭州十座城门建成,形成南北修长、东西狭窄的不规则矩形城垣。不仅在军事上增强了防卫力量,保证了杭州的安全与稳定,而且还促进了杭州经济文化繁荣发展。

钱江海潮冲击严重,影响了杭州居民的安全和农业生产。钱镠发动民工20万人,于候潮门通江门外筑塘,因潮受阻,钱镠祈祷于天、海、潮神,潮患依然。钱镠命强弩五百人以箭射潮头,潮头三日不至,得立塘基。海塘自六和塔至艮山门,堤长338593丈。海塘筑成,不仅保护了杭州城郭,还围垦了江涂良田,农民得以安居乐业。还置龙山、浙江两闸,以遏江潮入城河。杭城居民从盐卤之苦中解脱出来。

钱镠认为百姓靠湖水为生,无水即无民。当时西湖葑草蔓合,淤浅日益严重,湖面缩小、蓄水减少,影响了农田灌溉和城市居民的饮用。钱镠置"撩湖兵"千人,专负西湖疏浚之责,清除葑草,挖掘湖泥,疏浚河渠,修理堤闸,使西湖绿波荡漾,并使钱塘、仁和和盐官诸县受到灌溉之利。此外,又疏通六井涵管使西湖水源不断流入六井,供民饮用。

钱镠在太湖流域设置"都水营田使",专门负责水利建设的规划和指挥监督;又组织"撩浅军",专为田事、治湖筑堤。在治水中创造了"圩田",让农民组成"撩浅夫",把太湖流域的河渠组成一个纵横交错、阡陌相连的农田水利网。杭嘉湖地区由此逐步成为一个重要的农业生产地区。

钱镠还三次亲驻东府越州,主持镜湖(鉴湖)水利擘画指挥,疏浚修筑,订立管理制度,进行较大规模的治理,使镜湖重新发挥它的作用。

吴越国在政治上实行"保境安民"的国策,战争较少,社会相对安定,北方大批民众避乱奔向南方,带来先进生产技术和经验,提高了吴越国社会生产力。兼以东南地区自然条件优越,吴越国又重视农田水利建设,奖励开垦荒地、赈济贫民,提高劳动生产率,使经济和文化得以继续发展,并超越北方,成为五代十国中经济繁荣、文化昌盛的一方乐土。

隋时杭州只有一点五万户,吴越盛时已达十余万户。唐末五代是一个干戈扰攘、四方鼎沸之时,中原干戈遍地、民废耕织、十室九空,独两浙在钱镠及其继任者保据之下,晏然无事者达八十六年,两浙是唯一乐土,且成了战火中的天堂。

钱镠劝导百姓种桑养蚕,一年之中蚕可八熟,为杭州丝织业提供了充足的原料。江浙丝织业成了全国之冠。

吴越国的制瓷业相当发达,越窑主要分布在曹娥江沿岸、慈溪上林湖和鄞县东钱湖一带,以秘色瓷为最佳,主要供吴越国朝廷和中原王朝进贡,还大量外销,成为对外贸易的重要商品。

吴越时杭州印刷业已有相当规模,印刷技术高超,图文并茂、字体清晰,当时有大量佛经、历书、各家诗文刻印出来,卖于市肆,流传民间,还远销日本。

由于商业的繁荣,杭州不断"临街盖店"扩大市场,以至"开肆三万室",并逐渐形成"南宫北城""前朝后市"的局面。还形成南起吴越国王宫,北端为市场、居民群,盐桥河贯串杭城南北,自南迤逦而北,作为城市主干道的市街,成为吴越杭州城的主轴线。杭城成为南来北往的商品集散地。吴越国和吴、南唐、闽等邻国、中原各朝皆通商互市,有着频繁的商业往来。钱镠在北方沿海州城,设置"两浙博易务",自立刑禁,维护贸易权益。吴越在开拓去中原的海运同时,频繁和海外诸国交往。东及新罗、日本,北至契丹,南达海南、大食。商贾、僧侣、信使不断,海外珍品宝器也源源而来。钱镠被封为吴越国王后,"遣使册新罗、勃海王,海中诸国皆拜封其君长""钱氏讫五代,尝外尊中国",俨然成为中国在海外的代表。

吴越国兴旺发达,最重要的原因是任用人才,治理吴越国。武将如杜陵、阮结、顾全武等,文臣如罗隐、林鼎、沈崧、皮光业等。这些文臣武将受到钱王的重用。在他的奖掖之下,各自施展才华,真是"满堂花醉三千客"。

吴越国王钱镠和他的继任者都信佛,在治杭八十六年间广建寺院佛塔,造崖镌佛,形成了杭州寺院园林鼎盛时代,寺院林立、梵音不绝,有"东南佛国"之称,对杭州文化发展和中外文化交流影响很大。

钱氏子孙遵循钱镠临终交代:"子孙善事中国,勿以易姓废事之大礼。"钱氏纳土归宋,实现国家和平统一,又一次使吴越之地生灵免遭涂炭,两浙经济免遭破坏,这是钱镠保境安民繁荣经济指导思想结下的成果。

四、吴越国治国方略对长三角一体化战略的启示

吴越文化对长三角一体化的影响是极为深刻的。可以说,吴越文化在长三角区域文化上占据重要的地位,这个"节点",承上启下,成为审视长三角地区文化,自然包括长江、钱塘江、太湖流域文化不可多得的优势资源和耀眼亮点。

吴越国虽号称为"国",其文化实质上已是一种融入汉文化大体系中的区域性文化,是一种完全意义上的区域文化。它既"保持自身原始内涵的民族文化",又跃变为"汉文化共同体中同构的区域文化"。

吴越国时期的浙江文化中心,其空间位置,也从过去钱塘江两岸的会稽古城,北迁至对岸那"水居江河之会,陆介两浙要冲"的杭州城,即钱塘江流域文化(越)与太湖流域文化(吴)两种近缘文化的"和合创新"。为浙江大地迎接其历史使命——中国经济文化重心不断南移的历史格局,迎接长江中下游地区特别是苏杭一带承担起天下经济命脉重系的历史使命,做好了文化上的前期准备;浙江文化也就此走到了发展繁荣期(两宋时期)的历史门槛之前。也正是在这一历史坐标上,吴越国文化形成了自己那种具有"浙土"特色的发展态势、空间布局、丰富内涵、时尚风貌等,并给后世以深远影响。

吴越文化的形成,既得"地利",又有"天时"。气象地貌学认为:制约地貌发育的外营力组合是受气候条件所决定的。众多作用的结果,使长三角地区

在地层形成的基础上,造成了山石奇兀峥嵘、洞岩幽深嶙峋、溪壑曲折高低的人间异象。空气湿润、草木丛生,加上地貌多态,形成了美丽多姿的自然环境,尤其适合水田农耕,具备了"中国粮仓"的生态环境。

在治国方略的实施上,吴越国三世五王所采取的主要措施有:

> 建都杭州,缔造者控制两浙,城市建设形成规模;
> 保境安民,百姓得以安居乐业,利于发展生产;
> 筑捍海塘,展筑城墙,射潮,保证区域安全与稳定;
> 疏浚西湖,治理太湖水,保证了农业灌溉和生活用水;
> 人户增加,种桑养蚕,制瓷、印刷、商业繁盛,通商互市,促进了
经济发展;
> 对外开放,文化交流,开发智能,提高了软实力;
> 任用人才,人尽其才,治理吴越国,国力显著增强;
> 全国上下信佛,信仰的力量,人心思齐,扬善除恶;
> 顺应国家统一大势,纳土归宋,符合社会发展潮流……

吴越国治国方略,从历史的角度或从今天的现实来看,给我们深刻启示的是,保护历史与实现城市的当代发展,可以找到和谐之路。

首先是统一中国的理念,无战争破坏之虞。有道是"古都逢盛世,吴越有余音"。继承吴越的治国方略,有望重现吴越三代五王的风采,运用多种手段讲述吴越王国的功绩,展示吴越时期的乡风民俗和盛世景象。弘扬吴越文化,继往开来,与时俱进,依然可以成为我们的立国思想。

其次是建立和谐社会。做到安全稳定,须坚持以人为本、以民为先、还国于民,让百姓安居乐业,解决民生问题,达到和谐、和睦,共同富裕的愿景。

再次是发展区域经济和长三角地区经济模式,例如温州模式、苏南模式等,减轻赋税,让利于民,兴修水利,合理利用大运河、长江、钱塘江和太湖水域,呈现"苏湖熟,天下足"的盛世景象。

最后是相信文化的力量。我们并非主张大家都像吴越国一样,从皇帝到黎民百姓都去信佛,而是必须有人生的理想和信念,发展和谐文化,在治国方略中寻觅历史价值和现实意义,这堪称吴越国治国方略为长三角地区民众带来的最大效益。